河海大学社科精品文库

家庭代际团结对流动老年人口健康的影响研究

王欢　黄健元　著

江苏人民出版社

图书在版编目(CIP)数据

家庭代际团结对流动老年人口健康的影响研究 / 王欢，黄健元
著. -- 南京 : 江苏人民出版社，2025. 3.
ISBN 978 - 7 - 214 - 30196 - 3

Ⅰ. C924.25；R161.7

中国国家版本馆 CIP 数据核字第 20255WN669 号

书　　　名	家庭代际团结对流动老年人口健康的影响研究
著　　　者	王　欢　黄健元
责 任 编 辑	鲁从阳
责 任 校 对	王翔宇
出 版 发 行	江苏人民出版社
出版社地址	南京湖南路 1 号 A 楼，邮编：210009
印　　　刷	南京鸿润印刷有限公司
排 版 设 计	南京东汉文化传播有限公司
开　　　本	710mm×1000mm　1/16
印　　　张	22.5
字　　　数	438 千字
版　　　次	2025 年 6 月第 1 版
印　　　次	2025 年 6 月第 1 次印刷
标 准 书 号	ISBN 978 - 7 - 214 - 30196 - 3
定　　　价	98.00 元

（江苏人民出版社图书凡印装错误可向承印厂调换）

本书的出版得到国家社会科学基金一般项目（19BRK011）及河海大学社科精品文库项目（B240207047）资助，特此致谢！

前　言

我国自 1999 年迈入老龄化社会以来,老年人口规模持续扩大,老龄化程度不断加深。根据第七次人口普查数据,截至 2020 年底,我国 60 岁及以上人口已达 2.64 亿,占总人口的 18.70％。2023 年《国民经济和社会发展统计公报》进一步显示,这一数字已攀升至 2.97 亿,占比提高至 21.10％,较 2020 年增长 2.4 个百分点。然而,伴随人口老龄化的加剧,我国老年人口的健康状况却不容乐观。国家卫健委的数据显示,老年群体正面临一系列突出的健康挑战,包括认知、运动及感官功能衰退,营养失衡,以及心理困扰等多重问题。更为严峻的是,78％以上的老年人至少患有一种慢性病,而失能老年人的规模也呈持续扩大趋势。在我国迈入人口负增长时代的背景下,如何改善老年人口的健康状况、推动健康老龄化,已成为应对人口老龄化与少子化挑战的关键之策。这不仅关乎老年人福祉,也是实施"积极应对人口老龄化"战略、推进"健康中国"建设的必然要求。

与此同时,我国进入了人口迁移流动的新时期,人口流动家庭化趋势明显,自主迁移及跟随子女共同迁移的老年人口规模快速增加。根据第七次全国人口普查数据,我国流动老年人口数量为 3327 万,占流动人口的 8.85％,相较于 2010 年增长 2266 万人,年均增长了 12.11％。迁移流动不仅改变了老年人口熟悉的生活场域,也改变了传统儒家文化下家庭代际关系的结构、内容与互动形式,加之社会的健康支持体系不完备,流动老年人口面临的健康风险加剧。与其他老年人口相比,流动老年人口面临着"衰老"和"流动"的双重挑战。一方面,流动老年人口面临退出主流文化造成的社会角色联系脱嵌的困境;另一方面,他们面临生活环境空间转变带来的社会关系网络脱嵌的困境。加之目前各地医保制度分割和医保报销政策差异,流动老年人口仍然面临着异地就医不便、异地就医贵等现实问题。对于流动老年人口而言,家庭代际关系是其改善健康状况、提高生活质量的重要影响因素。

家庭是老年人口的重要生活空间,家庭因素也是促使老年人口流动的重要动因。传统孝道文化强调子女以"赡养之责"回馈父母的"养育之恩"。然而,随着现代化进程推进,家庭规模缩小、老年人口的自养能力增强、替代性照护的机会大大增加。相应地,中国社会的传统孝道观念也随之发生了自适应变迁。此种情形下,我们不禁提出疑问:在新的时代背景下,传统"孝道"文化所强调的家庭代际关系被赋予了什么内涵? 流动老年人口的家庭代际关系呈现出怎样的特征? 家庭代际团结作为流动老年人口获得资源和支持的重要保障,对其多维健康产生什么影响? 又应当如何合理完善家庭政策和养老服务体系以更好地促进流动老年人口健康? 通过对上述问题的考虑,本研究基于家庭代际团结理论,描述流动老年人口家庭代际关系特征;阐释家庭成员在代际互动中关系的内容、强度与方向对流动老年人口健康的影响;比较不同国家家庭政策实践,立足我国国情和时代背景,探索强化家庭代际团结、促进流动老年人口健康的相关对策,提高家庭的风险应对能力,促进家庭系统良性运转,营造社会和谐氛围。研究成果可以为政府部门制定改善流动老年人口家庭生活福利、平等享有基本公共服务相关政策提供重要的决策参考依据。

本研究综合应用人口社会学、社会保障学、统计学等学科进行集成研究,主要方法包括:①统计分析法。利用相关数据和模型,分析流动老年人口家庭变动趋势、家庭代际团结类型化特征以及家庭代际团结对其健康的影响。②比较分析法。结合既有研究,将家庭代际团结理论在中国与西方国家的应用场景进行对比,对家庭代际团结理论进行再阐释,实现家庭代际团结理论本土化;并比较我国与西方国家在家庭政策方面的差异,提出完善我国家庭政策及养老保障政策体系建设的启示。③文献法。通过系统梳理相关研究,对代际关系理论、家庭代际团结理论以及健康理论进行回顾与比较,与中国研究情境相结合,进行理论和测度体系的本土化,提出家庭代际团结对流动老年人口健康影响的分析框架。

本书主要由九章构成。第一章是绪论,介绍了本书的研究背景与意义,在系统回顾文献的基础上,指出了既有研究的不足之处和本书的研究内容、研究方法和研究创新。第二章是研究设计,对家庭代际团结各维度内涵进行再阐释及本土化,构建了流动老年人口家庭代际团结测度体系及多维健康测度体系,并构建了家庭代际团结对流动老年人口多维健康影响分析框架。第三章主要分析了流动老年人口个体现状、家庭现状和家庭代际团结特征,在此基础上对流动老年人口规模及家庭结构变动进行趋势预判,并进一步分析了其家庭代际团结类型化特征。第四章至第七章将健康分为躯体健康、心理健康、社会健康、综合健康四个维度,分析了是否迁移流动、迁移流动特征对老年人口多维健康的影响;在结构性团结基础上,区分了与子女同住/不与子女同住的流动老年人口样本,讨论了不同维度、不同类型家庭代际团结对流动老年人口多维健康的影响。第八章在国际视野下对家庭支持政策实践进行分析,主要围绕不同国家家庭政策和养老保障政策两个部分展开了探讨,并分析了我国家庭政策、养老保障政策的现状及问题。第九章为结论与讨论,在系统总结家庭代际团结对流动老年人口多维健康影响的实证分析结果后,基于家庭代际团结维度,从新孝爱文化的弘扬、养老责任的合理分担、养老保障政策的健全、住房支持政策完善以及对家庭政策的支持等方面提出了促进流动老年人口健康的可能对策。

本书主要由王欢副教授、黄健元教授共同完成。博士研究生李聪及硕士研究生杨婷、费婷、饶宇轩、刘明珠、平世英、洪巾坪、钱彩云、杨明慧、夏雪妮等均参与了研究工作,以上同学在资料收集、整理,统计图表绘制、分析,统计模型构建、实证分析以及校稿等方面做了一定工作。另外,需要特别指出:本研究得到国家社会科学基金一般项目"家庭代际团结对流动老年人口健康的影响研究"(19BRK011)以及河海大学社科精品文库项目(B240207047)的支持。在实际调研过程中,本研究得到了江苏省统计局、江苏省卫生健康委员会等政府职能部门有关领导、专家以及中国人民大学中国调查与数据中心及中国老年社会追踪调查(CLASS)团队的大力支持和帮助。研究过程中参考了大量文献资料,并得到了有关专家、领导的关心、指导,在此一并表示衷心的感谢!

家庭代际团结及流动老年人口健康不仅影响个体、家庭发展,更与社会和谐稳定发展密切相关,有必要对二者之间的关系进行深入系统的研究。然而,家庭代际团结对流动老年人口健康的影响是一项复杂而困难的研究工作,仍需多方论证和深入分析。由于学术水平及实际研究条件有限,本书中的一些结论和观点还需不断改进和完善,部分问题还有待进一步研究。期盼有关专家和研究人员批评指正,提出宝贵意见!

课题组

2024 年 3 月于河海大学厚学楼

目　录

1 绪 论

1.1 研究背景及意义

1.1.1 研究背景

近年来,我国人口老龄化程度不断加深。第七次全国人口普查数据显示[①],我国 60 岁及以上人口达到 2.64 亿人,占全国人口的 18.70%,比 2010 年提高了 5.44 个百分点;其中 65 岁及以上人口为 1.90 亿人,占全国人口的 13.50%,比 2010 年提高了 4.63 个百分点。与此同时,我国进入了人口迁移流动的新时期,人口流动家庭化趋势明显,自主迁移及随子女共同迁移的老年人快速增加[②]。我国流动人口规模从 2010 年的 2.21 亿增长至 2020 年的 3.76 亿,增长了 70.14%,其中,60 岁及以上流动老年人口达到 3300 万人,占流动人口 8.85%。随着独生子女陆续进入育龄人群、生育政策持续调整以及社会的生育氛围逐渐宽松,越来越多的老年人加入流动大军,承担起照料孙辈及子女家庭的责任。这使得流动老年人口日益庞大,且愈加不可忽视。

我国老年人口规模持续扩大及其迁移流动对我国健康服务体系带来了前所未有的挑战。一方面,我国老年人口慢性病患病率持续增长,失能半失能老人规模持续扩大。2018 年中国老年社会追踪调查数据显示,75.23% 的老年人自报患高血压、心脏病/冠心病,颈/腰椎病,关节炎、糖尿病和类风湿性疾病等,10.54% 的老年人轻度/中度失能,2% 的老年人重度失能[③]。另一方面,我国老年人在科学健康观、传染病防治、慢性病防治、安全与急救、基本医疗和健康信息等方面知识储备普遍不足,其较低的健康素养不利于其健康知识的获取及健康行为的养成,影响健康状况改善。然而,与其他老年人口相比,流动老年人口健康状况存在特殊性。迁移流动带来的时空变换,及与之相伴的因年龄增长带来

---

① 国家统计局. 第七次全国人口普查(第五号). 国家统计局网站. http://www.stats.gov.cn/tjsj/tjgb/rkpcgb/qgrkpcgb/202106/t20210628_1818824.html.

② 国家地球系统科学数据中心国家卫生健康委流动人口数据平台. 中国流动人口数据及可视化分析专题库. http://www.geodata.cn/wjw/#/data/classify/subjectService/subject3.

③ 王红漫. 重视中国老年人群健康状况,推进健康老龄化国家战略[J]. 中华流行病学志,2019,40(3):259-265.

的身体退行性变化,使得流动老年人口面临更多的健康风险①。

事实上,老年人口迁移流动不仅是一个老龄化与城镇化交织的过程,也是老年人口通过流动而完成的再社会化过程。在这一过程中,流动老年人口既面临退出主流文化造成的社会角色联系脱嵌的困境,也面临生活环境空间转变带来的社会关系网络脱嵌的困境。这一双重脱嵌加剧了流动老年人口的健康风险,不仅会影响子女、配偶等家庭成员的行为决策,也会对各地公共卫生服务供给造成一定压力。此外,受到老年人口迁移流动行为的影响,其以往的家庭结构得以改变,部分空间上网络化、分散化的核心家庭将重回主干家庭,这使得来自家庭内部的代际支持对于帮助流动老年人口抵御躯体、心理以及社会健康等方面的风险至关重要。在此背景下,深入研究流动老年人口家庭代际关系至关重要。

传统农业社会中,家庭代际关系主要基于"孝道"文化来进行理解,强调子女对老年人的各种经济及实物性的支持。然而,随着现代化进程的推进及新型城镇化的不断加速,社会化的养老经济与服务保障制度的发展完善,使得越来越多的老年人拥有更多自养能力以及得到替代性照顾的机会②③。相应地,传统孝道文化也顺应时代变迁发生了自适应改变④。人口迁移流动日趋频繁,家庭结构的小型化、核心化使得家庭场域内"尽孝"的主体及孝的表现形式也日趋多元化⑤。越来越多的老年人对女儿给予了更多的孝道期待,更加注重精神赡养以及代际之间的独立、平等价值取向,以及代与代之间的理解与尊重⑥;也有越来越多的老年人将子女的家庭幸福、事业发展顺利纳入当代孝道的意义体系⑦。上述改变使得传统"孝道"文化下所强调的家庭代际团结被赋予了新的内涵与外延。

综上,已有研究为本研究奠定了基础。然而,目前针对流动老年人口健康的研究却仍然较少,缺乏从家庭代际团结角度展开对其健康变化的深入研究,尤其缺乏多维评价下家庭代际团结对流动老年人口健康影响及作用机制的系统研

---

① 汪晓慧,李剑波,杨洋.中国老年流动人口接受健康教育和建立健康档案现状及其影响因素分析[J].中国公共卫生,2021,37(02):203-208.

② 杨善华,贺常梅.责任伦理与城市居民的家庭养老——以"北京市老年人需求调查"为例[J].北京大学学报(哲学社会科学版),2004(01):71-84.

③ 穆光宗.老龄人口的精神赡养问题[J].中国人民大学学报,2004(04):124-129.

④ 钟涨宝,李飞,冯华超."衰落"还是"未衰落"? 孝道在当代社会的自适应变迁[J].学习与实践,2017(11):89-97.

⑤ 唐灿,马春华,石金群.女儿赡养的伦理与公平——浙东农村家庭代际关系的性别考察[J].社会学研究,2009,24(06):18-36.

⑥ 张建雷,曹锦清.无正义的家庭政治:理解当前农村养老危机的一个框架——基于关中农村的调查[J].南京农业大学学报(社会科学版),2016,16(01):132-143.

⑦ 康岚.反馈模式的变迁:代差视野下的城市代际关系研究[D].上海:上海大学,2009.

究。中国已进入由迁移流动主导人口态势的新时期,会有越来越多的流动老年人加入自主性迁移流动队伍,为成年子女家庭提供各种形式的帮助与支持。他们的健康状况不仅会影响支持其子女家庭供给的数量与质量,影响子女家庭功能发挥,也会影响子女再生育决策。那么,现阶段流动老年人口健康状况究竟如何?有何变化?父辈对子辈及其家庭的支持发生变化,改变了传统儒家文化下家庭代际关系的内容、结构与方式,现代性冲击下的家庭代际团结具有怎样的新内涵及特征?父辈对孙辈的隔代照料并不意味着子代赡养责任的弱化,事实上这已成为责任伦理双向互动的应有之义,新时期的家庭代际团结将改变老年人口的生活基础,这将对他们的不同健康侧面产生怎样的影响?

老年人口迁移流动过程中以往家庭结构得以改变,部分核心家庭将重回主干家庭,家庭代际团结对家庭养老、育幼功能发挥以及家庭稳定发展至关重要,有关家庭政策应以增进家庭代际团结为导向,促进老年人口健康,其价值取向、模式选择以及发展方向等一系列问题均有待深入研究。

1.1.2 研究意义

本研究结合人口城镇化、老龄化、独生子女陆续进入育龄人群以及全面二孩、三孩政策等时代背景,以流动老年人口及其家庭为切入点,旨在揭示家庭代际团结对流动老年人口健康的影响及作用机制,并提出增进代际团结、促进流动老年人口健康的相关家庭支持政策。剖析流动老年人口一般性特征,包括个体特征(人口学、社会学及迁移流动行为等)及其家庭特征(家庭结构、规模及家庭社会经济等),系统梳理传统儒家文化家庭代际团结价值理念及互动特征,结合家庭代际团结理论,界定流动老年人口家庭代际团结的本土化内涵。同时,分析家庭代际团结与流动老年人口健康之间的理论关联,构建本土化流动老年人口家庭代际团结测度体系与多维健康测度体系。揭示流动老年人口家庭代际团结及其健康各维度状况,展开类型化分析、交叉分析,揭示二者间的特征及变化情况,构建家庭代际团结对流动老年人口健康影响的分析框架,揭示家庭代际团结对流动老年人口健康的作用机制。此外,基于"家庭化"与"去家庭化"平衡的发展型政策价值取向,明晰家庭政策构建目标、原则与途径,探讨流动老年人口健康政策融入机制及实现路径。最后,围绕家庭税收、住房等支持政策,养老及医疗保险、长期照护、养老服务体系等方面研究提出增进代际团结、促进流动老年人口健康的相关家庭支持政策。

学术价值。结合健康中国战略、独生子女陆续进入育龄人群、全面二孩/三孩政策实施及生育政策可能的进一步调整、流动老年人口不断增多等时代背景,在充分把握流动老年人口特征的基础上,界定流动老年人口家庭代际团结及健康内涵,构建测度体系,剖析老年人口迁移流动过程中结构、联系、情感、功能、规范和共识维度上的家庭代际团结变化对多维健康的影响及作用机制,拓展西方家庭代际团结理论的本土化研究,丰富"迁移—健康"相关理论体系。

应用价值。从行动、情感、态度等方面来阐释家庭代际互动的内容、强度与方向对老年人口健康的影响,有助于家庭成员正确认识家庭代际团结对老年人健康的重要作用,有助于指导家庭成员之间相互支持、完善家庭养老育幼功能,也有助于提高育龄人群生育意愿、促进人口可持续发展。促进流动老年人口健康的家庭政策,有助于提高家庭对(特别是老年健康)风险的应对能力、促进家庭系统良性运转,营造社会和谐氛围。为政府制定改善流动老年人口家庭生活福利、平等享有基本公共服务相关政策提供参考。

1.2 文献回顾

1.2.1 流动老年人口相关研究

流动老年人口,也称"老漂族"、"候鸟型"老人、外来老年人口、流动老人、随迁老人。除称谓多样外,已有研究在对流动老年人口这一群体的具体界定上,也存在差异。从年龄维度来看,"流动老年人口"这一概念从属于"流动人口",流动老年人口应当包括流动人口中 60 岁及以上的男性及 55 岁及以上的女性[①②]。考虑到户籍因素、迁移流动范围,杨菊华等学者认为,流动老年人是 60 岁及以上、离开原居住地实现跨地级市以上行政区域流动且没有办理户口迁移的人[③]。基于流动原因,有学者将"老漂族"界定为年老时为了跟晚辈团聚或帮助子孙打理生活而离开家乡到子女所在的陌生城市生活的那些老年人[④]。芦恒及郑超月则根据流动后的户籍特征("是否获得居住地城市户籍")以及流动后劳动内容("是否照看孙辈")两个维度,进一步将"老漂族"划分为双漂型老漂、民工型老漂、保姆型老漂、受养型老漂等类型[⑤]。目前,学界尚未形成对流动老年人口的统一界定,但年龄、户籍、流动范围等是多数学者在研究该人群概念界定时所涉及的要素。

由于流动老年人口这一人群的边缘化,目前学界对于该群体的研究较少,且

---

① 周平梅,原新.健康对流动老年人口经济参与的影响研究[J].兰州学刊,2021(02):196-208.

② 盂向京,姜向群,宋健,万红霞,陈艳,韩中华,何云燕.北京市流动老年人口特征及成因分析[J].人口研究,2004(06):53-59.

③ 杨菊华.空间理论视角下老年流动人口的社会适应[J].社会学研究,2021,36(03):180-203.

④ 刘庆."老漂族"的城市社会适应问题研究——社会工作介入的策略[J].西北人口,2012,33(04):23-26.

⑤ 芦恒,郑超月."流动的公共性"视角下老年流动群体的类型与精准治理——以城市"老漂族"为中心[J].江海学刊,2016(02):227-233.

往往被淹没在老龄化、迁移流动的相关研究中①。既有研究主要集中在流动老年人口的人口社会学特征、流动特征、居留意愿、健康状况及支持政策等方面。

从人口社会学特征上看,流动老年人口以低龄、男性、在婚、农业户籍为主;受教育程度偏低,几乎一半的人仅受过小学及以下教育。年龄特征方面,流动老年人口平均年龄66岁,大多数流动老年人口相对较年轻②。性别特征方面,流动老年人口中女性占比低于男性,艾旭峰利用2018年全国流动人口动态监测调查数据发现,男性占比达52.97%③。婚姻状况方面,八成以上流动老年人口处于在婚状态,周平梅使用2016年全国流动人口动态监测调查数据发现,流动老年人口在婚者占比85.57%④。就户籍而言,约59%来自农村,其余41%来自其他城镇⑤。此外,郭静利用2015年全国流动人口动态监测调查数据发现流动老年人口中受教育程度小学及以下占比49.83%,可见流动老年人口受教育程度偏低⑥。

流动特征方面,照顾晚辈、养老与劳动就业是老年人口流动的三大原因,但在不同地区不同时期,其流动原因不尽相同。如2000年全国人口普查资料显示,北京市流动老年人口以探访子女为主⑦;2013年广州市流动老年人口中帮子女照看孩子的人口比重最高⑧;利用2017年全国流动人口动态监测调查数据,李雨潼指出老年人口参与流动最主要的动机在于家属随迁,占比达33.95%,其他主要动机依次为务工或工作,照顾孙辈、异地养老、经商等。

从居留意愿上看,性别、年龄、受教育程度、婚姻状况、流动时间、流动范围、流动原因等因素对流动老年人口的居留意愿均有一定影响。高龄、女性、受教育程度高、在婚、省内流动、流动时间长、为养老而流动者更倾向于居留在流入地⑨⑩。同时,流动老年人口的居留意愿具有多样性,约1/4的人对于是否居留

① 杨菊华.流动时代中的流动世代:老年流动人口的多维特征分析[J].人口学刊,2018(04):43-58.

② 李雨潼.中国老年流动人口特征及社会融入分析[J].社会科学战线,2021(03):270-275.

③ 艾旭峰,李秋莎,王婉晨,宋佳,范成鑫,丰志强,尹文强,马东平.基于Anderson模型的流动老年人口住院服务利用现状及影响因素分析[J].现代预防医学,2022,49(17):3170-3175.

④ 周平梅,原新.流动老年人口经济参与及其影响因素分析[J].南方人口,2019,34(02):69-80.

⑤ 杨菊华.中国流动人口的社会融入研究[J].中国社会科学,2015(02):61-79.

⑥ 郭静,薛莉萍,范慧.流动老年人口自评健康状况及影响因素有序logistic回归分析[J].中国公共卫生,2017,33(12):1697-1700.

⑦ 董博,张丽娟,宋艳丽.城市漂族老年人主观幸福感及其影响因素研究[J].护理研究,2018,32(24):3971-3973.

⑧ 靳小怡,刘妍珺.照料孙子女对老年人生活满意度的影响——基于流动老人和非流动老人的研究[J].东南大学学报(哲学社会科学版),2017,19(02):119-129.

⑨ 杨晔琴,符丽燕,余昌妹,等.温州市迁移老人生活满意度及影响因素分析[J].医学与社会,2012,25(05):4-6.

⑩ Bilecen B, Vacca R. The isolation paradox: A comparative study of social support and health across migrant generations in the US[J]. Social Science & Medicine, 2021, 283:114-204.

尚未明确①。流动老年人口往往因居住环境变化、角色地位改变、生活方式存在差异、家庭关系发生变化等而较难适应流入地生活,进而表现出返乡意愿②。

关注流动老年人口健康的研究相对较少。事实上,流动这一因素引起的老年人口生活场域的改变,会对其健康产生重大影响,加剧其面临的健康风险,使得这部分人群的健康问题相较于普通老年人口更加复杂③。为数不多的研究发现,流动老年人口自评健康受性别、年龄、户籍、学历、经济地位、流动范围、流动时间、健康服务等因素影响④⑤,低龄、高学历、经济状况好、流动时间长的流动老年人口自评健康更好⑥⑦,而女性、农业户籍的流动老年人口自评健康更差且更容易受到健康内生性因素的负面影响⑧⑨。流动老年人口孤独感、主观幸福感与婚姻状况、社区生活满意度、社交网络等因素相关,具有依时间的非线性变化特征⑩⑪。有研究认为,流动老年人口有较强的社会交往与融入需求,但其社区活动参与度、融入能力和实际社会融入程度偏低⑫。

在健康服务与支持政策方面,既有研究发现,流动老年人口缺乏自我健康管理知识⑬,健康管理情况较差,健康档案建档率较低⑭;卫生服务利用率较低,异

---

① 刘庆,陈世海.随迁老人精神健康状况及影响因素分析——基于深圳市的调查[J].中州学刊,2015(11):73-77.

② 池上新,吕师佳.社会融入与随迁老人的身心健康——基于深圳市调查数据的分析[J].深圳社会科学,2021,4(05):95-108.

③ 刘庆."老漂族"的城市社会适应问题研究——社会工作介入的策略[J].西北人口,2012,33(04):23-26.

④ Kent J L, Ma L, Mulley C. The objective and perceived built environment: What matters for happiness? [J]. Cities & health, 2017, 1(1):59-71.

⑤ Yang W, Li D, Gao J, et al. Decomposing differences in depressive symptoms between older rural-to-urban migrant workers and their counterparts in mainland China[J]. BMC public health, 2020, 20:1-15.

⑥ 张文娟,刘瑞平.中国城市老年人的社会网络现状及其影响因素——基于迁移和非迁移老年人群的比较[J].兰州学刊,2018(10):191-208.

⑦ 汤兆云,张憬玄.新生代农民工的社会网络和社会融合——基于2014年流动人口动态监测调查江苏省数据的分析[J].江苏社会科学,2017(05):8-15.

⑧ 李培林.流动民工的社会网络和社会地位[J].社会学研究,1996(4):42-52.

⑨ 唐丹,张芷凌.流动还是留守?家庭流动安排对农村老人社会网络及心理健康的影响[J].南方人口,2020,35(06):40-52.

⑩ 陈志光.漂泊与孤独:流动老年人口社会交往状况研究[J].社科纵横,2021,36(03):93-103.

⑪ 景晓芬.老年流动人口空间分布及长期居留意愿研究——基于2015年全国流动人口动态监测数据[J].人口与发展,2019,25(04):34-43.

⑫ 李雨潼.中国老年流动人口的社会融入及影响因素分析[J].人口学刊,2022,44(1):99-112.

⑬ 宋全成,尹康.中国老年流动人口初诊就医行为选择及影响因素研究[J].东岳论丛,2021,42(01):136-147.

⑭ 杨菊华.流动时代中的流动世代:老年流动人口的多维特征分析[J].人口学刊,2018(04):43-58.

地就医需求难以满足①;对国家基本公共卫生服务项目知之甚少②,就医主动性整体较差③,获得服务的概率远低于本地老年人口④。此外,受消极就医心态影响,老年人对流入地的医疗资源和健康服务资源利用程度并不高⑤。受限于户籍制度,流动老年人口普遍缺乏针对性的健康服务支持⑥。随着老年人口迁移流动的日益普遍,在全面推动流动人口基本公共服务均等化的过程中,伴随着公共服务及政策公平性与可及性的提高,该群体需要得到应有的政策关照⑦。

1.2.2 健康相关研究

健康的定义是不断演变的,是一种动态的概念,会随着时代的变迁而不断改进、完善。在远古时代人们意识到身体没有疾病和创伤是非常安全和无痛苦的,这种本能的意识就是对健康的朦胧认识,但没有上升到理论高度。英国于公元1000 年提出 Health 一词,其主要含义是安全的、完美的、结实的⑧。中国《辞海》中健康概念的表述是:"人体各器官系统发育良好功能正常体质健壮、精力充沛并具有良好劳动效能的状态,通常用人体测量体格检查和各种生理指标来衡量。"这种表述比"健康就是没有病"的提法更为完善,但仍然片面地把人作为生物有机体来看待,把定义定格在人体生理功能没有缺陷上。

现今广为接受的健康概念是世界卫生组织的定义:"健康不仅为疾病或羸弱之消除,而系体格、精神与社会之完全健康状态。"⑨健康行为理论又进一步将躯体—心理—社会三维健康延展到包括综合健康在内的四维健康⑩。中医学也强调整体观念,不仅认为人体本身是一个有机整体,而且认为人与自然、社会也是

① 张静茹,倪冰莹,纪颖,常春,王燕玲.中国老年流动人口健康状况及卫生服务利用分析[J].现代预防医学,2017,44(19):3526 - 3530.

② 杨菊华.空间理论视角下老年流动人口的社会适应[J].社会学研究,2021,36(03):180 - 203.

③ 霍添琪,闫晓,郭峻,等.我国老年流动人口常见病症患病及就诊情况的影响因素研究[J].中国全科医学,2021,24(22):2785 - 2792.

④ 靳永爱,周峰,翟振武.居住方式对老年人心理健康的影响——社区环境的调节作用[J].人口学刊,2017,39(03):66 - 77.

⑤ 江克忠,陈友华.亲子共同居住可以改善老年人的心理健康吗? ——基于 CLHLS 数据的证据[J].人口学刊,2016,38(06):77 - 86.

⑥ 国务院.国务院办公厅关于印发深化医药卫生体制改革 2016 年重点工作任务的通知. https://www. gov. cn/gongbao/content/2016/content_5074045. html.

⑦ 国家计生委.国家计生委关于印发"十三五"全国流动人口卫生计生服务管理规划的通知. https://www. jiujiang. gov. cn/xxgk/zdlyxxgk/shgysy/ylws/zcgg/201911/t20191116_2178614. html.

⑧ 肖夕君.体质、健康和体适能的概念及关系[J].中国临床康复,2006(20):146 - 148.

⑨ Rosini M D. Constitution of the World Health Organization[J]. World Health Organization, 2002, 80(12):983 - 984.

⑩ 彭向东,褚勇强,萨支红,等.健康行为理论:从健康信念模式到风险认知和健康行为决策[J].中国健康教育,2014,30(06):547 - 548.

一个统一体。根据中医学理论,健康是指机体内部的阴阳平衡,以及机体与外界环境(包括自然环境和社会环境)之间的阴阳平衡①。由此可知,健康内涵丰富,包含躯体健康、心理健康、社会健康、综合健康等四个维度。

(1) 迁移流动与健康相关研究

第七次全国人口普查数据显示,我国流动老年人口数量为 3327 万,占流动人口的 8.85%,相较于 2010 年增长 2266 万人,年均增长 12.11%,我国流动老年人口规模逐渐增长。在大规模迁移流动背景下,学者研究发现流动老年人口迁移流动的主要原因为照顾晚辈、养老与劳动就业②,这是代际间的理性决策。然而,流动老年人口面临着家庭、社区人际和社会政策等多层面排斥③,不仅承受体力上的辛劳,还面临心理孤独、社会适应能力不足等问题,健康状况并不乐观④⑤。可见迁移流动会影响老年人口的多维健康,学者们在研究迁移流动与健康时会从健康选择机制角度切入,关于流动迁移的健康选择机制存在"拉丁移民健康悖论""健康移民假说"及"三文鱼偏误假说"⑥。接下来,本研究从迁移流动对流动老年人口躯体、心理、社会、综合健康四个维度的影响进行文献回顾。

①迁移流动与躯体健康相关研究

国内外研究较少从躯体健康的单一视角着眼迁移流动与健康的关联,而多从精神健康、自评健康等着眼。关于流动老年人口健康的整体状况,有学者回顾了欧洲日益增长的流动老年人口群体,发现其发病率和死亡率与当地人口相同,但疾病对该群体的重要性、严重性和发病年龄和当地人口相比均有所不同⑦。也有研究认为虽然流动人口群体的老龄化过程与一般老年群体大体相似,但该群体在健康风险暴露、社会经济地位劣势、语言障碍和低健康素养等方面存在特殊性⑧。国内对于流动老年人口健康的研究起步较晚,陈宁通过 2015 年中国流动人口动态监测调查数据发现流入地的配偶支持、家庭经济支持和朋友数量对

---

① 姜良铎.健康、亚健康、未病与治未病相关概念初探[J].中华中医药杂志,2010,25(02):167-170.

② 杨菊华.流动时代中的流动世代:老年流动人口的多维特征分析[J].人口学刊,2018(04):43-58.

③ 姜向群,魏蒙.中国高龄老年人日常生活自理能力及其变化情况分析[J].人口与发展,2015(02):93-100.

④ 任远,乔楠.城市流动人口社会融合的过程、测量及影响因素[J].人口研究,2010(02):11-20.

⑤ 宋全成,张倩.中国老年流动人口健康状况及影响因素研究[J].中国人口科学,2018(04):81-92.

⑥ 齐亚强,牛建林,威廉·梅森,唐纳德·特雷曼.我国人口流动中的健康选择机制研究[J].人口研究,2012(01):102-112.

⑦ Kristiansen M, Razum O, Tezcan-Güntekin H, et al. Aging and health among migrants in a European perspective[J]. Public Health Reviews, 2016, 37(1):1-14.

⑧ Choi S H. Testing healthy immigrant effects among late life immigrants in the United States:using multiple indicators[J]. Journal of Aging and Health, 2012, 24(3):475-506.

流动老年人口健康自评有显著的正向影响[①];郭静提出流动老年人口的自评健康状况比非流动老年人口的自评健康更为积极[②];宋全成通过 2015 年中国流动人口动态监测调查数据研究认为现阶段退行性疾病或成为流动老年人口内在的健康风险[③];武玉认为流动老年人口往往会陷入"衰老"及"流动"的双重逆境,健康素养在整个流动群体中堪忧[④]。还有部分研究探究了区域性流动老年人口的健康状况,聂欢欢等人提出上海市流动老年人口自评健康状况相对较好[⑤];李相荣则分析了我国西部流动老年人口自评健康状况,认为高收入水平的流动人口自评健康状况较好,年内患病、自评慢性病患病、居住地到最近医疗服务机构的时间大于 15 分钟的流动老年人口自评健康状况较差[⑥]。

②迁移流动与心理健康相关研究

学者们在分析流动老年人口心理健康现状时尚未得到一致结论,唐丹等主张流动老年人与非流动老年人抑郁水平差异并不显著[⑦];而彭大松等则主张流动老年人的抑郁和焦虑水平均高于户籍老年人,生活满意度低于户籍老年人[⑧]。流动老年人口心理健康受人口社会学特征、社会资本、社会融入及空间转换等影响。从人口社会学特征来看,年龄方面,年龄的影响呈"U"型,这可能与流动老年人口在流入地的适应情况变化有关;但也有研究认为,随年龄增长,流动老年人口身体健康状况渐差,容易产生消极情绪[⑨]。性别方面,研究认为女性流动老年人口承担着更多照料责任,心理负担更重[⑩];但也有研究认为当男性流动老年

① 陈宁,石人炳.流动老人健康差异的实证研究[J].重庆社会科学,2017(7):53-60.

② 郭静,薛莉萍,范慧.流动老年人口自评健康状况及影响因素有序 logistic 回归分析[J].中国公共卫生,2017,33(12):1697-1700.

③ 宋全成,张倩.中国老年流动人口健康状况及影响因素研究[J].中国人口科学,2018(4):81-92.

④ 武玉,方志,刘爱华."年龄—流动"双重视角下老年流动人口健康及影响因素——基于 2017 年全国流动人口卫生计生动态监测调查数据[J].兰州学刊,2020(1):157-171.

⑤ 聂欢欢,潘引君,孙炜,等.上海市流动老人自评健康状况——基于 2015 年全国流动人口动态监测调查的数据分析[J].上海交通大学学报(医学版),2017,37(1):98-101.

⑥ 李相荣,张秀敏,任正,等.中国西部流动老年人口自评健康状况及其影响因素[J].医学与社会,2021,34(4):1-5.

⑦ 唐丹,张芷凌.流动还是留守?家庭流动安排对农村老人社会网络及心理健康的影响[J].南方人口,2020,35(06):40-52.

⑧ 彭大松,张卫阳,王承宽.流动老人的心理健康及影响因素分析——基于南京的调查发现[J].人口与社会,2017,33(04):20-32.

⑨ 董博,张丽娟,宋艳丽.城市漂族老年人主观幸福感及其影响因素研究[J].护理研究,2018,32(24):3971-3973.

⑩ 刘庆,陈世海.随迁老人精神健康状况及影响因素分析——基于深圳市的调查[J].中州学刊,2015(11):73-77.

人口承担家庭照料责任时,与性别角色分工不符的"屈辱感"使其心理压力加重[①]。受教育程度方面,相较于小学及以下文化程度的流动老年人,中学及以上的流动老年人生活满意度更高,这可能是因为文化程度越高越容易融入流入地[②]。

从社会资本来看,与本地老年人口相比,社会支持网络规模越小的流动老年人口心理健康状况越差[③]。社会融入方面,社会融入影响流动老年人的流入地生活。池上新等人发现社会融入可有效扩展随迁老人在流入地的社会网络规模,改善其社会参与情况,提高获得帮助的可能性,从而增强其积极情绪体验[④]。

从空间转换来看,迁移流动对老年人口意味着物质空间、制度空间、社会网络空间、公共和文化空间的转换。物质空间方面,流动老年人距离子女更近、获得子女支持更加便利的同时,也减少了在流出地的有收入劳动机会,增强了对子女的依赖,从而削弱了自我效能感;制度空间方面,流动老年人在异地医疗和获取养老保障时面临着更多的困难;社会网络空间方面,因家庭团聚和隔代照料而迁移流动的老年人通常与子女居住在一起,在其进入"新家庭"后,话语权降低,"权威感"瓦解,容易产生失落感[⑤];公共空间和文化空间方面,流出地和流入地之间的生活习惯、风俗差异使得流动老年人口的社会参与保持在较低水平,从而使其对流入地的归属感和认同感较低,容易产生抑郁、焦虑等负面情绪[⑥]。

③迁移流动与社会健康相关研究

个体脱离原生活场域,到达流入地生活,迁移流动行为使其原有社会网络发生断裂,并且短时间难以在流入地发展新的社会关系。同时,流入地与原有生活场域在生活环境、风俗习惯、政策制度等方面存在差异,使个体较难适应流入地新生活,陌生的生活环境将大大降低其社会参与意愿。张文娟和刘瑞平基于迁移和非迁移老年人群对中国城市老年人社会网络进行研究后发现,婚姻状况和居住安排对城市迁移老年人社会网络的影响超过非迁移老年人,社会环境和居

① 靳小怡,刘妍珺.照料孙子女对老年人生活满意度的影响——基于流动老人和非流动老人的研究[J].东南大学学报(哲学社会科学版),2017,19(02):119-129.

② 杨晔琴,等.温州市迁移老人生活满意度及影响因素分析[J].医学与社会,2012,25(05):4-6.

③ Bilecen B, Vacca R. The isolation paradox: A comparative study of social support and health across migrant generations in the US[J]. Social Science & Medicine, 2021, 283:114-204.

④ 池上新,吕师佳.社会融入与随迁老人的身心健康——基于深圳市调查数据的分析[J].深圳社会科学,2021,4(05):95-108.

⑤ 刘庆."老漂族"的城市社会适应问题研究——社会工作介入的策略[J].西北人口,2012,33(04):23-26.

⑥ 董博,张丽娟,宋艳丽.城市漂族老年人主观幸福感及其影响因素研究[J].护理研究,2018,32(24):3971-3973.

住时间对城市迁移老年人的家庭网络和朋友网络也表现出显著影响[1]。流动老年人口由于年龄所限,本身难以适应社会的快速发展,在脱离原有生活场域后,加上自身在流入地缺少以业缘为基础的社会网络发展机会以及社会活动参与机会,这进一步削弱了其在流入地的社会适应水平[2]。此外,已有研究进一步表明,照看孙辈、照顾子女等代际支持行为会显著降低流动老年人自身的社会交往水平[3]。

从流动特征上看,流入地与原有生活场域生活环境、风俗习惯、语言差异等方面差距越小,个体则更容易在当地发展社会网络,更容易获取当地社会活动信息、适应当地生活。陈志光利用 2015 年中国流动人口动态监测调查数据发现,11%的流动老年人在流入地没有朋友,15%的流动老年人只有 1—2 个朋友,且跨省流动的老年人口,其朋友数量在前 3 年中都没有显著增多。相对于"城—城"流动的个体,由于农村与城市之间的生活环境相差较大,"乡—城"流动的个体更难适应流入地生活。流动老年人口更倾向于选择熟悉的环境作为流入地,呈现空间上的就近流动[4]。同时,若流入地具有良好的社会支持环境,更具有包容性、可达性,积极接纳流动人口,则其社会适应水平更高[5]。

④迁移流动与综合健康相关研究

目前研究迁移流动和综合健康主要从两个角度进行,一是把迁移流动特征作为影响人口健康的一个因素,研究迁移流动特征对综合健康的影响;二是以流动人口为研究对象,研究除了迁移流动特征外,其他人口社会特征以及其他的影响因素对流动人口综合健康的影响。

迁移流动特征包括流动时间、流动区域、流动范围等,这会造成流动人口的综合健康差异。从流动时间看,流入时间较短的流动人口主观综合健康更好,侯建明等研究认为相比于流入 10 年以上的,流入 2 年以内、3—5 年、6—9 年对主观综合健康分别提升 31%、17% 和 14%。从流动区域看,与流入东北部地区相比,流入东部、中部、西部地区健康状况会有所提高,具体分别提高了 19%、18%、16%。从流动范围看,与市内跨县相比,省内跨市流动和跨省流动的综合

① 张文娟,刘瑞平.中国城市老年人的社会网络现状及其影响因素——基于迁移和非迁移老年人群的比较[J].兰州学刊,2018(10):191-208.

② 唐丹,张芷凌.流动还是留守?家庭流动安排对农村老人社会网络及心理健康的影响[J].南方人口,2020,35(06):40-52.

③ 陈志光.漂泊与孤独:流动老年人口社会交往状况研究[J].社科纵横,2021,36(03):93-103.

④ 景晓芬.老年流动人口空间分布及长期居留意愿研究——基于 2015 年全国流动人口动态监测数据[J].人口与发展,2019,25(04):34-43.

⑤ 杨菊华.空间理论视角下老年流动人口的社会适应[J].社会学研究,2021,36(03):180-203.

健康状况会更好,省内跨市流动和跨省流动对综合健康分别提升11%和26%①。

　　流动人口的综合健康受到个体特征因素、社会经济因素和社会融入因素等的影响。个体特征中,性别、年龄、受教育程度、户籍以及居住地等会影响流动人口综合健康。一般而言,男性、低龄、高学历、非农户口的流动人口主观综合健康状况更好②③。以全体流动人口作为研究对象,研究发现年轻的流动人口主观综合健康状况更好;以老年流动人口为研究对象,该结论依然成立,低龄老年人的主观综合健康状况更好。何南芙等研究表明,相比60—69岁的流动老年人口,70—79岁以及80岁以上的流动老年人口主观综合健康状况更差④。

　　社会经济特征中,工作状况、收入、住房性质等也会对流动人口综合健康造成影响。有工作、收入更高的流动人口综合健康状况会更好⑤,对流动老年人口而言,工作和收入对综合健康的正向影响也是显著的⑥⑦。

　　流动人口对迁入地的文化适应会影响其综合健康。迁移流动的过程也是跨越迁出地和迁入地的文化适应过程,迁移流动人口从落后地区流入发达地区会面临文化差异的冲击和文化适应的问题,面临文化高压,迁移流动者更有可能获得较差的主观综合健康⑧,但他们也会更加频繁体检,适应迁入地的生活方式,以获得更好的综合健康⑨。对流动老年人口而言,社会融入同样影响其综合健康,由于老年人口退休后生活更加需要社会支持,流动老年人口在流入地的朋友数量积极影响其综合健康⑩。

---

① 侯建明,赵丹.我国流动人口健康自评状况及其影响因素分析[J].人口学刊,2020,42(04):93-102.

② 石郑.流动人口健康自评状况及影响因素分析[J].江汉学术,2020,39(02):17-28.

③ Gubernskaya Z. Age at migration and self-rated health trajectories after age 50:Understanding the older immigrant health paradox[J]. Journals of Gerontology Series B:Psychological Sciences and Social Sciences, 2015, 70(2):279-290.

④ 何南芙,普亚姣,李忠起.中国流动老年人口健康状况影响因素及公平性[J].中国老年学杂志,2021,41(19):4398-4401.

⑤ 侯建明,赵丹.我国流动人口健康自评状况及其影响因素分析[J].人口学刊,2020,42(04):93-102.

⑥ 杨博,张楠.流动老年人健康自评的性别差异:基于健康双因素的多层模型研究[J].人口与发展,2019,25(02):20-30.

⑦ 何南芙,普亚姣,李忠起.中国流动老年人口健康状况影响因素及公平性[J].中国老年学杂志,2021,41(19):4398-4401.

⑧ Finch B K, Vega W A. Acculturation stress, social support, and self-rated health among Latinos in California[J]. Journal of immigrant health, 2003, 5:109-117.

⑨ Bzostek S, Goldman N, Pebley A. Why do Hispanics in the USA report poor health? [J]. Social Science & Medicine, 2007, 65(5):990-1003.

⑩ 郭静,薛莉萍,范慧.流动老年人口自评健康状况及影响因素有序 logistic 回归分析[J].中国公共卫生,2017,33(12):1697-1700.

（2）代际关系与健康相关研究

从全球化的角度，周晓虹认为代际关系可以是不同时代的国家发展阶段和不同世代的人由于现代性和全球化导致的冲突和认同的关系，比如代沟的出现或者代际认同的消解①。从社会分层和流动的角度，石磊总结代际关系主要关注代际间的社会流动变化趋势和背后机制②。本研究关注的代际关系主要指家庭代际关系。王跃生认为家庭代际关系是具有血缘关系（或收养关系）成员的纵向关系的体现，其核心是亲子关系，亲子关系是代际关系的纽带和基础③。家庭代际关系对老年人健康具有重要影响，学者们在研究二者关系时多运用家庭支持理论、家庭冲突理论、角色增强理论、角色压力理论和社会护航模型理论等。健康内涵丰富，包含躯体健康、心理健康、社会健康、综合健康等四个维度，下面将从这四个维度阐述代际关系对老年人口健康的影响。

①代际关系与躯体健康相关研究

目前学界关于代际关系对老年人口躯体健康的影响机制存在多种观点，核心问题是子女与父母之间双向代际支持对于躯体健康的影响。经济支持层面，有学者提出，成年子女提供的经济支持能够显著提升老年人躯体健康水平，有效减缓其认知功能的老化速度④。然而，也有学者认为子女提供的经济支持会降低老年人的自我效能感，继而损害其身心健康⑤。情感支持层面，现有研究多支持代际情感交换的增强对老年人躯体健康存在积极影响⑥。子女给予情感支持抑制老年人身体机能衰退，降低其出现日常生活障碍的可能性⑦。工具支持方面，已有研究认为子女提供的日常照料会改善老年人生活质量及其心理健康状况，进而提升老年人躯体健康的水平⑧，而日常照料的缺乏则会损害老年人的身

---

① 周晓虹.冲突与认同：全球化背景下的代际关系[J].社会，2008(02)：20-38.

② 石磊.中国代际社会流动的变迁——基于多重机制的分析[J].社会学研究，2022，37(05)：156-178.

③ 王跃生.中国家庭代际关系的理论分析[J].人口研究，2008(04)：13-21.

④ Chen G, Si W, Qiu L. Intergenerational financial transfers and physical health of old people in rural China: evidence from CHARLS data[J]. Ciência Rural, 2020, 50.

⑤ Abolfathi Momtaz Y, Ibrahim R, Hamid T A. The impact of giving support to others on older adults' perceived health status[J]. Psychogeriatrics, 2014, 14(1): 31-37.

⑥ Strang V R, Koop P M, Dupuis-Blanchard S, et al. Family caregivers and transition to long-term care[J]. Clinical Nursing Research, 2006, 15(1): 27-45.

⑦ 宋璐，李树茁.代际交换对中国农村老年人健康状况的影响：基于性别差异的纵向研究[J].妇女研究论丛，2006(4)：14-20.

⑧ 左冬梅，李树茁.基于社会性别的劳动力迁移与农村留守老人的生活福利——基于劳动力流入地和流出地的调查[J].公共管理学报，2011，8(2)：93-100.

心健康①。老年人提供的向下的工具支持对健康的效应尚未达成一致结论,有学者认为患有多种疾病的老年人提供向下支持可以改善其幸福指数与自尊水平,从而提升其生活质量,保障躯体健康②;但是也有学者提出繁重的照料负担会使得老年人更有可能罹患慢性病,影响身体机能的协调一致③,同时更有可能面临失能风险④。

②代际关系与心理健康相关研究

已有研究多从家庭代际关系结构(居住安排)或功能交换(经济支持、工具支持、情感支持)维度出发,研究其对老年人口心理健康的影响机制。关于代际居住安排如何影响老年人口心理健康的研究,学界主要持两种观点:一种观点基于"家庭支持理论",认为亲子同住使老年人口更容易获得情感慰藉、照料帮助和经济支持,有利于心理健康⑤;另一种观点基于"家庭冲突理论",认为与子女同住更易引发冲突和矛盾,消解代际支持的作用,不利于老年人口心理健康⑥。

代际经济支持与老年人口心理健康相关研究中,学者们一般会区分代际经济支持的转移方向。目前,向下代际经济支持对老年人口心理健康影响的研究主要持两种观点:一种观点基于"角色增强理论",认为老年人口向下给予财务帮助时可得到满足感和成就感,有利于降低老年人口的抑郁发生风险⑦;另一种观点基于"角色压力理论",认为向下经济支持会增加农村老年人口的经济和心理压力,从而降低其心理健康水平⑧。向上代际经济支持对老年人口心理健康的影响研究中同样存在两种矛盾观点:一种观点认为接受子女过多的经济支持会

① 赵蒙蒙,罗楚亮. 预期生活照料的可获得性与生活满意度——基于 CHARLS 数据的经验分析[J]. 劳动经济研究,2017,5(5):63 - 81.

② Ku L J E, Stearns S C, Van Houtven C H, et al. Impact of caring for grandchildren on the health of grandparents in Taiwan[J]. Journals of Gerontology Series B: Psychological Sciences and Social Sciences,2013,68(6):1009 - 1021.

③ Minkler M, Fuller-Thomson E. African American grandparents raising grandchildren:A national study using the Census 2000 American Community Survey[J]. The Journals of Gerontology Series B: Psychological Sciences and Social Sciences,2005,60(2):S82 - S92.

④ Minkler M, Fuller-Thomson D E. Physical and mental health status of American grandparents providing extensive child care to their grandchildren[J]. Journal of the American Medical Women's Association(1972),2001,56(4):199 - 205.

⑤ 江克忠,陈友华. 亲子共同居住可以改善老年人的心理健康吗? ——基于 CLHLS 数据的证据[J]. 人口学刊,2016,38(06):77 - 86.

⑥ 任强,唐启明. 中国老年人的居住安排与情感健康研究[J]. 中国人口科学,2014(04):82 - 91.

⑦ 王萍,张雯剑,王静. 家庭代际支持对农村老年人心理健康的影响[J]. 中国老年学杂志,2017,37(19):4893 - 4896.

⑧ 崔烨,靳小怡. 家庭代际关系对农村随迁父母心理福利的影响探析[J]. 中国农村经济,2016(06):15 - 29.

使老年人口产生内疚感和失败感,从而降低其心理健康水平[1];另一种观点认为子女提供经济支持有助于改善老年人口的生活质量,进而能够提高老年人口的生活满意度[2]。代际工具支持与老年人口心理健康的研究,尚未形成一致结论。有研究发现照料任务繁重容易增加老年人口抑郁发生风险[3];另一部分研究则认为提供照料有助于老年人口实现自我效能感,对其心理健康产生积极影响[4]。成年子女提供照料对老年人口心理健康影响的研究中也有不同结论,有研究发现接受子女的家务帮助容易使老年人口抑郁程度显著增加[5];但也有研究认为子女给予的照料支持对老年人口心理健康有积极影响。代际情感支持与老年人口心理健康的研究中,学者们依据社会护航模型多达成一致结论:无论是子代情感支持还是亲代情感支持,均对老年人口心理健康有显著正向影响[6]。

③代际关系与社会健康相关研究

代际关系与社会健康方面,学界主要关注子女与老年人之间代际资源交换对老年人社会健康的影响,认为这种影响与代际资源流向有关。代际资源向上流动,即老年人获得子女提供的代际资源为主时,对其社会健康产生积极影响。来自子女的支持使得随迁老人有更加充沛的精力、财力与时间参与社会活动,发展社交网络,进而更加积极地融入社会[7]。家庭情感需求的满足对于随迁老年人来说至关重要,子女除给予物质保障外,还应对随迁老人进行精神关爱,加强与老年人的沟通交流,给予其足够的关心,才能帮助随迁老人积极融入社会[8][9]。有学者研究指出,子女提供代际支持对老年人经济活动参与产生积极的影响[10]。

---

[1] Silverstein M, Chen X, Heller K. Too much of a good thing? Intergenerational social support and the psychological well-being of older parents[J]. Journal of Marriage and the Family, 1996:970 - 982.

[2] 侯建明,张培东,周文剑. 代际支持对中国老年人口心理健康状况的影响[J]. 人口学刊,2021,43(05):88 - 98.

[3] 刘昊,李强,薛兴利. 双向代际支持对农村老年人身心健康的影响——基于山东省的调查数据[J]. 湖南农业大学学报(社会科学版),2019,20(04):49 - 56.

[4] 黄国桂,杜鹏,陈功. 隔代照料对于中国老年人健康的影响探析[J]. 人口与发展,2016,22(06):93 -100.

[5] 王萍,张雯剑,王静. 家庭代际支持对农村老年人心理健康的影响[J]. 中国老年学杂志,2017,37(19):4893 - 4896.

[6] Tosi M, Grundy E. Intergenerational contacts and depressive symptoms among older parents in Eastern Europe[J]. Aging & mental health, 2019, 23(6):686 - 692.

[7] 彭大松. 家庭化流动背景下老年流动人口的城市融入研究[J]. 深圳大学学报(人文社会科学版),2020,37(06):105 - 114.

[8] 胡雅萍,刘越,王承宽. 流动老年人社会融入现状及对策研究——基于江苏省流动老年人的质性研究[J]. 老龄科学研究,2019,7(07):41 - 49.

[9] 牛可可,高娅楠,刘世颖. 随迁老人社会融入困难的原因及对策分析[J]. 社会与公益,2020(06):74 -75.

[10] 彭青云,朱晓. 影响城市老年人经济活动参与的家庭因素分析[J]. 人口与发展,2017,23(03):68 - 75.

老年人口代际资源向下流动时,即老年人向子女提供代际资源为主,将对其社会健康产生消极影响。隔代照料包括家居卫生、上学接送、陪孙辈玩耍等,这意味着老年人在一段时间内要牺牲自己参与社会活动甚至是正常休息的时间[①②],主动减少甚至是放弃休闲娱乐活动[③]。研究发现,老年人对子女付出照料时间的同时牺牲了自己的空闲时间,限制了老年人参与社会活动的机会和时间安排,影响其朋友网络规模,使老年人陷入朋友隔离的状态[④]。然而,也有研究表示,隔代照料不会挤占老年人积极参与社区活动的时间;相反,会使得老年人在养育孙辈的同时有更多的机会与周边人进行交流,促使其积极参与社区活动[⑤]。

④代际关系与综合健康相关研究

由于代际关系具有多维性和方向性,已有研究多从代际支持流向对老年人综合健康的影响进行分析。父代对子代的单向代际支持会对老年人口综合健康产生正向影响。老年人口为成年子女提供情感支持和提供孙辈照料会显著提升其综合健康[⑥],并且和孙辈的代际关系质量越高[⑦],其综合健康状况越好。提供经济支持也能够提升其综合健康[⑧],但工具支持的影响不显著[⑨]。黄庆波基于社会交换理论,利用 2010 年中国妇女社会地位调查老年人口专项数据分析指出,与不提供代际支持的老年人相比,提供代际支持越多的老年人综合健康状况越好[⑩]。子代对父代的单向代际支持给老年人口综合健康带来积极影响。研究发

① 李连友,李磊,万叶.积极老龄化视角下老年人隔代抚养与社会参与的角色冲突及调适——基于社会角色理论的分析[J].行政管理改革,2021(05):71-78.

② 黄国桂,杜鹏,陈功.隔代照料对于中国老年人健康的影响探析[J].人口与发展,2016,22(06):93-100.

③ 何圆,王伊攀.隔代抚育与子女养老会提前父母的退休年龄吗?——基于 CHARLS 数据的实证分析[J].人口研究,2015,39(02):78-90.

④ 谢立黎,王飞,胡康.中国老年人社会参与模式及其对社会适应的影响[J].人口研究,2021,45(05):49-63.

⑤ 马磊,林森苗.隔代照料减少了老年人的社区参与吗?——基于 2014 年中国老年社会追踪调查数据的分析[J].老龄科学研究,2020,8(05):42-53.

⑥ 刘昊,李强,薛兴利.双向代际支持对农村老年人身心健康的影响——基于山东省的调查数据[J].湖南农业大学学报(社会科学版),2019,20(04):49-56.

⑦ Lai D W L, Lee V W P, Li J, et al. The impact of intergenerational relationship on health and well-being of older Chinese Americans[J]. Journal of the American Geriatrics Society, 2019, 67(S3):S557-S563.

⑧ Liu S, Zhang W, Zhang K, et al. The Association between Intergenerational Support and Self-Rated Health among Chinese Older Adults: Do Resilience and Gender Matter? [J]. Journal of Applied Gerontology, 2023, 42(1):111-120.

⑨ Wang W P, Wu L H, Zhang W, et al. Culturally-specific productive engagement and self-rated health among Taiwanese older adults[J]. Social Science & Medicine, 2019, 229:79-86.

⑩ 黄庆波,胡玉坤,陈功.代际支持对老年人健康的影响——基于社会交换理论的视角[J].人口与发展,2017,23(01):43-54.

现,子女的照料支持和经济支持会让农村老年人口获得更好的主观健康[1],子女的情感支持对农村老年人口综合健康的影响是积极的,但是子女的照料支持比情感支持对综合健康的促进作用更强[2]。然而,也有研究发现子代提供的代际支持对老年人综合健康的影响不一定是正向的,相比子代不提供代际支持的老年人,子代提供两种代际支持,对老年人综合健康的负向影响更大[3]。刘昊等学者也不支持子代经济支持的正向作用,反而证实其对农村老年人综合健康的负向作用[4]。

1.2.3 家庭支持政策相关研究

（1）家庭政策

早在 19 世纪末期就已开始出现相关的家庭政策实践。作为专业术语,家庭政策始现于 20 世纪 30 年代的欧洲,当时它被用以指称转移支付中有利于大部分家庭发展或宏观意义上的人口政策[5]。美国学者所著的《国家与家庭》首次指出,家庭政策与工业化具有必然联系[6]。

二战结束后,发达国家普遍大幅干预公民家庭生活,西方家庭政策得到更为快速的发展[7]。在实践上,以补救型为主的家庭政策逐步转变为面向全体公民的普遍性家庭政策,持续的财政投入使国家以普遍主义的福利供给方式替代原有对家庭实物供给、经济资助与服务支持的选择性供给方式。家庭功能逐渐外移,被国家社会福利取代。整体上,这一阶段家庭政策在实践上表现出三大共性:专门家庭政策机构的创建、家庭补助金覆盖面的扩展、产假政策的优化提升[8],这凸显了家庭在国家政策中的重要位置。在此阶段,"家庭"正式成为政策客体。然而,贫困并未随着普遍性综合家庭政策实施得以有效解决,反而出现了严重化的趋势。因此,福利国家对"去家庭化"取向进行反思,在态度和干预方式

---

① 薛珑,朱晓玲,刘宁.社会经济地位、子女代际支持与老年健康[J].统计与决策,2020,36(16):73－76.

② 贾仓仓,何微微.子女代际支持对老年人健康的影响——基于内生性视角的再检验[J].人口与经济,2021(03):52－68.

③ 黄庆波,胡玉坤,陈功.代际支持对老年人健康的影响——基于社会交换理论的视角[J].人口与发展,2017,23(01):43－54.

④ 刘昊,李强,薛兴利.双向代际支持对农村老年人身心健康的影响——基于山东省的调查数据[J].湖南农业大学学报(社会科学版),2019,20(04):49－56.

⑤ Kamerman S B, Kahn A J. Explorations in family policy[J]. Social Work, 1976, 21(3):181－186.

⑥ Myrdal A R. Nation and family:the Swedish experiment in democratic family and population policy[M]. Harper & Brothers Publishers, 1941:155－157.

⑦ Moroney R M. The issue of family policy:do we know enough to take action? [J]. Journal of Marriage and Family, 1979:561－563.

⑧ 吕亚军.欧盟层面家庭政策研究[M].北京:经济科学出版社,2009:60.

上均发生鲜明变化①。在后福利国家时代,各国福利支出受到较大制约,这在很大程度上牵制了政府对家庭的干预效度;但家庭结构的变化、家庭功能的转变以及贫困问题的恶化已无法逆转社会对系统化家庭政策的需求。相对于家庭政策的黄金时期,这一阶段政策得到了国家持续而稳定的关注,并显现出"再家庭化"的趋势。

中国家庭政策研究始于 20 世纪 80 年代,从现有文献看,主要包含三个方面:一是根据家庭变迁对家庭政策进行研究,家庭变迁过程中出现一些新的问题和需求,通过对现有家庭政策的研究,提出相关建议以完善家庭政策,满足家庭发展需求②③。二是对家庭政策较为完善的国家进行探讨并与中国进行对比,提出更适合中国家庭政策建构的建议④⑤。三是在特定视角下对家庭政策进行研究,如基于增强家庭的发展能力视角构建发展型家庭政策⑥;基于工作与家庭平衡视角对工作—家庭冲突的现状和挑战进行分析,提出有关家庭政策建构的建议等⑦。整体而言,碎片化是我国现阶段家庭政策的突出特征,且以补缺型为主⑧。

（2）养老保障制度

人口老龄化的不断加深意味着老年人口养老需求的不断增加,如何更好地保障老年人生活,满足其养老需求,建设一个更加完备的养老保障制度,是当前中国社会亟待解决的问题。下面主要从养老保险、医疗保险和长期照护三个方面进行文献回顾。

当前,我国已初步建立起以基本养老保险为第一支柱、企业年金(职业年金)为第二支柱和个人储蓄性养老保险(商业保险)为第三支柱的三支柱养老保险体系⑨。然而,补充性养老保险及个人储蓄性养老保险发展十分缓慢⑩。2021 年末,仅有 8% 左右的企业职工参加了企业年金。基本养老保险制度承担了主体性的养老经济保障功能。

---

① Joshi H. The State and the Family:A Comparative Analysis of Family Policies in Industrialized Countries [J]. Population Studies, 1997,51(2):230 - 231.

② 胡湛,彭希哲.家庭变迁背景下的中国家庭政策[J].人口研究,2012,36(02):3 - 10.

③ 李树茁,王欢.家庭变迁、家庭政策演进与中国家庭政策构建[J].人口与经济,2016(06):1 - 9.

④ 马春华.瑞典和法国家庭政策的启示[J].妇女研究论丛,2016(02):20 - 23.

⑤ 刘继同.世界主要国家现代家庭福利政策的历史发展与经验规律[J].中共中央党校学报,2016,20 (04):51 - 65.

⑥ 张秀兰,徐月宾.建构中国的发展型家庭政策[J].中国社会科学,2003(06):84 - 96.

⑦ 潘锦棠,许晓丽.国际比较视野下的公共家庭政策与两性就业平等关系——基于"福利国家悖论"现象的考察[J].河南师范大学学报(哲学社会科学版),2020,47(06):72 - 79.

⑧ 陆杰华,汤澄.人口转变背景下风险家庭表现形式、成因及公共政策再建构[J].河北学刊,2016,36 (03):145 - 151.

⑨ 周爱民.当前我国养老保障制度改革的现状、面临的挑战及其对策探讨[J].湖南社会科学,2019 (06):133 - 140.

⑩ 何文炯.改革开放 40 年:中国养老保险回顾与展望[J].教学与研究,2018(11):16 - 24.

作为最重要的养老经济保障制度,基本养老保险制度仍然停留在县(区)级统筹,尚未实现全国统筹。不同统筹体的基本养老制度在缴费、待遇计发及领取等诸多方面存在差异①,政策区域分化严重②③。例如,在缴费政策和缴费基数方面,各地单位缴费率 12%—22%,多数地区的个人缴费基数按照上年度当地在岗职工平均工资的 60%—300%确定,但有省份将其调低到 40%。其次,现行基本养老保险制度也存在人群分割④。目前,我国已经形成了分别覆盖机关事业单位工作人员、企业职工和城乡居民三类主要人群的基本养老保险制度。然而,由于不同人群分属的基本养老保险在参保条件、制度模式、缴费及待遇计发规则等方面存在较大差别,三类基本养老保险制度不仅不能互通,且不同人群待遇水平存在严重分化。2021 年,企业职工平均基本养老金为 3577.37 元/人·月,是城乡居民的 18.74 倍,但仅是机关事业工作人员的 1/3 左右。

现阶段,我国建立了覆盖城镇职工与城乡居民的基本医疗保险制度。然而,作为最重要的医疗保障制度,基本医疗保险制度也面临着区域分割、人群分割的问题⑤。目前,大多数地区城镇职工基本医疗保险制度县(区)级统筹,城乡居民基本医疗保险制度则正在从乡(镇)统筹逐步向县(区)统筹过渡。近年来,我国基本医疗保险统筹层次有所提高,但总体上仍然是以地市和县区统筹为主要格局⑥。统筹层次较低意味着统筹单元内的优质医疗资源有限,难以形成覆盖不同层级(医院和基层医疗机构)和不同类别(综合医疗机构和专科医疗机构)的医疗服务供给体系。其次,基本医疗保险制度存在人群差异⑦⑧。与城乡居民相比,无论是补偿范围还是待遇水平,城镇职工都拥有更加优厚的制度保障⑨。2021 年,职工医疗保险范围内住院费用基金支付比例 84.40%⑩,而居民医疗保

---

① 冯潇,成新轩.我国多支柱养老保障存在的问题及瑞典经验借鉴[J].金融与经济,2022(05):90-96.

② 穆怀中.从"金字塔"到"橄榄型":新三支柱养老保障制度的设计与优化[J].社会科学,2022(01):82-93.

③ 穆怀中,范璐璐,陈曦.养老保障制度"优化"理念分析[J].社会保障研究,2020(01):3-10.

④ 王笑啸,刘婧娇.中国共产党推进养老保障的百年探索:发展历程、基本经验与未来方向[J].西北人口,2021,42(04):114-126.

⑤ 施文凯,朱坤.中国医疗保障财政支出:现状、问题与对策[J].财政科学,2022(10):72-81.

⑥ 谢莉琴,秦盼盼,高星,等.中国城乡居民基本医疗保险制度发展历程、挑战与应对策略[J].中国公共卫生,2020,36(12):1673-1676.

⑦ 王延中.新冠肺炎疫情防控背景下中国医疗卫生与医疗保障制度的优化[J].社会保障评论,2022,6(03):57-69.

⑧ 何文炯.全面增强基本医疗保障制度公平性[J].中国医疗保险,2022(03):1-3.

⑨ 方鹏骞,赵圣文,张霄艳,等.我国基本医疗保险制度的成就、挑战及对策[J].中国卫生经济,2016,35(07):12-14.

⑩ 吕国营.新时代中国医疗保障制度如何定型?[J].社会保障评论,2020,4(03):39-46.

险范围内住院费用基金支付比例 69.30%①②。

进入 21 世纪后,中国的人口老龄化速度加快。为健全与此趋势相适应的社会保障体系,自 2016 年国家层面的长期护理保险试点工作启动后,许多地方政府围绕政策体系、标准体系、管理办法、运行机制等方面进行了有益探索,不仅减轻了失能人员和家庭的负担,也推动了养老服务市场的发展。然而,总体来看,长期护理保险仍停留在试点摸索阶段。一是制度实施缺乏法律效力、约束力不强,实践周期短③④。其次,在覆盖面、筹资来源、待遇给付、管理办法等方面呈现出"碎片化"特征。此外,长期护理保险的覆盖面较小⑤⑥。一方面,从身份和地域上看,第一批 15 个试点城市中有 5 个城市参保对象为城镇职工,1 个城市参保对象为城镇职工及城镇居民,仅有 60% 的城市覆盖城镇职工及城乡居民。第二批试点城市中,绝大多数城市的参保对象仅覆盖了城镇职工,这就表示有大量的城乡居民尤其是农村居民未被纳入参保对象。另一方面,绝大多数试点城市仅把重度失能人员列为保障对象,并未将失智人员和中重度失能人员纳入保障对象。这类人员身体状况和经济收入或与重度失能人员类似,却没有享受到应有的服务保障和待遇补助。总体上,长期护理保险制度仍处于发展的试点阶段,无论是在统筹层次、制度模式,还是制度参数设计等方面,其成熟度都远远不及基本养老保险和基本医疗保险制度。

1.2.4 文献述评

从现有研究来看,学界对于流动老年人口、家庭代际关系、人口迁移流动、流动老年人口健康等方面展开了丰富的研究,为探讨"迁移—健康"相关理论体系、老年人口迁移流动的影响因素及家庭代际团结对流动老年人口健康的重要作用提供了科学的参考依据。然而,鉴于理论及现实条件的制约,相关研究还存在一些不足。

第一,现有的研究对于家庭代际关系的内涵及测度需进一步拓展。家庭代际关系所包含的内容是复杂多变的,国内学者在代际关系相关研究中多从狭义的角度将"代际关系"和"代际支持"画上了等号,并未在概念上加以明确区分,这束缚了家庭代际关系的内涵及外延的阐释。另外,现有研究对于代际关系的测量多服从狭义的工具性取向,重点关注代际支持,对代际关系的具体内容、代际

① 胡晓毅,詹开明,何文炯.基本医疗保险治理机制及其完善[J].学术研究,2018(01):99-106.

② 梁春贤.我国基本医疗保险制度中政府责任分析[J].管理世界,2011(06):168-169.

③ 陈诚诚.长期护理保险试点总结及发展建议[J].中国社会保障,2020(06):39-41.

④ 潘萍,覃秋蓓.中国长期护理保险制度模式选择与发展路径[J].西南金融,2022(02):89-100.

⑤ 李月娥,明庭兴.长期护理保险筹资机制:实践、困境与对策——基于 15 个试点城市政策的分析[J].金融理论与实践,2020(02):97-103.

⑥ 李佳.中国长期护理保险制度财政负担可持续性研究——基于 17 种试点方案测算[J].社会保障评论,2020,4(04):53-71.

关系的形式以及代际关系强度及水平高低分化的关注明显不足。因此,亟须构建、丰富家庭代际关系的测量方式。

第二,已有研究对老年人健康的多维测量较少。健康这一概念本身具有多维度面向,不仅指涉躯体健康,还包括心理、社会和综合健康等维度。已完成社会化过程的老年人,其各维度健康都会随着时间进程而发生变化。现有关于老年人口健康的研究,多采用单一维度的健康测量,难以全面地反映出老年人口动态的、多维度的健康状态。与此同时,受年龄增长所带来的身体退行性改变的影响,老年人口与其他年龄人群在健康的各个维度上均存在较大区别,其健康测度不仅应当多元化,更应当具有针对性。

第三,迁移流动及家庭代际关系对流动老年人口健康变化的影响机制尚不清晰。老年人口从经济社会欠发达地区流入较发达地区会面临文化、环境差异的冲击,带来不适应等问题,其健康状况可能较差。此时,成年子女的各种支持对老年人健康具有至关重要的影响。然而,既有研究关于迁移流动、家庭代际关系与流动老年人口健康之间的关联尚未达成一致,亟须更多深入、科学的实证研究。当前,我国已进入由迁移流动主导人口态势的新时期,越来越多老年人口加入流动大军,老年人口的生活基础也将因时空变化而发生改变,而家庭代际团结对老年人健康将具有重要作用。因此,明确迁移流动及家庭代际关系对流动老年人口健康变化的影响及作用机制,不仅具有必要性,同时也具有迫切性。

第四,流动老年人口及其家庭相关支持政策研究不足。已有研究对我国家庭政策的讨论并不充分,基于家庭视角对现行政策问题的剖析、未来政策目标及价值理念的讨论才刚刚起步。既有研究对于国际视野下西方先进国家家庭政策演进及改革倾向的比较与借鉴亦明显不足。此外,当家庭难以为老年人口提供全面保障时,社会化养老保障制度应发挥重要支持作用。然而,在养老保障方面,既有研究更多采取独立性视角,审视养老经济及服务保障制度体系内部存在的问题并提出破解思路,鲜有研究基于流动性视角,从老年人口生存需求、健康及照料服务需求出发,来审视现行养老保障体系存在的问题。

1.3 研究内容与方法

1.3.1 研究内容

(1)家庭代际团结内涵的本土化及测度体系构建。在西方,家庭代际团结理论已有较为广泛的理论应用与实证检验,但这一理论在中国社会文化情境下的适用性仍有待于进一步深入探讨。基于家庭现代化理论及代际交换理论,本研究在揭示我国传统孝文化下"反馈"机制内涵及形式变化的基础上,结合人口迁移流动事实对家庭代际结构性团结、联系性团结、情感性团结、共识性团结、功能性团结、规范性团结的内涵进行再阐释并进行概念界定。在此基础上,选择合适的指标建立老年流动人口家庭代际团结各维度相应的指标测度体系,为后续实证研究的展开奠定基础。

（2）老年人口健康内涵界定及测度体系构建。受到衰老及时空转换的影响,流动老年人口健康与其他年龄段群体有不同的内涵及特征。在充分考虑老年人口自然性的机能衰退及社会性的网络收缩、角色退出等特征,从躯体、心理、社会、综合性维度对老年人健康内涵进行界定。基于已有研究,结合老年人口群体特征,优选基本日常生活活动能力（ADL）、工具性日常生活能力（IADL）、生理健康虚弱指数、CES-D 抑郁量表、UCLA 孤独量表、社会关系量表（SRS）、社会支持量表（SSR）、自评健康量表等,构建流动老年人口躯体、心理、社会、综合多维健康的测度指标体系,为后续实证研究的展开奠定基础。

（3）家庭代际团结对流动老年人口健康影响分析框架。与本地非流动老年人口相比,流动老年人口健康状况不仅受到年龄老化的影响,也可能受到迁移流动行为的影响。基于健康移民假说、健康受损假说等,分析迁移流动行为与老年人口躯体健康、心理健康、社会健康、综合健康之间的可能影响途径;基于角色理论、社会护航模型理论等,分析家庭代际关系与流动老年人口躯体健康、心理健康、社会健康、综合健康之间的可能关联。在此基础上,提出家庭代际结构性、联系性、情感性、共识性、功能性、规范性团结对流动老年人口躯体健康、心理健康、社会健康、综合健康之间的可能影响路径,构建分析框架,为后续研究的展开奠定理论基础。

（4）流动老年人口家庭及代际团结现状。利用 2014—2018 年中国老年社会追踪调查数据,分析流动老年人口性别、年龄等人口学特征,以及婚姻状况、人均年收入、受教育程度、工作状况等社会经济特征;流动时间、流入地等迁移流动特征;以及流动老年人口子女数、同住人数以及代际居住安排等家庭特征。在了解流动老年人口个体及家庭现状基础上,综合使用曲线估计与灰色预测模型,基于历次全国人口普查数据以及 2015—2018 年中国流动人口动态监测调查数据的流动老年人口家庭结构数据,对 2021—2035 年全国流动老年人口规模以及家庭结构变动进行趋势预判。同时,结合流动老年人口分维度家庭代际团结特征,利用潜在类别模型对流动老年人口家庭代际团结进行类型化分析。

（5）家庭代际团结对流动老年人口多维健康影响的实证研究。结合家庭代际团结内涵及测度体系、老年人口健康内涵及测度体系以及家庭代际团结对流动老年人口健康影响分析框架,提出家庭代际团结对流动老年人口躯体、心理、社会、综合多维健康的研究假设。利用多元回归模型及 Logistic 回归模型,分析是否迁移流动、迁移流动特征对老年人口多维健康的影响;在结构性团结基础上,区分与子女同住以及不与子女同住的流动老年人口样本,分析不同维度、不同类型家庭代际团结对流动老年人口多维健康的影响。

(6)国际视野下家庭支持政策发展状况及启示。家庭政策为家庭提供各种直接或间接的收入保障和服务,对家庭稳定及家庭成员的幸福和健康发展具有重要意义。根据相关政策文件,梳理我国家庭政策演进历程并对其发展特征进行归纳。在此基础上,对比西方国家家庭政策类型与实践,提出对建设发展我国家庭政策的启示;借鉴西方国家在基本养老保险、医疗保险、长期护理制度等养老保障体系建设的实践经验,结合我国养老保障制度体系存在的问题及人口迁移流动事实,总结对建立健全我国养老保障政策体系的有益启示。

(7)相关支持政策思考。结合家庭代际团结对流动老年人口躯体、心理、社会、综合健康的影响分析框架以及实证分析结果,本研究主张通过强化家庭代际团结促进流动老年人口健康,以家庭代际团结弘扬"家本位"文化,强化对家庭的政策支持。联系性共识性情感性团结视角下,强调家庭成员相互支持,弘扬新孝爱文化;规范性团结视角下,结合现代社会养老福利供给多元化倾向,强调养老责任的合理分担;功能性团结视角下,健全养老保障政策,加强养老保障制度的顶层设计、增强制度的流动性;结构性团结视角下,鼓励子女与老人同住,完善住房支持政策。

1.3.2 研究方法

社会研究方法是一个有着不同层次和方面的综合体系,通常可以划分为三个不同的层次,即方法论、研究方式、具体方法和技术。

社会研究方法论指研究过程中的逻辑和研究的哲学基础,即一门科学学科的原理、原则和方法的体系。研究方式指研究所采取的具体形式或研究的具体类型,可以分为定量研究方式与定性研究方式两大类,每一类方式又包含不同的具体类型,如调查研究、实验研究、实地研究和利用文献的定量研究等。具体方法和技术是指研究过程中所使用的资料收集方法、资料分析方法以及特定的操作程序和技术,处于社会研究方法体系最具体的层面,如问卷法、访问法、文献研究法、统计分析法等[①]。本研究所指的研究方法是社会研究过程中定量研究方式下的具体方法和技术,包括用于收集资料的文献研究法以及用于分析资料的统计分析法。

(1)文献研究法

文献指包含各种信息的书面材料或文字材料,包括个人文献(日记、自传、回

---

① 风笑天.社会研究方法(第五版)[M].北京:中国人民大学出版社,2018:7-11.

忆录及信件等)、官方文献(政府机构和有关组织的记录、报告、统计数据等)及大众传播媒介文献(如报纸杂志、广播、电视、画面、音像等信息)①。

一方面,本研究利用学界既有研究文献、官方公报等对流动老年人口相关研究、健康相关研究以及家庭支持政策相关研究进行文献回顾与文献述评,奠定研究基础。另一方面,本研究对代际关系理论、家庭代际团结理论以及健康理论进行回顾与比较,与中国研究情境相结合,进行理论和测度体系的本土化,提出家庭代际团结对流动老年人口健康影响的分析框架。此外,根据研究内容,选定中国老年社会追踪调查数据、中国流动人口动态监测调查数据、中国人口普查数据等作为研究数据。

(2)统计分析法

统计分析法指利用各种数学分析手段对现有数据资料进行数学分析的方法,如描述性统计分析、双变量统计分析、潜在类别模型多元回归分析等②。

本研究主要利用描述性统计分析对流动老年人口家庭现状、家庭代际团结以及健康状况进行初步介绍;利用曲线估计以及灰色预测方法分析流动老年人口家庭变动趋势;利用潜在类别分析模型分析流动老年人口家庭代际团结的类型化特征;利用双变量统计分析初步探讨流动老年人口家庭代际团结与健康之间的关系;利用多元回归模型以及 Logistic 回归模型实证分析家庭代际团结对流动老年人口健康的影响。

(3)比较分析法

比较分析法指结合已有理论或从归纳中发展出的相关规律/模型,对某种社会状况中所表现出的少数规律进行分析③。

一方面,本研究对家庭代际团结理论在中国与西方国家的应用场景进行对比,对家庭代际团结理论进行再阐释,实现家庭代际团结理论的本土化。另一方面,根据实证结果,比较分析流动老年人口与非流动老年人口、与子女同住流动老年人口以及不与子女同住流动老年人口在躯体、心理、社会、综合健康方面存在的差异。此外,对比我国与西方国家在家庭政策方面的差异,提出完善我国家庭政策及养老保障政策体系建设的启示。

1.4　研究创新

(1)将家庭代际团结内涵和测量指标体系本土化。基于西方家庭代际团结

---

① 风笑天.社会研究方法(第五版)[M].北京:中国人民大学出版社,2018:219-244.
② 风笑天.社会研究方法(第五版)[M].北京:中国人民大学出版社,2018:269-271.
③ 风笑天.社会研究方法(第五版)[M].北京:中国人民大学出版社,2018:376-378.

价值理念及互动特征,结合我国传统孝文化自适应变迁,以及人口迁移流动基本事实,界定流动老年人口家庭代际团结的本土化内涵。从行动、情感、态度三个方面,围绕情感性(流动老年人口与成年子女之间的情感关系体验)、联系性(流动老年人口与子女之间联系的频率)、共识性(家庭成员对于孝文化的认同性)、规范性(家庭成员对于养老责任承担的看法)、结构性(流动老年人口与其子女之间的居住安排)以及功能性(流动老年人口与成年子女之间相互的经济与工具支持)等六个团结维度,构建本土化的流动老年人口家庭代际团结测度体系。

(2) 构建流动老年人口多维健康测度体系。基于健康的相关理论、健康的增龄变化特征以及现有研究基础,丰富了流动老年人口健康多维内涵,包括躯体健康(维持自身机能的正常运转、满足日常生活自理需求及日常生活需求的状态)、心理健康(与老年人年龄相符的智力、情绪、行为及自我意识等多方面良好状态)、社会健康(与其年龄相符的社会存在完满状态)以及综合健康(对该群体整体健康状况的反映)。进一步,从躯体健康、心理健康、社会健康及整体综合性健康等四个维度构建流动老年人口多维健康测度体系,包括优选日常生活能力、慢性病、睡眠、疼痛等躯体健康测度指标,抑郁、孤独感、生活满意度等心理健康测度指标,社会参与、社会交往等社会健康测度指标,以及自评健康等综合健康测度指标,结合数据优化相应的测度量表。

(3) 证明家庭代际团结对流动老年人口健康影响分析框架的可行性和指导性。本研究基于家庭代际团结六维分析框架,将情感性、联系性、共识性、规范性、结构性以及功能性团结维度下厘定的指标作为解释变量;基于健康四维分析框架,将躯体、心理、社会、综合等健康维度下厘定的指标作为被解释变量,构建家庭代际团结对流动老年人口健康影响的分析框架。在此基础上,实证分析了多维度家庭代际团结与流动老年人口躯体、心理、社会、综合健康之间的理论关联。实证结果在一定程度上验证了本研究所构建的家庭代际团结对流动老年人口健康影响理论分析框架的合理性和可行性,对相关实证研究的开展具有一定的指导意义。本研究丰富和拓展了家庭代际团结理论在中国情景下的研究及应用,为今后开展相关议题的跨文化比较研究奠定了基础。

2 研究设计

2.1 理论基础

2.1.1 代际关系理论

(1) 代际关系的概念

代际关系通常是指代与代之间通过资源的分配与共享、情感的交流、沟通以及道德义务的意识与承担等诸多中间媒介发生这样或者那样的联系，呈现出不同形态的胶结状态[①]。

代际关系有广义和狭义之分。广义的代际关系是就宏观社会而言的，是指社会上因地缘、业缘和其他关系产生的不同代之间的交往关系[②]。美国著名文化人类学家米德将代际关系与社会发展的速度和占统治地位的家庭组织形式联系起来，并区别了人类历史上三种文化类型：前喻文化、后喻文化和共喻文化[③]，分别指征的是年轻人向年长者学习、年长者向年轻人学习，以及不论什么年纪均一起学习的文化关系类型。米德所说的每一种文化类型都对应着不同的代际关系类型。她认为，代际关系双方在经济水平、政治权利、文化融入、社会交往等诸多方面都存在着差异，正是这些代际差异产生了代际关系。代与代之间的相互认同与理解有赖于父辈、祖辈价值观念与生活方式的延续。

狭义的代际关系是就家庭内部而言的，指不同代的家庭成员之间形成的抚养、赡养、继承、交往、互助等关系，涵盖的内容十分丰富，包括物质与精神、经济与文化、情感关联与社会支持等方面[④]。亲子之间的代际关系，尤其是成年子代与老年亲代的互动和互惠、传承和反哺等，是家庭代际关系的核心[⑤]。本研究所指的家庭代际关系即狭义的代际关系。

[①] 王树新. 社会变革与代际关系研究[M]. 北京：首都经济贸易大学出版社，2004：15 - 16.

[②] 邬沧萍. 老年社会学[M]. 北京：中国人民大学出版社，1999：464.

[③] Miroshnik V W. Organizational culture and commitment [M]. Organizational Culture and Commitment：Transmission in Multinationals. London：Palgrave Macmillan UK，2013：10 - 36.

[④] 王跃生. 农村家庭代际关系理论和经验分析——以北方农村为基础[J]. 社会科学研究，2010(04)：116 - 123.

[⑤] 邓蕾. "80后"与父母的代际关系类型[J]. 青年学报，2020(03)：36 - 45.

（2）代表性理论

家庭代际关系相关理论主要有：家庭现代化理论、代际交换理论以及基于孝文化的反馈论等。

家庭现代化理论。20世纪上半叶盛行的家庭现代化理论旨在回应从传统社会向现代社会转变时，家庭模式在现代性变迁中呈现出种种变革。家庭现代化理论认为，家庭的变化是与工业化进程相互适应的结果，扩大家庭的瓦解及家庭制度的夫妇式转向是普遍的变化趋势。在这一过程中，家庭规模小型化、家庭关系淡化、家庭功能弱化及减少是家庭变化的突出特征。作为家庭现代化的代表性人物，古德认为"核心家庭孤立化是经济高度发达社会的必然产物"①。帕森斯指出，对于大多数核心家庭而言，其家庭结构独立于父母以外的亲属关系网——"典型的夫妇式家庭与父母分开生活，并且彼此经济独立"，这使得家庭代际关系也因之变得极其不稳定②。家庭关系的主轴由传统社会的代际关系转变为核心家庭的夫妻关系，家庭的重心下沉。

然而，随着世界各国经济社会的不断发展，尤其是在后发展国家的实践探索过程中，家庭代际关系变迁不断呈现出多样化的特点，学者们基于这一事实逐渐开始批判和质疑有关"家庭衰落"的理论。与"家庭衰落论"所持有的"个人主义价值观念与夫妇式家庭制度适应，核心家庭制度与工业化适应"这一核心观点不同，生活在工业化、市场化、城市化背景下的人们，不管是成年子女还是他们的父母都会将对方视为自己主要的紧急求助资源，双方之间仍然会保持着很多的密切联系。因而，"家庭衰落论"对家庭实践多样性的解释具有很大局限性，逐渐被后来的理论所修正及发展③。

代际交换理论。交换理论最早出自波兰尼的《大转型》④。在这部著作中，他将人类经济生产方式概括为两种制度、三种类型，其中正式制度包括市场经济与再分配经济，非正式制度主要由互惠经济构成。波兰尼认为，互惠经济是一种个体化的交换，主要存在于基于血缘和伙伴关系的共同体之中，多表现为以礼物为媒介的义务性赠予关系。苏斯曼基于其在20世纪50年代纽黑文城市家庭的调查，分析了核心家庭亲属关系的特点，认为亲属关系结构是互惠互利的交换关

---

① 唐灿. 家庭现代化理论及其发展的回顾与评述[J]. 社会学研究,2010,25(03):199-222.

② Parsons,T. The kinship system of the contemporary United States[J]. American Anthropologist, 1943,45(1):22-38.

③ 石金群. 当代西方家庭代际关系研究的理论新转向[J]. 国外社会科学,2015(02):74-80.

④ 卡尔·波兰尼. 冯钢,刘阳(译). 大转型:我们时代的政治与经济起源[M]. 杭州:浙江人民出版社,2007:68.

系赖以存在的基础,例如生病时的照料、金钱支持、儿童照料以及礼物的相互赠送等①。阿莫斯拓展了交换理论,他进一步指出,亲属之间的相互支持既包括食品、衣物、金钱等在内的物质性赠予,也包括情感、声誉、信息和关系在内的非物质交换②。工业化以后,家庭规模逐渐小型化、亲属关系减弱,但越来越多的研究表明,在生命历程的关键时刻或者经济社会动荡环境下,亲属关系依然能被动员起来,成为家庭的稳定依靠。

在家庭内部,父母与子女的互惠通常是一种双向的交换,但通常情况下两者不对等,一般是前者的帮助大于后者的回报,且子女的回报具有时间上的滞后性,本质上是一种"报之以情"(reciprocate with affection)的支持模式。父母在成年期养育未成年的子女,等子女成年拥有了谋生的职业,父母同步进入了老年期,这时成年子女需要对父母提供经济和情感支持等③。从交换的角度来看,家庭对老人的"照顾"行为是子女将父母的养育之恩,以经济、劳务、精神安慰的形式回报给他们,是一种债务上的"偿还",代际之间维系着一种"互惠"的关系④。与此同时,父母出于对子辈和孙辈的关爱以及对子女赡养的回馈,往往会承担起照顾子女及孙辈生活起居等的责任,形成当下的交换。总体上,代际交换理论认为,亲子间的互动遵循着交换原则,既有物质、经济方面的有形交换,也有情感和象征方面的无形交换,既有时滞性的交换,也有即时性的交换,交换行为存在于家庭代际成员生产、生活等各个方面⑤。

反馈论。中国孝文化是指中国文化中,个体所具有的孝意识、产生的孝行为、该行为背后的内容和方式、历史性发展过程、政治性归结和广泛的社会性延伸的总和⑥。传统的孝道中,奉养父母是第一要义。我国最早的诗歌总集《诗经》在"小雅·蓼莪"中以"昊天罔极"歌颂父母的养育之恩⑦。同时,孝道也有其他内涵。最早的历史文献汇总《尚书·尧典》中将"克谐"定义为"孝"⑧。这同孔子《论语·为政》篇所指的"今之孝者,是谓能养;至于犬马,皆能所养;不敬,何以

---

① Sussman M B. The isolated nuclear family:Fact or fiction[J]. Soc. Probs. ,1958(6):333.

② Ben-Amos I K. Gifts and favors:informal support in early modern England[J]. The Journal of Modern History, 2000, 72(2):295 - 338.

③ 熊跃根.中国城市家庭的代际关系与老人照顾[J].中国人口科学,1998(06):16 - 22.

④ Abel E K. Informal care for the disabled elderly:A critique of recent literature[J]. Research on Aging, 1990, 12(2):139 - 157.

⑤ 郭于华.代际关系中的公平逻辑及其变迁[J].中国学术,2001(04):224 - 236.

⑥ 肖群忠.孝与中国文化[M].北京:人民出版社,2001:158.

⑦ 周振甫.诗经译注[M].北京:中华书局,2013:324 - 325.

⑧ 李民,王健.尚书译注[M].上海:上海古籍出版社,2004:10 - 11.

别乎?"中所表达的"敬"如出一辙,强调孝不仅是一般的奉养,态度还要恭敬和美①。孔孟时期,孝道被提升到前所未有的高度。《论语·学而》记载,"孝弟也者,其为仁之本与"②。《孟子·离娄章句上》则进一步指出"不得乎亲,不可以为人,不顺乎亲,不可以为子"③。孔孟将"孝"所表达的奉养、敬爱、恭顺于父母,视为人之本。

从夏商周到汉代,我国孝道文化经过不断发展,从尊老养老理念提升为孝老礼制,从家庭礼制上升到国家制度。传统孝道的内涵,也从养亲(侍奉父母)、祭亲(养老送终)、尊亲(尊敬父母),拓展到荣亲(光宗耀祖)、移孝为忠(效忠国家)④。这与《孝经》中所划分的"孝"的三个层次具有类似的意涵。根据《孝经》,第一层孝是指爱惜自己的身体,保护自己的生命,继承父亲的志业,这是"身体发肤,受之父母,不敢毁伤,孝之始也",是个体及家庭层面的孝道实践。第二层孝是指修德学道,增长才干,服务社会,忠君报国,这是大孝,是社会层面的孝道实践。第三层孝是指行道布施,立功于生时,扬名于后世,令父母显得荣耀,这是最高形式的孝,也是国家层面的孝道实践⑤。

费孝通将"父母养育子女,子女成人后赡养父母"这一代际间"抚育—赡养"链条,概括为"反馈模式"⑥,这是对我国家庭层面上孝道实践的经典概括。然而,与孕育孝文化的传统农业社会相比,现代人口与社会经济环境发生了巨大变化,孝文化也发生了自适应改变⑦。随着人口迁移流动日趋频繁、家庭结构的小型化、核心化以及社会化的养老服务与经济保障制度的发展完善⑧⑨,家庭场域内"尽孝"的主体及孝的表现形式日趋多元化。

尽管传统意义上"养儿防老"所赋予的儿子作为养老责任主体的价值理念依然存在,但越来越多的人对女儿寄予了更多的孝道期待⑩。同时,社会养老保险、医疗保险及社会化养老服务也使得当代社会老年人拥有了更多自养能力及

---

① 杨伯峻.论语译注[M].北京:中华书局,2009:14.

② 杨伯峻.论语译注[M].北京:中华书局,2009:2.

③ 郑训佐,靳永.孟子译注[M].济南:山东出版集团齐鲁书社,2009:129.

④ 王红艳.孝文化的内涵及其当代价值[J].学校党建与思想教育,2015(10):90-91.

⑤ 汪受宽,金良年.孝经·大学·中庸译注[M].上海:上海古籍出版社,2012:24.

⑥ 费孝通.家庭结构变动中的老年赡养问题——再论中国家庭结构的变动[J].北京大学学报(哲学社会科学版),1983(03):7-16.

⑦ 钟涨宝,李飞,冯华超."衰落"还是"未衰落"? 孝道在当代社会的自适应变迁[J].学习与实践,2017(11):89-97.

⑧ 杨善华,贺常梅.责任伦理与城市居民的家庭养老——以"北京市老年人需求调查"为例[J].北京大学学报(哲学社会科学版),2004(01):71-84.

⑨ 穆光宗.老龄人口的精神赡养问题[J].中国人民大学学报,2004(04):124-129.

⑩ 唐灿,马春华,石金群.女儿赡养的伦理与公平——浙东农村家庭代际关系的性别考察[J].社会学研究,2009,24(06):18-36.

得到替代性照顾的机会,这在很大程度上摆脱了传统农业社会中老年人依赖子女物质赡养、照料的境遇。与传统社会相比,当代社会的孝更加注重精神关爱以及代际之间的地位平等取向,注重代与代之间的理解与尊重[①]。当代社会的孝,在呈现由子女到老人自下而上的"孝"的同时,也呈现出来自父母到子女自上而下的"慈"。越来越多的老年人将子女家庭幸福、事业发展顺利纳入当代孝道的意义体系[②]。

上述改变,使得当代孝道实践的形式与评价标准更加多元化。传统农业社会中"光宗耀祖、立嗣及侍奉在侧"的孝道标准在当代社会的适用性大大减弱。子女是否与父母同住、是否亲自照料侍奉、是否能完全顺从父母意见,都不构成父母对子女"孝"的评价准则[③]。对传统孝评价取而代之的,是子女的"心孝",是对父母的惦念;是基于子女能力对父母的理性帮助与支持;是来自子女面对面的探望,以及基于网络通信技术的"空中"联系,更是子女美满幸福的家庭及蒸蒸日上的事业。此外,与传统社会相比,当代社会的孝道赋予了老年人更多的积极性与主动性,在基于家本位的责任内化伦理及利他动机驱动下,父母对子女的"慈爱"不断彰显,越来越多的老年人通过资助子女购房置业、提供孙辈照料等各种形式参与到子女的家庭建设中[④],以自己的方式支持子女的事业与个人发展[⑤][⑥]。可以预见的是,随着社会的进步,受到人口、经济社会条件影响,当代社会的孝道在形式和内容上的变化仍将持续,但作为孝道的本质——"敬",是始终不变的构成,这是一代又一代中国人对民族文化的传承,也是对传统孝道规范精髓所达成的共识。

2.1.2 家庭代际团结理论与测度体系

(1)家庭代际团结理论起源与发展

虽然经典家庭现代化理论提出在社会转型过程中家庭形态呈现核心化、小型化的发展趋向,但是大量经验调查表明家庭形态更加多元化、家庭实践更具多样性[⑦]。在此背景下,Bengtson 等人提出了家庭代际团结理论,主张家庭代际关

---

① 张建雷,曹锦清. 无正义的家庭政治:理解当前农村养老危机的一个框架——基于关中农村的调查[J]. 南京农业大学学报(社会科学版),2016,16(01):132 - 143.

② 康岚. 反馈模式的变迁:代差视野下的城市代际关系研究[D]. 上海:上海大学,2009.

③ 郑晨. 论当代社会变迁中的"孝文化"——寻找传统文化与现代社会的契合点[J]. 开放时代,1996(06):79 - 82.

④ 钟晓慧,何式凝. 协商式亲密关系:独生子女父母对家庭关系和孝道的期待[J]. 开放时代,2014(01):155 - 175.

⑤ 肖索未. "严母慈祖":儿童抚育中的代际合作与权力关系[J]. 社会学研究,2014,29(06):148 - 171.

⑥ 穆光宗. 老龄人口的精神赡养问题[J]. 中国人民大学学报,2004(04):124 - 129.

⑦ Roberts B R E L. Intergenerational Solidarity in Aging Families: An Example of Formal Theory Construction[J]. Journal of Marriage and Family, 1991, 53(4):856. (4):856 - 870.

系是一个多层面、多维度的概念,强调代际关系的核心是团结和凝聚力[①],并发展出测量模型。该理论模型主要包含结构性团结、联系性团结、情感性团结、功能性团结、共识性团结、规范性团结六个维度[②]。家庭代际团结概念和测量模型因具有全面性、有效性和客观性的优点被学者们广泛应用于类型学研究和跨文化比较中[③],成为测量家庭代际纽带的稳健工具。如宋璐和李树苗以此为理论基础,将代际关系聚类为三个元维度——机会结构、功能性交换和亲密关系,利用"安徽省老年人福利状况"纵贯调查数据进行分析,发现代际关系有亲近型、亲密有间型、近而不亲型、疏离型和矛盾型五种类型[④]。

然而,家庭代际团结理论过于强调代际关系中团结的一面,忽视了其中相互冲突的一面[⑤]。学者们对该理论进行修正并加入冲突视角,主张冲突是家庭关系中正常的、不可避免的一面,影响着代际之间相互感知及交换互助的意愿和行为,提出"代际团结—冲突模型"[⑥]。该模型将冲突定义为代际双方对于某件事的差异和分歧,并将代际冲突归结为沟通和互动风格、习惯和生活方式选择、育儿实践和价值观、宗教和意识形态、工作习惯和目标、家庭规范等六个方面[⑦]。

在剧烈的社会变迁中,社会生活的理性化及个体化弱化了家庭成员间的义务和联结,学者们提出代际关系矛盾心境理论[⑧]。该理论认为代际关系矛盾心境是指老年人口及其子女之间正面和负面情感交织的心理体验,即宏观层面的社会角色、规范要求个体承担帮助其他家庭成员的责任,而微观层面的个体化观念则使个体把个人兴趣、利益置于首位,在家庭网络中保持独立性,这两种矛盾规范的碰撞加剧了代际关系主体的矛盾心境[⑨]。Bengtson 等认为家庭代际团结

① Roberts R E L, Bengtson V L. Is Intergenerational Solidarity a Unidimensional Construct? A Second Test of a Formal Model[J]. Journal of Gerontology, 1990, 45(1):S12 - 20.

② 曾旭晖, 李奕丰. 变迁与延续:中国家庭代际关系的类型学研究[J]. 社会, 2020, 40(05):190 - 212.

③ 石金群. 当代西方家庭代际关系研究的理论新转向[J]. 国外社会科学, 2015(02):74 - 80.

④ 宋璐, 李树苗. 农村老年人家庭代际关系及其影响因素——基于性别视角的潜在类别分析[J]. 人口与经济, 2017(06):1 - 12.

⑤ Luescher K, Pillemer K. Intergenerational Ambivalence:A New Approach to the Study of Parent-Child Relations in Later Life[J]. Journal of Marriage and Family, 1998, 60.

⑥ Parrott T M, Bengtson V L. The Effects of Earlier Intergenerational Affection, Normative Expectations, and Family Conflict on Contemporary Exchanges of Help and Support[J]. Research on Aging An International Bimonthly Journal, 1999, 21(1):73 - 105.

⑦ Clarke E J, Mar P, Jo R, et al. Types of conflicts and tensions between older parents and adult children. [J]. Gerontologist, 1999(3):261 - 270.

⑧ 马春华. 中国城市家庭亲子关系结构及社会阶层的影响[J]. 社会发展研究, 2016, 3(03):44 - 70.

⑨ 石金群. 独立还是延续:当代都市家庭代际关系中的矛盾心境[J]. 广西民族大学学报(哲学社会科学版), 2014, 36(04):35 - 40.

的六个维度并不一致,可能某个维度表现为团结而另一个表现为冲突,因此强调团结和冲突共存以及对话的代际关系矛盾心境理论对家庭代际团结理论是很好的补充[1]。

大量的实证研究证实了家庭代际团结理论模型在不同情境下的有效性。在中国情境下,传统孝文化强调以孝治家、家和万事兴,虽然个体及家庭面临的风险增加,生活压力与日俱增,代际双方仍是对方社会支持网络的重要成员。家庭代际关系依然以团结和谐为主体特征,代际之间仍然具有强大凝聚力。基于此,本研究将家庭代际团结理论作为后续实证研究的理论分析框架,在此基础上探究家庭代际关系对流动老年人口健康的影响机制。

(2)家庭代际团结内涵本土化与测度体系

①结构性团结

结构性团结(Structural Solidarity)通常表现在家庭成员数量、类型和地理位置等方面,如家庭成员的数量、家庭成员间的居住距离以及家庭成员的健康状况等[2]。家庭代际团结理论利用联系性团结、情感性团结、共识性团结、功能性团结、规范性团结反映家庭成员间的行为、情感及认知取向,将结构性团结视作家庭成员互动的"机会结构",即在生育倾向、生育力、发病率和死亡率等因素影响下,家庭成员相互支持的可行性和可能性的具体条件,结构性团结决定了家庭成员之间在其他家庭代际团结维度方面的互动情况。

既有研究通常以某一家庭成员拥有的亲属数量、家庭成员之间的实际居住距离、家庭成员是否同住、与谁共同居住等方式对结构性团结进行测量。家庭规模方面,主要测度受访者目前拥有的家庭成员数量。居住距离方面,主要测度受访者与其他家庭成员在居住空间上的地理距离,如荷兰亲属关系小组公开数据的研究,使用邮政编码计算受访者与父母或兄弟姐妹之间的居住距离[3]。居住安排方面,主要测度受访者是否与某一家庭成员同住、目前与哪些家庭成员同住,部分研究人员通过直接询问来了解与受访者目前共同居住的家庭成员[4]。

区别于其他国家的研究,国内相关研究对结构性团结进行测度时,在家庭成

① Bengtson V, Giarrusso R, Mabry J B, et al. Solidarity, Conflict, and Ambivalence: Complementary or Competing Perspectives on Intergenerational Relationships? [J]. Journal of Marriage & Family, 2010, 64.

② Roberts B R E L. Intergenerational Solidarity in Aging Families: An Example of Formal Theory Construction[J]. Journal of Marriage and Family, 1991, 53(4):856.

③ Hogerbrugge M J A, Komter A E. Solidarity and Ambivalence: Comparing Two Perspectives on Intergenerational Relations Using Longitudinal Panel Data[J]. J Gerontol B Psychol, Soc, 2012(3):372-383.

④ Chun J, Lee J. Intergenerational Solidarity in Korean Immigrant Families [J]. Journal of Intergenerational relationships, 2006, 4(2):6-21.

员选择以及具体测度方式方面存在较大差异。家庭成员选择方面,国内相关研究多以老年人口作为受访者,以老年人及其子女的情况作为调查核心,对于其他家庭成员(老年人口的兄弟姐妹、亲戚等)的研究较少。例如,居住安排方面,主要关注老年人是否与子女共同居住[①];家庭规模方面,主要关注老年人的子女数量,耿艳玲和彭华民在了解老年人子女数量的基础上,同时还区分了与老年人同住、不与老年人同住的子女[②]。从具体测度方式来看,国内相关研究对于居住距离的测量较为模糊,主要关注老年人的子女是否在本市、本省居住,出于数据的可得性,对精准的地理距离关注较少,如唐雁明等人通过子女的工作地点判断与老年人之间的居住距离[③]。

传统社会,中国家庭的典型特征表现为父母至少与一个子女共同居住,这是子女尽孝的重要表现。然而,工业化的发展以及现代价值观的形塑,一方面使得迁移流动更加普遍,另一方面促成子女、父母独立生活空间需求的出现[④]。与父母同住不再是子女尽孝的必要选择,父母可以选择与子女同住或与子女相邻而居等方式,家庭代际居住安排愈发多样化。同时,流动行为进一步提高了父母与子女之间居住安排的灵活性,流动者可以在是否共同居住以及居住时间方面自由选择。基于此,本研究将结构性团结定义为流动老年人口与其子女之间的居住安排。结构性团结测度示例见表 2-1。

表 2-1 结构性团结测度示例

文献	数据来源	结构性团结操作化
Hogerbrugge, M. J. A.; Komter, A. E(2012)	荷兰亲属关系小组研究(NKPS)	地理距离:使用邮政编码计算受访者与父母或兄弟姐妹之间的居住距离
Chun, J.; Lee, J.(2006)	韩国的访谈数据	居住安排:受访者目前与谁共同居住
王富百慧(2019)	中国老年社会追踪调查(CLASS)	居住安排:老年人是否与子女同住

---

① 王富百慧. 家庭代际关系对城市老年人锻炼行为决策的影响[J]. 上海体育学院学报,2019,43(05):58-66.

② 耿艳玲,彭华民. 老年人家庭经济支持影响因素与城乡比较研究[J]. 东南大学学报(哲学社会科学版),2021,23(06):53-61.

③ 唐雁明,刘利鸽,刘红升. 陕西关中地区农村老人的家庭代际关系研究——基于代际团结—冲突理论的分析[J]. 统计与管理,2021,36(12):89-94.

④ 许琪. 传承与变迁:当代中国家庭结构与家庭养老[M]. 北京:中国人民大学出版社,2023:54-60.

文献	数据来源	结构性团结操作化
耿艳玲；彭华民(2021)	中国健康与养老追踪调查(CHARLS)	居住安排：老年人是否与子女同住 家庭规模：老年人拥有的非同住子女个数
唐雁明；刘利鸽；刘红升(2021)	来自陕西的农村老人福祉调查	居住距离：老人子女的工作地点

②联系性团结

联系性团结(Associational Solidarity)通常指家庭成员之间参加活动的频率及互动模式,如代际互动的频率(见面频率、电话频率、邮件频率等)以及共同参加活动的活动类型(娱乐性活动、正式活动、特殊性活动等)[①]。

既有研究对于联系性团结的考察主要集中于父母与子女之间,对于受访者与父母或子女之外的家庭成员之间联系状况的调查较少。围绕联系性团结的定义,学界主要从代际互动频率和代际互动类型两方面对其进行测度。代际互动频率方面,主要测度父母与子女之间见面、通话频率[②]。代际互动类型方面,主要测度父母与子女共同参与哪些活动,如有学者调查了父母与孩子参与户外娱乐、家庭团聚、购物、前往教堂等活动的情况[③]。

国内研究对于结构性团结的测度较为单一,主要集中在家庭成员之间代际互动的频率方面,对于代际间共同参与活动的情况关注较少,如靳小怡等人利用深圳市的调查数据对随迁父母及子女之间的联系频率进行调查[④]。也有部分学者进一步区分了不同代际互动方式的联系频率,如利用中国老年社会追踪调查区分了老人与子女间的见面频率、通话频率[⑤]。

传统社会,家庭成员之间的居住距离较远或不同住时,往往难以经常见面或仅能通过书信联系。然而,受益于科学技术的飞速发展,人口迁移流动及居住安

---

① Roberts B R E L. Intergenerational Solidarity in Aging Families: An Example of Formal Theory Construction[J]. Journal of Marriage and Family, 1991, 53(4):856.

② Daatland S O, Lowenstein A. Intergenerational solidarity and the family-welfare state balance[J]. European Journal of Ageing, 2005, 2(3):174-182.

③ Atkinson M P, Kivett V R, Campbell R T. Intergenerational Solidarity: An Examination of a Theoretical Model[J]. J Gerontol, 1986, 41(3):408-416.

④ 唐雁明,刘利鸽,刘红升. 陕西关中地区农村老人的家庭代际关系研究——基于代际团结—冲突理论的分析[J]. 统计与管理,2021,36(12):89-94.

⑤ 王富百慧. 家庭代际关系对城市老年人锻炼行为决策的影响[J].上海体育学院学报,2019,43(05):58-66.

排、居住距离等结构性团结因素对家庭成员间联系约束大大减弱,不同住的家庭成员之间也可以通过电话、微信、网络视频等方式进行联系。联系形式的多样化已成为当代中国社会对传统"孝道"的新阐释与新实践。结合当代中国人口迁移流动的新常态,本研究将联系性团结定义为流动老年人口与子女之间联系的频率。联系性团结测度示例见表 2-2。

表 2-2 联系性团结测度示例

文献	数据来源	联系性团结操作化
Atkinson, M. P.;Kivett, V. R.;Campbell, R. T(1986)	美国东南部农村地区的问卷调查数据	频率:参与活动频率 类型:商业、家庭和户外娱乐;假期;家庭团聚;紧急事件;合作;婴儿看护;假期;教堂和购物等
Daatland, S. O.;Lowenstein, A.(2005)	五国家福利模式及家庭传统调查(OASIS)	频率:父母与孩子接触频率
Hogerbrugge, M. J. A.;Komter, A. E(2012)	荷兰亲属关系小组研究(NKPS)	频率:与父母面对面接触频率,通过电子邮件、电话和信件接触频率
靳小怡;崔烨;郭秋菊(2015)	深圳农村随迁父母抽样调查	频率:随迁父母与子女的联系频率
王富百慧(2019)	CLASS 数据	频率:老人与子女的见面和通话频率

③情感性团结

情感性团结(Affectual Solidarity)通常指家庭成员内部情感的亲近程度或者紧密程度。作为家庭代际团结的一个维度,情感性团结反映了家庭成员积极情感的类型与程度,及其对这些情感的相互体验[1]。

已有研究主要从家庭成员之间的情感或关系的亲密度出发,通过双向亲密或单向亲密的视角考量代际关系的情感性团结。在指标操作化方面,部分研究采用与子女双向的亲密程度指征代际情感的双向流动[2],同时也有研究采用赋

---

[1] Bengtson S V L. Intergenerational Solidarity and the Structure of Adult Child-Parent Relations in American Families[J]. American Journal of Sociology,1997,103(2).

[2] Roberts B R E L. Intergenerational Solidarity in Aging Families:An Example of Formal Theory Construction[J]. Journal of Marriage and Family,1991,53(4):856.

分的方式考察父代对子代的感知亲密度①。此外,也有研究从子代着眼,使用李克特量表考察子女对父辈的感知亲密度。例如,有研究通过提问子女对父母双方情感亲密程度作为情感性团结的指标,并采用1—4分赋分(1为完全不亲密,4为完全亲密)的方式进行测量②。

区别于西方研究,已有研究对于我国家庭代际团结关系中情感团结维度的测量更加强调子女对父辈提供的情感支持。例如,靳小怡等采用老年人能否与子辈谈心、老年人与子女感情是否亲近、老年人与子女是否相处得好三个指标,对每个指标进行1—3分的赋分,最后加总得分,通过分数的高低测量情感性团结③④。而郭秋菊等人询问被访者与子女的亲近程度,通过区分亲近与不亲近的方式测量子女与老年人之间的情感支持⑤。

近年来,随着我国经济社会发展,不断改革完善的社会保障制度及日益成熟的养老服务市场在很大程度上降低了老年人对来自家庭内部,特别是成年子女的经济及工具支持。我国家庭代际关系呈现出明显的情感价值取向,即无论是老年人,还是成年子女,都更加重视彼此之间的情感体验,这是当代社会孝道文化中强调的"心孝"的直观表现。相关实证研究也表明,紧密型与亲密互惠型关系是中国家庭代际关系的主流类型⑥。对于流动老年人口而言,脱离了原有的生活场域,其人际关系与家庭关系都因空间的转变而发生了巨大变化。来自子女的情感关怀,对于流动老年人口适应流入地的生活,重建社会支持网络,提升个体生活满意度及主观幸福感具有正向作用⑦。基于此,本研究将情感团结定义为流动老年人口与成年子女之间的情感关系体验。情感性团结测度示例见表2-3。

① Atkinson M P, Kivett V R, Campbell R T. Intergenerational Solidarity: An Examination of a Theoretical Model[J]. J Gerontol, 1986, 41(3):408-416.

② Steinbach A. Intergenerational Solidarity and Ambivalence: Types of Relationships in German Families[J]. Journal of Comparative Family Studies, 2008, 39(1):115-127.

③ 靳小怡,崔烨,郭秋菊. 城镇化背景下农村随迁父母的代际关系——基于代际团结模式的分析[J]. 人口学刊, 2015, 37(01):50-62.

④ 崔烨,靳小怡. 亲近还是疏离? 乡城人口流动背景下农民工家庭的代际关系类型分析——来自深圳调查的发现[J]. 人口研究, 2015, 39(03):48-60.

⑤ 郭秋菊,谢娅婷,李树茁. 家庭代际关系类型及其城乡差异分析[J]. 华中农业大学学报(社会科学版), 2020(6):120-127.

⑥ 黄庆波,杜鹏,陈功. 成年子女与老年父母间代际关系的类型[J]. 人口学刊, 2017, 39(04):102-112.

⑦ 杨菊华,卢瑞鹏. "漂老"与"老漂":国内老年流动人口的研究进展与展望[J]. 西安交通大学学报(社会科学版), 2023, 43(1):84-94.

表 2 - 3　情感性团结测度示例

文献	数据来源	情感性团结操作化
Steinbach(2008)	"儿童价值观与代际关系"德国样本	采用父辈与子辈间的情感亲密度衡量；分别测量子女与父亲及母亲的情感亲密度，赋值从1＝完全不亲密到4＝非常亲密
Bengtson & Roberts(1991)	1971 年南加州大学三代家庭纵向研究基线数据	采用双向的情感亲密度衡量，与其他维度联合构建量表代际团结
Atkinson 等(1991)	采用 1979 年美国 312 名 65 岁以上老年人口调查数据	情感性团结采用父母和孩子相处的程度（与孩子相处得如何）以及他们感觉亲近的程度（与孩子有多亲密、是否相处得好）进行测量
靳小怡 等（2015）；崔烨 等（2015、2016）	自调，2013 年农村随迁父母抽样调查	情感性团结通过老人感知到的情感亲密度测量。包括三个问题，从各方面考虑，您觉得和这个孩子（感情上）亲近吗？总的来讲，您觉得自己和这个孩子相处得好吗？当您想跟这个孩子讲自己的心事或困难时，您觉得他愿意听吗？采用三级测量的方式赋分 1—3 分，并加总
苗国强(2020)	河南省 60 岁以上城市老人	采用父母与子女的关系融洽程度测量
黄庆波(2017)	2012 年 CLASS 数据	采用情感亲密度测量，将亲密赋值为 1，不亲密赋值为 0

④共识性团结

共识性团结(Consensual Solidarity)又称一致性团结，通常指家庭成员的价值观、态度与信念的一致性[①]。家庭代际团结理论认为，共识性团结是家庭内部个人具体的价值观、态度和信仰上的和谐性与感知到的与其他家庭成员在价值观、态度和信仰上的相似性。

---

① Bengtson S V L. Intergenerational Solidarity and the Structure of Adult Child-Parent Relations in American Families[J]. American Journal of Sociology，1997，103(2).

既有研究对于共识性团结测度较为多样。部分研究采用较为成熟的量表进行测量,如采用家庭主义量表综合测度家庭成员间价值观念的一致性[1]。除此之外,也有研究基于共识性团结的基本内涵,从看法相似性、家庭规范认可度等方面对共识性团结进行测量[2]。例如,有学者通过自建家庭共识量表,采用李克特量表赋分的方式(1—5 分,1 分为低,5 分为高)测量了道德原则相似性、价值观是否双向代际传递、子女对父母是否造成深刻的改变等项目,借以代表子女与老年人价值观的和谐水平[3]。

国内研究对于共识性团结往往强调家庭内部的和谐程度,尤其是子女是否存在对老年人的过度索取。如采用与子女关系的紧张程度、子女是否索取过多及是否觉得子女不够关心自己三个问题,通过得分加总来衡量家庭成员共识性团结的情况;靳小怡则通过家庭成员之间的看法相似性对共识性团结进行衡量[4]。

在现代中国,儒家文化所强调的孝道文化等仍然具有广泛的社会基础。传统孝道文化强调"尊亲、养亲与奉亲"。父代抚育子女,而子女在父母年老时提供适度的赡养是孝文化价值观念的体现,这是社会成员普遍遵循与接受的价值理念,至今依然对个体行为具有较强的约束力[5]。相应地,子女对老年人过度的索取不仅会被认为是对孝道的违背,同时也会被认为是对社会规范的不遵守。这不仅会影响到子女的社会声誉,同时也会对老年人身心健康带来负面影响。据此,本研究将共识性团结定义为家庭成员对于孝文化的认同性。共识性团结测度示例见表 2 - 4。

表 2 - 4 共识性团结测度示例

文献	数据来源	共识性团结操作化
Moorman(2016)	Longitudinal Study of Generations	采用家庭主义量表衡量,包括"家庭成员之间应该更加重视彼此的意见,而不是外人的意见"等问题,采取 1—4 分赋值的方式(1＝强烈反对,4＝强烈同意)

① Heller P L. Familism Scale:A Measure of Family Solidarity[J]. Journal of Marriage and Family, 1970, 32(1):73 - 80.

② Roberts B R E L. Intergenerational Solidarity in Aging Families:An Example of Formal Theory Construction[J]. Journal of Marriage and Family, 1991, 53(4):856.

③ Cavallotti R, Grau-Grau M, Marimon F, et al. Design and validation of a measurement scale of intergenerational family solidarity, TPM-Testing Psychometrics Methodology in Applied Psychology 24:107 - 125.

④ 靳小怡,崔烨,郭秋菊. 城镇化背景下农村随迁父母的代际关系——基于代际团结模式的分析[J]. 人口学刊, 2015, 37(01):50 - 62.

⑤ Kim K, Cheng Y P, Zarit S, et al. Relationships Between Adults and Parents in Asia[J]. Springer Netherlands, 2015.

文献	数据来源	共识性团结操作化
Bengtson & Roberts (1991)	1971 年南加州大学三代家庭纵向研究基线数据	采用父母与成年子女对家庭注意规范的认可程度进行衡量,包含每位已成年家庭成员对该问题的回应
Atkinson & Kivett 等(1986)	自调,1979 年美国 65 岁以上老年人口调查数据	采用父母自评与某位孩子对于生活态度的看法相似性衡量,采用 1—9 赋分:1 为不太相似;9 为很相似
Rita 等(2017)	自调,调查 45—60 岁的群体	采用自建家庭共识量表,测量指标包括道德原则相似性、价值观是否双向代际传递、子女对父母是否造成深刻的改变等项目;采用李克特量表的赋值:1—5 分,1 为较低,5 为较高
黄庆波等(2017)	2012 年 CLASS 数据	与子女关系紧张程度、子女是否索取过多及是否觉得子女不够关心自己
靳小怡等(2015)	自调,2013 年农村人口抽样调查	父母与子女的看法相似性衡量

⑤功能性团结

功能性团结(Functional Solidarity)通常表示帮助和资源交换的程度,反映了不同代际的家庭成员在经济、工具、情感等方面的交换频率和资源互惠程度。家庭代际团结理论分析框架下,因情感支持与情感性团结指标有部分重合,一般在测量功能性团结时只考虑经济与工具支持。

经济支持包括老年人与成年子女之间的金钱、实物等往来互惠;工具支持包括双方之间的家务帮助、隔代照料、农活帮助、生活照料等内容[1]。例如,有学者基于世代追踪调查数据(Longitudinal Study of Generations),采用双向经济援助及双向家务、交通或购物、生病时的帮助等指标对功能性团结进行测量。

我国学者通常采用单向、双向或净支持对功能性团结进行测度[2][3]。在具体操作化过程中通常有 3 种方法,第一种是二分类指标,指征是否提供或者接受单向代际支持;第二种是多分类指标,反映单向代际支持的等级程度;第三种是将功能性团结操作化为代际之间支持的差额,以净支持的方向、数量反映代际支持

---

① Hogerbrugge M J A, Silverstein M D. Transitions in Relationships With Older Parents: From Middle to Later Years[J]. Journals of Gerontology, 2014, 70(3):481 - 495.

② 郭秋菊,谢娅婷,李树茁. 家庭代际关系类型及其城乡差异分析[J]. 华中农业大学学报(社会科学版), 2020(06):120 - 127.

③ 王富百慧. 家庭代际关系对城市老年人锻炼行为决策的影响[J]. 上海体育学院学报, 2019, 43 (05):58 - 66.

的流向与量级。例如,靳小怡等利用随迁父母与其子女的双向金钱、食品或礼物交换及双向家务帮助频率等指标测量功能性团结情况①。

在脱离了熟悉的场域后,流动老年人口难以有效获得来自流出地的正式与非正式的经济、工具支持,他们在流入地更多地依赖家庭成员,尤其是成年子女的支持,这也是传统孝文化的责任规范体现②。然而,传统孝文化也呈现出了伴随现代化的自适应发展,在成年子女传承孝、敬精神的同时,流动老年人口也不断强化自身对后代的慈与爱。因此,家庭内部既存在成年子女对流动老年人自下而上的功能性支持,也存在流动老年人对成年子女自上而下的功能性支持。基于此,本研究将功能性团结定义为流动老年人与成年子女之间相互的经济与工具支持。功能性团结测度示例见表2-5。

表 2-5 功能性团结测度示例

文献	数据来源	功能性团结操作化
靳小怡等(2015)	自调,现居深圳市的农村随迁父母的专项调查数据	通过随迁父母与其子女之间的双向经济支持和家务帮助测量。经济支持指在调查前12个月里随迁父母从子女处获得以及他们给子女提供钱、食品或礼物的情况,答案选项为"是"和"否"。家务帮助指在调查前12个月里随迁父母从子女处获得以及他们给子女提供家务帮助的频率,处理为"多"(每天都做、每周至少一次)和"少"(每月几次、很少、没有)
崔烨、靳小怡(2015)	自调,深圳农村流动人口抽样调查	通常是由双向流动的经济支持来测量的,即提供经济帮助与获取经济帮助。经济支持指在调查前12个月里农民工和他们的父母之间相互提供现金和实物支持的情况,1=是,0=否
王富百慧(2019)	2016年CLASS数据	根据"过去12个月,这个子女有没有给过您(或与您同住的、仍健在的配偶)钱、食品或礼物,这些财物共值多少钱"以及"过去12个月,您(或与您同住的、仍健在的配偶)有没有给过这个子女家钱、食品或礼物,这些财物共值多少钱"计算家庭代际间的经济往来,用于代表"经济支持的流向",定义为"无明显流向""父辈流向子辈"和"子辈流向父辈"

---

① 靳小怡,崔烨,郭秋菊. 城镇化背景下农村随迁父母的代际关系——基于代际团结模式的分析[J]. 人口学刊,2015,37(01):50-62.

② Bai X. Development and Validation of a Multidimensional Intergenerational Relationship Quality Scale for Aging Chinese Parents[J]. Oxford Academic,2018(6).

文献	数据来源	功能性团结操作化
郭秋菊等(2020)	2016 年 CLASS 数据	经济支持和生活照料指是否有子女为老年父母提供相应的支持与帮助,如果至少有一个子女提供了该类支持,则赋值为 1,所有子女都未提供此类支持,则赋值为 0
Hogerbrugge. etc. (2015)	Longitudinal Study of Generations (LSOG)	工具支持:"你的父母是否向你/你是否向你的父母寻求(a) 帮助做家务;(b) 交通或购物;(c) 生病时提供帮助?"经济支持:"你的父母是否向你/你是否向你的父母寻求经济援助?"对于经济支持,答案类别编码为1=是或0=否;对于工具支持,根据被访者在过去一年中提供或接受帮助的频率,范围从 0=根本没有 到 3=每月一次或更多
Xue Bai(2017)	"香港年迈父母的代际关系及照顾期望"调查	年长的父母从成年子女那里接受礼物或金钱的频率以及帮助成年子女做家务的频率。每个指标使用五点李克特量表;总分从 13 分到 65 分不等,分数越高表示关系质量越高

⑥规范性团结

规范性团结(Normative Solidarity)是指家庭成员对家庭角色及家庭义务相关责任、承诺的执行情况[1]。家庭代际团结理论分析框架中,规范性团结更加强调个体对家庭、代际角色及行为规范的认知与执行,尤其是成年子女对父母的责任与义务。

西方语境下,已有研究对规范性团结通常采用对家庭义务的履行强度来进行测度,涉及以家庭为导向的行为、家庭等级制度以及家庭成员照顾责任等规范[2]。有研究利用荷兰亲属关系小组研究数据,测量成年子女对父母提供支持的期望,从父母生病时子女应照顾、父母在年老时应和子女同住以及住得近的子女应至少每周探望父母一次这三个问题的同意程度进行测量[3]。

中国语境下,为数不多的研究对规范性团结的测量主要围绕成年子女对孝道的遵守以及对养老的责任承担等方面展开。规范性团结操作化方式大体上可以分为两类:一是从父母的角度测量规范性团结的感知。例如,靳小怡等利用

① Bengtson and Roberts. Intergenerational Solidarity in Aging Families: An Example of Formal Theory Construction[J]. Journal of Marriage and the Family, 1991, 53(4).

② Trummer and Novak-Zezula. Intergenerational Family Solidarity of Immigrants from Two Successor States of Former Yugoslavia Living in Austria[J]. Drustvena istrazivanja, 2018, 27(1):67－83.

③ Schans and Komter. Ethnic differences in intergenerational solidarity in the Netherlands[J]. Journal of Aging Studies, 2010, 24(3):194－203.

2013 年深圳随迁父母抽样调查,收集 277 位随迁父母和 656 位子女的数据,通过测量孩子的孝顺程度来体现规范性团结①。二是从成年子女的角度测量对规范性团结的认可度,如马春华利用 2008 年中国社科院在广州、杭州、郑州、兰州和哈尔滨五个城市收集家庭结构和家庭关系变迁调查,获取 2709 名父母在世的被访者数据,通过询问子女是否应承担孝顺责任对规范性团结进行操作化②。

随着我国现代化与城镇化的推进,越来越多的老年人随成年子女迁移,人口迁移流动的家庭化趋势日益突出。家庭化的迁移流动使得老年人能够与子女团聚,同时也为子女向老年人提供更好的支持与照料提供了极大的便利。尽管社会发展过程中传统孝道在形式、内容上已经发生诸多改变,在自适应变迁的过程中更具多样性,但孝文化中关于父母的角色、责任、义务等内容依然是被广泛认可、接受的社会规范③。无论是老年人还是成年子女,无论是流动人口还是本地居民,这一点均具有适用性④。基于此,本研究将规范性团结定义为流动人口家庭成员的对于养老责任承担的看法。规范性团结测度示例见表 2-6。

表 2-6　规范性团结测度示例

文献	数据来源	规范性团结操作化
黄锋和保继刚(2021)	自调,云南西双版纳某傣族园田野	对代际规范的认可程度
靳小怡等(2015)	自调,深圳市农村随迁父母的专项调查数据	孝顺父母度:"这个孩子孝顺您吗?"
崔烨和靳小怡(2015)	自调,深圳农村流动人口抽样调查	"自己的一些想法和活动应该让父母知道,并让父母参与进来""如果子女住的地方离父母较近,子女每周至少应该看望父母一次""为了给父母提供帮助,已婚的子女住的地方应该离父母较近""有时为了给年老父母提供帮助,子女是可以牺牲一些自己孩子的利益""老年父母可以依靠子女来帮助他们做一些自己想做的事情""父母应该对子女的帮助提供一些回报,如做家务、带小孩等"

---

① 靳小怡,崔烨,郭秋菊. 城镇化背景下农村随迁父母的代际关系——基于代际团结模式的分析[J]. 人口学刊,2015,37(01):50-62.
② 马春华. 中国城市家庭亲子关系结构及社会阶层的影响[J]. 社会发展研究,2016,3(03):44-70.
③ 黄锋,保继刚. 旅游小企业的家庭化生产对家庭代际团结的影响——西双版纳傣族园案例[J]. 旅游学刊,2021,36(11):57-68.
④ Li, Luo and Li. Intergenerational Solidarity and Life Satisfaction among Empty-nest Older Adults in Rural China:Does Distance Matter? [J]. Journal of Family Issues, 2020,42(3):626-649.

文献	数据来源	规范性团结操作化
石金群(2014)	2008年五城市家庭结构和家庭关系变迁调查数据中的广州部分	对孝道责任(家庭责任)的感知程度:对孝道观念的认同程度——是否赞成"子女要孝敬父母"和对子女养老的看法——"如何安排失去自理能力的年迈父母的养老"
马春华(2016)	2008年五城市家庭结构和家庭关系变迁调查数据	是否应承担孝顺的责任
Trummer，U and Novak-Zezula,(2018)	深入访谈来自塞尔维亚移民妇女	家庭价值观是否一致,家庭成员对待彼此支持的感受
Schans，Dand Komter，A(2010)	2002—2003年荷兰亲属关系小组研究的数据	成年子女对老年父母提供支持的期望,孝道义务文化规范:"子女应在父母生病时照顾他们""父母应在年老时与子女同住""住在附近的子女应每周至少探望父母一次"
Li Mengting et al. (2020)	2016—2017年中国西南地区农村空巢老人研究数据	孝道义务量表,包括关心、尊重、问候、服从、使老人开心和经济支持方面问题

2.1.3 健康理论与测度体系

(1)健康内涵

人类对健康的认识经历了不断发展和变化的历史过程。最初,人们从生物医学角度出发,认为没有疾病就是健康。后来,不同领域学者对健康的研究推动了多领域健康观的形成。社会学家认为,健康不应仅以生理功能失调为依据,还应纳入社会角色和能力失调视角,应以测量个体的社会常态而非生理常态为主反映其疾病和健康状况。政治学家认为,健康是人的一种基本自由和权利,是人类社会普遍认同和追求的价值取向之一[1]。

事实上,无论是健康概念的内涵还是外延均在不断拓展和深化。根据《辞海》,健康是指人体各器官系统发育良好、功能正常、体质健壮、精力充沛,并具有健全身心和社会适应能力的状态。根据这一定义,健康与疾病之间没有绝对的划界,而是处于同一连续体之中,中间有各种变化状态。国际领域,世界卫生组织(World Health Organization，WHO)在《世界卫生组织组织法》中将健康定义

---

① 李鲁. 社会医学[M]. 北京:人民卫生出版社,2019:206.

为"健康不仅为疾病或赢弱之消除,而系体格、精神与社会之完全健康状态"①。1986 年,世界卫生组织在加拿大渥太华召开的第一届国际健康促进大会上通过了《健康促进渥太华宪章》,提出了"健康促进"并对健康概念及内涵进行了补充,认为"要实现身体、心理和社会幸福的完好状态",人们必须要有能力识别和实现愿望、满足需求以及改善或适应环境。在此基础上,世界卫生组织提出了包括倡导、赋予能力、调解三个健康促进策略,以及建立健康/公共政策、营造具有支持性的环境、加强社区行动、发展个人能力和重整医疗服务方向等五大类行动。

综合上述定义,健康概念经从最初生理上的无疾病,逐步发展到躯体、心理、社会三者并重的层面。躯体健康是指身体强壮,各系统功能良好且相互协调,目前的医学检查手段不能发现病理性改变或器质性病变。心理健康是指心理功能正常、协调一致,主观感觉良好,精力充沛、情绪稳定、应付环境自如,有积极的人生观。社会健康则是指行为符合社会规范,有良好的人际关系,家庭功能和职业功能良好,能享受到生活和工作的乐趣。此外,综合性的健康状态也对个体具有重要意义,这与个体在生理、心理及社会等方面健康状态的协调性密切相关。

(2) 健康相关理论

传统对健康的认识主要从生物学角度来认识健康与疾病的关系,反映病因、宿主和自然环境三者内在联系,被概括为"生物医学模式"。生物医学模式的代表理论主要有二元论和还原论。前者强调医学应当依托技术来测量细胞生物化学的变化进而研究和解释病人的症状和体征,然后通过干预这些变化来恢复病人的健康;后者则进一步把人体分解为不同的系统、器官、细胞分子,认为复杂的生命现象必须用物理、化学的方法来研究和解释功能改变的因果关系。然而,无论是二元论,还是还原论,都不关注病人的社会性及心理状况,强调疾病的生物性致因,并认为疾病是一种静态结果而非动态过程②。

随着社会经济发展,现代社会疾病谱和死因谱已经发展转变,包括心脑血管、恶性肿瘤等在内的慢性非传染性疾病已经成为威胁人类健康的主要原因。传统的生物医学模式不足以解释致病机制,个体生活行为方式、心理因素以及社会经济发展状况等被纳入解释框架。在此背景下,生物—心理—社会医学模式应运而生。后续,受这一模式影响,又发展出许多健康影响模型,主要包括健康行为理论、健康社会决定因素理论以及社区健康影响理论等。

①生物—心理—社会医学模式

生物—心理—社会医学模式是指从生物、心理、社会等方面来观察、分析、思考,以及处理健康与疾病相关问题的医学观和方法论。具有代表性的是 20 世纪

---

① 《世界卫生组织组织法》原则 https://www.who.int/zh/about/who-we-are/constitution.
② 李鲁(主编). 社会医学[M]. 北京:人民卫生出版社,2019:206.

70年代布鲁默提出的环境健康医学模式、拉隆达和德威尔提出的综合健康医学模式以及恩格尔提出的生物—心理—社会医学模式。三种理论模式内涵相近，但结构略有不同，均强调环境因素、生活方式及行为因素、生物遗传因素及医疗卫生服务因素对人类健康的影响。

在肯定生物因素的基础上，生物—心理—社会医学模式强调心理性、社会性的因素在医学研究中的重要作用。该模式是在重视生物因素的前提下，把人的健康与疾病的问题置于社会系统中理解，力求全方位探求人类健康与疾病之间的因果关系。该理论认为，心理活动、社会因素会通过躯体活动、生理性机制等与疾病相互关联。例如，疾病既损伤生理过程，也会造成负面情绪，进而引起躯体的不良反应，从而诱发疾病。社会性因素，是指各种社会关系的综合，不仅包括社会环境，还包括个体在社会化过程中的内在特质，个体的社会实践、生活角色及行为，文化素养及职业以及与他人之间的联系。社会性因素会通过个体生理、心理的变化与疾病相关联。总体来看，生物—心理—社会医学模式旨在将生物的人及其健康问题，置于社会关系中去理解。

②健康行为理论

人既有生物动机也有社会动机，不仅具有基本的生理需求，而且还有复杂的社会需求。人的行为是对这些需求的表达，这是内在动因。同时，人的各种活动是在一定自然和社会环境中进行的，必然受到外在环境影响。综上，行为可以概括为人类在内外因素的共同作用下产生的外部活动。

健康相关行为是指个体或群体与健康和疾病有关的行为。按照行为者对自身和他人健康状况的影响，可分为促进健康和危害健康。健康行为理论的应用可以有效改变人们的健康行为，增进健康。目前，学界已经发展出很多成熟的健康行为理论，适用于不同的实际情况。主要包括知信行模式、跨理论模型/行为分阶段改变理论、健康信念模式、健康行为改变整合理论、健康行为过程取向理论等。研究目的主要集中在行为干预、行为解释和行为预测三方面，以行为干预为主。

知信行模式将人类行为的改变分为获取知识、产生信念和形成行为三个连续过程，其中，"知"是对相关知识的认识和理解，"信"是正确的信念和积极的态度，"行"是行动。该理论提出了知识、信念和行为之间的递进关系，知识是行为改变的基础，信念和态度是行为改变的动力。只有当人们获得了有关知识，并对知识进行积极的思考，具有强烈的责任感，才能逐步形成信念；知识只有上升为信念，才有可能采取积极的态度去改变行为[1]。行为分阶段转变理论是由

---

[1] 李维瑜,刘静,余桂林,徐菊华. 知信行理论模式在护理工作中的应用现状与展望[J]. 护理学杂志,2015,30(06):107-110.

Prochaska 在 20 世纪 80 年代提出的,整合了若干行为干预模型的基本原则和方法,将传统的一次性行为事件干预模式改进为分阶段干预模式,根据改变者的需求提供有针对性的行为支持技术①。

健康信念模式形成于 20 世纪 50 年代,从社会心理学角度,分析影响健康行为的各种因素,强调个体主观心理过程,如期望、思维、推理、态度等②。国外研究证实,基于理论的健康行为干预比没有理论基础的干预更有效,且健康行为理论对健康行为的预测起到了重要作用,有效的行为预测应该建立在相应理论基础上。有学者应用健康信念模式对急性冠状动脉综合征患者、腭裂患儿父母进行干预,取得良好效果③。70 年代开始,美国逐渐重视生活方式对人们健康的影响,通过政策举措和大众健康干预使人们的生活方式得到改变,许多慢性病的发病率得到改善。世界银行报告认为,50% 以上的慢性病可以通过改变生活方式和控制行为风险来预防④。鉴于理论自身存在一定缺陷,可将多种行为理论联合使用,有学者提出联合应用多种理论的效果比应用单一理论更有效,并得到实证研究。

③生命历程健康理论

生命历程健康理论起源于芝加哥学派的研究,该理论强调社会变迁、结构和个人选择在时间作用下的相互影响,倾向于综合宏观与微观方面的因素。《在欧洲和美洲的波兰农民》指出"必须采用纵贯研究的方法来研究移民的生活历史,必须关注不同类型个体的生活经历和他们在不同环境中生活事件的长短,并且跟踪他们的未来生活,以获得发生在他们生活中的各种经历的连续的记录"。该观点被视作生命历程研究的萌芽。

生命历程理论指把人置于历史生活背景来考察,强调生活事件发生的不同时机和个体之间的相互联系,重视个体角色在塑造他们自己生活中的作用,包括全生命周期发展原理、历史时空中的生活原理、时间性原理、相互联系的生活原理、个体能动性原理。总的来说,生命历程理论强调在多重时间维度下研究个体生活,尤其关注个体的出生队列效应、早年成长环境、重大事件发生的时期效应,倾向于将社会结构和社会历史变迁结合起来阐述生命历程⑤。

个体健康和其生命历程息息相关,生命历程中的不同经历可能对个体健康

---

① 杨廷忠,于文平,黄丽. 行为改变的一种策略和方法:行为分阶段转变理论模型介绍[J]. 中国行为医学科学,2002(03):112-113.

② 靳雪征. 健康信念理论的建立和发展[J]. 中国健康教育,2007(12):945-946.

③ 杨燕,王传池,熊婕,彭锦,胡镜清. 健康行为理论的应用研究[J]. 世界科学技术-中医药现代化,2019,21(02):162-167.

④ 李鲁. 社会医学[M]. 北京:人民卫生出版社,2019:68.

⑤ 胡晓茜. 生命历程视角下的老龄健康变化趋势研究[D]. 杭州:浙江大学,2020.

存在影响,常见理论模型包括敏感时期模型、路径模型和累积模型。基于生命历程的人口健康影响模型,直观地表明了不同层次因素对人口健康及个体健康的影响路径[①]。个体的整个生命历程均生活在家庭、社区、国家或地区的社会环境中,社会环境因素必然影响着他们的健康结果。生物基因与环境的相互作用、个体先天获得的生理条件、后天与物质和社会环境的接触三者之间互相影响,形成影响个体健康的自身因素;从胚胎发育、婴儿出生开始,先天遗传性的生理因素便影响着个体健康;随着个体生命的发展,其与物质和社会环境的接触,如所处生活环境、健康观念的获得、健康生活方式的形成与调整等也会对健康产生直接影响。同时,个体或人群的政治、社会、经济实力、医疗保健能力均体现在社会环境中,影响着不同人生命周期健康状态的出现与健康发展。

④健康社会决定因素理论

传统健康观的影响下,人们通常认为疾病是由生物的或病理化的病因引起的,而随着生物医学模式向生物—心理—社会医学模式转变,在医学实践、医学研究、医学教育和卫生服务中,人们逐渐认识到社会因素对于人类健康的重要影响,认为社会性因素是导致疾病的"原因的原因",包括人们生活和工作的全部条件。由此,健康社会决定因素理论被提出。

健康社会决定因素被认为是决定人们健康和疾病的根本原因,包括了人们从出生、成长、生活、工作到衰老的全部社会环境特征,也反映了人们在社会结构中的阶层、权利和财富的不同地位[②]。WHO将健康社会决定因素界定为:在那些直接导致疾病的因素之外,由人们的社会地位和所拥有资源决定的生活和工作环境及其他对健康产生影响的因素。《健康促进渥太华宪章》中列出了健康的8个关键决定因素:安全、社会保障、教育、食品安全、收入、生态环境、可持续的资源和社会公正。在WHO健康社会决定因素的概念中,其核心价值理念是健康公平,体现了一直以来倡导的"享受最高而能获致之健康标准,为人人基本权利之一"的理念。

学者们对社会因素如何影响健康进行研究,并提出相关理论模型。其中,Dahlgren和Whitehead在1991年建立的健康社会影响因素分层模型被认为是一个经典模型[③]。该模型由内向外分别代表影响个体健康的主要因素以及这些因素背后的诱因,处于内环的因素都受到外层因素的影响。第一层代表不同基因的个体;第二层代表个体行为和生活方式可能对健康带来不同影响;第三层代

① 董维真. 公共健康学[M]. 北京:中国人民大学出版社,2009:247.

② 李鲁. 社会医学[M]. 北京:人民卫生出版社,2019:68.

③ Dahlgren G,Whitehead M. Policies and strategies to promote social equity in health. Background document to WHO-Strategy paper for Europe[J]. Arbetsrapport,1991,14:1063-1069.

表社会和社区影响,社会支持可能对个体健康带来有利影响,也可能带来不利影响;第四层代表社会结构性因素;第五层代表宏观社会经济、文化和环境。也有学者将影响健康的因素分为4类:基因和生物部分、医疗保健、个人健康行为和所处社会环境的特征,以社会环境特征为主导地位。此外,有研究提出生活周期多重影响理论,解释了在人的不同生命周期中,社会结构、物质因素、社会心理、社会环境、工作等因素作用于人的健康机制。在此基础上,世界卫生组织健康社会决定因素委员会于2005年在《用一代人时间弥合差距》的报告中,将上述因素整合为日常生活环境和社会结构性因素两类,并提出了三条基本行动策略,即改善人群日常生活条件,从国际、国家和社区的不同层面,解决权力、财富和资源的不平等分配问题,以及对健康不公平进行测量并展开干预评估等[①]。

⑤社区健康影响理论

社区的概念由来已久,最早出自滕尼斯的《共同体与社会》,滕尼斯提出社区是由共同生活在一个区域的一群人组成的,这些人关系亲密、守望相助、疾病相扶、富有人情味;是以家庭为单位的共同体,是血缘共同体和地缘共同体的结合。WHO于1978年在国际初级卫生保健大会上提出,社区是以某种经济的、文化的、种族的社会凝聚力,使人们生活在一起的一种社会组织或团体。1991年的《阿拉木图宣言》首次提到:个人、家庭、社会和国家要联合起来建立持续的卫生保健网;全球的卫生服务要贯彻"社区化"的原则,发展以社区为基础的卫生保健系统,重新合理分配卫生资源,以适应整个社会的需求。

个体与群体的健康除了受个体行为生活方式影响外,还与其所处的生活环境密切相关,社区是个体健康的重要影响因素之一。社区作为人类生态环境的一种重要组成部分,不仅是个人日常生活的场所,更是人际交往的促进剂,还能在一定程度上反映出个人的地位及其所处的文化,人作为一种"空间动物",其身体、心理与情感都深受所住地区的环境影响。

健康研究中,社区影响则特指某个区域对个体健康的环境影响。目前,大多数研究结论认为,社区的社会经济水平对个人健康的影响大。然而,社区的社会经济状况是个人躯体健康与精神健康的重要背景因素,而且其影响独立于个体或者家庭对健康的影响。麦克泰尔、马西文和苏门从广义上将社区环境对健康影响机制分为五种类型:外在硬件环境与自然特性;居家、工作和娱乐场所环境;日常生活中接受的服务;社区社会文化特征;社区声誉。罗勃特认为,社区的社会经济状况影响社区的物理环境、社区服务以及社区社会环境,而这些因素又分别对社区全体居民的健康造成影响,提出社区的社会环境、物理环境和社区服务

---

① 郭岩,谢静. 用一代人时间弥合差距——健康社会决定因素理论及其国际经验[J]. 北京大学学报(医学版),2009,41(02):125-209.

是社区社会经济状况对健康产生影响的主要路径①。

总体上,社区影响健康理论模型认为,社会经济状况不仅直接对个人健康产生作用,并且会通过影响社区社会文化、物理环境、服务环境来间接影响个人健康。同时,社区影响健康理论也认为个人社会经济状况和健康行为等也会对个体健康有影响。目前,该理论模型受到广泛认可,但是基于该模型展开的实证研究并不多,该模型仍有待进一步完善。

(2)老年人口健康内涵与测度体系

随着年龄的增长,个体的健康状态会发生相应的变化,这使得不同的人群具有不同的健康特征。与少年儿童、劳动年龄人口相比,老年人口将面临健康状况的增龄性改变,这使得该群体在躯体健康、心理健康、社会健康及整体综合性健康方面均存在不同于其他群体的健康内涵与测度指标。

①老年人口躯体健康

目前,学界在老年人口躯体健康的概念界定上尚未达成一致。由于躯体健康与身体机能的复杂变化密切相关,研究者多基于具体研究情景对老年人躯体健康进行诠释②。世界卫生组织认为"健康不仅为疾病或羸弱之消除,而系体格、精神与社会之完全健康状态"③。其中,涉及躯体健康的部分意指没有疾病及羸弱的状态。然而,这一概念是针对一般性人群躯体健康状态的描述,从年龄梯度来看更加适用于青少年及劳动年龄人口群体。

在此基础上,学界基于老年群体健康随年龄增长而发生退行性改变的变化特点,提出了不同判定标准,但判断方向较为一致。已有研究对老年人躯体健康的内涵解释,既强调老年人具有较好的生活自理能力以及日常生活能力,同时也注重其身体机能运转正常,无重大疾病以及并发症,此外还关注躯体健康与其他维度健康等方面可能存在的相互影响,强调躯体健康与全面健康之间的关联性④⑤。

实际操作化过程中,对躯体健康的测度多采取两种方式。一是采用单一或

---

① 董维真. 公共健康学[M]. 北京:中国人民大学出版社,2009:247.

② 程悦,刘佳,刘彦慧,等.中国老年人生理健康的系统评价[J].中国老年学杂志,2020,40(22):4797-4801.

③ 世界卫生组织. 世界卫生组织组织法. https://www.who.int/zh/about/governance/constitution.

④ 温煦,张君榕,程文楚,等.我国老年人躯体健康状况与老年虐待的关系研究[J].中华疾病控制杂志,2017,21(06):546-549.

⑤ Ye L, Elstgeest L E M, Zhang X, et al. Factors associated with physical, psychological and social frailty among community-dwelling older persons in Europe: a cross-sectional study of Urban Health Centres Europe (UHCE)[J]. BMC Geriatrics, 2021, 21(1):1-11.

多个独立指标进行测量[①],既有文献通常采用功能活动能力、自评健康或慢性病指征躯体健康状况[②③]。由于躯体健康的复杂性,也有部分文献将躯体疼痛、死亡率、体重情况与营养情况、患病情况(包括看医生的次数、吃药情况等)等作为躯体健康的考察方向[④⑤⑥⑦]。

另一类研究多采用标准化问卷或量表进行测量。对于老年人躯体健康的测量涵盖 SF-36 量表、躯体健康虚弱指数、身体健康问卷(PHQ)、基本日常生活活动能力量表(ADL)、工具性日常生活能力量表(IADL)、自评健康量表(SRHMS)等。同时,也有部分学者针对老年人慢性病的患病症状、自我感知症状建立了针对性较强的自制问卷。总体来看,现阶段学者多使用自评健康量表以及 ADL/IADL 量表对于老年人的躯体健康进行评估,既关注老年人实际的患病情况,同时也关注老年人身体的整体机能运转情况。老年人躯体健康测度示例见表 2-7。

表 2-7　老年人躯体健康测度示例

量表	测量维度	主要特点
SF-36	躯体功能、生理功能、躯体疼痛、综合健康、活力、社会功能、情感职能、精神健康	为综合性测量,躯体健康仅为其中一个维度要求受访对象大于 14 岁
PHQ	睡眠障碍、头痛、呼吸道感染和胃肠道问题的频率等	具有较好的信效度对于心理健康的评估效果不明确

---

① Han W J, Shibusawa T. Trajectory of physical health, cognitive status, and psychological well-being among Chinese elderly[J]. Archives of Gerontology & Geriatrics, 2015, 60(1).

② 徐梦婧,黄婵,罗娟,等. 不同养老模式对老年人生命质量的影响分析[J]. 中国社会医学杂志,2020, 37(3):276-279.

③ Lindy Williams, Renling Zhang, Kevin C. Packard. Factors affecting the physical and mental health of older adults in China: The importance of marital status, child proximity, and gender[J]. Ssm-Population Health, 2017, 3:20-36.

④ Matthijs, Kalmijn. The Ambiguous Link between Marriage and Health: A Dynamic Reanalysis of Loss and Gain Effects[J]. Social Forces, 2017, 95(4):1607-1636.

⑤ Boehme M H, Persian R, Stoehr T. Alone but better off? Adult child migration and health of elderly parents in Moldova[J]. Journal of Health Economics, 2015, 39(jan.):211-227.

⑥ Li L W, Zhang J, Liang J. Health among the oldest-old in China: which living arrangements make a difference? [J]. Social Science & Medicine, 2009, 68(2):220-227.

⑦ 苏沂、李慧、王彦茹、王芸. 乌鲁木齐老年人躯体和心理健康状况及影响因素[J]. 中国老年学杂志,2015(19):5597-5599.

量表	测量维度	主要特点
SRHMS	身体症状与器官功能 日常生活能力 身体活动能力	综合评价个体的躯体健康状况,主客观较为统一,结论全面 具有较好的内部一致性、信度及效度 主观维度为主,可能与实际的健康水平不相符 无法区分群体异质性带来的健康水平差异
ADL(*Bathel Index*)	包含进食、移动、控制 大小便、穿衣、如厕、洗澡等	较为直接地反映了老年人的基本生活活动能力
IADL	包含洗衣、做饭、服药、家务、交通工具、打电话、购物、管理财物等维度	反映了老年人工具性生活活动能力,比 ADL 量表更加具有解释力与预测性
躯体健康虚弱指数	综合测算自理能力、疾病情况、心理以及社会健康水平	较为全面地反映老年人的综合健康水平

②老年人口心理健康

学者们在定义心理健康时从不同角度提出不同标准,但各观点大同小异,可简要概括为:心理健康是智力、情绪、行为反应及自我意识等多个方面符合年龄标准的状态,强调个体内部协调和外部适应[①]。在这种状态下,个体具有积极的内心体验及良好的社会适应,能够有效地发挥身心潜力与积极的社会功能[②]。进入老年期后,随着生理老化、社会角色脱嵌、社会网络缩减,老年人面临自身及社会关联的一系列变化。在此基础上,吴振云等提出并检验了老年人心理健康的理论框架,该框架涵盖 5 个方面:性格健全、情绪稳定、社会适应良好、人际关系核心、认知功能基本完好[③]。在此基础上,本研究认为老年人心理健康应是与老年人年龄相符的智力、情绪、行为及自我意识等多方面良好状态,这一状态能够支持老年人自身形成良好的内部协调性,具有对外部环境的适应能力。

已有研究对老年心理健康的衡量和评价多采用标准化问卷或量表。国外学者基于西方社会文化特点研制的量表数量繁多,第一类是基本情况测量量表,包含 SCL-90 量表、SF-36 健康调查问卷、国家健康结果一致性量表(HONOS)、生活满意度指数等;第二类为失能失智情况量表,包含简易智能精神状态检查(MMSE)、蒙特利尔认知量表(MoCA)等[④];第三类为单一心理问题反应测量量

① 刘艳. 关于"心理健康"的概念辨析[J]. 教育研究与实验, 1996(03):46-48.
② 刘华山. 心理健康概念与标准的再认识[J]. 心理科学, 2001(04):480-481.
③ 吴振云, 许淑莲, 李娟. 老年心理健康问卷的编制[J]. 中国临床心理学杂志, 2002(01):1-3.
④ 于淼, 刘晓虹. 老年心理健康的研究进展[J]. 解放军护理杂志, 2008(01):30-32.

表,包含抑郁自评量表(SDS)、流调中心抑郁量表(CES-D)、UCLA 孤独量表、老化态度问卷(AAQ)等[①]。在国外心理健康量表基础上,我国学者已经研制了部分适应中国情境的老年心理健康量表,如老年人心理健康量表等。

具体到老年心理健康相关研究,学者们多以生活满意度、抑郁水平、孤独感等指标中的单一指标来指征老年人口的心理健康水平。例如,蒋炜康和孙鹃娟在探究居住方式及居住环境对老年人心理健康的影响时,采用 9 项目流行病学调查抑郁量表(CES-D)对老年人口心理健康进行测量[②]。老年人口心理健康测度示例见表 2-8。

表 2-8 老年人口心理健康测度示例

量表	测量维度	操作化方法	主要特点
SCL-90	躯体化、强迫症状、人际关系敏感、抑郁、焦虑、敌对、恐怖、偏执及精神病性	测量现在或最近一星期内症状的影响。SCL-90 的每一个项目均采用 5 级评分制,加总反映病情严重程度	主要是测量"心理不健康"的程度;具有较好的信效度
LSI（The Life Satisfaction Index)	热情,决心和坚韧,期望和实现的目标之间的一致性,积极的自我概念和情绪基调	两种操作方法,第一种是满意为"1"、不满意为"0";第二种方法是满意为"2"、不确定为"1"、不满意为"0"	具有可靠性、与其他量表的强相关性以及一些参考标准的可用性、效度调查结果的一致性等优点 测量方法未能区分概念之间的差异
CES-D	重点是情感成分:抑郁情绪、内疚感和无用感、无助感和绝望感、精神运动发育迟缓、食欲不振和睡眠障碍	将项目的得分相加(反转积极项目后);这个总数除以回答的项目数量,再乘以 20。16 分或以上通常被认为是抑郁症的标志,即 20 种症状中出现 3 种症状	用于识别普通人群抑郁症 适用于不同年龄和社会人口群体,并已用于跨文化研究 它经常被用于研究抑郁症状和其他变量之间的关系 自评量表,只能作为一种筛选测试来识别有抑郁风险的群体的成员

[①] 王希林,马弘,汪向东.心理卫生评定量表手册 增订版[M].北京:中国心理卫生杂志社,1999:442.

[②] 蒋炜康,孙鹃娟.居住方式、居住环境与城乡老年人心理健康——一个老年友好社区建设的分析框架[J].城市问题,2022(01):65-74.

量表	测量维度	操作化方法	主要特点
UCLA孤独量表	孤独、社会交往、亲密性等	积极陈述(即非孤独条目)得分在计入总分时应行反序计分,高分表示孤独程度高	"孤独"一词未见任何条目之中,所用的孤独概念是一维的情感状态,且未给受试者规定时间范围
老化态度问卷(AAQ)	身体变化、心理社会丧失、心理获得	每个问题从"完全不同意"到"完全同意"5级评分,负向维度反向计分,加总得分,得分越高说明老化态度越积极	包含生理变化和心理维度
老年人心理健康量表	认知效能、情绪体验、自我认识、人际交往和适应能力	要求被调查者对每道题进行回答。积极性回答记"1"分,消极性回答记"0"分,分数越高表示心理健康状况越好	涵盖心理过程和个性心理;适用于中国国情,但应用并不广泛

③老年人口社会健康

人类关于健康的认识和理解进一步深化,由过去传统的生物医学模式转变为生物—心理—社会医学模式,人体健康与生物、心理和社会的关系愈加紧密,对于个人社会健康的探讨也逐渐增加[①]。生物—心理—社会医学模式全方位探求影响人类健康与疾病的因果关系,在重视生物因素的前提下,把人类的健康与疾病放于社会系统中去理解,把生物的人如实放在社会关系中去理解[②]。1999年,世界卫生组织提出"积极老龄化"的社会倡议,其核心思想在于通过各种方式为老年人的经济活动参与、家务劳动参与、政治活动参与等创造条件,充分利用其健康资本、经验资本、社会资本等实现其人生价值,以"老年获得"的正能量平衡"老年丧失"的负能量[③]。从健康老龄化到积极老龄化,社会对老年人口生活质量、社会参与能力的关注越来越多,越来越强调老年人口健康的多维性,认为老年人口仍然可以是社会发展的积极贡献者,社会健康的完好状态具有重要意义。

① 李鲁.社会医学[M].北京:人民卫生出版社,2017:38.
② 徐丛剑,严非.医学社会学[M].上海:复旦大学出版社,2021:16.
③ 宋晓莹,曹洁.积极老龄化视域下社会网络对老年人再就业的影响效应研究[J].中国矿业大学学报(社会科学版),2021,23(04):63-78.

1951 年，美国社会学家帕森斯在《The Social System》一书中提出，应在整个社会系统中分析健康和疾病，认为社会健康是指已社会化的个人完成角色和任务的能力处于最适当的状态[①]。McDowell 在《Measuring Health》中指出，社会健康是有关个人如何与他人相处、他人如何对个人做出反应以及个人与社会制度和社会习俗如何相互作用[②]。

总体上，社会健康是人的社会存在的完满状态。社会存在状态，是对社会成员在社会活动中的行为及其结果的总评价，即对需要满足过程和满足程度的评价。通常来说，学者常用社会适应、社会角色、社会网络等表示社会健康，也有学者通过社会参与、社会支持、社会信任、社会活动、社会资源等代表社会健康。社会网络可以概括为以个人为中心的社会关系总和，认为社会关系共包括两个层面：一是家人、亲戚、朋友等紧密关系；二是商业交换与信息交流的弱关系[③]。社会参与是社会功能的重要内容，提供了维持自我概念的角色支持，是参与者在社会互动过程中，通过社会劳动或者社会活动的形式，实现自身价值的一种行为模式，包括人际交往、劳动参与、闲暇活动和社会互动等多种形式的活动[④]。社会适应是指个体与特定社会环境相互作用达成协调关系的过程以及这种协调关系呈现的状态，可以指个体通过调整其行为模式、价值观念、生活方式以及心理状态在城市社会中的继续社会化过程或积极地再社会化过程[⑤]。对于老年人而言，他们在退出劳动力市场后，社会角色不断减少，社会活动范围不断收缩，这使得其社会存在的状态具有明显的人群属性与年龄特征。本研究将老年人社会健康界定为与其年龄相符的社会存在完满状态。

常用的社会健康测试量表包括社会关系量表（SRS）、社会支持量表（SSR）、社会适应不良调查表（SMS）、Katz 适应量表、社会健康问卷等[⑥]。社会关系量表（SRS）目的是测量个体社会网络在缓解生活应激对健康的影响过程所起的作用，可以得到社会网络数量、社会网络质量及社会关系互惠程度单方面信息。社会支持量表（SSR）主要测试个体在应激事件中可能得到帮助的、信赖的人的数量及他对这种可能得到帮助的满意程度，更注重测量社会支持的质量，并对社会

① Parsons T. The Social System[M]. London：Routledge，1951：269 - 301.

② Mcdowell I. Measuring health：A guide to rating scales and questionnaires，2nd ed. [M]. New York：Oxford University Press，1996：523.

③ 潘丽群，张少华. 社会网络能提高流动人口工资吗——基于路径及异质性的分析[J]. 广东财经大学学报，2022,37(02)：15 - 28.

④ 张镇，张建新，孙建国，等. 离退休人员社会参与度与主观幸福感、生活满意度的关系[J]. 中国临床心理学杂志，2012,20(06)：865 - 867.

⑤ 刘庆. "老漂族"的城市社会适应问题研究——社会工作介入的策略[J]. 西北人口，2012,33(04)：23 - 26.

⑥ 刘更新. 社会健康测量[J]. 国外医学（社会医学分册），1994(04)：149 - 152.

支持和社会交往的数量进行了筛选。Katz 适应量表主要测量受试者在社区内生活的适应能力,即个体与他所处环境之间的平衡、没有精神障碍、有适当社会交往和社会角色的适当扮演。社会健康问卷主要测量个体社会支持与网络系统,测量个体的社会资源和他与朋友、亲属接触的频率,包括社会资源,如朋友数、社会交往、参加集体活动的频率。老年人口社会健康测度示例见表 2 - 9。

表 2 - 9 老年人口社会健康测度示例

量表	主要内容	指标
社会关系量表(SRS)	测量个体社会网络在缓解生活应激对健康的影响过程所起的作用	工作事件、财务事件、家庭事件、健康事件、个人和社会事件、一般社会事件
社会支持量表(SSR)	个体在应激事件中能得到帮助的、信赖的人的数量及他对这种可能得到帮助的满意程度	朋友数量、朋友质量、家庭支持、社会参与
社会适应不良调查表(SMS)	用于慢性神经功能障碍的成人对社会不适应,最初用于精神病研究,后也被用于一般人群的研究	住房、事业、经济情况、闲暇和社会活动、家庭关系及婚姻
Katz 适应量表	测量受试者在社区内生活的适应能力,最初用于治疗后的精神病人的社会适应,后也用于一般人群	社会责任、自我保健、社区活动
社会健康问卷	测量个体社会支持与网络系统	家庭和家庭成员、友谊、社会和社区生活

④老年人口综合健康

综合健康是对个人总体健康状况的综合反映。日常使用的"健康"一般指躯体健康,而实际上健康是一个综合多维度的概念。以往,人们通常将健康与疾病状态相关联,认为健康即没有躯体及精神方面的疾病。1948 年,世界卫生组织提出,"健康不仅为疾病或羸弱之消除,而系体格、精神与社会之完全健康状态[①]",丰富了健康的内涵。然而,人们关于健康概念与内涵的讨论并没有结束[②][③]。有学者在探究概括健康的定义演变和研究趋势的基础上,认为"健康"和

---

① 《世界卫生组织组织法》原则 https://www.who.int/zh/about/who-we-are/constitution.

② Kingma. What is it to be healthy? [J]. Analysis, 2007, 67(294):128 - 133.

③ Venkatapuram. Health, vital goals, and central human capabilities[J]. Bioethics, 2013, 27(5): 271 - 279.

"疾病"并不对立,不存在完全的健康[①]。也有学者认为,健康不只是一种状态,而是一种能力[②],即是否具备相应的生理、心理和社会适应能力适应变化来达到健康,对于生病的个体而言更加需要这种能力[③][④]。结合上述定义,本研究认为综合健康即对躯体、心理、社会健康等整体健康状况的反映。

综合健康的操作化经历了由分维度测量到整体测量的过程。早期,有学者只从躯体健康和精神健康两方面研究综合健康[⑤];后来,有研究采用综合健康总体指标对进行测量[⑥][⑦]。已有研究多基于量表对生理、心理和社会健康等指标进行统一操作化,以反映综合健康水平,例如 OARS 量表、健康质量指数、老年健康功能多维评定量表等。OARS 量表对整体健康状况做综合分析[⑧],主要从躯体健康、功能状态、心理健康和社会环境状况对老年人综合健康状况进行调查。傅东波等对 OARS 量表进行了改良并评估了上海市老年人综合健康功能,研究表明该量表在同一评分者评分的稳定性、不同评分者评分的稳定性、重测信度三方面都有较好表现[⑨]。有学者等提出用健康质量指数(QWB)综合表示个人健康状况[⑩],包括行动、身体活动、社会活动和症状/情况指标四方面内容。杜本峰等学者将该量表在中国用于老年健康不平等研究[⑪]。冯芳龄等在专家咨询的基础上提出了一个综合性的老年人健康状况评价指标体系,包括躯体健康、心理健康、生活方式以及社会关系与社会支持四个一级指标[⑫]。也有研究基于老年健康功能多维评定量表对老年人综合健康展开测评,该量表包括社会关系资源、日

① 朱素蓉,王娟娟,卢伟.再谈健康定义的演变及认识[J].中国卫生资源,2018,21(02):180-184.

② Haisma, Yousefzadeh Faal Dhagati, Boele. How should we define healthy child growth? [J]. Annals of Nutrition and Metabolism, 2017,71:75.

③ Parse. Health:a personal commitment[J]. Nursing science quarterly, 1990, 3(3):136-140.

④ Lindsey. Health within illness: experiences of chronically ill/disabled people [J]. Journal of advanced nursing, 1996, 24(3):465-472.

⑤ 曾宪新.我国老年人口健康状况的综合分析[J].人口与经济,2010,(5):80-85.

⑥ 刘瑞平,李建新.我国中老年人健康不平等的变化趋势及相关因素分解[J].人口与发展,2022,28(05):43-55.

⑦ 陶裕春,申昱.社会支持对农村老年人身心健康的影响[J].人口与经济,2014(03):3-14.

⑧ 陈先华,卢祖洵,董超群.武汉市社区老年人多维健康功能评价及其影响因素的研究[J].护理研究,2009,23(28):2620-2621.

⑨ 傅东波,沈贻谔,夏昭林,等.《上海市老年人综合健康功能评估表》的信度分析[J].预防医学情报杂志,1997(04):3-7.

⑩ Kaplan,Anderson. A general health policy model:update and applications[J]. Health Serv Res,1988, 23(2):203-235.

⑪ 杜本峰,王旋.老年人健康不平等的演化、区域差异与影响因素分析[J].人口研究,2013,37(05):81-90.

⑫ 冯芳龄,蔡延平,赵发林,等.老年人健康状况评价指标体系构建[J].健康研究,2014,34(02):121-123.

常活动能力、身体健康、精神健康、认知功能和经济资源等六个维度。例如,韩耀风利用老年健康功能多维评定量表对厦门老年人综合健康进行测量,发现厦门老年人存在身体健康和经济资源健康较差的问题,其健康不存在显著的性别差异[①]。

与此同时,也有部分学者将综合健康操作化为单一的自评健康。已有研究认为,自评健康能够较好反映基于个体经验的感知健康,在生理和心理上反映综合健康状况,该指标对测量综合健康具有较好的信度和效度[②]。研究表明自评健康与健康的客观测量结果比较一致[③],具有能够较准确预测发病率和死亡率[④]的优势。例如,王瑞梓[⑤]、郭静[⑥]等都采用自评健康来反映老年人口的综合健康状况:王瑞梓研究杭州老年人的健康状况,对比健康的性别差异,并与天津和无锡的老年人健康状况进行对比,反思现代医学模式、社会经济因素、心理因素和社会参与对健康的影响;郭静分析流动老年人口的自评健康,认为流动老年人口拥有更好的自评健康水平,受到社会支持因素的积极影响和健康意识因素的消极影响。

由于自评健康是相对主观地用来测量综合健康的指标,还有研究采用"是否患有慢性病"或者"最近是否住院"作为客观综合健康的反映。"是否患有慢性病"指标是测量健康预期寿命的主要现实依据,是中国合理配置卫生资源的重要参考标准[⑦]。例如,宋全成等研究老年流动人口健康状况及影响因素时同时采用了自评健康和是否患有慢性病两个指标从主观和客观综合反映老年流动人口的健康状况[⑧]。张娜等从最近是否患病、是否患有慢性病与最近是否住院反映深圳市社区常住居民的客观健康状况[⑨]。老年人口综合健康测度示例见表2-10。

---

① 韩耀风,张荣木,方亚. 厦门市老年人综合健康状况及其影响因素[J]. 中国老年学杂志,2021,41(08):1743-1745.

② 齐亚强. 自评一般健康的信度和效度分析[J]. 社会,2014,34(06):196-215.

③ Lundberg O, Manderbacka K. Assessing reliability of a measure of self-rated health. [J]. Scand J Soc Med, 1996, 24(3):218-224.

④ Idler,Benyamini. Self-Rated Health and Mortality:A Review of Twenty-Seven Community Studies [J]. Journal of Health and Social Behavior, 1997, 38(1):21-37.

⑤ 王瑞梓,吴卫红. 杭州市老年人健康与医疗保健状况分析[J]. 南方人口,1998(02):46-49.

⑥ 郭静,薛莉萍,范慧. 流动老年人口自评健康状况及影响因素有序 logistic 回归分析[J]. 中国公共卫生,2017,33(12):1697-1700.

⑦ 郑晓瑛. 疾病和失能对老年人口健康预期寿命的影响——兼论卫生资源在老年人口健康分类投资的方向[J]. 中国人口科学,2001(04):29-36.

⑧ 宋全成,张倩. 中国老年流动人口健康状况及影响因素研究[J]. 中国人口科学,2018:81-92.

⑨ 张娜,韩铁光,庄润森,等. 深圳市社区居民健康素养与健康状况调查[J]. 中国健康教育,2017,33(03):251-254.

表 2-10　老年人口综合健康测度示例

类型	操作化	主要特点
OARS(Older American Resources and Services)量表	社会资源（家庭关系和朋友关系） 经济资源（经济收入是否充足） 心理健康（精神健康的程度和相应的机体表现） 躯体健康（生理失调的表现和生理活动） 日常生活能力（基础性日常、生活能力和工具性日常生活能力）	OARS 量表由老年人及其周围的人和访谈者共同完成 由调查员对 5 个维度得分进行汇总，每个维度采用 6 分制（极佳、良好、轻度、中度、重度和完全障碍）5 个维度评分之和代表老年人的综合健康状况。总分 5—10 分者为综合健康状况良好，11—14 分者为综合健康状况一般，＞15 分者为综合健康状况较差。信度和效度良好，但单一量表不能应用于所有国家
QWB（Quality of Well-Being）健康质量指数	行动指标；身体活动指标；社会活动指标；症状/情况指标	QWB 指数包含主观和客观健康的指标，介于 0—1，1 表示最健康，0 表示死亡
老年人健康状况评价指标体系	躯体健康（躯体功能和日常生活机能） 心理健康（情感状态、心理健康自评和饮食习惯） 生活方式（吸烟情况、饮酒情况和运动情况） 社会关系与社会支持（主观支持、客观支持和支持利用度）	老年人客观健康指标体系具有良好的信度和效度
自评健康	主观综合健康	能够较好反映总体健康水平，具有较好的信度和效度
是否患有慢性病/最近是否住院	客观综合健康	能够反映客观综合健康水平

2.2　分析框架

2.2.1　迁移流动对老年人口健康的影响机制

（1）迁移流动对老年人口躯体健康的影响机制

学界关于迁移流动对老年人口躯体健康的关系认知主要基于健康移民假说与三文鱼偏误假说，且尚未达成一致结论。健康移民假说（Healthy Migrant Hypothsis)强调移民的健康选择性，该假说认为相较于流入地的一般人口，移民是经过健康正向选择的个体群体,这种选择过程使得移民在健康水平方面更为突出,能够克服流动过程中可能面临的艰苦环境及高强度的体力劳动,实现社会适应;同时,劳动力迁移经济学认为,迁移是家庭的生存策略,因而家庭内部健康状况良好的成员才更可能进一步选择迁移。因此,虽然面临"流动"及"衰老"的双重困境[①],流动老年人口的健康状况可能仍比一般老年人口更为良好。

在此基础上,部分观点认为迁移流动行为对老年人口的躯体健康具有正向选择性,流动老年人口的躯体健康水平显著优于一般老年人口。郭静等使用2015年CMDS数据后提出,流动老年人口的自评健康状况相较于一般老年人口更为良好[②]。而聂欢欢、李相荣等在各自分析了不同地区的流动老年人口的躯体健康水平后,均得出类似的结论,认为流动老年人口的躯体健康状况相对较好[③④]。有学者等进一步探讨迁移流动时长对躯体健康的影响后发现,在流入地居住时间越长,流动老年人口的躯体健康状况越好,这可能与流入地较好的社会经济条件等有关[⑤]。因此,迁移流动行为可能对老年人口具有明显的健康选择效应,且随着迁移流动时间的增长,流动后期仍留在流入地的老年人口可能与一般老年人口呈现出明显的健康水平分化,流动老年人口拥有更好的躯体健康水平。

另一部分观点则认为,流动作为老年人口重要的人生事件,地理环境的转换可能会改变其健康轨迹,使其面临更多的健康风险,受到更加不利的社会经济地位、语言障碍以及来自流入地的社会歧视等负面因素对躯体健康的负面影响[⑥]。有学者比较了欧洲流动老年人口与本地老年人口的健康水平后发现,迁移流动作为老年健康的风险因素,流动老年人口与本地老年人口的躯体健康差距随年

① 武玉,方志,刘爱华."年龄—流动"双重视角下老年流动人口健康及影响因素——基于2017年全国流动人口卫生计生动态监测调查数据[J].兰州学刊,2020(1):157-171.

② 郭静,薛莉萍,范慧.流动老年人口自评健康状况及影响因素有序logistic回归分析[J].中国公共卫生,2017,33(12):1697-1700.

③ 聂欢欢,潘引君,孙炜,等.上海市流动老人自评健康状况——基于2015年全国流动人口动态监测调查的数据分析[J].上海交通大学学报(医学版),2017,37(1):98-101.

④ 李相荣,张秀敏,任正,等.中国西部流动老年人口自评健康状况及其影响因素[J].医学与社会,2021,34(4):1-5.

⑤ González H M, Ceballos M, Tarraf W, et al. The Health of Older Mexican Americans in the Long Run[J]. American Journal of Public Health, 2009,99(10):1879-1885.

⑥ Choi, S. H. Testing healthy immigrant effects among late life immigrants in the United States: using multiple indicators[J]. Journal of Aging and Health, 2012, 24(3):475-506.

龄的增长不断拉大①。何南芙等均发现流动时间、年龄是流动老年人口躯体健康的风险因素②;梁宏和郭娟娟则进一步比较了不同流动目的下老年人口的躯体健康水平,发现务工经商型老年人口的健康比例显著较高,说明流动老年人口内部的躯体健康水平实际存在分化。因此,迁移流动过程可能会对流动老年人口的躯体健康造成显著的负面影响,流动老年人口在流入地可能面临社会保障福利缺失、社会融入程度低、健康服务利用率低、异地就医需求难以满足等一系列问题,可能会对其躯体健康造成长期的负面影响。

（2）迁移流动对老年人口心理健康的影响机制

正如彭大松等人所说,面对陌生的城市环境及信息化、智能化水平更高的城市生活,流动老年人口的各项适应能力较差,因此他们的心理健康更容易受到迁移流动行为的影响③。然而,迁移流动对老年人口心理健康的影响机制并不明晰。

一种观点认为迁移流动行为具有健康选择效应,流动老年人口比非流动者心理健康水平更高。秦立建等研究发现相较于健康状况较差的劳动人口,健康状况较好者对迁移后适应高强度工作有一个更好的心理预期,有更强的能力流动到远距离的地理区域就业,更容易发生流动行为④。有学者研究发现迁移流动使流动人口发生心理问题的风险增加,在经历文化不适应等各种心理问题后,流动人口极有可能选择回迁⑤。在流动过程中,流动老年人口可能会经历社会保障制度障碍、歧视、文化适应等问题,对其心理健康产生消极影响,使其极有可能返回流出地⑥。如上所述,迁移流动行为存在健康选择效应。在流动前期,心理健康水平更高的流动老年人口更容易迁移流动;在流动后期,心理健康状况恶化者更可能选择返回流出地,仍然选择居留在流入地的流动老年人口心理健康水平更高。经过此种筛选,流动老年人口心理健康水平可能更高。

另一种观点则认为迁移流动行为可能对心理健康造成负面影响,流动老年

① Kristiansen M, Razum O, Hürrem Tezcan-Güntekin. Aging and health among migrants in a European perspective[J]. Public Health Reviews, 2016, 37.

② 何南芙,普亚姣,李忠起,等.中国流动老年人口健康状况影响因素及公平性[J].中国老年学杂志,2021,41(19):4398-4401.

③ 彭大松,张卫阳,王承宽.流动老人的心理健康及影响因素分析——基于南京的调查发现[J].人口与社会,2017,33(04):20-32.

④ 秦立建,陈波,余康.农村劳动力转移的健康选择机制研究[J].南方人口,2014,29(02):62-71.

⑤ Waldman K, Wang S H, Oh H. Psychiatric problems among returned migrants in Mexico: updated findings from the Mexican Migration Project[J]. Social Psychiatry and Psychiatric Epidemiology, 2019.

⑥ Zhang J W, Nazroo J, Zhang N. Gender differences in rural-urban migration and its impact on depression in later life[J]. HEALTH & PLACE, 2022, 77.

人口比非流动者心理健康水平更差。有研究比较了子女发生流动行为的一般老年人口和流动老年人口的心理健康状况,发现流动老年人口抑郁水平更高[①]。李含伟比较了不同流动类型的老年人口心理健康,发现为照料孙辈流动的老年人口比为养老、务工经商流动的老年人口心理健康状况更差,流动距离越远的老年人口心理健康更差[②]。李建民等研究发现随流动时间延长,流动人口的健康状况经历了一个"优于本地居民—损耗—差于本地居民"的过程[③]。因此,在迁移流动过程中,流动老年人口容易面临社会保障制度排斥、难以融入社区、缺乏归属感等压力,容易产生抑郁、焦虑等消极情绪,从而可能损害其心理健康。

(3)迁移流动对老年人口社会健康的影响机制

迁移流动行为使老年人口的社会网络、社会参与、社会适应等情况随其生活场域的变化而发生重大改变,学界通常根据"健康受损假说"来解释迁移流动行为对老年人口社会健康的影响。

"健康受损假说"认为,流动人口在流动过程中会遭遇各种压力,这些压力使得流动人口健康状况受损[④][⑤]。居住环境的改变可能使流动者面临环境不适、文化障碍、生活单调等困境[⑥],如农民工心理健康状况低于全国水平、城市流动老年人口的主观幸福感总体得分明显低于本地老年人等[⑦][⑧]。这些经验研究表示,流动过程中存在着一些损害流动人口健康的风险因素,降低流动人口的健康水平。

与非流动老年人口相比,"老龄"与"流动"的双重属性作用下,流动老年人口除了需要面对老龄时期身体机能退行性衰退、慢性病、抑郁等问题,迁移流动行为将老年人口从原本熟悉的乡土社会转移到新鲜、陌生的城市生活,远离亲属、朋友、邻里,流入地与流出地的社会文化存在巨大差异,迫使流动老年人口重新发展社会关系、建立新的社会网络、参与到流入地的社会活动中,以适应在流入

① Liu J, Guo M, Xu L, et al. Family Relationships, Social Connections, and Depressive Symptoms Among Chinese Older Adults in International Migrant Families[J]. Journal of Ethnic & Cultural Diversity in Social Work, 2016:1 - 18.

② 李含伟. 老年流动人口群体差异及异地生活感知研究[J]. 中国人口科学, 2020(03):115 - 125.

③ 李建民, 王婷, 孙智帅. 从健康优势到健康劣势:乡城流动人口中的"流行病学悖论"[J]. 人口研究, 2018,42(06):46 - 60.

④ 王桂新, 苏晓馨, 文鸣. 城市外来人口居住条件对其健康影响之考察——以上海为例[J]. 人口研究, 2011,35(02):60 - 72.

⑤ 彭大松, 张卫阳, 王承宽. 流动老人的心理健康及影响因素分析——基于南京的调查发现[J]. 人口与社会, 2017,33(04):20 - 32.

⑥ 杨菊华. 空间理论视角下老年流动人口的社会适应[J]. 社会学研究, 2021,36(03):180 - 203.

⑦ 蒋善, 张璐, 王卫红. 重庆市农民工心理健康状况调查[J]. 心理科学, 2007(01):216 - 218.

⑧ 董博, 张丽娟, 宋艳丽. 城市漂族老年人主观幸福感及其影响因素研究[J]. 护理研究, 2018,32(24):3971 - 3973.

地的新生活①②。研究认为,流动老年人口有较强的社会交往与融入需求,但限于对流入地的不熟悉以及社会文化差异等,其社区活动参与度、融入能力和实际社会融入程度偏低③。尤其是在健康服务方面,健康政策地区差异较大,导致流动老年人口健康档案建档率较低,对国家基本公共卫生服务项目了解程度较低,获得服务的概率远低于本地老年人口④。

此外,老年人口多随子女进行流动,帮助子女照料家庭、照料孙辈,仍然扮演着重要的照料者角色,能够自由支配的时间有限,老年人口参与社会活动的机会和时间安排会因提供隔代照料行为而受到限制,导致其朋友网络规模缩小,使得老年人陷入朋友隔离的状态⑤。流动老年人口需要依靠务工、经商或者花费自己的养老金向子女提供财物,大部分的精力与财力都向子女处集中,挤占了流动老年人口参与社会活动的资源,其难有时间和精力与朋友参与社会活动、维系社会网络,导致其社会健康水平下降⑥⑦。尽管迁移流动行为会对流动老年人口社会健康造成损害,但是有研究发现,大多数流动老年人口出于帮助子女的责任,即便难以适应流入地生活,依然留在子女处生活⑧。

(4) 迁移流动对老年人口综合健康的影响机制

以往学界采用"健康移民假说""三文鱼偏误假说"去解释迁移流动对流动人口综合健康的选择机制,这在流动老年人口中得到部分验证。

"健康移民效应"认为选择迁移流动的人口需要具备较好的综合健康状况,比迁出地和迁入地人口的健康状况更好⑨,据此推测具有较好综合健康状况的

① Yaskevich R A, Derevyannikh E V, L. S. Polikarpov…Estimation of the quality of life in elderly migrants of the far north in the period of readaptation to new climatic conditions[J]. Advances in Gerontology, 2014, 4(3):213 - 217.

② 刘庆. "老漂族"的城市社会适应问题研究——社会工作介入的策略[J]. 西北人口, 2012, 33(04): 23 - 26.

③ 李雨潼. 中国老年流动人口特征及社会融入分析[J]. 社会科学战线, 2021(03):270 - 275.

④ Wang Q. Health of the Elderly Migration Population in China: Benefit from Individual and Local Socioeconomic Status? [J]. International Journal of Environmental Research and Public Health, 2017, 14 (4):370.

⑤ 唐丹,孙惠,徐瑛. 照顾孙子女对老年人心理健康的影响:社会网络的中介作用[J]. 人口研究, 2020, 44(04):33 - 45.

⑥ 薄赢. 代际支持对农村老年人医疗消费的影响——基于 2011 年 CHARLS 数据的分析[J]. 消费经济, 2016, 32(05):16 - 22.

⑦ 孙鹃娟,冀云. 家庭"向下"代际支持行为对城乡老年人心理健康的影响——兼论认知评价的调节作用[J]. 人口研究, 2017, 41(06):98 - 109.

⑧ 刘庆,陈世海. 移居老年人社会适应的结构、现状与影响因素[J]. 南方人口, 2015, 30(06):59 - 67.

⑨ Palloni, Arias. Paradox lost:explaining the Hispanic adult mortality advantage[J]. Demography, 2004, 41(3):385 - 415.

老年人口才会选择迁移流动。研究发现,美国迁移人口中,西班牙裔移民在美国社会经济地位较低,但综合健康状况好于社会经济地位更高的非西班牙裔美国人的现象[1][2]。在中国迁移流动具有户籍障碍的情况下[3],迁移流动仍然发挥着健康的自选择效应,但是受到中国改革开放的影响,综合健康较差的人口也能适应迁移流动后的生活,健康的自选择效应可能会减弱[4]。有学者对比移民和本地人口,发现流动人口具有更好的综合健康状况[5]。齐亚强等的研究证实我国"乡—城"流动人口中也存在该效应,外来流动人口可能从事体力劳动,还需克服居住和工作环境差异带来对健康的不良影响,因此更加需要较好的综合健康状况[6]。因此流动老年人口同时受到迁移流动与衰老的影响,相对来说需要较好的综合健康状况才能发生迁移流动行为,因此拥有更好的综合健康状况。

"三文鱼偏误假说"认为移民在退休、失业或者患重病后会回迁[7],能够留居迁入地的迁移流动人口的健康状况较好,选择返迁者的健康状况相对更差。流动人口面临居住环境较差和工作强度高的问题,获得较低收入难以维持在城市生活,流动人口的健康优势弱化。李建民等的研究证实了我国流动人口存在健康损耗效应[8]。这也意味着迁移流动的健康选择机制在长期迁入后依然发挥作用,并随迁移流动时长增加,"健康移民假说"会弱化乃至消失[9]。老年人口年龄增加和患病率提高,"三文鱼偏误假说"在老年流动人口中的偏好效应可能更加明显。流动老年人口相比非流动人口的衰老特征更加显著,因此流动时间越长越有可能受到迁移流动带来的负面影响,综合健康风险提高,回迁到迁出地。

① Sorlie,Backlund,Keller. US mortality by economic,demographic,and social characteristics:the National Longitudinal Mortality Study[J]. Am J Public Health,1995,85(7):949-956.

② Markides,Coreil. The health of Hispanics in the southwestern United States:an epidemiologic paradox[J]. Public Health Rep,1986,101(3):253-265.

③ 李玲. 改革开放以来中国国内人口迁移及其研究[J]. 地理研究,2001(04):453-462.

④ Tong,Piotrowski. Migration and Health Selectivity in the Context of Internal Migration in China,1997-2009[J]. Population Research and Policy Review,2012,31(4):497-543.

⑤ Chen. Internal migration and health:Re-examining the healthy migrant phenomenon in China[J]. Social Science & Medicine,2011,72(8):1294-1301.

⑥ 牛建林. 人口流动对中国城乡居民健康差异的影响[J]. 中国社会科学,2013(02):46-63.

⑦ Abraido-Lanza,Dohrenwend,Ng-Mak,et al. The Latino mortality paradox:a test of the "salmon bias" and healthy migrant hypotheses[J]. Am J Public Health,1999,89(10):1543-1548.

⑧ 李建民,王婷,孙智帅. 从健康优势到健康劣势:乡城流动人口中的"流行病学悖论"[J]. 人口研究,2018,42(06):46-60.

⑨ Newbold. The short-term health of Canada's new immigrant arrivals:evidence from LSIC[J]. Ethn Health,2009,14(3):315-336.

2.2.2 代际关系对老年人口健康的影响机制

（1）代际关系对老年人口躯体健康的影响机制

目前学界关于代际关系对流动老年人口躯体健康影响机制尚不明确，研究者多依托角色压力和角色增强理论为解释路径。部分研究者从角色提升路径出发，认为代际关系对老年人口躯体健康存在积极影响。角色增强理论认为，角色积累即多元角色扮演会给个体带来角色特权、缓冲以保障整体状态安全、资源增加及自我价值提升四种积极结果，即多元角色随之产生的缓冲区和积极结果，足以抵消更频繁激活角色所产生的冲突或过载的压力[①]。老年人口向子女提供代际支持时，可能产生亲子关系改善、自我价值感提升、获得支持增加等积极结果，从而改善其健康状况。有学者认为对东亚文化圈老年人而言，照顾子代是一种责任，也是自我价值实现的标志[②]。研究表明，相较于不照顾孙辈的老年人，定期提供照料服务者通常拥有更好的健康状况；也有学者进一步提出，老年人提供向下经济与工具支持可通过自我实现与增强自尊心改善自身心理健康水平，并可能间接提升其躯体健康水平[③]。老年人作为代际支持的接受者时，代际情感会通过子女长期的照料陪伴逐渐积累，浓厚的情感聚集有利于老年人身体机能的维持与恢复。刘昊等也指出，子代的情感支持会显著提升农村老年人口的自评健康水平[④]。

同时，也有部分研究采用角色压力理论，认为代际关系对老年人口的躯体健康存在负面影响。角色压力理论认为，个体在社会生活中往往同时承担着多种角色，可能会带来角色过载和角色冲突问题。前者是指随着角色义务的增加，迟早会遇到一个时间障碍，迫使人们以牺牲其他角色为代价来承担一些角色责任；后者是指面对在社会结构中位置不同的角色，遵守一个人的期望可能会违背另一个人的期望[⑤]。个体承担的角色越多，时间耗尽，面对期望相互矛盾的角色伙伴的可能性就越大，从而越可能造成心理压力，损害其健康。当老年人口为子女提供代际支持时，可能面临角色过载或角色冲突，从而对其健康造成不利影响。当老年人口作为代际支持的接受者时，大量接受子女经济支持与生活照料的老年人口更不健康；部分学者则认为子女的日常照料可能会加速老年人口的认知

---

① Sieber S D. Toward a Theory of Role Accumulation[J]. American Sociological Review, 1974, 39 (4):567－578.

② Lo M, Liu Y H. Quality of life among older grandparent caregivers: a pilot study[J]. Journal of Advanced Nursing, 2010, 65(7):1475－1484.

③ Chen X, Silverstein M. Intergenerational Social Support and the Psychological Well-Being of Older Parents in China[J]. RESEARCH ON AGING, 2000, 22(1):43－65.

④ 刘昊, 李强, 薛兴利. 双向代际支持对农村老年人身心健康的影响——基于山东省的调查数据[J]. 湖南农业大学学报（社会科学版）, 2019, 20(4):49－56.

⑤ Goode W J. A Theory of Role Strain[J]. American Sociological Review, 1960, 25(4):483－496.

功能衰退①;而子女提供较多的工具支持可能会进一步降低老年人口的自我效能,造成消极的老化态度,不利于其躯体健康发展②。当老年人口作为代际支持的提供者时,繁重的照料负担会使得老年人口更有可能罹患慢性病,影响身体机能协调一致③,同时更有可能面临失能风险④。肖雅勤也提出,提供隔代照料对老年人的躯体健康与心理健康均造成了负面影响⑤,可能出现家庭养老资源的挤占,影响老人的医疗需求与社交需求,造成其沉重的心理压力⑥。

(2)代际关系对老年人口心理健康的影响机制

目前,代际关系对老年人口心理健康的影响机制并不明确,学者们并未达成一致结论。一种观点认为代际关系有利于提升心理健康。当老年人口作为代际支持的接受者时,社会护航模型理论主张,社会支持来自家庭成员、朋友、同事及其他社会成员所形成的社会关系网络。这些社会关系网络提供有形的物质帮助及无形的情感支持和价值感,在个体的生命历程中发挥着保卫身心健康的作用,被称为"护航者"⑦。个体社会网络结构、规模及互惠性的变化贯穿于整个生命历程。老年人社会网络以个人为中心,网络成员与之的亲密程度由内向外逐渐减弱,联系频率依序下降。且个体的关系网络规模随年龄增加而缩小⑧,在进入老年期后,老年人由于离开工作岗位将与最外层的网络成员联系减少甚至中断⑨。因此在老年阶段,家庭成员(尤其是其子女)是老年人最主要的护航者,是其获得各种支持的最重要来源,家庭代际关系是老年人口健康的保护因素。有

---

① 王萍,高蓓. 代际支持对农村老年人认知功能发展趋势影响的追踪研究[J]. 人口学刊,2011 (03):70-79.

② 贾仓仓,何微微. 子女代际支持对老年人健康的影响——基于内生性视角的再检验[J]. 人口与经济,2021(3):52-68.

③ Minkler M, Fuller-Thomson D E. Physical and mental health status of American grandparents providing extensive child care to their grandchildren[J]. Journal of the American Medical Womens Association, 2001, 56(4):199-205.

④ Flavia Budini Gattai, Tullia Musatti. Grandmothers' Involvement in Grandchildren's Care: Attitudes, Feelings, and Emotions[J]. Family Relations, 1999, 48(1):35.

⑤ 肖雅勤. 隔代照料对老年人健康状况的影响——基于 CHARLS 的实证研究[J]. 社会保障研究, 2017(1):33-39.

⑥ 钟晓慧,彭铭刚. 养老还是养小:中国家庭照顾赤字下的代际分配[J]. 社会学研究, 2022, 37 (04):93-116.

⑦ 刘素素,欧阳铮铮,王海涛. 老年人的社会关系研究概述:基于护航模型的视角[J]. 人口与发展, 2016, 22(05):90-97.

⑧ Hayslip H G A. Social Support and Grandparent Caregiver Health: One-Year Longitudinal Findings for Grandparents Raising Their Grandchildren[J]. The journals of gerontology. Series B. Psychological sciences and social sciences, 2015, 70(5).

⑨ Peek M K, Lin N. Age differences in the effects of network composition on psychological distress [J]. Social Science & Medicine, 1999, 49(5):621.

学者研究发现子女提供情感支持有利于缓解其抑郁症状;部分研究指出,受儒家思想及传统孝道文化影响,家庭支持而不是来自朋友的支持,是减少老年人口心理困扰的关键因素①。频繁的亲子互动在一定程度上可以减少老年人口晚年患有抑郁症状的概率;年长父母与其子女之间的面对面接触可能会促进其价值感、归属感和社会融合的实现,改善其心理健康水平②。然而,当老年人口作为代际支持的提供者时,首先,老年人口以提供资源换取子女家庭中的部分话语权,在一定程度上能够缓解其进入老年期后威望和地位衰落的不适感。其次,老年人口向子女提供支持是一种延时交换,即牺牲现阶段闲暇时间提供支持以交换未来的资源和照料支持等,通过代际支持交换,老年人口与其子女的互动交流增加,有利于改善家庭关系,减少其孤独感。最后,当老年人口退出工作场域后,让其通过提供家务帮助等支持的形式参与家庭事务,为改善家庭成员(尤其是子女)的生活质量发挥作用,可有效减少其失去社会角色的脱嵌感,提升自我价值感,从而提升其心理健康水平。

另一种观点则认为代际关系是老年人口心理健康的危险因素。当老年人口作为代际支持的接受者时,有研究发现接受子女提供的代际支持容易使老年人口产生无用感、内疚感,降低其心理健康水平③。当老年人口作为代际支持的提供者时,首先,进入老年阶段的个体面临着生理老化带来的体力和精力下降,可能无法承担家务劳动甚至隔代照料的责任,从而产生挫败、沮丧等消极心理④。其次,为子女提供支持可能会占据老年人口的大部分闲暇时间,减少其朋友交往及参与社区活动的机会,产生角色冲突,从而迫使其牺牲自我角色⑤。最后,老年人口与其子代的生活方式并不相同,其提供的代际支持可能不能满足子代的需求,从而引起代际矛盾,影响代际关系,损害其心理健康⑥。

---

① Park N S, Jang Y R, Lee B S, et al. An Empirical Typology of Social Networks and Its Association With Physical and Mental Health: A Study With Older Korean Immigrants[J]. JOURNALS OF GERONTOLOGY SERIES B-PSYCHOLOGICAL SCIENCES AND SOCIAL SCIENCES, 2015,70(1):67 – 76.

② Tosi M, Grundy E. Intergenerational contacts and depressive symptoms among older parents in Eastern Europe[J]. AGING & MENTAL HEALTH, 2019,23(6):686 – 692.

③ 周红云,胡浩钰. 社会支持对流动老人社会融合的影响——基于武汉和深圳的调查数据[J]. 西北人口, 2017, 38(04):24 – 32.

④ 谢瑾,朱青,王小坤. 我国老年流动人口健康影响因素研究[J]. 城市发展研究,2020,27(11):30 – 35.

⑤ 张河川,李如春,岑晓钰. 空巢老人社会健康的脆性与对策[J]. 云南财经大学学报(社会科学版), 2008,23(03):53 – 55.

⑥ 陶涛,刘雯莉,孙铭涛. 代际交换、责任内化还是利他主义——隔代照料对老年人养老意愿的影响[J]. 人口研究,2018,42(05):56 – 67.

（3）代际关系对老年人口社会健康的影响机制

家庭是老年人口的重要生活空间,代际关系作为影响老年人口躯体健康、心理健康水平的重要力量,在其社会健康方面同样发挥着重要作用。

个体步入老龄阶段,大多已退出工作队列,由于业缘、地缘关系的缩减,同辈群体的逝去等原因,其社会网络减少,缺少熟悉的朋友一起参与社会活动[①]。空巢老人社会参与度低、不善于主动寻求帮助、缺少亲朋好友社会支持,其社会健康水平显著低于非空巢老人[②]。根据"社会护航理论",子女相对于其父母往往具有更高的受教育程度和经济基础,作为老年人口晚年生活的重要"护航者",来自子女家庭在经济、照料、情感等方面的支持对老年人口度过老龄阶段初期的不适应、提高自身社会健康水平来说能够产生更为直接有效的作用。经济支持方面,成年子女提供的经济支持是满足老年人口基本生活和医疗需求的重要支撑,老年人口能够从子女处获得财务,满足一定的日常花销,减少了个人财物消耗[③]。子女向老年人口提供的家务照料等工具支持,可以提高老年人口生活质量,使其无须花费较多时间与精力帮助子女照料家务[④]。以上均使得老年人口自身能够有较为充足的财力与精力维系社会网络,增加其参与社会活动的可能性。情感支持方面,社会健康因退休、流动、退行性衰退等原因受损时,老年人口从家庭外部获得的情感慰藉有限,子女将替代其家庭外部社会网络、社会参与、社会适应带来的情感慰藉,为流动老年人口提供来自家庭内部的情感支持[⑤],改善老年人口健康状况[⑥][⑦][⑧]。情感支持带来的健康增益远超经济支持和工具支持。

然而,家庭责任伦理使得老年人口通常被捆绑在家庭服务中。中国传统文化下,为人父母不但要将子女抚养成人,在子女成家以后扶持子女的小家庭,提

---

① 李鹏飞,柴彦威. 迁居对单位老年人日常生活社会网络的影响[J]. 人文地理,2013,28(03):78-84.

② 唐丹,张芷凌. 流动还是留守? 家庭流动安排对农村老人社会网络及心理健康的影响[J]. 南方人口,2020,35(06):40-52.

③ 谢立黎,王飞,胡康. 中国老年人社会参与模式及其对社会适应的影响[J]. 人口研究,2021,45(05):49-63.

④ 宋健,王记文,秦婷婷. 孙子女照料与老年人就业的关系研究[J]. 人口与经济,2018(03):92-103.

⑤ 伍海霞,贾云竹. 城乡丧偶老年人的健康自评:社会支持视角的发现[J]. 人口与发展,2017,23(01):66-73.

⑥ 刘昊,李强,薛兴利. 双向代际支持对农村老年人身心健康的影响——基于山东省的调查数据[J]. 湖南农业大学学报(社会科学版),2019,20(04):49-56.

⑦ 郑晓冬,苏保忠,方向明. 子女代际支持对老年人宗教信仰的影响[J]. 人口与发展,2018,24(01):109-118.

⑧ Silverstein M, Bengtson V L. Does intergenerational social support influence the psychological well-being of older parents? The contingencies of declining health and widowhood[J]. Social Science & Medicine, 1994, 38(7):943-957.

供金钱、照料孙辈等行为也被认为是理所应当的家庭责任伦理,这份"责任"的止点通常被认为是带大孙子女,否则将会受到周围人的"非议"①。老年人口在老龄阶段退出工作、社交等社会性角色后,依然要扮演向子女提供支持、照料孙辈等家庭性角色。当子女经济情况较差而需要父辈提供支持时,其不得不参加工作以获得更多的经济来源,或是削减自身花销,将省下来的财物用以支持子女②③。当子女因工作等原因难以照顾自己的孩子时,老年人则会帮助子女照料孩子。经济、工具支持向下流动意味着老年人口生活重心在家庭内部,绝大部分时间与精力向子女提供支持而自身获得的支持有限,缺少时间、精力与资源维系社会网络及进行社会参与,限制其社会健康状况的改善,甚至会对其造成负面影响④。

(4) 代际关系对老年人口综合健康的影响机制

代际关系通过不同方向和维度的代际支持对老年人口综合健康产生影响。代际支持可以向上或向下流动,分别指成年子女对老年人的代际支持与老年人对成年子女的代际支持。代际支持有不同的维度,以往的研究较为关注经济支持、工具支持和情感性支持对老年人口综合健康的影响。

目前经济支持的对老年人口综合健康的影响尚未产生定论。侯建明等的研究表明老年人口以接受子女经济支持为主,即经济支持以向上流动为主⑤。部分学者的研究认为经济支持向上流动会对老年人健康造成积极影响;有学者指出,子女的经济支持显著正向影响农村老年人心理健康⑥⑦。部分学者研究表明经济支持向上流动会给老年人健康带来消极的影响,刘昊等基于山东省老年人的调查发现子女的经济支持会负向影响农村老年人口的自评健康⑧。宋璐等对安徽省老年人的研究却发现经济性支持的双向流动都会对老年人综合健康带来

① 宓淑贤. 从农村丧偶初老老人搭伙现象看当代乡村社会代际关系的转型[J]. 宁夏社会科学,2022(6):153 - 163.

② 薄赢. 代际支持对农村老年人医疗消费的影响——基于 2011 年 CHARLS 数据的分析[J]. 消费经济,2016,32(05):16 - 22.

③ 孙鹃娟,冀云. 家庭"向下"代际支持行为对城乡老年人心理健康的影响——兼论认知评价的调节作用[J]. 人口研究,2017,41(06):98 - 109.

④ 王世斌,申群喜,王明忠. 比较视角下流动老年人社会参与的实证研究[J]. 南方人口,2015,30(05):44 - 51.

⑤ 侯建明,张培东,周文剑. 代际支持对中国老年人口心理健康状况的影响[J]. 人口学刊,2021,43(05):88 - 98.

⑥ 白兰,顾海. 子女代际支持对农村老年人健康水平的影响研究[J]. 现代经济探讨,2021(07):40 - 47.

⑦ Li,Guo. Filial piety matters:A study of intergenerational supports and parental health[J]. SSM Popul Health,2022,18:101096.

⑧ 刘昊,李强,薛兴利. 双向代际支持对农村老年人身心健康的影响——基于山东省的调查数据[J]. 湖南农业大学学报(社会科学版),2019,20(04):49 - 56.

积极影响[①]。

工具支持的流动对老年人口综合健康的影响并不明确。老年人以接受工具支持为主,子女的照料支持正向影响老年人口综合健康,女性、低龄的农村老年人更容易受到子女生活照料的影响,对不与子女同住的老年人而言这种影响也存在[②]。白兰和顾海使用中国家庭追踪调查数据得出子女的工具支持有利于提升老年人口自评健康,但是不利于维持农村老年人的日常活动能力。部分学者研究发现,老年人向子女提供照料支持对老年人口综合健康存在积极影响,但宋璐等提出工具支持的双向流动对老年人综合健康没有影响。工具支持流动对老年人口综合健康的影响还需继续验证。

以往学者研究认为,情感性支持的流动对老年人口综合健康具有正效应。孔玲玲和白兰等的研究证明子女的情感支持正向影响农村老年人口的综合健康[③],贾仓仓和何微微认为这种积极影响对独居老人和家庭居住老人而言也存在。马赫等对徐州老年人的研究、针对美国檀香山华裔老年人的研究也验证了子女情感支持的积极影响。刘昊等的研究还证明了老年人的情感支持也会显著提升农村老年人口的综合健康[④][⑤][⑥]。

2.2.3　家庭代际团结对流动老年人口健康影响分析框架构建

（1）家庭代际关系何以影响流动老年人口躯体健康

从既有研究进路出发,研究者在迁移流动与代际关系对躯体健康的影响机制方面进行了丰富的探讨,为本研究提供了理论支持,但仍有部分不足。相关研究较少同时考察迁移流动与代际关系的共同作用对老年人躯体健康的影响,且代际关系是一个复杂的多维度概念,并不仅限于子女与父母之间双向的工具支持,家庭内部的和谐程度、成员之间的责任感等同样也是代际关系的重要内容,不应忽视。家庭代际团结理论为理解代际关系提供了较为完备的理论支撑,因此,本研究从家庭代际关系出发,考察家庭代际团结对流动老年人口躯体健康的

① 宋璐,李树茁,张文娟. 代际支持对农村老年人健康自评的影响研究[J]. 中国老年学杂志,2006(11):1453-1455.

② 贾仓仓,何微微. 子女代际支持对老年人健康的影响——基于内生性视角的再检验[J]. 人口与经济,2021(03):52-68.

③ 孔玲玲. 子女代际支持如何影响老人健康? [Z]. 华南理工大学,2019,10.

④ 马赫,徐凌忠,许建强,等. 代际支持对徐州市空巢与非空巢老人健康影响的比较研究[J]. 医学与社会,2020,33(10):32-6+43.

⑤ Liu S Z, Zhang W, Zhang K Q, et al. The Association between Intergenerational Support and Self-Rated Health among Chinese Older Adults:Do Resilience and Gender Matter? [J]. JOURNAL OF APPLIED GERONTOLOGY,2023,42(1):111-120.

⑥ 刘昊,李强,薛兴利. 双向代际支持对农村老年人身心健康的影响——基于山东省的调查数据[J]. 湖南农业大学学报(社会科学版),2019,20(04):49-56.

影响机制。

结构性团结维度,居住安排对老年人口躯体健康存在不同影响,而对流动老年人口而言,其影响机制尚不明确。老年人口往往出于照顾子女及孙辈的原因而流动,倾向于与子女同住。宋全成和张倩发现,以照料家人和养老为目的流动的老年人口自评健康状况较差,患慢性病的概率显著偏高[①];武玉同样发现,当老人因家属随迁与养老而选择流动时,均会显著降低其自评健康状况,提升其慢性病患病率[②]。因此,当流动老年人口因照料家人等原因而流动时,其往往可能倾向于与子女同住或空间区隔较小,对其躯体健康状况更为不利。

联系性团结维度,与子女的沟通频率可能会影响流动老年人口的健康信息获取与卫生服务利用。相较于不与子女同住的老年人口,与子女同住者可以围绕健康与子女展开直接交流,得到来自子女更多的健康反馈与支持[③]。不与子女同住的流动老年人口,只能在通电话与见面探望时获得来自子女的健康信息反馈与支持,可能拥有更差的健康状况与死亡风险[④]。

情感性团结维度,现有研究多支持代际情感交换的增强对流动老年人口的躯体健康存在显著的正向影响。流动老年人口从原本熟悉的场域迁移到相对陌生的环境,会面临社会适应困难、社会保障缺乏等一系列问题[⑤],社会融合的失败可能会对其自评健康与生活满意度产生负面影响[⑥]。子女的情感支持可以显著降低老年人的孤独感与抑郁感,可能会对其躯体健康产生积极影响[⑦]。

规范性团结维度,既有研究发现,家庭养老仍是我国养老的主要模式[⑧],来自家庭内部的支持对维持、提升老年人健康水平具有重要作用[⑨]。流动老年人口具有不同的流动原因,随迁型老年人具有明显的家庭导向,对子女家庭存在高

① 宋全成,张倩. 中国老年流动人口健康状况及影响因素研究[J]. 中国人口科学,2018(4):81-92.

② 武玉. 中国老年流动人口健康的城乡差异及影响因素研究[J]. 东北农业大学学报(社会科学版),2022,20(1):56-65.

③ 张莉. 中国高龄老人的居住安排、代际关系和主观幸福感——基于对CLHLS数据的分析[J]. 国家行政学院学报,2015(5):68-73.

④ 刘一伟. 居住方式影响了老年人的健康吗?——来自中国老年人的证据[J]. 人口与发展,2018,24(4):77-86.

⑤ 杨菊华,卢瑞鹏. "漂老"与"老漂":国内老年流动人口的研究进展与展望[J]. 西安交通大学学报(社会科学版),2023,43(1):84-94.

⑥ Das A. Social Integration, Self-Rated Health. and Genes? [J]. Journal of Aging and Health, 2019.

⑦ Zhang L, Hou Y, Wang H, et al. Self-Rated Health and Life Satisfaction among Elderly Migrants in China:A Moderated Mediation Model of Resilience and Upward Intergenerational Support[J]. INTERNATIONAL JOURNAL OF ENVIRONMENTAL RESEARCH AND PUBLIC HEALTH, 2022,19(24).

⑧ 侯慧丽. 责任与期待:中国青年的养老观念及代际差异[J]. 当代青年研究,2023(2):38-50.

⑨ 陈娜,邓敏,王长青. 我国失能老人居家养老服务供给主体研究[J]. 医学与社会,2020,33(7):46-49.

度依赖。子女承担养老责任、向老年人提供积极的代际支持,对老年人口身心健康有着重要意义①。

共识性团结维度,代际和谐作为积极代际关系的指标,和谐的代际关系有助于流动老年人口适应陌生的城市环境,提升其生活满意度②,从而可能间接提升其躯体健康。

功能性团结维度,陈宁和石人炳发现,流入地的家庭经济支持对流动老年人口的自评健康具有显著的正向影响③;王会光则认为,主要经济来源为社会保障收入或家庭经济支持对不同户籍的流动老年人口的健康状况均有负向影响④。流动老年人口提供向下经济支持的健康效应尚不明确,拥有个人劳动收入的老年人口的自评健康状况更加积极。因此,当老人为子女提供向下经济支持时,其躯体健康水平可能更为积极。子女为流动老年人口提供工具支持可能会降低其自评健康水平,提升抑郁风险⑤;当流动老年人口为家庭提供工具支持时,部分观点认为,支援子女的随迁型流动老年人口具有良好的健康状况,但提供工具支持可能会使其缺乏对自身健康的关注,对身心健康造成不利影响⑥;同时也有部分研究者认为,提供工具支持可能对流动老年人口的自评健康具有积极影响。

(2)家庭代际团结何以影响流动老年人口心理健康

如前所述,本研究已经回顾了迁移流动、代际关系与心理健康的关系。然而,既有研究多从狭义的代际支持视角出发观测代际关系。事实上,当前家庭代际关系呈现出多样化的特征,表现形式也具有多样性,家庭代际关系不仅涉及情感支持、经济支持和工具支持,还包含结构、联系、观念、规范等维度的内容。家庭代际团结理论为我们理解多维度的家庭代际关系提供了分析框架,因此,本研究从家庭代际团结的角度出发探究其对流动老年人口心理健康有何影响。

结构性团结维度。居住安排可能会影响流动老年人口与其子女之间的互动

① 池上新,吕师佳. 社会融入与随迁老人的身心健康——基于深圳市调查数据的分析[J]. 深圳社会科学,2021,4(5):95-108.

② Yan S Y, Deng R Y, Hou Y J, et al. A Latent Class Analysis of Intergenerational Relationships Among the Elderly Migrants in Nanjing, China[J]. PSYCHOLOGY RESEARCH AND BEHAVIOR MANAGEMENT, 2023,16:1221-1232.

③ 陈宁,石人炳. 流动老人健康差异的实证研究[J]. 重庆社会科学,2017(7):53-60.

④ 王会光. 流动老人的自评健康状况及影响因素研究——基于城乡差异的视角[J]. 西北人口,2018,39(6):48-58.

⑤ Zhang L, Hou Y, Wang H, et al. Self-Rated Health and Life Satisfaction among Elderly Migrants in China: A Moderated Mediation Model of Resilience and Upward Intergenerational Support[J]. INTERNATIONAL JOURNAL OF ENVIRONMENTAL RESEARCH AND PUBLIC HEALTH, 2022, 19(24):17009.

⑥ 彭大松,张卫阳,王承宽. 流动老人的心理健康及影响因素分析——基于南京的调查发现[J]. 人口与社会,2017,33(4):20-32.

机会、互助频率等,但其与流动老年人口心理健康的关系并不明晰。研究发现,与子女共同居住的中国流动老年人口抑郁率仍然较高[1],即与子女同住并未提升其心理健康水平,可能是因为成年子女工作和生活压力大,并不能及时给予流动老年人口相应的情感支持;而胡建江等研究发现与子女同住是流动老年人口的保护因素,独居的流动老年人口心理健康水平更低[2]。

联系性团结维度。代际双方的联系在一定程度上影响流动老年人口的情绪及心理压力,但已有研究对联系性团结与其心理健康的关系并未达成一致结论。研究发现,当流动老年人口不与子女共同居住时,代际联系频率对其孤独感并无显著影响[3]。崔烨等发现代际联系可能仅仅是出于形式或义务的交流,并没有成为加强代际亲密关系的方式,因此对流动老年人口心理健康有显著负向影响[4]。

情感性团结维度。已有研究发现流动老年人口与其成年子女之间的情感支持和交流对其心理健康具有积极影响。部分学者认为,子女提供情感支持可有效帮助流动老年人口适应陌生城市环境,进而缓解其孤独感[5];崔烨和靳小怡也发现代际情感联系有利于满足流动老年人口的情感需求,显著改善其心理健康情况[6]。

功能性团结维度。功能性团结与流动老年人口心理健康关系的研究多区分代际支持流向。当代际支持向上流动时,靳小怡等发现接受子女经济支持和生活照料帮助并未对流动老年人口生活满意度有所增益[7]。姚俊等发现子女提供代际支持有效缓解流动老年人口因生活环境改变、社会网络缺失带来的心理压力,提升心理弹性、自我效能感,从而提高其生活满意度[8]。有学者指出生活在南欧国家的老年移民的福祉在很大程度上取决于其从亲属网络获得的非正式护

① Mui AC. Living alone and depression among older Chinese immigrants [J]. Journal of Gerontological Social work,1998,30:147－166.

② 胡建江,倪延延,黎秋菊,等.杭州市流动老年人抑郁现状及影响因素分析[J].中国公共卫生,2016,32(09):1144－1148.

③ Ten Kate R, Bilecen B, Steverink N. The role of Parent-Child relationships and filial expectations in loneliness among older turkish migrants[J]. Social Inclusion, 2021, 9(4):291－303.

④ 崔烨,靳小怡.家庭代际关系对农村随迁父母心理福利的影响探析[J].中国农村经济,2016(06):15－29.

⑤ Yao J, Zhang L, Lu P. Family value matters:Intergenerational solidarity and life satisfaction of chinese older migrants[J]. Innovation in Aging, 2020, 4(1):345.

⑥ 崔烨,靳小怡.家庭代际关系对农村随迁父母心理福利的影响探析[J].中国农村经济,2016(06):15－29.

⑦ 靳小怡,刘妍珺.照料孙子女对老年人生活满意度的影响——基于流动老人和非流动老人的研究[J].东南大学学报(哲学社会科学版),2017,19(02):119－129.

⑧ 姚俊,张文静,王浩,等.代际支持对流动老年人生活满意度的影响:自我效能感和心理弹性的序列中介作用[J].南京医科大学学报(社会科学版),2022,22(01):40－46.

理的质量和数量[①]。当代际支持向下流动时,肖海翔和李盼盼发现照料孙辈使处于陌生环境的流动老年人口心理压力增加,隔代居住且需要承担照料孙辈责任的农村流动人口生活满意度更差[②];有研究表明流动老年人口相较于本地老年人口在隔代照料中花费更多的时间和精力,却获得更低水平的自我效能感和自我价值[③]。

规范性团结维度。在传统孝文化仍然发挥重要作用的中国情境下,孝道规范是家庭代际关系的重要组成部分。对主要为了家庭团聚和帮助子女家庭进行流动的老年人口而言,规范性团结是正向反馈,对其心理健康产生影响。

共识性团结维度。共识性团结反映了代际之间对于同一件事的认知,可能影响流动老年人口心理健康。研究发现,随迁老人在流动后面临着经济上高度依赖子女、原有社会网络缩减、与子代发生冲突等问题,从而产生孤独感等消极心理[④]。崔烨等发现代际共识有利于加强家庭凝聚力,显著改善其心理健康情况[⑤]。

(3)家庭代际团结何以影响流动老年人口社会健康

既有研究通常聚焦于迁移流动行为、家庭代际关系与老年人口心理健康之间的关系,鲜有研究关注家庭代际关系对流动老年人口社会健康的影响。事实上,迁移流动行为对老年人口社会健康造成影响的同时,老年人口与其子女间的代际关系也随之改变,代际交换受到流动时间及空间的约束。此外,随着社会现代化进程的推进与家庭观念的改变,家庭代际关系的内涵不再停留在经济、照料等客观支持以及亲密关系上,同时也涉及价值观念、孝道遵从等更为丰富的内涵。基于此,本研究进一步分析家庭代际团结对流动老年人口社会健康的影响机制。

结构性团结维度,老年人口的居住安排很大程度上决定了其与子女之间代际交换的形式。相较于不与子女同住,与子女同住的流动老年人口可以直接获得来自子女在经济、照料等方面的支持,对其度过流动初期的精神焦虑有显著积

① Albertini M, Mantovani D. Older parents and filial support obligations: A comparison of family solidarity norms between native and immigrant populations in Italy[J]. Ageing & Society, 2022, 42(11): 2556 - 2587.

② 肖海翔,李盼盼.照料孙辈对我国农村中老年人心理健康的影响[J].中国卫生政策研究,2019,12(02):41 - 50.

③ Wang X, Gao L, Guo C, et al. Childcare burden and psychological distress among elderly people involved in grandparenting: A study on local and migrant grandparents in Hangzhou, China[J]. Health & Social Care in the Community, 2022:1 - 13.

④ King R, Cela E, Fokkema T, et al. The migration and Well-Being of the zero generation: Transgenerational care, grandparenting, and loneliness amongst albanian older people[J]. Population, Space and Place, 2014, 20(8):728 - 738.

⑤ 崔烨,靳小怡.家庭代际关系对农村随迁父母心理福利的影响探析[J].中国农村经济,2016(06):15 - 29.

极作用,与子女居住距离越近则健康效应越明显[1]。

情感性团结维度,迁移流动行为对老年人口社会健康造成社会网络断裂、社会参与减少等负面影响,来自子女的情感慰藉能够缓解流动老年人口社会网络断裂造成的情感缺失[2]。

共识性团结维度,流动老年人口与子女之间生活观念越接近则矛盾越少。和谐一致的代际关系下,一方面,流动老年人口更容易适应流入地的陌生环境;另一方面流动老年人口更容易获得子女的帮助,使其顺利融入流入地生活,增加其积极参与社会活动的概率[3][4]。

规范性团结维度,遵从孝道规范意味着子女更可能向流动老年人口提供支持,老年人口可在晚年养老方面减少后顾之忧,进而提高其生活质量、帮助其度过流动过程中生活场域改变带来的不适应。

联系性团结维度,迁移流动行为对老年人口与原有社会网络成员的联系造成限制,因而产生孤独、焦虑等情绪,与子女之间增加联系频率则能缓解流动老年人口的负面情绪,使其更容易适应当地生活。

功能性团结维度,因务工经商、照料孙辈而流动的老年人口,迁移流动行为本身会对其社会健康造成负面影响,工作、隔代照料则会进一步压缩其参与社会活动、新建或维系社会网络的精力,限制流动老年人口社会参与的时间和机会[5]。反之,流动老年人口获得子女提供的经济、工具支持时,能够拥有较为充足的财力与精力维系社会网络,加深其对当地生活的了解程度以提高社会适应水平[6][7]。

(4)家庭代际团结对流动老年人口综合健康影响分析框架构建

以往研究发现迁移流动特征以及代际关系共同影响流动老年人口综合健康的变化,但相关研究偏向考察代际支持流向的影响,对代际关系的关注仍较片面。家庭代际团结理论为分析代际关系对流动老年人口健康的影响提供更全面的分析框架。既往研究关注到联系、情感、功能支持代表的联系性团结、情感性

① 许琪. 居住安排对中国老年人精神抑郁程度的影响——基于CHARLS追踪调查数据的实证研究[J].社会学评论,2018,6(04):47-63.

② 胡雅萍,刘越,王承宽. 流动老人社会融合影响因素研究[J].人口与经济,2018(06):77-88.

③ 谢立黎,王飞,胡康. 中国老年人社会参与模式及其对社会适应的影响[J].人口研究,2021,45(05):49-63.

④ 穆光宗. "老漂族"的群体现状与社会适应[J].人民论坛,2021(12):64-66.

⑤ 陈志光. 漂泊与孤独:流动老年人口社会交往状况研究[J].社科纵横,2021,36(03):93-103.

⑥ 李相荣,张秀敏,任正,等. 中国西部流动老年人口自评健康状况及其影响因素[J].医学与社会,2021,34(04):1-5.

⑦ 李婷,胡文波. 中国家庭的代际同住及其驱动机制变迁——基于CHNS 1991—2015的九期调查数据[J].人口与经济,2021(06):54-67.

团结和功能性团结对流动老年人口综合健康的影响,较少研究结构性团结、共识性团结和规范性团结对流动老年人口综合健康影响。因此本研究采用家庭代际团结框架更全面地分析代际关系对流动老年人口综合健康的影响机制。

结构性团结维度,流动老年人口和子女同住可以满足老年人口因年老产生被照顾的需求或者成年子女因工作繁忙需要帮助照料家庭的需求,促进流动老年人口获得更好的综合健康。但是也存在和子女同住带来子女和老年人生活矛盾增加的问题,具体包括代际经济紧张、代际惯习冲突、代际文化差异等,不利流动老年人综合健康。

联系性团结维度,流动老年人口和子女见面或者电话沟通频繁,有助于老年人增进和子女的沟通,子女可以及时了解老年人的健康状况,促进流动老年人口综合健康的维持。

情感性团结维度,流动老年人口与子女情感团结程度越高、与子女同时能够获得的情感支持越多,满足情感需求,增强情感纽带,促进综合健康[1]。

共识性团结维度,流动老年人口和子女达成一致的共识有助于创造代际沟通的平台,缓解和规避代际冲突,有利于综合健康[2]。

规范性团结维度,流动老年人口认可由子女承担养老的传统规范,有助于其获得更多刚性和弹性的代际支持,缓解因衰老带来的健康问题,维持综合健康[3]。

功能性团结维度,流动老年人口获得经济支持有助于其满足基本生活需求和医疗需求,提升老年人的心理健康和躯体健康水平[4][5],促进综合健康。流动老年人口获得工具支持有助于改善老年人的生活质量,降低抑郁水平[6],提升综合健康[7]。然而,功能性团结也可能导致老年人口自我效能感降低,产生较为消

[1] 肖索未,关聪. 情感缓冲、中间人调节与形式民主化:跨代同住家庭的代际关系协调机制[J]. 社会学评论, 2018, 6(05):28 – 38.

[2] 尹新瑞,吴帆. 文化传承与沟通行动理论:和谐代际关系建构的理论视角与方略[J]. 湖南社会科学, 2019(05):53 – 60.

[3] 王跃生. 城乡养老中的家庭代际关系研究——以 2010 年七省区调查数据为基础[J]. 开放时代, 2012,(02):102 – 121.

[4] Cong, Silverstein. Intergenerational Time-for-Money Exchanges in Rural China: Does Reciprocity Reduce Depressive Symptoms of Older Grandparents? [J]. Research in Human Development, 2008, 5(1): 6 – 25.

[5] 郑志丹,郑研辉. 社会支持对老年人身体健康和生活满意度的影响——基于代际经济支持内生性视角的再检验[J]. 人口与经济, 2017(04):63 – 76.

[6] 彭华茂,尹述飞. 城乡空巢老人的亲子支持及其与抑郁的关系[J]. 心理发展与教育, 2010, 26(06):627 – 633.

[7] 左冬梅,李树茁. 基于社会性别的劳动力迁移与农村留守老人的生活福利——基于劳动力流入地和流出地的调查[J]. 公共管理学报, 2011, 8(02):93 – 100+27.

极的老化态度,同时产生失败感、负疚感和无助感[①],不利于综合健康。

（5）总体分析框架

根据迁移流动对老年人口健康的影响机制以及健康移民假说、健康受损假说、三文鱼偏误假说,迁移流动行为使老年人口从流出地转移至流入地,生活场域发生变化使其健康状况受到削弱,并在不同流动时间、流动空间特征下表现出差异化特征。根据代际关系对老年人口的影响机制以及社会护航模型、社会角色理论,老年人口家庭代际团结程度的提升对其多维健康主要起改善作用。同时,迁移流动行为与家庭代际团结之间相互影响,二者共同作用下使得流动老年人口多维健康发生动态调整。

结合迁移流动对老年人口健康的影响机制、代际关系对老年人口的影响机制,本研究构建家庭代际团结对流动老年人口健康影响分析框架。家庭代际团结对流动老年人口健康影响分析框架见图 2-1。

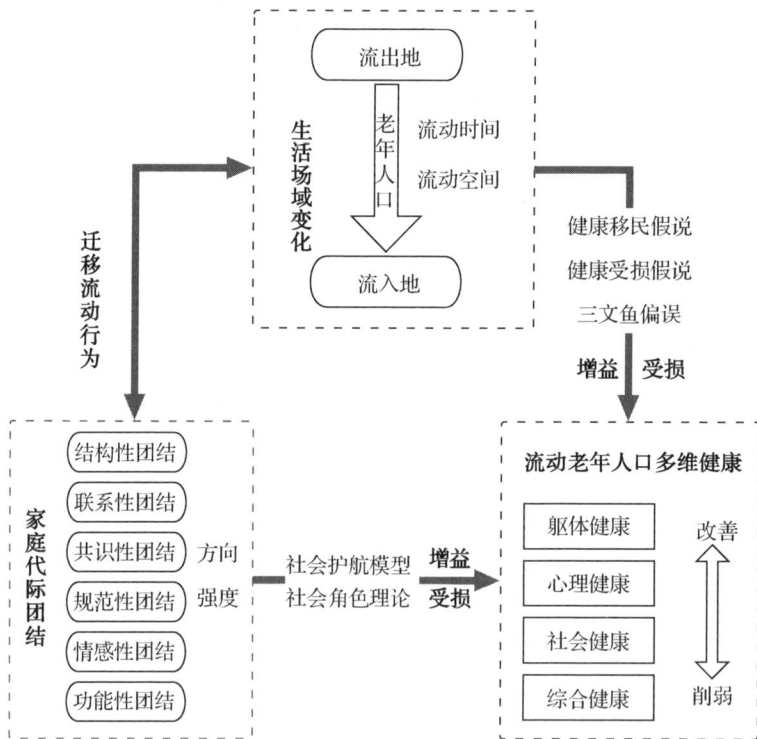

图 2-1　家庭代际团结对流动老年人口健康影响分析框架

---

① Liang, Krause, Bennett. Social exchange and well-being: is giving better than receiving? [J]. Psychology and aging, 2001, 16(3):511-523.

2.3 数据来源及处理

2.3.1 数据来源

出于不同的调查目的,各调查数据具有针对性和差异性,本研究难以利用单一数据来源充分反映流动老年人口家庭现状及变动趋势、健康状况、流动特征等信息,故本研究采用中国老年社会追踪调查数据、中国流动人口动态监测调查数据、中国人口普查数据等对以上信息进行全面解读。

（1）中国老年社会追踪调查数据

第三章流动老年人口家庭现状及潜在类别分析、第四章至第七章实证分析的研究数据来自中国老年社会追踪调查（China Longitudinal Aging Social Survey,CLASS）。中国老年社会追踪调查是全国性、连续性的大型社会调查项目,通过定期、系统地收集中国老年人群社会、经济背景数据,掌握老年人在衰老过程中面临的各种问题和挑战,为中国老龄问题的解决提供重要的理论和事实依据。研究对象为流动老年人口,选取 2014 年、2016 年、2018 年中国老年社会追踪调查数据作为混合截面数据,将老年人与子女进行逐一匹配,共获得 90899个老年人口样本。剔除 60 岁以下、户籍地与现住地一致、居住时间少于 6 个月、核心变量缺失值等样本后,共纳入 5593 个流动老年人口样本。数据使用过程中,为了获取足够的样本信息、增加变量的变异性,允许分析过程中样本量变化。

（2）中国流动人口动态监测调查数据

第三章流动老年人口家庭变动趋势预测的研究数据来自 2015—2018 年国家卫生健康委组织的中国流动人口动态监测调查（China Migrants Dynamic Survey,CMDS）。该调查以 31 个省（区、市）和新疆生产建设兵团历年全员流动人口年报数据为基本抽样框,采取分层、多阶段、与规模成比例的 PPS 方法进行抽样。内容涉及流动人口及其家庭成员基本信息、流动范围、流动时间、健康状况、基本公共卫生服务等,具有调查内容全面性强、调查结果代表性好等优点。

（3）中国人口普查数据

第三章流动老年人口家庭变动趋势的部分研究数据来自中国 2000 年、2010年、2020 年人口普查数据（Population Census of China）。定期开展人口普查是摸清中国人口家底的重要手段。一方面,人口普查可以全面查清我国人口数量、结构、分布等方面的最新情况。另一方面,人口普查有助于了解人口增长、劳动力供给、流动人口变化情况,摸清老年人口规模,有利于准确分析判断未来我国人口形势,准确把握人口发展变化的新情况、新特征和新趋势。人口普查的主要内容包括性别、年龄、民族、受教育程度、行业、职业、迁移流动、婚姻生育、死亡、住房等情况,具有覆盖面广、权威性强、准确度高等特点。

2.3.2 变量处理

实证分析部分的变量分为因变量、自变量及控制变量。本节仅介绍自变量及控制变量操作化方式,健康因变量在后续实证分析章节再行说明。

(1)自变量处理

本研究自变量分为两部分,分别是流动特征自变量以及家庭代际团结自变量。

流动特征自变量主要包括:是否流动、流动时间及流动地区。

是否流动,根据问题"您的户口所在地在哪里?"进行操作化,原选项为"本村/居委会、本乡镇街道其他村/居委会、本区县其他乡镇/街道、本市其他区县、本省其他市、外省、其他",将"其他"视作缺失值,将其余选项分别赋值为:0＝未流动(本村/居委会、本乡镇街道其他村/居委会、本区县其他乡镇/街道、本市其他区县)、1＝流动(本省其他市、外省)。

流入时间,根据问题"您在本区县住了多少年?"进行操作化,将其居住时间分别赋值为:0＝5年以下,1＝5—10年,2＝10年以上。

流入地区,根据国家统计局对东中西部和东北地区划分方法,将居住地所在省份分别赋值为:0＝东部地区、1＝中部地区、2＝西部地区、3＝东北地区。

家庭代际团结自变量主要包括结构性团结、情感性团结、共识性团结、规范性团结、联系性团结、功能性团结。

结构性团结维度,根据问题"和您同吃同住的是否有儿子?""和您同吃同住的是否有女儿?"进行操作化,原选项为"是、否"将其分别赋值为0＝不与子女同住(未与任何儿子或女儿同住),1＝与子女同住(与儿子或女儿同住)。

情感性团结维度,根据问题"您是否觉得这个子女对您不够关心?"进行操作化,原选项为"从未、偶尔、有时候、经常、无法回答",将"无法回答"视作缺失值,将其余选项分别赋值为:0＝不够关心(有时候、经常)、1＝足够关心(从未、偶尔)。

共识性团结维度,根据问题"过去12个月,您有没有觉得这个子女向您要求了过多的帮助和支持?(例如,要钱、帮忙干活、照看(外)孙子女或做家务)",原选项为"从未、偶尔、有时候、经常、无法回答",将"无法回答"视作缺失值,将其余选项分别赋值为:0＝未达成共识(有时候、经常、偶尔)、1＝达成共识(从未)。

规范性团结维度,根据问题"您认为老年人的照料应该主要由谁承担?",原选项为"政府、社会、子女、老人自己或配偶、政府/子女/老人共同承担、无法回答",将"无法回答"视作缺失值,其余选项分别赋值为:0＝非子女承担(政府、社会、老人自己或配偶),1＝子女承担(子女、政府/子女/老人共同承担)。

联系性团结维度,根据问题"过去 12 个月,您与这个子女多久联系一次(包括使用电话、微信等各种通信手段)?""过去 12 个月,您与这个子女多久见一次面?"进行操作化,将联系性团结划分为见面及通话两个维度。原选项为"几乎天天、每周至少一次、每月至少一次、一年几次、几乎没有、不需要",将"不需要"视作缺失值,将其余选项赋值为 0＝联系不频繁(一年几次、几乎没有),1＝联系频繁(几乎天天、每周至少一次、每月至少一次)。

功能性团结维度,包括经济支持与工具支持。经济支持方面,根据问题"过去 12 个月,这个子女有没有给过您(或与您同住的、仍健在的配偶)钱、食品或礼物,这些财物共值多少钱?""过去 12 个月,您(或与您同住的、仍健在的配偶)有没有给过这个子女家钱、食品或礼物,这些财物共值多少钱?"进行操作化,原选项为"没有给过、1—199 元、200—499 元、500—999 元、1000—1999 元、2000—3999 元、4000—6999 元、7000—11999 元、12000 元及以上",两个问题的答案分别代表各子女向流动老年人口提供的经济支持、流动老年人口向其各子女提供的经济支持。经济支持＝子女向流动老年人口提供的经济支持—流动老年人口向其子女提供的经济支持,即流动老年人口从子女处获得的经济支持,符号为"—"表示经济支持向下流动,即流动老年人口向其子女提供的经济支持更多,经济支持向子女集中;符号为"＋"表示经济支持向上流动,即子女向流动老年人口提供的经济支持更多,经济支持向老人集中;经济支持为 0,表示经济支持在双方间基本相等,强度大致相当。工具支持方面,根据问题"过去 12 个月,这个子女多久帮您做一次家务?""过去 12 个月,您多久帮这个子女做一次家务?"进行操作化,原选项为"几乎天天、每周至少一次、每月至少一次、一年几次、几乎没有",将两个问题的答案做差,将其赋值为两个问题的答案分别代表子女向流动老年人口提供的工具支持、流动老年人口向其子女提供的工具支持。工具支持＝子女向流动老年人口提供的工具支持—流动老年人口向其子女提供的工具支持,即流动老年人口从子女处获得的工具支持,值越大表示流动老年人口获得的工具支持越多,提供的工具支持越少。符号为"—"表示工具支持向下流动,即流动老年人口向其子女提供的工具支持更多,工具支持向子女集中;符号为"＋"表示工具支持向上流动,即子女向流动老年人口提供的工具支持更多,工具支持向老人集中;工具支持为 0,表示工具支持在双方间基本相等,强度大致相当。

（2）控制变量处理

参考既有研究通常选取的控制变量，本研究选取的控制变量包括年龄、性别、居住地、同住人数、个人收入、受教育程度、婚姻状况以及工作状况。

年龄，根据问题"您是哪一年出生的？"，用调查年份减去出生年份，获得年龄信息（岁）。

性别，根据问题"性别"进行操作化，原选项为"男、女"，将其分别赋值为：0＝女、1＝男。

居住地，根据问题"您的户口属于？"进行操作化，原选项为"农业户口、非农业户口、由农业户口改为统一居民户口、由非农业户口改为同意居民户口、其他"，将"其他"视作缺失值，将其余选项分别赋值为：0＝农村（农业户口）、1＝城市（非农业户口、由农业户口改为统一居民户口、由非农业户口改为同意居民户口）。

同住人数，根据问题"请问您家现在与您常住（同吃同住，包含您本人在一起的一共几个人）"进行操作化，获得同住人数信息（个）。

个人收入，根据问题"过去 12 个月，您个人的总收入是多少？"进行操作化，将具体数字取对数处理。

受教育程度，根据问题"您的文化程度是？"进行操作化，原选项为"不识字、私塾/扫盲班、小学、初中、高中/中专、大专、本科及以上"，将其分别赋值为：0＝小学及以下（不识字、私塾/扫盲班、小学）、1＝初中及以上（初中、高中/中专、大专、本科及以上）。

婚姻状况，根据问题"您目前的婚姻状况是？"进行操作化，原选项为"已婚有配偶、丧婚、离婚、未婚"，将其分别赋值为：0＝不在婚（丧婚、离婚、未婚）、1＝在婚（已婚有配偶）。

工作状况，根据问题"目前您从事有收入的工作/活动的情况是？"进行操作化，原选项为"几乎每天、每周至少一次、每月至少一次、一年几次、没有参加"，将其分别赋值为：0＝不在业（没有参加）、1＝在业（几乎每天、每周至少一次、每月至少一次、一年几次）。

自变量及控制变量说明见表 2－11。

表 2－11　自变量及控制变量说明

变量名称		变量操作化
自变量	是否流动	0＝未流动、1＝流动
	流入时间	年
	流入地区	0＝东部地区、1＝中部地区 2＝西部地区、3＝东北地区
	结构性团结	0＝不与子女同住、1＝与子女同住
	情感性团结	0＝不够关心、1＝足够关心
	共识性团结	0＝未达成共识、1＝达成共识
	规范性团结	0＝非子女承担、1＝子女承担
	联系性团结	
	见面	0＝联系不频繁、1＝联系频繁
	通话	0＝联系不频繁、1＝联系频繁
	功能性团结	
	经济支持	0＝双方相等 1＝向上流动 2＝向下流动
	工具支持	0＝双方相等 1＝向上流动 2＝向下流动
控制变量	年龄	岁
	性别	0＝女、1＝男
	居住地	0＝农村、1＝城市
	子女数量	个
	居住地	0＝农村、1＝城市
	同住人数	个
	个人收入	取对数
控制变量	受教育程度	0＝小学及以下、1＝初中及以上
	婚姻状况	0＝不在婚、1＝在婚
	工作状况	0＝不在业、1＝在业

2.4 统计模型

本研究利用了描述性统计分析、双变量统计分析、潜在类别模型、多元回归分析、Logistic 回归分析、曲线估计、灰色预测等方法对数据进行了统计分析。下面对以上数学分析方法进行简要介绍。

（1）描述性统计分析

描述统计的主要目的在于用简单的概括形式反映出大量数据资料所容纳的基本信息。基本方法包括集中趋势分析、离散趋势分析等，即均值、众数、中位数、标准差等。本研究利用描述性统计分析描述流动老年人口个体特征、家庭代际支持特征及社会健康特征基本情况。

（2）双变量统计分析

双变量统计分析主要探讨两个变量之间的关系，根据变量层次不同，采取的具体形式也不同，如 t 检验、F 检验、Pearson 相关系数、偏相关分析等[①]。本研究利用双变量统计分析及相关系数分析考察流动老年人口个体特征与家庭代际支持、个体特征与社会健康、家庭代际支持与社会健康之间的关系。

（3）潜在类别分析

潜在类别模型（Latent Class Model，LCM）是通过潜在类别变量来解释外显指标间的关联，使外显指标间的关联通过潜在类别变量来解释，进而维持其局部独立性的统计方法。基本假设是，外显变量各种反应的概率分布可以由少数互斥的潜在类别变量来解释，各类别对各外显变量的反应选择都有特定的倾向。当观测指标为连续型变量时，LCM 被称作潜在剖面分析（Latent Profile Analysis，LPA），表达式见式（2-1）。其中，μ_{ik} 和 σ_{ik}^2 为剖面 k 内指标 i 的均值和方差。$P(c_i = k)$ 为类别概率，即每个类别个体占全体的比例[②]。本研究利用潜在剖面分析探讨流动老年人口家庭代际支持可能存在的不同类型。

$$\sigma_i^2 = \sum_{k=1}^K P(c_i = k)(\mu_{ik} - \mu_i)^2 + \sum_{k=1}^K P(c_i = k)\sigma_{ik}^2 \qquad 式（2-1）$$

（4）多元回归分析

多元回归分析用于解决用多个自变量来估计或预测一个因变量的数值，以及弄清不同自变量对因变量所实际具有的影响力大小这两方面的问题，表达式见式（2-2）[③]。其中，y 为因变量，x 为自变量，β 为回归系数，ε 为误差项。本研

---

① 风笑天. 社会研究方法（第五版）[M]. 北京：中国人民大学出版社，2018：255-265.

② 王孟成，毕向阳. 潜变量建模与 Mplus 应用. 进阶篇[M]. 重庆：重庆大学出版社，2018：3-6.

③ 风笑天. 社会研究方法（第五版）[M]. 北京：中国人民大学出版社，2018：269-271.

究利用多元回归分析,分维度考察流动老年人口家庭代际支持对其社会健康的影响,并进一步考察可能存在的异质性特征以及中介效应。

$$y = \beta_0 + \beta_1 x_1 + \beta_2 x_2 + \cdots + \beta_k x_k + \varepsilon \qquad \text{式}(2-2)$$

(5) Logistic 回归分析

Logistic 回归是从事件发生与不发生的概率之比的角度来建立回归方程的。对于只能取 1 和 0 两个值的二分变量,如果用 1 表示发生,0 表示不发生,则 $P(y=1) = p$ 为发生的概率,$P(y=0) = 1-p$ 为不发生的概率,两者之比称作发生比,记作 odds:odds $= \dfrac{P(y=1)}{1-P(y=1)} = \dfrac{p}{1-p}$。Logistic 回归又称对数比率回归,即把发生比的对数 Logit p 看成自变量 x_i 的线性函数,其一般表达式如下:

$$\text{Logit } p = \ln \frac{p}{1-p} = b_0 + b_1 x_1 + b_2 x_2 + \cdots + b_k x_k \qquad \text{式}(2-3)$$

(6) 曲线估计

变量间的相关关系并不总表现为线性关系,也经常表现为非线性关系。变量之间的非线性可以划分为非本质线性关系和本质线性关系。非本质线性关系是指变量关系不仅形式上呈非线性关系,而且无法通过变量变换转化为线性形式,最终无法进行线性回归分析和建立线性模型。本质线性关系是指变量关系形式上虽然呈非线性关系,但可通过变量变换转化为线性关系,最终可进行线性回归分析,建立线性模型[1]。曲线估计即解决本质线性关系问题,通过曲线估计可以进行简单回归及趋势外推分析,常用方法包括二次曲线、对数曲线、指数曲线、幂函数、逻辑函数等,本研究采取指数曲线估计方法,一般表达式如下:

$$y = \beta_0 e^{\beta x} \qquad \text{式}(2-4)$$

(7) 灰色预测

灰色系统理论的创立源于 20 世纪 80 年代,邓聚龙在 1981 年的"含未知数系统的控制问题"学术报告中首次使用"灰色系统"一词。1982 年,邓聚龙发表了"参数不完全系统的最小信息正定""灰色系统的控制问题"等系列论文,奠定了灰色系统理论的基础[2]。

灰色预测的主要特点是模型使用的不是原始数据序列,而是生成的数据序列。其核心体系是灰色模型(Grey Model,GM),即对原始数据做累加生成(或其他方法生成)得到近似的指数规律再进行建模的方法。灰色模型不需要很多数据,一般只需要 4 个数据就能解决历史数据少、序列的完整性及可靠性低的问题,其能够将无规律的原始数据进行生成得到规律性较强的生成序列,运算简

---

① 薛薇. 统计分析与 SPSS 的应用[M]. 北京:中国人民大学出版社,2021:256-262.
② 司守奎,孙玺菁. Python 数学建模算法与应用[M]. 北京:国防工业出版社,2022:422-432.

便,易于检验,具有不考虑分布规律,不考虑变化趋势的优点。

本节采用 GM(1,1)预测模型,表示模型是一阶微分方程,且只含一个变量的灰色模型。

a. GM(1,1)预测模型预测方法

已知参考数据列 $x^{(0)} = (x^{(0)}(1), x^{(0)}(2), \cdots, x^{(0)}(n))$,一次累加生成序列 $(1-AGO) x^{(1)} = (x^{(1)}(1), x^{(1)}(2), \cdots, x^{(1)}(n)) = (x^{(0)}(1), x^{(0)}(1) + x^{(0)}(2), \cdots, x^{(0)}(1) + \cdots + x^{(0)}(n))$。

建立灰微分方程

$$x^{(0)}(k) + az^{(1)}(k) = b, k = 2, 3, \cdots, n \qquad 式(2-5)$$

相应的白化微分方程为

$$\frac{dx^{(1)}(t)}{dt} + ax^{(1)}(t) = b \qquad 式(2-6)$$

记 u 如下:

$$u = [a, b]^T, Y = [x^{(0)}(2), x^{(0)}(3), \cdots, x^{(0)}(n)]^T, B = \begin{bmatrix} -z^{(1)}(2) & 1 \\ -z^{(1)}(3) & 1 \\ \vdots & \vdots \\ -z^{(1)}(n) & 1 \end{bmatrix}$$

$$式(2-7)$$

则由最小二乘法求得使 $J(u) = (Y - Bu)^T (Y - Bu)$ 达到最小值 u 的估计值为

$$\hat{u} = [\hat{a}, \hat{b}]^T = (B^T B)^{-1} B^T Y \qquad 式(2-8)$$

于是求解方程式

$$\frac{dx^{(1)}(t)}{dt} + ax^{(1)}(t) = b \qquad 式(2-9)$$

得

$$\hat{x}^{(1)}(k+1) = \left(x^{(0)}(1) - \frac{\hat{b}}{\hat{a}} \right) e^{-\hat{a}k} + \frac{\hat{b}}{\hat{a}}, k = 0, 1, \cdots, n-1, \cdots$$

$$式(2-10)$$

b. GM(1,1)预测模型预测步骤

数据的检验与处理。首先,为保证建模方法的可行性,需要对已知数据做必要的检验处理。设参考数列为 $x^{(0)} = (x^{(0)}(1), x^{(0)}(2), \cdots, x^{(0)}(n))$,计算序列的级比:

$$\lambda(k) = \frac{x^{(0)}(k-1)}{x^{(0)}(k)}, k = 2, 3, \cdots, n \qquad 式(2-11)$$

如果所有的级比 $\lambda(k)$ 都落在可容覆盖 $\Theta = (e^{-\frac{2}{n+1}}, e^{\frac{2}{n+1}})$ 内,则序列 $x^{(0)}$ 可以

作为模型 GM(1,1)的数据进行灰色预测。否则,需要对序列 $x^{(0)}$ 做必要的交换处理,使其落入可容覆盖内,取充分大的正常数 c,做平移交换:

$$y^{(0)}(k) = x^{(0)}(k) + c, k = 1, 2, \cdots, n \qquad 式(2-12)$$

使序列 $y^{(0)} = (y^{(0)}(1), y^{(0)}(2), \cdots, y^{(0)}(n))$ 的级比建立模型。按 $\dfrac{\mathrm{d}x^{(1)}(t)}{\mathrm{d}t} + ax^{(1)}(t) = b$ 建立 GM(1,1)预测模型,则可得到预测值:

$$\hat{x}^{(1)}(k+1) = \left(x^{(0)}(1) - \frac{\hat{b}}{\hat{a}}\right)\mathrm{e}^{-\hat{a}k} + \frac{\hat{b}}{\hat{a}}, k = 0, 1, \cdots, n-1, \cdots$$

$$式(2-13)$$

而且 $\hat{x}^{(0)}(k+1) = \hat{x}^{(1)}(k+1) - \hat{x}^{(1)}(k), k = 1, 2, \cdots, n-1, \cdots$。

检验预测值。计算相对误差:

$$\delta(k) = \frac{|x^{(0)}(k) - \hat{x}^{(0)}(k)|}{x^{(0)}(k)}, k = 1, 2, \cdots, n \qquad 式(2-14)$$

这里 $\hat{x}^{(0)}(1) = x^{(0)}(1)$,如果 $\delta(k) < 0.2$,则可以认为达到一般要求;如果 $\delta(k) < 0.1$,则可以认为达到较高的要求。

级比偏差值检验。首先由参考数列计算出级比 $\lambda(k)$,再用发展系数 $\hat{a}$ 求出相应的级比偏差

$$\rho(k) = \left|1 - \left(\frac{1 - 0.5\hat{a}}{1 + 0.5\hat{a}}\lambda(k)\right)\right| \qquad 式(2-15)$$

如果 $\rho(k) < 0.2$,则可以认为达到一般要求;如果 $\rho(k) < 0.1$,则认为达到较高的要求。

检验预测值。由 GM(1,1)模型得到指定点的预测值,根据实际问题的需要,给出相应的预测预报。

一般情况下,通过数据序列长度的取舍以获得不同的预测结果,从而组成一个预测灰区间,供决策选用。倘若数据序列较短(4—5 个),便难以建立长期的预测模型;数据变化较大,模型所得灰区间过大而失去意义;系统明显受外部因素的控制与干扰,等等。如此种种情况,都会导致 GM(1,1)模型的直接预测结果差强人意。此时,可用"等维递补灰色预测法"弥补直接建模法的不足。

"等维递补灰色预测"模型的数学原理是:只用已知数列建立的 GM(1,1)模型预测的第一个预测值(灰数),补充在已知数列之后,同时去掉其第一个已知数据,保持数据序列的等维,然后再建立 GM(1,1)模型,预测下一个值,如此新陈代谢,逐个预测,依次递补,直至完成预测目的或达到一定的精度要求为止。

等维灰色递补法中随着维数的增加,预测值会逐渐增加,因此可以选择低维、中维、高维进行预测,预测值为相应的低、中、高方案。

3 流动老年人口家庭发展及代际团结特征

本章主要分析流动老年人口个体现状以及家庭现状,并在此基础上综合利用曲线估计、灰色预测对流动老年人口规模及家庭结构变动进行趋势预判。同时,分维度考察流动老年人口家庭代际团结特征,并利用潜在类别模型进一步分析其家庭代际团结类型化特征。

3.1 流动老年人口家庭现状

3.1.1 个体特征

流动老年人口个体特征可以分为人口社会学基本特征以及流动特征两部分(见表3-1)。

流动老年人口个体基本特征包括年龄、性别、居住地、人均年收入、受教育程度、婚姻状况以及工作状况。流动老年人口具有典型的年轻化特征。低龄流动老年人口(60—69岁)是流动老年人口的主力军,占比48.58%;其次为70—79岁的中龄流动老年人口(35.06%);高龄流动老年人口(80岁及以上)占比最少,仅占总样本的16.36%。从性别来看,流动老年人口以女性为主体,占比56.11%,高出男性12.22个百分点。在居住地的城乡选择上,81.95%的流动老年人口居住在城市,而农村居住者不足两成,反映了老年人口多往城市流动。收入水平方面,流动老年人口平均年收入仅为16490.73元,其中67.25%的样本年收入在20000元以下。多数流动老年人口受教育程度较低,67.44%的样本仅接受过小学及以下水平的教育,是初中及以上受教育程度者的2.07倍。从婚姻及工作状况来看,在婚(65.80%)、不在业(86.70%)是流动老年人口的普遍状态,其规模分别是不在婚、在业流动老年人口的1.92倍、6.52倍。

流动特征可以分为流入时间以及流入地两方面。从流入时间上看,流动老年人口具有典型的长居特征。在流入地居住10年以上的流动老年人口占比高达71.41%,其次为5—10年(17.07%),流入时间不满5年的仅占11.51%,绝大多数流动老年人口在流入地居留了较长时间。流入地方面,流动老年人口的空间分布较为分散,多选择以东部地区为流入地,这部分样本占比为42.79%;其次为西部地区(23.19%);流动到东北地区的流动老年人口最少,仅占14.50%。

表3-1　流动老年人口个体现状

个体特征	样本量	均值/占比(%)	个体特征	样本量	均值/占比(%)
年龄(岁)	5593	71.12(7.65)	婚姻状况	5588	
60—69	2717	48.58	不在婚	1911	34.20
70—79	1961	35.06	在婚	3677	65.80
80$^+$	915	16.36	工作状况	5593	
性别	5593		不在业	4849	86.70
女性	3138	56.11	在业	744	13.30
男性	2455	43.89	流入时间	5593	
居住地	5403		不满5年	644	11.51
农村	975	18.05	5—10年	955	17.07
城市	4428	81.95	10年以上	3994	71.41
个人年收入(元)	4669	16490.73 (18033.71)	流入地	5593	
受教育程度	5552		东部地区	2393	42.79
小学及以下	3744	67.44	中部地区	1092	19.52
初中及以上	1808	32.56	西部地区	1297	23.19
			东北地区	811	14.50

数据来源:中国老年社会追踪调查数据整理获得。
注:括号内为标准差。

3.1.2　家庭特征

　　流动人口家庭现状部分主要分析样本流动老年人口的子女数量、同住人数以及居住安排。

　　根据表3-2,从总体来看,多子少女是流动老年人口家庭的主要特征,流动老年人口有1个儿子、1个女儿的占比分别为38.38%、36.88%,拥有2个及以上儿子、儿女的流动老年人口占比分别为51.74%、47.31%,其中有近1/3的样本老年人有2个儿子(30.34%),略超过1/4的样本老年人有2个女儿(26.01%)。同时,有15.81%的流动老年人没有女儿,但仅有不足十分之一(9.88%)的流动老年人没有儿子,前者高出后者5.93个百分点。可见,"男孩偏好"的生育选择在流动老年人口中占据上风。

表 3-2 流动老年人口子女数量

儿子数量	样本量	占比（%）	女儿数量	样本量	占比（%）
0 个	552	9.88	0 个	879	15.81
1 个	2144	38.38	1 个	2050	36.88
2 个	1695	30.34	2 个	1446	26.01
3 个	756	13.53	3 个	780	14.03
4 个及以上	439	7.86	4 个及以上	404	7.27

数据来源：中国老年社会追踪调查数据整理获得。

根据表 3-3，从同住规模上看，有近四成（39.05%）的流动老年人处于两人共居模式，同时也有 21.60% 的样本与至少 5 人同住。从居住安排看，绝大多数流动老年人口与配偶同住（69.21%），其次为与子女同住（51.28%），也有将近一半的流动老年人与孙辈同住（46.31%）。

表 3-3 流动老年人口同住人数及居住安排

同住人数	样本量	占比（%）	居住安排	样本量	占比（%）
独居	600	10.74	独居	5593	10.73
2 人	2182	39.05	与配偶同住	4988	69.21
3 人	648	11.60	与子女同住	4988	51.28
4 人	951	17.02	与孙辈同住	4988	46.31
5 人及以上	1207	21.60			

数据来源：中国老年社会追踪调查数据整理获得。

3.2 流动老年人口家庭变动趋势

3.2.1 分析思路

为充分考察流动老年人口规模及其家庭结构变化，本节综合使用曲线估计与灰色预测模型，基于 2000 年、2010 年、2020 年全国人口普查数据对 2021—2035 年全国流动老年人口规模进行预测。同时，结合 2015—2018 年中国流动人口动态监测调查数据的流动老年人口家庭结构数据，对 2021—2035 年全国流动老年人口家庭结构变动进行趋势预判。具体思路[①]为：首先，构建指数函数模

---

① 由于中国老年社会追踪调查数据提供的流动老年人口及家庭的规模、结构信息有限，这里综合使用中国人口普查数据及中国流动人口动态监测调查数据建模并展开趋势预测分析。后续实证分析部分，仍然采用中国老年社会追踪调查数据。

型,基于 2000 年、2010 年、2020 年全国人口普查数据,对 2011—2019 年我国流动老年人口规模数值插补。其次,基于 2013—2020 年、2015—2020 年、2017—2020 年全国流动老年人口插值结果,利用灰色预测模型对 2023—2035 年全国流动老年人口规模变动趋势进行预测。最后,基于 2015—2018 年中国流动人口动态监测调查中家庭居住安排结构,测算 2023—2035 年全国流动老年人口规模预测数据,进而预测不同家庭结构的流动老年人口规模。

3.2.2 预测结果

(1)全国流动老年人口规模预测结果

基于 2000 年、2010 年、2020 年全国人口普查中的流动老年人口数据,本研究利用指数曲线建立估计模型,得出 2000—2020 年全国流动老年人口规模估计结果,拟合效果良好。具体结果如下(表 3 - 4)。

表 3 - 4   2000—2020 年全国流动老年人口估计结果　　　　　(单位:万人)

年份	流动老年人口
2000	484.85
2001	545.60
2002	614.30
2003	691.65
2004	778.75
2005	876.81
2006	987.21
2007	1111.52
2008	1251.48
2009	1409.07
2010	1581.76
2011	1786.27
2012	2011.20
2013	2264.44
2014	2549.58
2015	2870.62
2016	3232.09

续表

年份	流动老年人口
2017	3639.07
2018	4097.30
2019	4613.23
2020	5192.13

数据来源:基于 2000 年、2010 年、2020 年中国人口普查数据中流动老年人口数据进行估算的结果。

(2)全国流动老年人口规模灰色模型预测

基于全国流动老年人口规模的指数模型估计结果,对 2023—2035 年该群体规模变动趋势进行灰色预测,并确定流动老年人口变动趋势的低、中、高方案。

预测结果表明(表 3-5):低方案下,2035 年全国流动老年人口 28186.20 万人,2023—2035 年年均增长 1619.58 万人,年均增长率为 12.363%。中方案下,2035 年全国流动老年人口为 28751.96 万人,2023—2035 年年均增长量为 1651.91 万人,年均增长率为 12.359%。高方案下,2035 年全国流动老年人口预测值为 29100.69 万人,2023—2035 年年均增长量为 1671.16 万人,年均增长率为 12.344%。

表 3-5　2023—2035 年全国流动老年人口规模灰色预测结果　　（单位:万人）

年份	低方案	中方案	高方案
2023	6959.23	7101.69	7199.69
2025	8786.32	8965.60	9086.83
2030	15736.99	16055.48	16261.39
2035	28186.20	28751.96	29100.69

(3)全国流动老年人口家庭结构预测

根据 2015—2018 年中国流动人口动态监测调查数据,流动老年人口家庭结构概况如表 3-6 所示。总体上,流动老年人口独居占比在不断减少,与其他家庭成员共居的情况增加。与配偶同居的流动老年人口为主体,2018 年该占比为 84.62%,相较于 2015 年增加了 2.84 个百分点。独居老年人口仅占少数,并且该群体比重不断下降,2018 年占比为 6.58%,相较于 2015 年减少了 8.31 个百分点。此外,与孙辈同住的流动老年人口明显增多,2018 年 25.78% 的流动老年人口存在与孙辈同住的情况,相较于 2015 年增加了 6.71 个百分点。

表 3-6　2015—2018 年流动老年人口家庭结构概况　　　　（单位：%）

年份	独居	与配偶同住	与子女同住	与孙辈同住
2015	14.89	81.78	36.73	19.07
2016	7.47	81.72	38.13	22.51
2017	7.46	84.02	37.31	24.50
2018	6.58	84.62	38.28	25.78

数据来源：2015—2018 年中国流动人口动态监测调查数据整理获得。

基于以上数据，在预测部分中假定流动老年人口家庭结构不变，独居占比为 6.00%，与配偶同住占比为 86%，与子女同住占比为 39%，与孙辈同住占比为 28%，得出 2023—2035 年不同居住安排下的流动老年人口规模变化（表 3-7）。以中方案为例，2035 年时，独居、与配偶同住、与子女同住、与孙辈同住的流动老年人口分别达到 1725.12 万人、24726.69 万人、11213.27 万人、8050.55 万人。

表 3-7　2021—2035 年不同居住安排下全国流动老年人口规模　　（单位：万人）

方案	年份	独居	与配偶同住	与子女同住	与孙辈同住
低方案	2023	417.55	5984.94	2714.10	1948.58
	2025	527.18	7556.23	3426.66	2460.17
	2030	944.22	13533.81	6137.43	4406.36
	2035	1691.17	24240.13	10992.62	7892.14
中方案	2023	426.10	6107.45	2769.66	1988.47
	2025	537.94	7710.41	3496.58	2510.37
	2030	963.33	13807.71	6261.64	4495.53
	2035	1725.12	24726.69	11213.27	8050.55
高方案	2023	431.98	6191.74	2807.88	2015.91
	2025	545.21	7814.67	3543.86	2544.31
	2030	975.68	13984.80	6341.94	4553.19
	2035	1746.04	25026.59	11349.27	8148.19

数据来源：基于 2015—2018 年中国流动人口动态监测调查数据进行估算的结果。

3.3 流动老年人口家庭代际团结特征与类型

3.3.1 流动老年人口家庭代际团结特征

（1）分维度的家庭代际团结特征

整体而言,流动老年人口与其子女之间具有较好的家庭代际关系(表3-8)。

结构性团结方面,流动老年人口以与子女同住为主,占比为51.28%,但仅高出不与子女同住者占比2.56个百分点。情感性团结方面,有90.19%的流动老年人口认为得到了子女足够的关心,是感觉子女不够关心自己样本占比的9.19倍。共识性团结方面,仅有16.07%的流动老年人口认为子女对自己的要求过多,绝大多数流动老年人口能够在观念上与子女达成某种程度的共识。规范性团结方面,"养儿防老"的孝道规范在流动老年人口中依然占据主要地位,74.26%的流动老年人口认为老年人的照料责任应当主要由子女承担。联系性团结方面,流动老年人口与其子女能够保持频繁的联系,有69.42%、83.53%的样本分别与子女保持着频繁的见面、通话。

功能性团结方面,流动老年人口家庭代际之间以向上支持、平衡互惠为突出特征。无论是经济支持,还是工具支持,处于向下支持的流动老年人口占比均显著低于其他支持流向。向上支持的经济化特征明显,有69.72%的流动老年人口家庭中子女会给予老人更多的现金/实物支持,超过工具向上支持样本占比26.71个百分点。工具支持则更多地呈现出代际之间平衡互惠,有46.85%的流动老年人口与子女之间存在大致相当的家务/照料等支持,甚至超过向上工具支持的样本占比(43.01%)。

表3-8 流动老年人口家庭代际团结特征

变量	样本量	占比(%)	变量	样本量	占比(%)
结构性团结	4988		共识性团结	5383	
不与子女同住	2430	48.72	未达成共识	865	16.07
与子女同住	2558	51.28	达成共识	4518	83.93
情感性团结	5391		规范性团结	5261	
不够关心	529	9.81	非子女承担	1354	25.74
足够关心	4862	90.19	子女承担	3907	74.26
功能性团结			联系性团结		
经济支持	5333		见面	5537	
双方相等	1199	22.48	联系不频繁	1693	30.58

变量	样本量	占比(%)	变量	样本量	占比(%)
向上流动	3718	69.72	联系频繁	3844	69.42
向下流动	416	7.80	通话	4554	
工具支持	5524		联系不频繁	750	16.47
双方相等	2588	46.85	联系频繁	3804	83.53
向上流动	2376	43.01			
向下流动	560	10.14			

数据来源:中国老年社会追踪调查数据整理获得。

(2)人口社会学、流动特征与家庭代际团结特征交叉分析

从年龄角度来看,除联系性团结中的见面频率,其他各维度家庭代际团结在年龄上均存在差异。结构性团结方面,低龄、中龄流动老年人口不与子女同住样本略多,但相差不大;高龄流动老年人口与子女同住的比例明显增加,62.67%的高龄样本与子女同住,超出不与子女同住者25.34个百分点。情感性团结方面,认为子女对自己足够关心的低龄、中龄、高龄流动老年人口占比分别为91.29%、89.67%、87.95%,占比随年龄增长呈下降趋势。共识性团结方面,分别有81.72%、84.95%、88.55%的低龄、中龄、高龄流动老年人口能够与子女达成共识,这一比例随年龄增长呈上升趋势。规范性团结方面,高龄流动老年人口认为主要由子女承担养老责任占比最大,为79.88%;中龄流动老年人口认为主要由子女承担养老责任的占比最小,为71.40%。联系性团结在年龄上的差异主要体现在通话频率方面,低龄、中龄、高龄流动老年人口与子女通话频繁的占比分别为88.36%、80.82%、74.31%,这一比例随年龄增长大幅度下降,与子女通话频繁的低龄流动老年人口比例是高龄者的1.19倍。功能性团结方面,经济支持、工具支持向下流动的流动老年人口占比均随年龄增长而减少,仅工具支持向上流动的流动老年人口占比随年龄增长而增加。低龄、中龄、高龄流动老年人口中存在工具支持向上流动者的占比分别为36.98%、47.38%、51.60%,这可能与其健康状况有关。

从性别角度来看,结构性、规范性团结以及部分联系性、功能性团结维度具有较为显著的性别差异。结构性团结方面,女性流动老年人口中与子女同住者为主(57.23%),而不与子女同住则是男性流动老年人口的主要选择(56.00%)。规范性团结方面,男性、女性流动老年人口均认为养老责任应主要由子女承担,占比分别为71.66%、76.29%。联系性团结方面,与子女见面不频繁的男性、女性流动老年人口占少数,占比分别为33.65%、28.18%。功能性团结在性别上

的差异主要体现在经济支持方面,男性、女性流动老年人口中均以经济支持向上流动为主体,占比分别为 65.63%、72.95%。

各维度家庭代际团结均在居住地方面存在显著差异。结构性团结方面,居住在城市的流动老年人口多与子女同住(53.21%),而在农村居住的流动老年人口与子女同住的占比仅为 38.08%。情感性团结方面,居住在城市、农村的流动老年人口认为子女对自己足够关心者为主,占比分别为 90.92%、87.15%,前者占比高出后者 3.77 个百分点。共识性团结方面,在城市居住的流动老年人口中认为与子女未达成共识的占比仅 15.24%,相较于居住在农村者低出 5.48 个百分点。规范性团结方面,居住在城市、农村的流动老年人口均认为子女是养老的责任主体,尤其是后者。居住在农村的流动老年人口中,持有这一观点的样本比例是在城市居住的流动老年人口的 1.11 倍。联系性团结方面,居住在城市的流动老年人口与子女通话、见面频繁的占比分别为 84.66%、71.39%,远高于居住在农村者,前者占比分别高出后者 6.95 个百分点、11.29 个百分点。功能性团结方面,城市居住的流动老年人口的经济支持以向上流动为主(70.08%),工具支持则表现为双方支持相等为主(46.04%),农村居住者在该方面表现出相同特征。

从流入时间角度来看,除情感性团结之外,其他各维度家庭代际团结均在流入时间上表现出较为明显的差异。结构性团结方面,流入时间不满 5 年、5—10 年、10 年以上时,与子女同住的流动老年人口占比分别为 69.16%、55.30%、47.41%,占比随流入时间增加下降。情感性团结、共识性团结方面,认为子女足够关心、与子女达成共识的流动老年人口占比随流入时间增长而出现不同程度的减少。其中,情感性团结较为稳定,保持在 90% 左右;共识性团结减少幅度较大,不满 5 年时的占比高出 10 年以上流动老年人口 8.81 个百分点。规范性团结方面,流入时间不满 5 年的流动老年人口认为应由子女承担养老责任的比重最大,占比为 78.90%,其次为 10 年以上者,占比为 74.82%。联系性团结方面,与子女通话、见面频繁的流动老年人口占比均随着流入时间增长而增加,其中见面频繁者的占比增长幅度更大,流入时间为 10 年以上且见面频繁的流动老年人口比不满 5 年者高出 14.14 个百分点。功能性团结方面,流入时间不满 5 年、5—10 年、10 年以上时,流动老年人口经济支持以向上流动为主,比重随流入时间增长而减少;工具支持在流入时间不满 5 年、5—10 年时以双方支持相等为主,10 年以上时则以向上流动为主,工具支持向上流动的比重随流入时间延长而增加。

从流入地区角度来看,流动老年人口各维度家庭代际团结在不同流入地区之间存在显著差异。结构性团结方面,东部、中部地区的流动老年人口更倾向于与子女同住,占比分别为 55.91%、52.43%;西部、东北地区的流动老年人口,不

表3-9 人口社会学特征与家庭代际团结交叉分析（%，个）

变量	指标内涵	类别	年龄			样本量	卡方值	性别		样本量	卡方值	居住地		样本量	卡方值
			低龄(60—69)	中龄(70—79)	高龄(80十)			女性	男性			农村居住	城市居住		
结构性团结	居住安排	不与子女同住	51.15	50.03	37.33	2430	45.189***	42.77	56.00	2430	86.437***	61.92	46.79	2382	63.687***
		与子女同住	48.85	49.97	62.67	2558		57.23	44.00	2558		38.08	53.21	2436	
情感性团结	情感关心	不关心	8.71	10.33	12.05	529	9.101*	9.77	9.87	529	0.015	12.85	9.08	508	12.375***
		关心	91.29	89.67	87.95	4862		90.23	90.13	4862		87.15	90.92	4700	
共识性团结	观念一致	未达成共识	18.28	15.05	11.45	865	24.624***	15.29	17.08	865	3.138	20.72	15.24	843	16.739***
		达成共识	81.72	84.95	88.55	4518		84.71	82.92	4518		79.28	84.76	4357	
规范性团结	养老责任承担	非子女承担	25.56	28.60	20.12	1354	22.188***	23.71	28.34	1354	14.559***	19.04	27.15	1305	25.927***
		子女承担	74.44	71.40	79.88	3907		76.29	71.66	3907		80.96	72.85	3776	
联系性团结	通话	联系不频繁	11.64	19.18	25.69	750	89.354***	17.37	15.37	750	3.251	22.29	15.34	733	22.557***
		联系频繁	88.36	80.82	74.31	3804		82.63	84.63	3804		77.71	84.66	3689	
	见面	联系不频繁	30.41	31.38	29.36	1693	1.251	28.18	33.65	1693	19.237***	39.90	28.61	1639	47.394***
		联系频繁	69.59	68.62	70.64	3844		71.82	66.35	3844		60.10	71.39	3709	
功能性团结	经济支持	双方支持相等	22.30	21.65	24.80	1199	24.824***	20.77	24.65	1199	38.785***	25.08	21.68	1153	10.404**
		向上流动	68.16	72.08	69.28	3718		72.95	65.63	3718		69.21	70.08	3615	
		向下流动	9.54	6.27	5.92	416		6.28	9.72	416		5.71	8.24	402	
	工具支持	双方支持相等	48.59	45.42	44.75	2588	153.31***	45.97	47.98	2588	2.395	48.19	46.04	2477	9.2**
		向上流动	36.98	47.38	51.60	2376		43.87	41.91	2376		44.56	43.50	2331	
		向下流动	14.43	7.20	3.65	560		10.15	10.12	560		7.25	10.46	527	

注：***，P<0.01；**，P<0.05，*，P<0.1。

表 3 - 10　流动特征与家庭代际团结交叉分析（%，个）

变量	指标内涵	类别	流入时间					流入地区					
			不满5年	5—10年	10年以上	样本量	卡方值	东部地区	中部地区	西部地区	东北地区	样本量	卡方值
结构性团结	居住安排	不与子女同住	30.84	44.70	52.59	2430	100.401***	44.09	47.57	52.19	58.85	2430	53.173***
		与子女同住	69.16	55.30	47.41	2558		55.91	52.43	47.81	41.15	2558	
情感性团结	情感关心	不关心	8.43	9.42	10.14	529	1.979	8.52	13.13	11.54	6.31	529	32.453***
		关心	91.57	90.58	89.86	4862		91.48	86.87	88.46	93.69	4862	
共识性团结	观念一致	未达成共识	8.69	15.19	17.50	865	31.882***	15.23	18.60	17.58	12.74	865	14.739**
		达成共识	91.31	84.81	82.50	4518		84.77	81.40	82.42	87.26	4518	
规范性团结	养老责任承担	非子女承担	21.10	31.24	25.18	1354	21.478***	26.30	26.17	20.23	32.41	1354	37.536***
		子女承担	78.90	68.76	74.82	3907		73.70	73.83	79.77	67.59	3907	
联系性团结	通话	联系不频繁	20.00	17.55	15.67	750	6.757*	12.34	24.18	22.40	8.96	750	116.719***
		联系频繁	80.00	82.45	84.33	3804		87.66	75.82	77.60	91.04	3804	
	见面	联系不频繁	41.72	35.56	27.58	1693	65.174***	22.37	46.09	37.71	22.26	1693	255.102***
		联系频繁	58.28	64.44	72.42	3844		77.63	53.91	62.29	77.74	3844	
功能性团结	经济支持	双方支持相等	21.67	20.72	23.02	1199		23.95	22.63	22.42	18.31	1199	
		向上流动	72.70	72.48	68.60	3718	10.656*	66.12	69.37	71.52	77.27	3718	48.778***
		向下流动	5.63	6.80	8.37	416		9.93	8.01	6.06	4.42	416	
	工具支持	双方支持相等	52.58	50.95	44.94	2588		46.56	50.37	46.70	43.20	2588	
		向上流动	33.02	37.61	45.93	2376	56.913***	40.27	40.2	44.99	51.69	2376	72.469***
		向下流动	14.40	11.44	9.13	560		13.17	9.43	8.31	5.12	560	

注：***，$P<0.01$；**，$P<0.05$；*，$P<0.1$。

与子女同住者占比明显超过与子女同住者。情感性团结方面,各流入地区均以认为子女对自己足够关心者为主体,认为子女对自己足够关心的流动老年人口在东北地区的占比最高(93.69%),其次为东部地区(91.48%),中部地区占比最少(86.87%)。共识性团结方面,各流入地区均以与子女达成共识者为主,中部地区未能与子女达成共识的流动老年人口占比最大,为18.60%;东北地区未能与子女达成共识者的占比最小,为12.74%。规范性团结方面,认为养老责任应主要由子女承担者的占比在各流入地区均超过认为养老责任应主要由非子女承担者。认为养老责任应主要由子女承担的流动老年人口占比在西部地区最大,为79.77%,超出东北地区认为养老责任应主要由子女承担者占比12.18个百分点。联系性团结方面,与子女通话频繁的流动老年人口占比在各流入地区均超过70%,其中以东北地区占比最高,为91.04%;与子女见面频繁的流动老年人口占比在各流入地区差距较大,均在80%以下,与子女见面频繁者在东北地区占比最高(77.74%),在中部地区占比仅为53.91%。功能性团结方面,经济支持、工具支持向下流动在各流入地区均未成为主流表现形式,双方支持相等、向上流动特征在各流入地区存在明显差异。流动老年人口经济支持在各流入地区均表现出明显的向上流动特征,东北地区向上流动占比最高,为77.27%;东部地区向上流动占比最少,为66.12%。流动老年人口工具支持在各流入地区的表现存在明显差异,东部、中部、西部地区以双方支持相等者为主,占比分别为46.56%、50.37%、46.70%,仅在东北地区具有明显的向上流动为主特征(51.69%)。

3.3.2　流动老年人口家庭代际团结类型

(1)家庭代际团结潜在类别分析

类型学分析是探索概念内在模式、分析群体异质性的一种手段。本研究采用潜在类别分析法考察流动老年人口家庭代际团结的类型特征。

为便于分类,本节对流动老年人口家庭代际团结的六个维度均进行二分测量。其中,将联系性团结变量操作化为:0=联系不频繁(见面和通话均不频繁),1=联系频繁(见面或通话频繁);将功能性团结变量操作化为流动老年人口是否获得子女提供的经济支持或工具支持,0=未获得子女支持,1=获得子女支持。其他维度的家庭代际团结测度沿用既有操作化方式。

基于Stata 17.0的潜在类别分析结果表明(见表3-11),将流动老年人口家庭代际关系划分为三种理想类型时,模型的AIC、BIC值最小,模型在四种类别及以上时无法收敛。因此,流动老年人口家庭代际团结划分为三类时最优。

表 3‑11　流动老年人口家庭代际团结潜在类别分析拟合优度

Model	N	ll(model)	df	AIC	BIC
一类	5593	−13966.58	6	27945.16	27984.94
二类	5593	−13849.64	13	27725.27	27811.45
三类	5593	−13715.21	20	27470.43	27603.01

在确定家庭代际团结类别数量的基础上,需计算流动老年人口家庭代际团结潜在类别概率及各类别外显变量的条件概率,并据此为各类别命名,结果见表3‑12。根据三个类别的概率分布特征,本研究将其分别命名为高支持—高感知型、低支持—高感知型以及高支持—低感知型。从分类结果来看,绝大多数流动老年人口的家庭代际团结程度十分紧密。其中,高支持—高感知型为流动老年人口家庭代际关系的主要类别,占比高达90.79%;低支持—高感知型及高支持—低感知型仅占少数,比重分别为5.11%、4.09%。

表 3‑12　流动老年人口家庭代际团结类别的潜在类别概率及条件概率

	高支持—高感知	低支持—高感知	高支持—低感知
潜在类别概率	0.884	0.065	0.051
家庭代际团结类型占比(%)	90.79	5.11	4.09
结构性团结	0.506	0.611	0.517
联系性团结	0.957	0.172	0.906
情感性团结	0.963	0.774	0.000
共识性团结	0.861	0.973	0.294
规范性团结	0.744	0.828	0.605
功能性团结	0.935	0.581	0.928

流动老年人口家庭代际团结的三个类别具有鲜明特点(表3‑13、图3‑1)。家庭代际团结类型为高支持—高感知型的流动老年人口,与子女之间联系频繁、关系亲近、观念较为一致,能够从子女处获得有力的经济支持及工具支持。低支持—高感知型的流动老年人口,虽然与子女之间关系亲近、观念较为一致,但是与子女之间联系不频繁,从子女处获得的经济支持及工具支持较少。高支持—低感知型的流动老年人口,与子女之间联系频繁且能够从子女处获得强有力的经济支持及工具支持,但是与子女之间关系较差、代沟较大。

表 3-13 流动老年人口家庭代际团结类别命名及主要特点

家庭代际团结类别	类别	主要特点
高支持—高感知	类别1	与子女联系频繁、关系亲近、观念一致,获得有力支持
低支持—高感知	类别2	与子女关系亲近、观念一致,但联系不频繁,获得的支持较少
高支持—低感知	类别3	与子女关系差、代沟大,但联系频繁且能获得有力支持

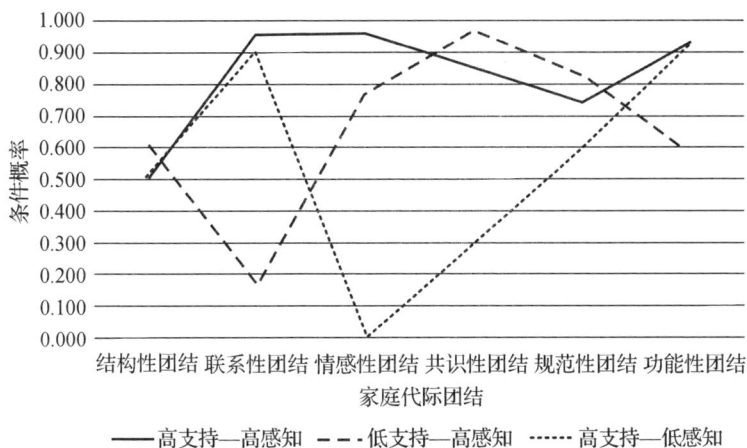

图 3-1 流动老年人口家庭代际团结类别外显变量的条件概率

（2）人口社会学及流动特征与家庭代际团结类型交叉分析

根据表 3-14,流动老年人口家庭代际团结类型在不同人口社会学及流动特征下存在显著差异。

人口社会学特征方面,从年龄角度看,低龄、中龄、高龄流动老年人口均以高支持—高感知型家庭代际团结类型为主,占比分别为 92.31％、90.06％、87.87％。其中,低龄流动老年人口中,高支持—低感知型家庭代际团结类型占比比低支持—高感知型高出 1.29 个百分点,但在中龄、高龄流动老年人口中,高支持—低感知型比低支持—高感知型占比分别少 2.09 个百分点、5.57 个百分点。从性别上看,男性、女性流动老年人口均以高支持—高感知型家庭代际团结类型为主,女性流动老年人口中低支持—高感知型家庭代际团结类型的占比要高出高支持—低感知型占比 1.82 个百分点。从居住地角度来看,城市居住且拥有高支持—高感知型家庭代际团结特征的流动老年人口比重高于农村居住者,这一类型的城乡占比分别为 91.28％、88.41％;居住在农村的流动老年人口表现出更显著的"高支持"(高支持—高感知、高支持—低感知)特征。

表3-14 人口社会学、流动特征与家庭代际团结类型交叉分析（%，个）

变量	分类	年龄					性别				居住地			
		低龄(60—69)	中龄(70—79)	高龄(80+)	样本量	卡方值	女性	男性	样本量	卡方值	农村居住	城市居住	样本量	卡方值
家庭代际团结类型	高支持-高感知	92.31	90.06	87.87	5078	51.89***	90.34	91.36	5078	6.11*	88.41	91.28	4904	28.713***
	低支持-高感知	3.20	6.02	8.85	286		5.74	4.32	286		4.41	5.26	276	
	高支持-低感知	4.49	3.93	3.28	229		3.92	4.32	229		7.18	3.46	223	

变量	分类	流入时间					流入地区						
		不满5年	5—10年	10年以上	样本量	卡方值	东部地区	中部地区	西部地区	东北地区	样本量	卡方值
家庭代际团结类型	高支持-高感知	91.15	89.74	90.99	5078	18.212***	93.02	86.81	88.36	93.46	5078	63.109***
	低支持-高感知	6.99	6.18	4.56	286		3.76	6.14	7.25	4.32	286	
	高支持-低感知	1.86	4.08	4.46	229		3.22	7.05	4.39	2.22	229	

注：***，$P<0.01$；**，$P<0.05$；*，$P<0.1$。

流动特征方面,从流入时间角度看,流入时间不满 5 年、5—10 年、10 年以上流动老年人口均表现出显著的高支持—高感知特征,占比分别为 91.15％、89.74％、90.99％。当流入时间不满 5 年时,流动老年人口高支持—低感知型家庭代际团结特征的占比最少,仅为 1.86％。从流入地区上看,高支持—高感知型流动老年人口在东北地区所占比重最高(93.46％),其次为东部地区(93.02％),中部地区最少,仅占 86.81％。在东部、西部、东北地区,低支持—高感知型流动老年人口占比高于高支持—低感知型,但中部地区则表现为低支持—高感知型流动老年人口低于高支持—低感知型,占比分别为 6.14％、7.05％。

3.4 本章小结

本章深入分析流动老年人口家庭现状,分维度、分类型考察其家庭代际团结特征,并对其家庭变动趋势进行预测,主要结论如下。

首先,个体基本特征方面,流动老年人口具有典型的年轻化特征,女性、低受教育程度者为主体,在婚、不在业是流动老年人口的普遍状态;流动特征方面,流动老年人口具有典型的长居特征,流入时间偏长;空间分布较为分散,以东部地区作为流入地者居多。家庭特征方面,"男孩偏好"的生育选择在流动老年人口中占据上风,与家庭成员共同居住是绝大多数流动老年人口的选择。

其次,本章综合使用曲线估计与灰色预测模型对流动老年人口规模及其家庭结构进行预测,预测结果表明,中方案下,2023—2035 年流动老年人口年均增长量为 1651.91 万人,年均增长率为 12.359％,呈现快速增长趋势;2035 年时,独居、与配偶同住、与子女同住、与孙辈同住的流动老年人口分别达到 1725.12 万人、24726.69 万人、11213.27 万人、8050.55 万人。

最后,整体而言,流动老年人口与其子女之间具有良好的家庭代际关系。分维度来看,结构性团结方面,流动老年人口以与子女同住为主;情感性团结方面,90.19％的流动老年人口认为得到了子女足够的关心;共识性团结方面,绝大多数流动老年人口能够在观念上与子女达成某种程度的共识;规范性团结方面,"养儿防老"的孝道规范在流动老年人口中依然占据主要地位;联系性团结方面,流动老年人口与其子女能够保持频繁的联系;功能性团结方面,流动老年人口家庭代际之间以向上支持、平衡互惠为突出特征。分类别来看,流动老年人口家庭代际团结可以分为三个类别:高支持—高感知型、低支持—高感知型以及高支持—低感知型,其中高支持—高感知型为主体(90.79％)。

4 家庭代际团结对流动老年人口躯体健康影响的实证分析

随着人口老龄化趋势不断加快及人口迁移流动的日趋频繁,我国流动老年人口规模不断增加。第七次全国人口普查数据显示,截至 2020 年,全国 60 岁及以上的流动老年人口已经达到 3327 万人,占流动人口总体的 16.10％[①],比 2015 年(1304 万)增加了 2023 万人[②]。与其他年龄段的流动人口相比,流动老年人口同时面临身体的退行性衰退困境与空间环境变化所带来的种种不适,更容易陷入"衰老"与"流动"的双重危机。

对老年人口而言,迁移流动可能会使其面临社会保障的支持力度不足、社会文化冲突与人际关系网络萎缩等一系列挑战。这使得家庭必须主动承担起为流动老年人口提供必要支持及帮助的责任,以便该群体能够在流入地更好地生活。本章聚焦于家庭代际团结对流动老年人口躯体健康的影响。具体而言,首先讨论迁移流动行为对老年人口躯体健康的影响;在此基础上,进一步探讨家庭代际团结对流动老年人口躯体健康的影响。

其中,结构性团结作为"机会结构"很大程度上决定了家庭成员在其他家庭代际团结维度方面的互动情况。就本研究而言,结构性团结与联系性团结在理论和指标选取上存在较为严重的共线性,即当老年人口与其子女共同居住时,保持天天见面的频率,在很大程度上会降低通话频率。故本研究按照结构性团结将流动老年人口划分为与子女同住、不与子女同住两个子样本分别探讨其他维度家庭代际团结对流动老年人口健康维度的影响。进一步地,仅在不与子女同住子样本中考虑联系性团结对流动老年人口健康的影响,在与子女同住子样本中不再纳入联系性团结作为自变量。

---

① 国务院第七次全国人口普查领导小组办公室编. 2020 年第七次全国人口普查主要数据[M]. 北京:中国统计出版社,2021:50-84.

② 国家卫生健康委员会流动人口司. 中国流动人口发展报告[M]. 北京:中国人口出版社,2016:68-89.

4.1 躯体健康影响的研究假设

（1）迁移流动何以影响躯体健康

"健康移民假说"通常用于解释迁移流动行为对躯体健康的影响。"健康移民假说"强调迁移行为以躯体健康为前置条件的选择性，即越健康的个体越有可能选择迁移流动；同时，越健康的流动人口也越能够适应流入地的生存环境，其自评健康指标可能优于本地人口[1][2]。考虑到衰老引起躯体健康衰退的必然性，迁移流动行为对老年人口的躯体健康可能会提出更高的要求，从而在该群体中强化"健康移民假说"。据此，提出：

假设 4.1a：相较于非流动老年人口，流动老年人口有更好的躯体健康水平。

目前，流入时间对流动老年人口健康的影响尚未达成一致。有研究认为受益于流入地丰富的社会资源，流动时间增加会提升流动老年人口的健康水平[3]。同时，也有学者从风险的累积性着眼，认为流动老年人口在流入前与流入初期因拥有较差的社会条件会对其健康水平造成持续的不利影响[4]。据此提出：

假设 4.1b：随着流动时间的增加，流动老年人口的躯体健康水平得到改善。

此外，经济发达地区通常拥有更先进的医疗卫生条件和技术。流入经济发达地区的老年人口可能拥有更好的医疗服务资源，对其躯体健康产生积极影响[5]。据此提出：

假设 4.1c：对流动老年人口而言，向经济发达地区的流动可能使其拥有更高水平医疗服务，因此越往经济发达地区流动，躯体健康受损风险越低。

（2）家庭代际团结何以影响躯体健康

躯体健康是多方面因素综合作用的结果。既有研究认为，生物遗传因素、生活方式、环境条件与社会发展水平共同形塑了人口健康水平。流动老年人口迁移流动后面临生活方式的改变与社会融入的需要，在"衰老"与"流动"的双重困

① 王伶鑫，周皓. 流动人口的健康选择性[J]. 西北人口，2018，39(6)：13-22.

② 林晨蕾，郑庆昌. 替代抑或互补：社会养老与家庭养老协同性研究[J]. 统计与决策，2018，34(22)：99-103.

③ Gonzalez H M, Ceballos M, Tarraf W, et al. The Health of Older Mexican Americans in the Long Run. [J]. American Journal ofPublic Health, 2009,99(10):1879-1885.

④ Choi, S. H. Testing healthy immigrant effects among late life immigrants in the United States: using multiple indicators[J]. Journal of Aging and Health, 2012, 24(3):475-506.

⑤ 郭爱妹，顾大男. 健康不平等视角下医疗服务可及性对老年健康的影响——基于 CLHLS 数据的实证分析[J]. 人口与发展，2020，26(2)：60-69.

境下,子女提供的家庭支持对流动老年人口的健康状况存在积极影响[1][2]。

居住安排对老年人口的躯体健康存在不同影响,而对流动老年人口的躯体健康影响仍不明确。较不与子女同住的老年人口,与子女同住者可以围绕健康与子女展开直接交流,得到来自子女更多的健康反馈与支持[3]。不与子女同住的流动老年人口,只能在通电话与见面探望时获得来自子女的健康信息反馈与支持,可能拥有更差的健康状况与更高的死亡风险[4][5]。已有研究基本认可来自子代的情感支持对于老年人身体机能衰退具有抑制作用[6],但这些研究并没有区分代际居住安排所带来代际支持的分化。这使得由居住安排引起的代际关系变化对流动老年人口躯体健康的影响也尚不明确。据此,提出:

假设 4.2a:联系性团结——对于非同住的流动老年人口,与子女的联系频率越高,躯体健康受损风险越低。

已有研究表明,子女与老人情感交换的增强不仅对于老年人的躯体健康存在积极影响,同时还通过子女照料间接促进身体机能的恢复[7][8]。对于流动老年人口,来自子女更多的情感关心,不仅能在一定程度上弥补既有社会支持网络萎缩所带来的情感缺失,也使得其得到来自子女的健康信息支持、养成健康行为习惯的可能性提高。据此,提出:

假设 4.2b:情感性团结——来自子女的关心程度越高,流动老年人口的躯体健康受损风险越低。

既有研究表明,流动老年人口从熟悉的场域迁移到相对陌生的环境,会面临社会适应困难,社会保障缺乏等问题。当子女与流动老年人达成观念上一致时,

---

① Modranka E, Suchecka J. The Determinants Of Population Health Spatial Disparities [J]. Comparative Economic Research, 2014, 17(4):173-185. DOI:10.2478/cer-2014-0039.

② 池上新,吕师佳.社会融入与随迁老人的身心健康——基于深圳市调查数据的分析[J].深圳社会科学,2021,4(5):95-108.

③ 张莉.中国高龄老人的居住安排、代际关系和主观幸福感——基于对 CLHLS 数据的分析[J].国家行政学院学报,2015(5):68-73.

④ 董晓芳,刘茜.高堂在,不宜远居吗?——基于 CHARLS 数据研究子女居住安排对父母健康的影响[J].中国经济问题,2018(5):38-54.

⑤ 刘一伟.居住方式影响了老年人的健康吗?——来自中国老年人的证据[J].人口与发展,2018,24(4):77-86.

⑥ 徐梦婧,黄婵,罗娟,等.不同养老模式对老年人生命质量的影响分析[J].中国社会医学杂志,2020,37(3):276-279.

⑦ Strang VR, Koop PM, Dupuis-Blanchard S, et al. Family caregivers and transition to long-term care.[J]. Clinical nursing research,2006,15(1):27-45.

⑧ 宋璐,李树茁.代际交换对中国农村老年人健康状况的影响:基于性别差异的纵向研究[J].妇女研究论丛,2006(4):14-20.

能通过形成较高的家庭关系凝聚力对老年人口健康带来积极影响①。据此，提出：

假设 4.2c:共识性团结——子女与流动老年人口达成共识时，可能降低流动老年人口的躯体健康受损风险。

现阶段，家庭结构的小型化、核心化以及劳动力市场对个体要求的不断提高改变了老年人依靠子女赡养的基础条件，社会保障制度及社会养老服务成为家庭养老功能的重要补充②。尽管如此，家庭依然是养老的主要场域，这既是对传统孝道规范的遵守，也是子女孝道责任的体现③。此外，已有研究表明，来自家庭内部的支持对维持、提升老年人健康水平具有重要作用④。据此，本研究提出：

假设 4.2d:规范性团结——子女愿意承担养老责任时，会降低流动老年人口的躯体健康受损风险。

家庭代际关系承载着代际交换，即家庭资源分配的职责。家庭资源的分配对老年人口躯体健康存在重要影响。既有研究认为经济支持向上流动能够满足老年人口基本生活与医疗需求，获得子女经济支持的老年人口躯体健康水平得到明显提升⑤⑥；工具支持的向上流动改善了老年人口的生活质量与心理健康状况，有助于躯体健康水平的提升⑦。从角色紧张理论出发，老年人口向下提供的经济支持与工具支持可能加重角色压力，提升罹患慢性病与失能的风险⑧⑨。据此提出：

---

① 池上新,吕师佳. 社会融入与随迁老人的身心健康——基于深圳市调查数据的分析[J]. 深圳社会科学, 2021, 4(5):95-108.

② 刘一伟. 互补还是替代:"社会养老"与"家庭养老"——基于城乡差异的分析视角[J]. 公共管理学报, 2016, 13(4):77-88.

③ 侯慧丽. 责任与期待:中国青年的养老观念及代际差异[J]. 当代青年研究, 2023(2):38-50.

④ 陈娜,邓敏,王长青. 我国失能老人居家养老服务供给主体研究[J]. 医学与社会, 2020, 33(7):46-49.

⑤ 胡宏伟,栾文敬,杨睿,等. 挤入还是挤出:社会保障对子女经济供养老人的影响——关于医疗保障与家庭经济供养行为[J]. 人口研究, 2012, 36(2):82-96.

⑥ Chen G, Si W, Qiu L. Intergenerational financial transfers and physical health of old people in rural China:evidence from CHARLS data[J]. Ciência Rural, 2020, 50(5).

⑦ 左冬梅,李树苗. 基于社会性别的劳动力迁移与农村留守老人的生活福利——基于劳动力流入地和流出地的调查[J]. 公共管理学报, 2011, 8(2):93-100+127.

⑧ Minkler M, Fuller-Thomson E. African American grandparents raising grandchildren:a national study using the Census 2000 American Community Survey[J]. J Gerontol B Psychol, Soc, 2005, 60(2):S82.

⑨ Minkler M, Fuller-Thomson D E. Physical and mental health status of American grandparents providing extensive child care to their grandchildren [J]. Journal of the American Medical Womens Association, 2001, 56(4):199-205.

假设 4.2e:功能性团结——相较于代际支持相当的流动老年人口,子女提供向上支持有利于改善其躯体健康,而其提供向下支持可能会损害自身躯体健康。

多维家庭代际关系反映了家庭成员间的关系质量,代际关系的改善对流动老年人口的躯体健康存在积极影响。既有研究认为,多维度家庭代际关系实际可以聚类为三个元维度,即结构、功能与情感,而感知到的积极情感的强度决定了情感维度的和谐性[①]。有研究认为,感知支持在老年人口的主观幸福感与自评健康的关系中起到中介作用[②],而进一步的研究则发现高水平的感知社会支持可能显著降低高龄老人的死亡风险,并与老年人口的躯体健康存在显著关联[③④]。对于流动老年人口而言,在脱嵌于原有生活场域后,高感知支持的代际关系更有助于该群体缓解融入压力,可能对其躯体健康产生积极影响。据此提出:

假设 4.2f:相较于其他代际关系类型,与子女达成高感知—高支持关系类型的流动老年人口躯体健康水平更好。

4.2 躯体健康的操作化

对于流动老年人口躯体健康水平,主要通过 ADL 失能、IADL 失能、疼痛程度与慢性病水平来进行测度。

(1) ADL 指数

ADL(Activities of Daily Living)的测量采用基本日常生活活动能力量表,即标准 Bathel 指数。Bathel 指数测量了包括进食、洗澡、个人卫生、穿脱衣服、排便控制、排尿控制、移位、步行以及上下楼梯等多个方面的内容。CLASS 问卷对这些方面采用三级测量(不需要别人帮助＝1,需要一些帮助＝2,完全做不了＝3)。合并"需要一些帮助""完全做不了"为失能(赋值为 1),将"不需要别人帮助"设定为未失能(赋值为 0)。ADL 量表内部一致性(Cronbach's Alpha 系

① 宋璐,李树茁. 农村老年人家庭代际关系及其影响因素——基于性别视角的潜在类别分析[J]. 人口与经济,2017(6):1-12.

② Bisconti T L, Bergeman C S. Perceived Social Control as a Mediator of the Relationships Among Social Support, Psychological Weil-Being, and Perceived Health[J]. The Gerontologist, 1999,39(1):94-103.

③ Tiina-Mari,Lyyra, Riitta-Liisa, et al. Perceived social support and mortality in older people[J]. The journals of gerontology. Series B, Psychological sciences and social sciences, 2006,61(3):S147-152.

④ Stephens C, Alpass F, Towers A,et al. The effects of types of social networks, perceived social support, and loneliness on the health of older people:accounting for the social context[J]. Journal of Aging & Health, 2011,23(6):887-911.

数)为 0.8835。在实证研究部分,对 ADL 指数采取二分测量,如果被访者存在任意一项失能,则认为其基本生活活动能力受损(赋值为 1),反之,认为基本生活活动能力完好(赋值为 0)。

(2) IADL 指数

IADL(Instrumental Activities of Daily Living)指数采用工具性日常生活活动能力量表。IADL 量表测量个体八方面的能力,包括使用电话、上街购物、做饭、做家务、洗衣、乘坐交通工具、服药以及处理财务等。CLASS 问卷采用三级测量(不需要别人帮助=1,需要一些帮助=2,完全做不了=3)。将"需要一些帮助"与"完全做不了"合并为失能(赋值为 1),"不需要别人帮助"设为未失能(赋值为 0)。IADL 量表指标的内部一致性(Cronbach's Alpha 系数)为 0.8356。在实证研究部分,对 IADL 指数进行二分测量,如被访者存在任意一项失能,则认为其工具性日常生活活动能力受损(赋值为 1),反之,认为工具性日常生活能力完好(赋值为 0)。

(3) 疼痛水平

疼痛是指组织损伤或潜在组织损伤所引起的不愉快的情感体验与感觉,往往会对患者的日常生活产生负面影响,造成身体功能衰退,引发一系列心理问题[1]。对老年人而言,身体疼痛情况客观上反映了老年个体的躯体健康状况。这里选取 CLASS 问卷中"上个月,您是否感觉到身体疼痛?"作为疼痛情况的指示变量,将感受到疼痛赋值为 1,未感受到疼痛赋值为 0,无法回答作为缺失值处理。

(4) 慢性病水平

因衰老带来的身体机能衰退而引发的慢性病已经成为危害老年患者健康的重要因素之一。慢性病往往会带来焦虑等负面情绪,导致老年人心理健康水平下降,继而对躯体健康产生叠加影响[2]。因此,选择 CLASS 数据中"您现在是否患有高血压/心脏病/糖尿病"等 23 类慢性病患病情况作为慢性病情况的指示变量,将没有慢性病赋值为 0,患有至少一种慢性病赋值为 1。

4.3 躯体健康描述性统计分析

(1) 躯体健康整体结果

表 4-1 展现了样本流动老年人口躯体健康各维度的概况。总体来看,流动

---

① 王瑞琪,赵庆华,黄欢欢,等.我国 28 个省份老年人疼痛与抑郁症状现状及相关性研究[J].中华护理教育,2023,20(1):103-108.

② 史辉,袁慧,胡浩,等.老年慢性病共病患者抗逆力现状及影响因素[J].中国医药科学,2022,12(2):125-128.

老年人口健康状况良好,流动老年人口样本中,有 19.23％的老年人存在 ADL 受损,80.77％不存在 ADL 失能,这表明流动老年人口基本生活活动能力受损水平较低。IADL 受损水平相较于 ADL 略高,有 30.96％的流动老年人口 IADL 受损,同时也有 69.04％的流动老年人口不存在 IADL 失能。这在一定程度上表明,相对于基本生活自理能力受损而言,流动老年人口出现工具性日常生活自理能力受损的可能性更高。样本中,有 43.27％流动老年人在上个月有过疼痛的情况,但也有超过一半的流动老年人(56.73％)没有感知到身体疼痛。同时,样本中,有近七成的流动老年人患有至少一种慢性病。这说明,相较于基本生活活动能力、工具性生活活动能力受损,患有慢性病、遭受疼痛带来的困扰在流动老年人口中更为常见。

表 4-1 流动老年人口躯体健康整体结果

变量	N	M	SD	最小值	最大值
ADL	5557	0.19	0.39	0	1
IADL	5549	0.31	0.46	0	1
疼痛水平	5402	0.43	0.50	0	1
慢性病水平	5541	0.67	0.47	0	1

数据来源:2014—2018 年 CLASS 数据,后同。

(2)家庭代际团结与躯体健康的交叉分析

不同代际团结特征的流动老年人口在躯体健康上可能存在较大差异,因此,本研究采用 t 检验与方差分析的方式进行探究(见表 4-2)。

描述性统计结果表明,不与子女同住的流动老年人口在 ADL、IADL 失能水平上显著低于与子女同住的样本,但与子女同住的样本患慢性病的比例显著低于不同住样本,这体现了躯体健康的多样性。

具有更强情感团结程度的流动老年人口,总体上拥有更好的躯体健康水平。与那些认为子女不关心自己的流动老年人口相比,认为得到子女关心者在 ADL 失能、IADL 失能、身体疼痛与慢性病的发生比例上分别比前者低 10.19 个百分点、15.53 个百分点、12.18 个百分点、13.29 个百分点。

具有较强联系性团结的流动老年人口的躯体健康状况更好。与和子女见面不频繁的流动老年人口相比,与子女见面频繁的流动老年人口,其 IADL 失能与身体疼痛发生率显著低于前者 4.10 个百分点与 3.78 个百分点。与子女之间保持频繁电话联系的流动老年人口在 ADL 失能、IADL 失能以及身体疼痛的发生

表4-2　不同特征下流动老年人口躯体健康状况交叉分析(N=5593)

变量名	指标内涵	类别	ADL 未失能 %/M	失能 %/SD	T/χ²	IADL 未失能 %/M	失能 %/SD	T/χ²	疼痛水平 没有 %/M	有 %/SD	T/χ²	慢性病水平 没有 %/M	有 %/SD	T/χ²
结构性团结	居住安排	与子女同住	77.43	22.57	23.9322***	64.39	35.61	46.4337***	55.97	44.03	0.6338	34.43	65.57	3.6809*
		不与子女同住	82.98	17.02		73.37	26.63		57.11	42.89		31.86	68.14	
情感性团结	情感关心	关心	82.38	17.62	32.4543***	71.63	28.37	41.5410***	57.74	42.26	28.1913***	34.05	65.95	37.9374***
		不关心	72.19	27.81		58.10	41.90		45.56	54.44		20.76	79.24	
共识性团结	观念一致	未达成共识	78.61	21.39	4.6754**	72.26	27.74	2.6980*	54.73	45.27	1.5869	32.72	67.28	0.0039
		达成共识	81.75	18.25		69.45	30.55		57.08	42.92		32.61	67.39	
规范性团结	养老责任承担	子女承担	81.76	18.24	2.2475	68.91	31.09	4.6742**	57.43	42.57	2.5355	31.63	68.37	12.7336***
		非子女承担	79.91	20.09		72.05	27.95		54.90	45.10		36.96	63.04	
联系性团结	见面	联系频繁	80.61	19.39	0.1111	70.47	29.53	9.2020***	57.70	42.30	6.5515***	32.71	67.29	0.3275
		联系不频繁	81.00	19.00		66.37	33.63		53.92	46.08		31.93	68.07	
	通话	联系频繁	84.90	15.10	93.0214***	75.15	24.85	189.1876***	58.62	41.38	15.5900***	33.18	66.82	1.1275
		联系不频繁	70.20	29.80		50.13	49.87		50.69	49.31		31.18	68.82	
功能性团结	经济支持	双方支持相等	80.84	19.16	1.8945	67.90	32.10	3.3614	56.74	43.26	1.4594	35.67	64.33	6.1958**
		向上流动	80.41	19.59		69.10	30.90		56.92	43.08		31.82	68.18	
		向下流动	83.21	16.79		72.75	27.25		53.77	46.23		32.12	67.88	
	工具支持	双方支持相等	83.18	16.82	75.8105***	71.70	28.3	79.9485***	57.49	42.51	12.6478***	33.24	66.76	3.8889
		向上流动	75.99	24.01		63.64	36.36		54.44	45.56		31.44	68.56	
		向下流动	89.98	10.02		81.15	18.85		62.32	37.68		35.37	64.63	

注:***,$P<0.01$;**,$P<0.05$;*,$P<0.1$;分类变量报告百分比,连续变量报告均值与标准差;当自变量为两分类时,采用T检验;当自变量为三分类时,采用方差分析(F检验);表格中M和SD反映样本特征,即为样本均值和标准差。

率上分别比不与子女保持频繁电话联系的老人低 14.7 个百分点、25.02 个百分点与 7.93 个百分点。

比较不同规范性团结特征下流动老年人口躯体健康特征后发现，相较于不认为子女应当承担主要养老责任的流动老年人口，认为应当由子女承担主要养老责任的流动老年人口在 IADL 失能与患慢性病的发生率上，比前者高 3.14 个百分点与 5.33 个百分点。这表明，流动老年人口的躯体健康水平可能存在基于养老责任规范认知的选择性。

不同共识性团结维度下，流动老年人口躯体健康具有显著差异。能够与子女达成共识的流动老年人口在 ADL 失能水平上显著高于没有与子女达成共识的老人，但前者的 IADL 失能发生率显著低于后者 2.81 个百分点。

功能性团结与流动老年人口的健康存在显著关联。老人提供向下的经济支持或者老人与子女维持着对等的经济支持会对其躯体健康有着显著积极影响，与接受子女经济支持的老人相比，提供向下支持与支持相当的老人在慢性病水平上分别比前者低 3.85 个百分点与 1.42 个百分点。从工具支持角度来看，相较于以接受子女工具支持为主，以向子女提供工具支持为主的流动老年人口具有更好的基本日常生活活动能力、工具性日常生活活动能力以及更低的疼痛水平。

4.4 躯体健康实证分析结果

4.4.1 迁移流动对躯体健康的影响

（1）迁移流动行为对老年人口躯体健康的影响

表 4-3 汇报了迁移流动行为对老年人口躯体健康的影响。回归结果表明，与非流动老年人口相比，流动老年人口慢性病患病风险下降 12.60%，迁移流动对躯体健康整体上呈现积极影响，研究假设 4.1a 得到部分证实。

人口社会学特征及多维健康特征对老年人口躯体健康的四维度均呈现出显著的影响。年龄与同住人数是躯体健康的危险因素，而男性、居住在城市、高收入水平、在婚、在业、较好的心理健康与社会健康水平对躯体健康具有正向预测作用。例如，随着年龄的增加，老年人口出现 ADL 失能、IADL 失能、疼痛与慢性病的风险会逐年提升 6.80%、7.82%、0.88% 与 2.22%。同时，在纳入"是否流动"变量后，相关变量对躯体健康的影响方向与显著性水平没有发生明显改变；居住地对慢性病水平的影响方向没有发生改变，但不再存在显著影响。

在控制可能的影响因素后，迁移流动与老年人口的慢性病水平显著相关，相较于非流动老年人口，流动老年人口患慢性病的风险降低 12.60%。同时，迁移流动行为可能分别降低流动老年人口 5.30% 的 ADL 失能风险与 2.20% 的疼痛

表 4 - 3　迁移流动对老年人口躯体健康的影响

变量	ADL		IADL		疼痛水平		慢性病水平	
	M4-1	M4-2	M4-3	M4-4	M4-5	M4-6	M4-7	M4-8
年龄	1.0680***	1.0680***	1.0782***	1.0783***	1.0088***	1.0088***	1.0224***	1.0222***
	(0.0019)	(0.0019)	(0.0017)	(0.0017)	(0.0013)	(0.0013)	(0.0016)	(0.0016)
性别(女性)	0.9087***	0.9085***	0.9391***	0.9393***	0.8290***	0.8290***	0.7850***	0.7845***
	(0.0245)	(0.0245)	(0.0215)	(0.0216)	(0.0157)	(0.0157)	(0.0163)	(0.0163)
居住地(农村)	0.9266***	0.9299**	0.7862***	0.7827***	0.8740***	0.8752***	0.9595*	0.9673
	(0.0265)	(0.0268)	(0.0195)	(0.0196)	(0.0182)	(0.0183)	(0.0226)	(0.0229)
同住人数	1.0992***	1.0994***	1.1678***	1.1676***	1.0808***	1.0809***	1.0336***	1.0342***
	(0.0088)	(0.0088)	(0.0084)	(0.0084)	(0.0066)	(0.0066)	(0.0069)	(0.0069)
个人收入(取对数)	0.9432***	0.9432***	0.9402***	0.9403***	0.9562***	0.9562***	0.9464***	0.9463***
	(0.0062)	(0.0063)	(0.0055)	(0.0055)	(0.0051)	(0.0051)	(0.0064)	(0.0064)
受教育程度(小学及以下)	0.9395**	0.9394***	0.7470***	0.7472***	0.9056***	0.9055***	1.0854***	1.0850***
	(0.0290)	(0.0290)	(0.0195)	(0.0195)	(0.0189)	(0.0189)	(0.0243)	(0.0243)
婚姻状况(不在婚)	0.8946***	0.8945***	0.8024***	0.8025***	0.8751***	0.8750***	0.8800***	0.8797***
	(0.0255)	(0.0255)	(0.0196)	(0.0196)	(0.0186)	(0.0186)	(0.0209)	(0.0209)

续表

变量	ADL		IADL		疼痛水平		慢性病水平	
	M4-1	M4-2	M4-3	M4-4	M4-5	M4-6	M4-7	M4-8
工作状况(不在业)	0.6298***	0.6294***	0.7564***	0.7569***	1.1277***	1.1275***	1.0191	1.0183
	(0.0256)	(0.0256)	(0.0243)	(0.0243)	(0.0276)	(0.0276)	(0.0271)	(0.0271)
心理健康	0.9119***	0.9120***	0.9650***	0.9649***	0.9402***	0.9402***	0.9230***	0.9232***
	(0.0036)	(0.0036)	(0.0033)	(0.0033)	(0.0026)	(0.0026)	(0.0029)	(0.0029)
社会健康	0.9527***	0.9527***	0.9488***	0.9489***	0.9794***	0.9793***	0.9852***	0.9851***
	(0.0027)	(0.0027)	(0.0023)	(0.0023)	(0.0019)	(0.0019)	(0.0020)	(0.0020)
是否流动(非流动)		0.9472		1.0676		0.9780		0.8859***
		(0.0517)		(0.0481)		(0.0367)		(0.0349)
常数项	0.0481***	0.0485***	0.0169***	0.0167***	3.7421***	3.7531***	6.8968***	6.9990***
	(0.0082)	(0.0083)	(0.0026)	(0.0025)	(0.4693)	(0.4710)	(0.9814)	(0.9962)
N	52736	52736	52654	52654	52126	52126	52693	52693
预测概率	85.24%	85.24%	77.38%	77.37%	59.31%	59.31%	71.03%	71.04%
pseudo R²	0.09	0.09	0.103	0.103	0.025	0.025	0.03	0.03

注:***,$P<0.01$;**,$P<0.05$;*,$P<0.1$;系数提供 OR 值,括号内为稳健标准误。

水平,但这种影响并不显著。这可能是因为躯体健康是生物学遗传因素、生活方式、环境条件与社会经济发展水平等多方面条件的影响结果[1],老年期躯体的退行性变化遮掩了迁移流动的健康效应。在迁移决策的基础上,本研究尝试深入探讨迁移流动特征对流动老年人口健康的影响。

(2)迁移流动特征对流动老年人口躯体健康的影响

表4-4与表4-5呈现了迁移流动特征对流动老年人口躯体健康的影响。回归结果表明,流入时长对流动老年人口的疼痛水平有显著保护作用,流入时长每增加一个单位,就会降低流动老年人口0.31%的疼痛发生率。然而,流入时长每增加一个单位虽能分别降低 ADL 失能、IADL 失能与慢性病0.18%、0.13%与0.25%的发生风险,但这种保护效应并不显著。研究结论部分印证了研究假设4.1b,流入时间的增长在一定程度能保障流动老年人口的躯体健康。

同时,回归结果表明流入地区对流动老年人口躯体健康的影响存在显著的空间异质性。相较于流入东部地区,流入西部地区是流动老年人口躯体健康的危险因素,会显著提升其66.96%的 IADL 失能风险与42.85%疼痛发生风险。流入东北地区对流动老年人口的健康存在双重影响,一方面,流入东北地区显著提升了流动老年人口 44.41%的 IADL 失能风险,但同时也显著降低了其44.20%的疼痛发生风险与41.78%的慢性病发生风险。这基本证实了研究假设4.1c,相较于东部地区,西部地区经济发展水平与医疗资源配置效率较低[2],导致流入西部地区的老年人口可能拥有较低水平的医疗服务可及性,从而显著提升其躯体健康风险。

人口社会学特征与多维健康特征方面,年龄是躯体健康的风险因素,男性、在业则是流动老年人口躯体健康的保护因素。居住在城市、同住人数、高收入、较高的受教育水平对流动老年人口躯体健康的不同维度呈现出差异化影响,例如,居住在城市会显著提升流动老年人口的2.05倍 ADL 失能风险,但也会降低其30.76%的慢性病发生风险。同时,较高的心理健康与社会健康水平对流动老年人口的躯体健康存在明显的保护作用,一定程度上证实了健康维度间的正向关联性。

---

① Modranka E, Suchecka J. The Determinants Of Population Health Spatial Disparities [J]. Comparative Economic Research,2014,17(4):173-185.

② 梅子鸿,刘婵娟. 2012—2020 年我国基层医疗资源配置效率分析[J].中国卫生经济,2022,41(10):54-58.

表4-4 流动行为特征对于流动老年人口ADL/IADL失能的影响

变量	ADL				IADL			
	M4—9	M4—10	M4—11	M4—12	M4—13	M4—14	M4—15	M4—16
年龄	1.0653***	1.0665***	1.0649***	1.0659***	1.0795***	1.0805***	1.0829***	1.0838***
	(0.0087)	(0.0089)	(0.0087)	(0.0088)	(0.0071)	(0.0071)	(0.0073)	(0.0073)
性别（女性）	0.6401***	0.6393***	0.6304***	0.6303***	0.7346***	0.7338***	0.7061***	0.7056***
	(0.0774)	(0.0775)	(0.0782)	(0.0783)	(0.0781)	(0.0781)	(0.0753)	(0.0753)
居住地（农村）	2.0709***	2.0023***	2.1148***	2.0474***	1.0292	1.0039	1.0951	1.0711
	(0.4193)	(0.4213)	(0.4263)	(0.4287)	(0.1469)	(0.1494)	(0.1620)	(0.1650)
同住人数	1.0942**	1.0905**	1.0788**	1.0749*	1.1591***	1.1567***	1.1788***	1.1766***
	(0.0385)	(0.0387)	(0.0397)	(0.0400)	(0.0344)	(0.0344)	(0.0361)	(0.0361)
个人收入（取对数）	1.0745***	1.0749***	1.0756***	1.0757***	1.0053	1.0051	1.0115	1.0112
	(0.0288)	(0.0289)	(0.0291)	(0.0292)	(0.0212)	(0.0212)	(0.0215)	(0.0215)
受教育程度（小学及以下）	1.2728*	1.2721*	1.3283*	1.3248*	0.9192	0.9206	0.9517	0.9514
	(0.1590)	(0.1593)	(0.1710)	(0.1709)	(0.0998)	(0.1000)	(0.1047)	(0.1047)
婚姻状况（不在婚）	1.1905	1.1910	1.1660	1.1658	0.7885**	0.7887**	0.7909**	0.7913**
	(0.1481)	(0.1483)	(0.1443)	(0.1443)	(0.0806)	(0.0806)	(0.0816)	(0.0816)
工作状况（不在业）	1.0014	0.9953	1.0067	1.0018	0.9393	0.9390	0.9343	0.9350
	(0.2032)	(0.2008)	(0.2048)	(0.2026)	(0.1635)	(0.1636)	(0.1606)	(0.1610)
心理健康	0.8618***	0.8597***	0.8654***	0.8633***	0.9282***	0.9261***	0.9293***	0.9275***
	(0.0135)	(0.0138)	(0.0138)	(0.0141)	(0.0124)	(0.0126)	(0.0129)	(0.0130)

续表

变量	ADL				IADL			
	M4-9	M4-10	M4-11	M4-12	M4-13	M4-14	M4-15	M4-16
社会健康	0.9334***	0.9346***	0.9304***	0.9313***	0.9326***	0.9336***	0.9356***	0.9363***
	(0.0117)	(0.0119)	(0.0118)	(0.0119)	(0.0091)	(0.0092)	(0.0093)	(0.0093)
流入时间		0.9981		0.9982		0.9985		0.9987
		(0.0024)		(0.0024)		(0.0020)		(0.0020)
流入地区(东部地区)								
中部地区			1.3052*	1.2868			1.0012	0.9915
			(−0.2002)	(−0.1984)			(−0.1382)	(−0.1363)
西部地区			1.0361	1.0334			1.6752***	1.6696***
			(−0.1647)	(−0.1634)			(−0.214)	(−0.2127)
东北地区			0.8181	0.8055			1.4767***	1.4641***
			(−0.1489)	(−0.147)			(−0.2088)	(−0.2072)
常数项	0.0373***	0.0385***	0.0378***	0.0399***	0.0258***	0.0265***	0.0132***	0.0137***
	−0.0302	−0.0312	−0.0323	−0.0341	−0.0162	−0.0166	−0.0088	−0.0092
N	2783	2783	2783	2783	2783	2783	2783	2783
预测概率	84.98%	84.84%	84.87%	84.80%	77.79%	78.44%	78.30%	78.37%
pseudo R²	0.118	0.118	0.12	0.121	0.113	0.113	0.12	0.12

注：***,$P<0.01$；**,$P<0.05$；*,$P<0.1$；系数提供 OR 值,括号内为稳健标准误。

表4-5 流动行为特征对于流动老年人口疼痛/慢性病的影响

变量	疼痛				慢性病			
	M4-17	M4-18	M4-19	M4-20	M4-21	M4-22	M4-23	M4-24
年龄	1.0013	1.0029	1.0001	1.0020	1.0181***	1.0193***	1.0161**	1.0178***
	(0.0055)	(0.0057)	(0.0056)	(0.0057)	(0.0067)	(0.0069)	(0.0068)	(0.0069)
性别(女性)	0.8705	0.8690*	0.8676	0.8676	0.6717***	0.6713***	0.7004***	0.7010***
	(0.0738)	(0.0737)	(0.0754)	(0.0755)	(0.0607)	(0.0607)	(0.0637)	(0.0638)
居住地(农村)	1.0595	1.0172	1.0651	1.0118	0.7653**	0.7441**	0.7229**	0.6924**
	(0.1182)	(0.1167)	(0.1219)	(0.1195)	(0.0955)	(0.0940)	(0.0937)	(0.0913)
同住人数	1.0405	1.0364	1.0172	1.0115	1.0180	1.0153	0.9987	0.9945
	(0.0279)	(0.0280)	(0.0279)	(0.0280)	(0.0285)	(0.0286)	(0.0286)	(0.0287)
个人收入(取对数)	0.9226***	0.9221***	0.9179***	0.9170***	1.0381*	1.0378*	1.0322	1.0316
	(0.0198)	(0.0198)	(0.0201)	(0.0201)	(0.0225)	(0.0225)	(0.0224)	(0.0224)
受教育程度(小学及以下)	0.8503*	0.8530*	0.8498*	0.8508*	1.1094	1.1125	1.0611	1.0628
	(0.0740)	(0.0742)	(0.0774)	(0.0774)	(0.1029)	(0.1032)	(0.1016)	(0.1018)
婚姻状况(不在婚)	0.8698	0.8721	0.8538*	0.8558*	0.9604	0.9619	0.9526	0.9554
	(0.0780)	(0.0782)	(0.0768)	(0.0770)	(0.0921)	(0.0922)	(0.0909)	(0.0912)
工作状况(不在业)	0.6374***	0.6378***	0.6316***	0.6322***	0.8210	0.8220	0.8259	0.8277
	(0.0816)	(0.0819)	(0.0817)	(0.0821)	(0.1047)	(0.1050)	(0.1065)	(0.1071)
心理健康	0.9140***	0.9103***	0.9185***	0.9138***	0.9390***	0.9361***	0.9397***	0.9356***
	(0.0105)	(0.0108)	(0.0108)	(0.0111)	(0.0114)	(0.0118)	(0.0114)	(0.0118)

续表

变量	疼痛				慢性病			
	M4-17	M4-18	M4-19	M4-20	M4-21	M4-22	M4-23	M4-24
社会健康	0.9738***	0.9751***	0.9676***	0.9690***	0.9835*	0.9844*	0.9793**	0.9805**
	(0.0079)	(0.0080)	(0.0080)	(0.0081)	(0.0085)	(0.0085)	(0.0085)	(0.0085)
流入时间		0.9975		0.9969*		0.9982		0.9975
		(0.0017)		(0.0017)		(0.0018)		(0.0018)
流入地区(东部地区)								
中部地区			0.8586	0.8425			0.7559**	0.7450**
			(0.1004)	(0.0992)			(0.0934)	(0.0923)
西部地区			1.4447***	1.4285***			0.8471	0.8407
			(0.1596)	(0.1583)			(0.1006)	(0.0998)
东北地区			0.5686***	0.5580***			0.5902***	0.5822***
			(0.0706)	(0.0699)			(0.0726)	(0.0718)
常数项	18.8813***	20.0232***	25.5922***	28.4046***	3.7319**	3.8981**	6.5652***	7.1076***
	(10.0498)	(10.7006)	(14.2577)	(15.9630)	(2.2804)	(2.3952)	(4.1513)	(4.5280)
N	2756	2756	2756	2756	2773	2773	2773	2773
预测概率	61.90%	61.90%	64.59%	65.09%	68.19%	68.16%	69.09%	69.06%
pseudo R²	0.046	0.047	0.060	0.060	0.025	0.025	0.031	0.031

注: ***, $P<0.01$; **, $P<0.05$; *, $P<0.1$; 系数提供 OR 值, 括号内为稳健标准误。

4.4.2 家庭代际团结对躯体健康的影响

在纳入迁移流动特征的基础上,进一步探究家庭代际团结对躯体健康的影响。由于居住安排与流动老年人口的联系性团结高度相关,对与子女同住的老人而言,其本身就能获得与子女较高频率的见面与联系机会。在前文的基础上,从家庭结构差异的角度探讨多维家庭代际团结对流动老年人口躯体健康的影响。

(1) 不与子女同住的流动老年人口

①家庭代际团结与 ADL 失能

表 4-6 展现了家庭代际团结和不与子女同住的流动老年人口 ADL 失能的回归结果。模型 M4-25 为仅纳入控制变量的回归结果,模型 M4-26 至 M4-30 为分别纳入家庭代际团结变量的结果,模型 M4-31 为家庭代际团结对流动老年人口 ADL 失能影响的全模型。从整体来看,家庭代际团结因素、流动特征与人口社会学特征对流动老年人口的 ADL 失能均存在显著影响,情感性团结是不与子女同住的流动老年人口 ADL 失能的保护因素,证实了研究假设 4.2b 的观点。

代际团结因素上,情感性团结是影响流动老年人 ADL 能力的重要因素。由模型 M4-26 可知,当获得子女关心时,流动老年人口的 ADL 失能风险会显著降低 48.84%,这种保护效应在纳入全部变量后依旧显著,而家庭代际团结的其他维度对不与子女同住的流动老年人口 ADL 失能没有展现出显著影响。子女不关心的流动老年人 ADL 失能风险较高,这显示子女的情感关心与支持对老年人的 ADL 能力的积极影响。当子女关心并主动照料老年父母时,可以减轻老年人的生活压力,提高生活幸福感和主观健康感,从而有利于保持身体机能和 ADL 能力。共识性团结、规范性团结、联系性团结与向下的经济支持是 ADL 失能的保护因素,但这种保护效应并不显著;向上的经济与工具支持和向下的工具支持均对 ADL 有潜在的风险效应,例如,当老年人主要向子女提供工具支持时,其失能风险会提升 84.26%,但这种效应并不显著。

流动特征方面,在纳入所有变量后,流入时间与 ADL 失能没有呈现显著关联,而流入地区则对流动老年人口的 ADL 失能存在显著影响。相较于流动东部地区,当老年人口流入中部地区与东北地区时,其 ADL 失能风险分别降低了 61.01% 与 89.86%,呈现出 ADL 失能的空间异质性。

人口社会学特征方面,在全模型的基础上,年龄、同住人数与在婚是不与子女同住的流动老年人口 ADL 失能的风险因素。例如,当老年人在婚时,其 ADL 失能风险会相对提升 1.51 倍。这可能与家庭的主要照料者选择有关,当失能老

表4-6 家庭代际团结对流动老年人口ADL失能的影响(不与子女同住)(N=1108)

变量	M4-25	M4-26	M4-27	M4-28	M4-29	M4-30	M4-31
流动时间	0.9919*	0.9925*	0.9920*	0.9918*	0.9930	0.9924*	0.9941
	(0.0043)	(0.0043)	(0.0043)	(0.0042)	(0.0044)	(0.0044)	(0.0044)
流入地(东部地区)							
中部地区	0.4882***	0.4251***	0.4814***	0.4887***	0.4510***	0.4986**	0.3899***
	(0.1310)	(0.1208)	(0.1301)	(0.1313)	(0.1279)	(0.1369)	(0.1196)
西部地区	0.8875	0.8459	0.9053	0.8885	0.8384	0.8617	0.7630
	(0.1873)	(0.1771)	(0.1918)	(0.1877)	(0.1816)	(0.1980)	(0.1791)
东北地区	0.1148***	0.1062**	0.1131***	0.1151***	0.1181***	0.1076***	0.1014***
	(0.0547)	(0.0513)	(0.0541)	(0.0543)	(0.0564)	(0.0508)	(0.0481)
年龄	1.0316**	1.0301*	1.0329**	1.0315*	1.0332**	1.0292*	1.0311*
	(0.0162)	(0.0158)	(0.0161)	(0.0162)	(0.0162)	(0.0165)	(0.0164)
性别(女性)	0.7132	0.7070*	0.7145	0.7131	0.6911*	0.7311	0.7103
	(0.1508)	(0.1484)	(0.1506)	(0.1508)	(0.1466)	(0.1575)	(0.1525)
居住地(农村)	1.0086	1.0601	1.0608	1.0088	1.0765	0.9495	1.1137
	(0.2849)	(0.2958)	(0.3035)	(0.2856)	(0.3064)	(0.2731)	(0.3284)
同住人数	1.3931**	1.4528**	1.4003**	1.3942**	1.3979**	1.3657**	1.4261**
	(0.2118)	(0.2197)	(0.2099)	(0.2168)	(0.2127)	(0.2149)	(0.2218)
个人收入(取对数)	1.0381	1.0247	1.0451	1.0382	1.0347	1.0547	1.0447
	(0.0556)	(0.0549)	(0.0574)	(0.0557)	(0.0546)	(0.0599)	(0.0590)

续表

变量	M4—25	M4—26	M4—27	M4—28	M4—29	M4—30	M4—31
受教育程度(小学及以下)	1.0837	1.1299	1.1115	1.0862	1.0917	1.0752	1.1364
	(0.2117)	(0.2197)	(0.2164)	(0.2187)	(0.2170)	(0.2132)	(0.2310)
婚姻状况(不婚)	2.2907**	2.3092**	2.3066**	2.2926**	2.3955***	2.3834***	2.5078***
	(0.7574)	(0.7604)	(0.7576)	(0.7631)	(0.7931)	(0.7970)	(0.8262)
工作状况(不在业)	0.7787	0.8100	0.7836	0.7792	0.7933	0.7872	0.8427
	(0.2561)	(0.2625)	(0.2578)	(0.2567)	(0.2615)	(0.2617)	(0.2777)
心理健康	0.8383***	0.8408***	0.8414***	0.8382***	0.8343***	0.8397***	0.8398***
	(0.0272)	(0.0273)	(0.0277)	(0.0273)	(0.0272)	(0.0277)	(0.0283)
社会健康	0.9259***	0.9257***	0.9236***	0.9259***	0.9304***	0.9241***	0.9271***
	(0.0196)	(0.0200)	(0.0200)	(0.0196)	(0.0196)	(0.0196)	(0.0201)
情感性团结(不关心)		0.5116**					0.5601**
		(0.1378)					(0.1586)
共识性团结(没有要求过多)			1.3924			1.3886	
			(0.3408)			(0.3692)	
规范性团结(非子女承担)				1.0127		0.9621	
				(0.2198)		(0.2121)	
联系性团结(见面—通话)					0.7723		
					(0.1780)		
见面频率(不频繁)							0.7070
							(0.1612)

续表

变量	M4—25	M4—26	M4—27	M4—28	M4—29	M4—30	M4—31
通话频率（不频繁）					0.8362		0.8565
					(0.2349)		(0.2508)
功能性团结（经济—工具）							
经济支持（双方相等）							
向上流动						1.4182	1.5277
						(0.3649)	(0.4082)
向下流动						0.6525	0.6481
						(0.2986)	(0.3007)
工具支持（双方相等）							
向上流动						1.1147	1.1646
						(0.2174)	(0.2324)
向下流动						1.9171	1.8426
						(0.7672)	(0.7466)
常数项	1.4672	2.7091	1.0736	1.4545	1.6538	1.1466	1.6460
	(2.2763)	(4.1161)	(1.7018)	(2.2697)	(2.5642)	(1.8828)	(2.7221)
预测概率	88.27%	88.36%	88.27%	88.27%	88.00%	87.91%	87.82%
pseudo R²	0.132	0.138	0.135	0.132	0.134	0.142	0.153

注：***，P<0.01；**，P<0.05；*，P<0.1；系数提供 OR 值，括号内为稳健标准误。

人不在婚时,往往倾向于选择关系较好的家庭成员,即子女照料自己①。多维健康方面,心理健康与社会健康是 ADL 失能的保护因素,模型 M4－31 表明心理健康水平较高的流动老年人口的 ADL 失能风险会相对降低 16.02％,而社会健康较好的老年人则会相对降低 7.29％,进一步证实了不同维度健康之间的正向关联性。

②家庭代际团结与 IADL 失能

表 4－7 展现了家庭代际团结对不与子女同住的流动老年人口 IADL 失能的影响。模型 M4－32 为仅纳入控制变量的回归结果,模型 M4－33 至 M4－37 为分步纳入家庭代际团结变量的结果,模型 M4－38 为家庭代际团结对流动老年人口 IADL 失能影响的全模型。从整体角度而言,家庭代际团结因素、流动特征与人口社会学特征对流动老年人口的 IADL 失能均存在显著影响,情感性团结与联系性团结中通话频率是流动老年人口 IADL 失能的保护因素,这证实了研究假设 4.2a 与研究假设 4.2b;而功能性团结中双向工具支持均是老人 IADL 失能的风险因素,这部分证实了研究假设 4.2e 中流动老年人口向下支持对健康的风险效应。

代际团结因素上,情感性团结对 IADL 失能存在明显的保护效应。在基准模型的基础上纳入情感性团结变量,结果表明,相较于未获得子女关心的流动老年人口,受到子女关心者的 IADL 失能风险会显著降低 58.55％,在纳入全部变量后影响强度与方向没有发生改变。联系性团结维度,如模型 M4－38 所示,当流动老年人与子女通话频率频繁时,会相对降低其 44.07％ 的 IADL 失能风险,情感性团结与联系性团结共同表明了子女提供的情感支持对流动老年人口躯体健康的积极影响。同时,流动老年人与子女的双向工具支持对其 IADL 失能均呈现出显著的风险效应,在基准模型的基础上纳入功能性团结变量,结果显示,相较于双方支持相等的情况,子女提供向上的工具支持会提升流动老年人 1.87 倍的失能风险,流动老年人提供向下的工具支持则会提升 2.66 倍的失能风险。而在纳入全部变量后,向上工具支持的风险效应进一步增强,向下工具支持的风险效应略有减弱。一方面,这可能是因为流动老年人在失能时往往会需要子女的日常照料,子女向上的工具支持与失能风险同向变动;另一方面,向下的工具支持可能会加重流动老年人的身体负担,影响其躯体健康。共识性团结、规范性团结、见面频率与经济支持对流动老年人的 IADL 失能没有显著影响。

在纳入全部变量后,流动特征上,流入时间对不与子女同住的流动老年人口的 IADL 失能没有显著影响。流入地区上,相较于流入东部地区的老年人,当老

---

① 李俊. 失能老年人的家庭照料:照料意愿及其影响因素[J]. 云南民族大学学报(哲学社会科学版),2023,40(2):72－81.

表4-7　家庭代际团结对流动老年人口 IADL 失能的影响(不与子女同住)(N=1108)

变量	M4-32	M4-33	M4-34	M4-35	M4-36	M4-37	M4-38
流动时间	0.9978	0.9991	0.9979	0.9982	0.9986	0.9982	1.0012
	(0.0035)	(0.0036)	(0.0035)	(0.0035)	(0.0036)	(0.0036)	(0.0038)
流入地(东部地区)							
中部地区	0.6661	0.5540**	0.6618	0.6535	0.6979	0.6902	0.5760*
	(0.1761)	(0.1592)	(0.1755)	(0.1748)	(0.1922)	(0.1863)	(0.1741)
西部地区	1.8052***	1.6643*	1.8078***	1.7841***	1.9358***	1.8822***	1.7488**
	(0.3637)	(0.3296)	(0.3655)	(0.3581)	(0.3993)	(0.3961)	(0.3796)
东北地区	1.4131	1.3121	1.4104	1.3688	1.4397	1.3667	1.2220
	(0.3188)	(0.3077)	(0.3180)	(0.3076)	(0.3276)	(0.3086)	(0.2873)
年龄	1.0740***	1.0747***	1.0749***	1.0741***	1.0711***	1.0694***	1.0681***
	(0.0127)	(0.0127)	(0.0127)	(0.0127)	(0.0129)	(0.0127)	(0.0129)
性别(女性)	0.8752	0.8652	0.8844	0.8808	0.8794	0.9147	0.9142
	(0.1613)	(0.1587)	(0.1627)	(0.1621)	(0.1632)	(0.1747)	(0.1755)
居住地(农村)	1.8517**	1.9809***	1.9162***	1.8350**	1.9032**	1.7997**	1.9385***
	(0.4493)	(0.4654)	(0.4608)	(0.4447)	(0.4772)	(0.4480)	(0.4745)
同住人数	1.0284	1.0943	1.0331	1.0218	1.0735	1.0268	1.1245
	(0.1436)	(0.1510)	(0.1422)	(0.1428)	(0.1516)	(0.1455)	(0.1596)
个人收入(取对数)	1.0306	1.0150	1.0326	1.0317	1.0265	1.0462	1.0275
	(0.0459)	(0.0459)	(0.0463)	(0.0457)	(0.0466)	(0.0503)	(0.0495)

续表

变量	M4—32	M4—33	M4—34	M4—35	M4—36	M4—37	M4—38
受教育程度(小学及以下)	0.5893***	0.6061***	0.5864***	0.5717***	0.6074***	0.5792***	0.5801***
	(0.1002)	(0.1041)	(0.1001)	(0.0976)	(0.1036)	(0.1001)	(0.1004)
婚姻状况(不在婚)	0.5838**	0.5937**	0.5880**	0.5820**	0.6100**	0.5812**	0.6094**
	(0.1341)	(0.1326)	(0.1356)	(0.1340)	(0.1396)	(0.1366)	(0.1381)
工作状况(不在业)	0.9083	0.9528	0.9031	0.8963	0.9250	0.8929	0.9322
	(0.2390)	(0.2493)	(0.2386)	(0.2368)	(0.2484)	(0.2359)	(0.2551)
心理健康	0.9109***	0.9153***	0.9138***	0.9107***	0.9177***	0.9057***	0.9144***
	(0.0250)	(0.0251)	(0.0256)	(0.0248)	(0.0256)	(0.0252)	(0.0260)
社会健康	0.9621**	0.9611**	0.9616**	0.9623**	0.9634**	0.9557***	0.9580**
	(0.0168)	(0.0170)	(0.0169)	(0.0168)	(0.0169)	(0.0164)	(0.0166)
情感性团结(不关心)		0.4145***					0.4127***
		(0.0928)					(0.0979)
共识性团结(没有要求过多)			1.2333				
			(0.2635)				
规范性团结(非子女承担)				0.8578			
				(0.1452)			
联系性团结(见面—通话)						0.7854	
						(0.1358)	
见面频率(不频繁)					1.4462*		1.2840
					(0.2928)		(0.2679)

续表

变量	M4－32	M4－33	M4－34	M4－35	M4－36	M4－37	M4－38
通话频率(不频繁)					0.5293***		0.5593**
					(0.1228)		(0.1363)
功能性团结(经济—工具)							
经济支持(双方相等)							
向上流动						0.9433	1.0262
						(0.1967)	(0.2277)
向下流动						1.1345	1.1328
						(0.3604)	(0.3790)
工具支持(双方相等)							
向上流动						1.8714***	1.9088***
						(0.3262)	(0.3393)
向下流动						2.6678***	2.5781***
						(0.8449)	(0.8315)
常数项	0.0247***	0.0436***	0.0198***	0.0279***	0.0275***	0.0264**	0.0618**
	(0.0291)	(0.0513)	(0.0237)	(0.0331)	(0.0329)	(0.0319)	(0.0768)
预测概率	80.32%	81.05%	80.14%	80.78%	80.87%	80.23%	81.05%
pseudo R^2	0.099	0.112	0.105	0.10	0.106	0.115	0.134

注:***,$P<0.01$;**,$P<0.05$;*,$P<0.1$;系数提供 OR 值,括号内为稳健标准误。

年人流入中部地区时,其 IADL 失能风险会显著降低 42.40%,而流动西部地区会显著提升其 74.88%的失能风险,这体现了不同生活场域的不确定因素对流动老年人口躯体健康的差异影响。

在全模型的基础上,人口社会学特征中高龄与居住在城市是流动老年人口 IADL 失能的风险因素,高受教育程度与在婚是流动老年人 IADL 失能的保护因素。例如,当流动老年人拥有较高的受教育水平时,其失能风险会显著降低41.99%,这体现了教育对流动老年人口躯体健康的正向回报。多维健康特征上,心理健康与社会健康对流动老年人口的 IADL 失能均有显著的保护效应,模型 M4-38 表明,心理健康每提升 1 单位,IADL 失能风险降低 8.56%;社会健康每提升 1 单位,IADL 失能风险降低 4.20%。

③家庭代际团结与疼痛水平

表 4-8 呈现了家庭代际团结对不与子女同住的流动老年人口疼痛水平的影响。模型首先呈现了仅纳入控制变量的回归结果,模型 M4-33 至 M4-37为依次纳入家庭代际团结变量的回归结果,模型 M4-38 为家庭代际团结对流动老年人口疼痛水平影响的全模型。从整体看,家庭代际团结因素、流动特征与人口社会学特征等对疼痛水平均具有显著影响,规范性团结维度,子女承担养老责任是不与子女同住的流动老年人口疼痛的保护因素,假设 4.2d 得到证实;同时,子女提供的向上经济支持反而是流动老年人的疼痛的风险因素,研究发现部分否认了研究假设 4.2e,同时也证实了家庭代际关系对流动老年人口躯体健康的复杂影响。

代际团结维度,模型 M4-35 在基准模型基础上纳入规范性团结变量后,发现子女承担养老责任对流动老年人口疼痛发生存在积极影响,会相对降低其39.51%的发生风险,在纳入全部变量后影响强度与方向没有发生明显改变,体现了家庭养老对流动老年人口积极的健康效应。同时,模型 M4-37 表明,功能性团结维度中子女向上的经济支持使流动老年人口的疼痛发生风险显著提升48.96%,这可能是因为流动老年人口脱离经济生产,缺少直接收入来源,子女作为流动老年人关系最为亲密的家庭成员之一,往往会在流动老年人躯体健康受损时为其提供经济支持,保障其躯体健康。情感性团结、见面频繁与子女向上提供工具支持是流动老年人口疼痛的保护因素,而共识性团结、通话频繁、流动老年人提供经济与工具支持是疼痛的风险因素,但这种效应均不显著。

流动特征上,在纳入全部变量后,流动时间对不与子女同住的流动老年人口的疼痛发生呈潜在保护效应,流入时间增加 1 单位则疼痛发生风险降低0.54%。流入地区上,相较于流入东部地区的老年人口,流入西部地区显著提升了老年人 2.02 倍的疼痛发生风险,而流入东北地区则显著降低其 44.45%的疼

表4-8　家庭代际团结对流动老年人口疼痛的影响(不与子女同住)(N=1096)

变量	M4-32	M4-33	M4-34	M4-35	M4-36	M4-37	M4-38
流动时间	0.9928**	0.9928**	0.9928**	0.9943*	0.9931**	0.9926**	0.9946
	(0.0031)	(0.0031)	(0.0031)	(0.0032)	(0.0032)	(0.0031)	(0.0033)
流入地(东部地区)							
中部地区	0.8852	0.8838	0.8854	0.8396	0.8489	0.8594	0.7775
	(0.1832)	(0.1839)	(0.1834)	(0.1771)	(0.1807)	(0.1800)	(0.1719)
西部地区	2.2551***	2.2524***	2.2553***	2.1945***	2.1944***	2.1345***	2.0239***
	(0.4142)	(0.4169)	(0.4140)	(0.4083)	(0.4108)	(0.3989)	(0.3952)
东北地区	0.6287**	0.6282**	0.6287**	0.5786***	0.6346**	0.6033***	0.5555***
	(0.1253)	(0.1254)	(0.1253)	(0.1144)	(0.1267)	(0.1216)	(0.1121)
年龄	1.0079	1.0078	1.0078	1.0073	1.0091	1.0083	1.0084
	(0.0102)	(0.0102)	(0.0103)	(0.0106)	(0.0104)	(0.0105)	(0.0111)
性别(女性)	0.8908	0.8908	0.8906	0.9110	0.8786	0.8965	0.9126
	(0.1293)	(0.1292)	(0.1291)	(0.1348)	(0.1282)	(0.1329)	(0.1377)
居住地(农村)	1.2931	1.2938	1.2921	1.2722	1.3229	1.2564	1.2760
	(0.2340)	(0.2336)	(0.2333)	(0.2327)	(0.2410)	(0.2297)	(0.2377)
同住人数	1.0126	1.0132	1.0126	1.0011	1.0040	1.0075	0.9915
	(0.1195)	(0.1203)	(0.1196)	(0.1170)	(0.1185)	(0.1195)	(0.1157)
个人收入(取对数)	0.9167*	0.9166*	0.9167*	0.9222*	0.9171*	0.9154*	0.9220*
	(0.0455)	(0.0455)	(0.0455)	(0.0453)	(0.0456)	(0.0453)	(0.0455)

续表

变量	M4—32	M4—33	M4—34	M4—35	M4—36	M4—37	M4—38
受教育程度（小学及以下）	0.7612*	0.7615*	0.7611*	0.6812**	0.7595*	0.7346**	0.6626***
	(0.1110)	(0.1111)	(0.1111)	(0.1023)	(0.1114)	(0.1088)	(0.1012)
婚姻状况（不在婚）	0.9509	0.9513	0.9508	0.9444	0.9532	0.9557	0.9585
	(0.2037)	(0.2038)	(0.2036)	(0.2019)	(0.2055)	(0.2061)	(0.2080)
工作状况（不在业）	0.4668***	0.4670***	0.4668***	0.4491***	0.4680***	0.4616***	0.4472***
	(0.0974)	(0.0977)	(0.0975)	(0.0941)	(0.0977)	(0.0984)	(0.0963)
心理健康	0.9447**	0.9448**	0.9446**	0.9428**	0.9426**	0.9436**	0.9421**
	(0.0221)	(0.0221)	(0.0221)	(0.0220)	(0.0222)	(0.0224)	(0.0226)
社会健康	0.9243***	0.9243***	0.9243***	0.9239***	0.9256***	0.9213***	0.9223***
	(0.0138)	(0.0138)	(0.0138)	(0.0140)	(0.0139)	(0.0140)	(0.0142)
情感性团结（不关心）		0.9897					0.9726
		(0.2291)					(0.2382)
共识性团结（没有要求过多）			0.9943				1.0670
			(0.1838)				(0.2144)
规范性团结（非子女承担）				0.6049***			0.6155***
				(0.0907)			(0.0929)
联系性团结（见面—通话）							
见面频率（不频繁）					0.8577		0.8677
					(0.1407)		(0.1453)

续表

变量	M4-32	M4-33	M4-34	M4-35	M4-36	M4-37	M4-38
通话频率（不频繁）					1.0473		1.0017
					(0.2321)		(0.2250)
功能性团结（经济-工具）							
经济支持（双方相等）							
向上流动						1.4896**	1.4787**
						(0.2514)	(0.2566)
向下流动						1.5198*	1.4225
						(0.3845)	(0.3585)
工具支持（双方相等）							
向上流动						0.9391	0.9888
						(0.1334)	(0.1426)
向下流动						1.0626	1.0907
						(0.2986)	(0.3051)
常数项	27.7698***	28.0052***	27.9382***	43.3125***	27.6198***	24.3963***	36.2202***
	(27.9900)	(28.3596)	(28.5959)	(44.6676)	(27.9667)	(25.3695)	(39.8943)
预测概率	65.42%	65.42%	65.51%	67.97%	64.87%	64.78%	65.69%
pseudo R²	0.098	0.098	0.1	0.106	0.099	0.102	0.112

注：***，$P<0.01$；**，$P<0.05$；*，$P<0.1$；系数提供 OR 值，括号内为稳健标准误。

痛发生风险。

人口社会学特征上,模型 M4－38 表明,高收入水平、高受教育水平与在业是流动老年人口健康的保护因素,分别会降低其 7.80％、33.74％ 与 55.28％ 的疼痛发生风险,这体现了社会经济地位积极的健康效应[①]。多维健康特征上,全模型表明心理健康与社会健康对疼痛水平具有积极的正向影响,每增加 1 单位,会分别降低流动老年人口 5.79％ 与 7.77％ 的发生风险。

④家庭代际团结与慢性病水平

表 4－9 为家庭代际团结对不与子女同住的流动老年人口慢性病水平的影响,M4－38 为仅纳入控制变量的回归结果。模型首先呈现仅纳入控制变量的回归结果,模型 M4－38—M4－43 为依次纳入家庭代际团结变量的回归结果,模型 M4－44 为家庭代际团结对流动老年人口慢性病水平影响的全模型。从整体看,家庭代际团结、流动特征与人口社会学特征等对疼痛水平均具有显著影响,情感性团结维度,子女对老年人的关心能够显著降低不与子女同住流动老年人口的慢性病发生风险,假设 4.2b 的子女情感支持健康效应得到证实。功能性团结维度,子女提供向上经济支持与老年人提供向下工具支持是流动老年人口慢性病发病的风险因素,这部分印证了研究假设 4.2e 所提出的老人向下支持对躯体健康的风险效应。

家庭代际团结因素方面,模型 M4－39 在基准模型的基础上纳入情感性团结维度,结果表明,当获得子女关心时,不与子女同住的流动老年人口慢性病发生风险会相对降低 73.76％,而在纳入全部变量后,情感性团结对慢性病的保护效应进一步增强,会相对降低流动老年人口 78.00％ 的慢性病发生风险。这表明子女的情感支持存在积极的健康效应,代际间积极的情感交换不仅可以降低流动老年人口的心理压力,同时可能增加其获得健康建议的可能,降低其患慢性病风险。同时,较经济支持相等的情况,当子女提供向上的经济支持时会显著提升流动老年人口 65.20％ 的慢性病的发生风险,这可能与家庭的应急响应功能有关,由于慢性病具有病程长、花费多等特点,子女往往会对老年人提供相应的经济援助;当流动老年人为子女提供向下的工具支持时,会相对提升其 2.04 倍的慢性病发生风险,在纳入全部变量后,子女提供向上的经济支持所带来的风险效应进一步增强,侧面证实了经济支持与慢性病之间复杂的关联性。共识性团结、规范性团结及联系性团结与流动老年人口的慢性病之间没有明显关联。

迁移流动特征上,在纳入全部变量后,流入时间对慢性病没有显著关联。流入地方面,相较于流入东部地区,当老年人流入西部地区时,其慢性病发生风险

① 刘昌平,汪连杰. 社会经济地位对老年人健康状况的影响研究[J]. 中国人口科学,2017(05):40－50.

表4-9　家庭代际团结对流动老年人口慢性病的影响(不与子女同住)(N=1106)

变量	M4-38	M4-39	M4-40	M4-41	M4-42	M4-43	M4-44
流动时间	0.9996	1.0011	0.9996	1.0000	1.0000	0.9994	1.0019
	(0.0033)	(0.0033)	(0.0033)	(0.0033)	(0.0033)	(0.0033)	(0.0035)
流入地(东部地区)							
中部地区	1.1407	1.0331	1.1404	1.1252	1.0881	1.1374	0.9432
	(0.2457)	(0.2269)	(0.2458)	(0.2427)	(0.2393)	(0.2420)	(0.2101)
西部地区	2.1091***	1.8654***	2.1091***	2.0891***	2.0387***	2.0808***	1.7326**
	(0.4702)	(0.4140)	(0.4702)	(0.4650)	(0.4625)	(0.4734)	(0.4020)
东北地区	1.1584	1.0826	1.1586	1.1386	1.1720	1.0552	0.9373
	(0.2376)	(0.2262)	(0.2374)	(0.2339)	(0.2415)	(0.2229)	(0.2053)
年龄	1.0460***	1.0438***	1.0461***	1.0457***	1.0473***	1.0481***	1.0457***
	(0.0119)	(0.0120)	(0.0119)	(0.0118)	(0.0120)	(0.0121)	(0.0126)
性别(女性)	0.9283	0.9184	0.9283	0.9330	0.9134	0.9664	0.9395
	(0.1429)	(0.1439)	(0.1428)	(0.1433)	(0.1418)	(0.1495)	(0.1497)
居住地(农村)	1.4925**	1.5971**	1.4935**	1.4860**	1.5248**	1.4272*	1.5270**
	(0.2834)	(0.3078)	(0.2853)	(0.2816)	(0.2917)	(0.2688)	(0.2968)
同住人数	1.1814	1.2541	1.1814	1.1808	1.1706	1.1458	1.2037
	(0.1624)	(0.1750)	(0.1625)	(0.1634)	(0.1618)	(0.1554)	(0.1685)
个人收入(取对数)	1.1868***	1.1765***	1.1869***	1.1893***	1.1870***	1.2085***	1.1964***
	(0.0486)	(0.0489)	(0.0487)	(0.0493)	(0.0491)	(0.0515)	(0.0529)

续表

变量	M4-38	M4-39	M4-40	M4-41	M4-42	M4-43	M4-44
受教育程度（小学及以下）	0.8304	0.8536	0.8306	0.8063	0.8300	0.8184	0.8180
	(0.1319)	(0.1377)	(0.1316)	(0.1303)	(0.1321)	(0.1308)	(0.1350)
婚姻状况（不在婚）	0.6610*	0.7220	0.6611*	0.6601*	0.6695*	0.6517*	0.7158
	(0.1571)	(0.1708)	(0.1571)	(0.1562)	(0.1582)	(0.1579)	(0.1777)
工作状况（不在业）	1.0326	1.0932	1.0330	1.0235	1.0332	1.0410	1.0835
	(0.2108)	(0.2278)	(0.2109)	(0.2085)	(0.2124)	(0.2136)	(0.2274)
心理健康	0.9165***	0.9223***	0.9167***	0.9161***	0.9143***	0.9178***	0.9206***
	(0.0219)	(0.0220)	(0.0222)	(0.0220)	(0.0220)	(0.0219)	(0.0229)
社会健康	0.9412***	0.9402***	0.9412***	0.9410***	0.9431***	0.9356***	0.9365***
	(0.0150)	(0.0151)	(0.0150)	(0.0150)	(0.0153)	(0.0150)	(0.0157)
情感性团结（不关心）		0.2624***					0.2200***
		(0.0867)					(0.0669)
共识性团结（没有要求过多）			1.0062				
			(0.1869)				
规范性团结（非子女承担）				0.8740			
				(0.1350)			
联系性团结（见面—通话）					0.8453		
					(0.1443)		
见面频率（不频繁）						0.7943	
						(0.1427)	

续表

变量	M4－38	M4－39	M4－40	M4－41	M4－42	M4－43	M4－44
通话频率（不频繁）					1.0135		0.9818
					(0.2457)		(0.2609)
功能性团结（经济—工具）							
经济支持（双方相等）							
向上流动						1.6520***	1.7707***
						(0.2868)	(0.3180)
向下流动						1.0403	1.0375
						(0.2528)	(0.2600)
工具支持（双方相等）							
向上流动						1.1608	1.2286
						(0.1701)	(0.1851)
向下流动						2.0418**	2.0189**
						(0.6153)	(0.6297)
常数项	0.4724	1.3933	0.4687	0.5355	0.4788	0.2860	1.3475
	(0.5287)	(1.6575)	(0.5329)	(0.5987)	(0.5407)	(0.3217)	(1.6832)
预测概率	70.80%	70.34%	70.80%	70.25%	70.61%	73.60%	72.78%
pseudo R²	0.07	0.085	0.07	0.07	0.07	0.083	0.105

注：****，$P<0.01$；**，$P<0.05$；*，$P<0.1$；系数提供 OR 值，括号内为稳健标准误。

会显著提升 73.26％,这可能与流入地区的经济发展水平、养老资源与医疗设施可及性有关,西部地区在生态环境、养老资源分配上存在相对劣势[①],可能会对流动老年人口的躯体健康造成不利影响。

在全模型的基础上,人口社会学特征上,高龄、居住在城市及高收入水平是不与子女同住的流动老年人口慢性病的风险因素,例如,流动老年人口的年龄每提升 1 单位,其慢性病发生风险就会提升 4.57％,这体现了衰老对躯体健康的负面影响。多维健康方面,心理健康与社会健康均是慢性病的保护因素,心理健康与社会健康每提升 1 单位,慢性病的发生风险就会分别降低 7.94％ 与 6.35％。

(2)与子女同住的流动老年人口

①家庭代际团结与 ADL 失能

表 4-10 展示家庭代际团结对与子女同住流动老年人口 ADL 失能的影响。模型首先呈现仅纳入控制变量的回归结果,模型 M4-46 至 M4-49 为依次纳入家庭代际团结变量回归结果,模型 M4-50 为家庭代际团结对流动老年人口 ADL 失能影响的全模型。整体上看,家庭代际团结因素、迁移流动特征与人口社会学特征对与子女同住流动老年人口的 ADL 失能存在显著影响,情感性团结对流动老年人口的 ADL 失能具有积极的保护效应,这证实了研究假设 4.1b 的观点;功能性团结维度,子女提供向上的经济、工具支持均会提升流动老年人口的失能风险,而流动老年人提供向下的工具支持则会降低其失能风险,研究发现否定了研究假设 4.2e 的观点。

家庭代际团结因素方面,模型 M4-46 在基准模型的基础上纳入情感性团结维度,结果显示,获得子女关心对与子女同住流动老年人口的躯体健康存在潜在的保护效应,相对降低流动老年人口 25.97％ADL 失能风险;在纳入全部变量后,获得子女关心能够降低流动老年人口 44.78％ADL 失能风险,保护效应进一步增强,且与 ADL 失能存在显著关联。M4-49 展现了功能性团结维度对 ADL 失能的影响,结果表明子女对同住流动老年人口提供向上经济与工具支持对 ADL 失能均存在显著的风险效应,会分别提升其 68.57％ 与 2.48 倍的失能风险。在纳入全部变量后,风险效应的影响强度进一步增强,子女提供向上的经济支持会提升其 79.86％ 的失能风险,而流动老年人提供向上的工具支持则会提升其 2.55 倍的失能风险。流动老年人提供向下的工具支持则对其 ADL 失能呈现出明显的保护效应,会相对降低其 67.94％ 的 ADL 失能风险。在纳入全部变量后,向下的工具支持影响方向与强度未发生明显改变。双向工具支持差异化

---

① 吉宇琴,姜会明. 新时代老龄化与养老资源适配度时空差异及其影响因素分析[J]. 地理科学,2022,42(5):851-862.

的影响效应可能是因为流动老年人口往往出于随迁或养老而选择与子女同住,其在身体健康时往往承担了家务劳动的职责,而子女在其身体健康受损后才会提供向上的支持与照料①。其他家庭代际团结维度对 ADL 失能没有呈现显著影响。

在纳入全部变量后,流动特征上,流入时间对与子女同住的流动老年人口 ADL 失能没有表现出显著关联。流入地区上,相较于流入东部地区,流入中部地区会显著提升流动老年人口 5.08 倍的失能风险,而流入东北地区则会提升其 4.12 倍的失能风险,这体现了 ADL 失能风险的空间异质性。

人口社会学特征上,全模型表明高龄、高收入与高受教育水平是同住流动老年人口 ADL 失能的风险因素,同住人数是 ADL 失能的保护因素。例如,当流动老年人口拥有较高受教育水平时,其 ADL 失能风险会相对提升 1.46 倍,这表明教育与其 ADL 失能之间可能呈倒 U 型关系。多维健康方面,模型 M4－50 表明,心理健康与社会健康是 ADL 失能的保护因素,每提升 1 单位,会分别降低流动老年人口 10.82％与 11.56％的失能风险,进一步支持了多维健康的正向关联性。

表 4－10　家庭代际团结对流动老年人口 ADL 失能的影响(与子女同住)(N＝852)

变量	M4－45	M4－46	M4－47	M4－48	M4－49	M4－50
流入时间	1.0084**	1.0085**	1.0083**	1.0084**	1.0055	1.0058
	(0.0042)	(0.0042)	(0.0042)	(0.0043)	(0.0042)	(0.0041)
流入地(东部地区)						
中部地区	4.9824**	4.8350**	5.0172**	5.0043**	5.4512**	5.0762***
	(1.3864)	(1.3399)	(1.4049)	(1.3922)	(1.6720)	(1.5455)
西部地区	0.8976	0.8847	0.8952	0.9069	0.8398	0.8030
	(0.3183)	(0.3130)	(0.3186)	(0.3213)	(0.3236)	(0.3141)
东北地区	4.3753**	4.3476**	4.4212**	4.4360**	4.1422**	4.1226***
	(1.2290)	(1.2356)	(1.2332)	(1.2517)	(1.1582)	(1.1671)
年龄	1.1013**	1.1006**	1.1009**	1.1028**	1.1022**	1.1025***
	(0.0150)	(0.0148)	(0.0151)	(0.0156)	(0.0155)	(0.0159)
性别(女性)	0.8801	0.9142	0.8738	0.8656	0.8475	0.8912
	(0.2028)	(0.2077)	(0.2014)	(0.1994)	(0.2003)	(0.2093)

---

① 杨菊华,卢瑞鹏."漂老"与"老漂":国内老年流动人口的研究进展与展望[J].西安交通大学学报(社会科学版),2023,43(1):84－94.

续表

变量	M4－45	M4－46	M4－47	M4－48	M4－49	M4－50
居住地(农村)	2.6209**	2.6353**	2.6144**	2.5702**	1.9520	1.9079
	(1.0932)	(1.0959)	(1.0900)	(1.0625)	(0.8294)	(0.8071)
同住人数	0.8227*	0.8091**	0.8256*	0.8217*	0.8096*	0.7852**
	(0.0834)	(0.0840)	(0.0827)	(0.0834)	(0.0877)	(0.0881)
个人收入(取对数)	1.1562**	1.1510**	1.1557**	1.1575**	1.1339**	1.1201*
	(0.0669)	(0.0662)	(0.0667)	(0.0677)	(0.0721)	(0.0717)
受教育程度	2.1153**	2.0735**	2.1328**	2.1539**	2.4715**	2.4591***
(小学及以下)	(0.5861)	(0.5741)	(0.5899)	(0.5918)	(0.7085)	(0.7121)
婚姻状况(不在婚)	0.9367	0.9320	0.9378	0.9474	0.9353	0.9328
	(0.2281)	(0.2256)	(0.2281)	(0.2338)	(0.2278)	(0.2302)
工作状况(不在业)	0.8063	0.8145	0.8297	0.8298	0.9191	0.9953
	(0.3376)	(0.3376)	(0.3453)	(0.3549)	(0.4163)	(0.4538)
心理健康	0.8939**	0.8980**	0.8901**	0.8945**	0.8837**	0.8918***
	(0.0268)	(0.0272)	(0.0278)	(0.0268)	(0.0272)	(0.0277)
社会健康	0.8977**	0.8989**	0.8977**	0.8988**	0.8826**	0.8844***
	(0.0224)	(0.0223)	(0.0224)	(0.0224)	(0.0256)	(0.0259)
情感性团结		0.7403				0.5522**
(不关心)		(0.1980)				(0.1612)
共识性团结			0.8464			1.0597
(没有要求过多)			(0.2016)			(0.2732)
规范性团结				1.1494		1.1708
(非子女承担)				(0.2959)		(0.3131)
功能性团结 (经济—工具)						
经济支持 (双方支持相等)						
向上流动					1.6857*	1.7986*
					(0.4998)	(0.5703)

变量	M4—45	M4—46	M4—47	M4—48	M4—49	M4—50
向下流动					0.7113	0.6492
					(0.3164)	(0.3045)
工具支持 （双方支持相等）						
向上流动					2.4780**	2.5506***
					(0.5669)	(0.5890)
向下流动					0.3409**	0.3206**
					(0.1610)	(0.1460)
常数项	0.0020**	0.0027**	0.0023**	0.0016**	0.0031**	0.0043***
	(0.0031)	(0.0042)	(0.0037)	(0.0026)	(0.0051)	(0.0077)
预测概率	85.68%	85.56%	86.03%	85.92%	87.79%	86.50%
pseudo R^2	0.271	0.272	0.272	0.272	0.317	0.322

注：① *** 表示 $P<0.01$；** 表示 $P<0.05$；* 表示 $P<0.1$；②系数提供 OR(odd ratio)值，括号内为稳健标准误。

②家庭代际团结与 IADL 失能

表 4-11 展现了家庭代际团结对与子女同住的流动老年人口 IADL 失能的影响。模型 M4—51 为仅纳入控制变量的回归结果，模型 M4—52 至 M4—55 为依次纳入家庭代际团结变量的回归结果，模型 M4—56 为家庭代际团结对流动老年人口 IADL 失能影响的全模型。从整体上看，家庭代际团结因素、迁移流动特征与人口社会学特征对与子女同住的流动老年人口的 IADL 失能存在显著影响，情感性团结维度，获得子女关心是与子女同住的流动老年人口 IADL 失能的保护因素，这证实了研究假设 4.2b；共识性团结维度，子女对流动老年人要求过多会显著降低其 IADL 失能风险，研究发现否定了研究假设 4.2c；规范性团结与功能性团结中子女提供向上的经济、工具支持均是流动老年人口 IADL 失能的风险因素，研究发现否定了研究假设 4.2d 与 4.2e。

家庭代际团结因素方面，模型 M4—52 在基准模型的基础上纳入情感性团结维度，结果显示获得子女关心可以相对降低流动老年人口 56.00% 的 IADL 失能风险，而在纳入全部变量后，这种保护效应进一步增强，体现了子女情感支持的健康效应。共识性团结维度，模型 M4—53 表明子女对同住流动老年人的过度需求对其 IADL 失能具有显著的保护作用，显著降低其 37.41% 的失能风险，而在纳入全部变量后降低其 44.91% 的失能风险。规范性团结维度，模型

M4—54 表明当子女承担养老责任时,流动老年人口 IADL 失能风险会相对提升 94.31%,而在纳入全部变量后进一步提升,可能是因为子女往往会在流动老年人口失能时提供更多养老支持。功能性团结维度,子女提供向上经济、工具支持是流动老年人口的风险因素,分别提升其 80.17% 与 73.20% 失能风险,进一步印证了上文的观点:子女的代际支持是流动老年人口失能的生活保障,家庭承担了危机响应的功能。

流动特征方面,全模型显示流入时间是与子女同住的流动老年人口 IADL 失能的保护因素,流入时间每提升 1 单位,流动老年人口失能风险降低 0.85%。流入地特征上,相较于流入东部地区,流入西部与东北地区分别提升其 2.77 倍与 2.26 倍的 IADL 失能风险,体现了流入地区差异对流动老年人口躯体健康的影响。

人口社会学特征上,在纳入全部变量后,模型 M4—56 表明,高龄是与子女同住的流动老年人口 IADL 失能的风险因素,而在婚则是其 IADL 失能的保护因素,这既体现了退行性变化对流动老年人口躯体健康的影响,也体现了婚姻积极的健康效应。多维健康特征上,心理健康与社会健康是流动老年人口健康的保护因素,每提升 1 单位,会分别降低流动老年人口 6.82% 与 8.77% 的 IADL 失能风险。

表 4-11　家庭代际团结对流动老年人口 IADL 失能的影响(与子女同住)(N=852)

变量	M4—51	M4—52	M4—53	M4—54	M4—55	M4—56
流入时间	0.9938	0.9942	0.9931*	0.9935*	0.9919**	0.9915**
	(0.0038)	(0.0037)	(0.0038)	(0.0037)	(0.0039)	(0.0038)
流入地(东部地区)						
中部地区	1.5671*	1.4312	1.5831**	1.6250**	1.4412	1.3591
	(0.3596)	(0.3363)	(0.3634)	(0.3795)	(0.3448)	(0.3343)
西部地区	3.0409***	2.8480***	3.1393***	3.1316***	2.8224***	2.7724***
	(0.7934)	(0.7458)	(0.8178)	(0.8138)	(0.7616)	(0.7544)
东北地区	2.1541***	2.1508***	2.2051***	2.2947***	2.0461***	2.2609***
	(0.5896)	(0.5931)	(0.5987)	(0.6330)	(0.5674)	(0.6309)
年龄	1.1372***	1.1350***	1.1372***	1.1460***	1.1388***	1.1446***
	(0.0158)	(0.0157)	(0.0158)	(0.0167)	(0.0161)	(0.0169)
性别(女性)	1.0512	1.1007	1.0591	1.0025	1.1179	1.1222
	(0.2120)	(0.2238)	(0.2148)	(0.2024)	(0.2299)	(0.2339)
居住地(农村)	1.6722	1.7599	1.6788	1.6060	1.4449	1.5060
	(0.5834)	(0.6246)	(0.5963)	(0.5480)	(0.4964)	(0.5244)

变量	M4－51	M4－52	M4－53	M4－54	M4－55	M4－56
同住人数	1.2083**	1.1875*	1.2101**	1.1916**	1.1940**	1.1616
	(0.1015)	(0.1067)	(0.1009)	(0.1029)	(0.1053)	(0.1120)
个人收入（取对数）	1.0243	1.0168	1.0293	1.0288	0.9911	0.9941
	(0.0486)	(0.0489)	(0.0483)	(0.0525)	(0.0464)	(0.0500)
受教育程度	0.9364	0.9028	0.9414	1.0120	0.8747	0.9096
（小学及以下）	(0.2059)	(0.1990)	(0.2076)	(0.2220)	(0.2003)	(0.2071)
婚姻状况（不在婚）	0.4891***	0.4736***	0.4911***	0.5143***	0.5170***	0.5268***
	(0.1010)	(0.0975)	(0.1026)	(0.1056)	(0.1081)	(0.1111)
工作状况（不在业）	0.9338	0.9200	0.9649	1.0268	0.9560	1.1005
	(0.3496)	(0.3233)	(0.3575)	(0.3816)	(0.3612)	(0.3970)
心理健康	0.9337***	0.9456**	0.9226***	0.9338***	0.9304***	0.9318**
	(0.0242)	(0.0253)	(0.0246)	(0.0241)	(0.0245)	(0.0260)
社会健康	0.9198***	0.9194***	0.9196***	0.9226***	0.9112***	0.9123***
	(0.0193)	(0.0192)	(0.0191)	(0.0196)	(0.0197)	(0.0199)
情感性团结		0.4400***				0.3452***
（不关心）		(0.1189)				(0.1092)
共识性团结			0.6259**			0.5509**
（没有要求过多）			(0.1337)			(0.1359)
规范性团结				1.9431**		2.0098**
（非子女承担）				(0.5523)		(0.5640)
功能性团结 （经济—工具）						
经济支持（双方相等）						
向上流动					1.8017**	1.6817**
					(0.4135)	(0.4073)
向下流动					1.7092	1.3463
					(0.6948)	(0.5641)
工具支持（双方相等）						
向上流动					1.7320***	1.8414***
					(0.3426)	(0.3705)

续表

变量	M4−51	M4−52	M4−53	M4−54	M4−55	M4−56
向下流动					1.1587	1.3322
					(0.3369)	(0.4214)
常数项	0.0003***	0.0005***	0.0003***	0.0001***	0.0003***	0.0003***
	(0.0004)	(0.0008)	(0.0005)	(0.0001)	(0.0004)	(0.0005)
预测概率	78.99%	78.99%	78.87%	78.17%	79.93%	80.52%
pseudo R^2	0.218	0.226	0.218	0.224	0.233	0.252

注：***，$P<0.01$；**，$P<0.05$；*，$P<0.1$；系数提供 OR 值，括号内为稳健标准误。

③家庭代际团结与疼痛

表4−12展现了家庭代际团结对与子女同住的流动老年人口疼痛风险的影响。模型 M4−57 为仅纳入控制变量的回归结果，模型 M4−58 至 M4−61 为依次纳入家庭代际团结变量的回归结果，模型 M4−62 为家庭代际团结对流动老年人口疼痛影响的全模型。从整体上看，家庭代际团结因素、迁移流动特征与人口社会学特征对与子女同住的流动老年人口的疼痛均存在显著影响，情感性团结维度，子女关心老年人对流动老年人口的疼痛存在显著的保护作用，这证实了研究假设 4.2b 的观点，子女的情感支持对流动老年人口的躯体健康存在积极影响。功能性团结维度，一方面，子女的向上的经济支持对与子女同住的流动老年人口的疼痛具有显著的保护作用；另一方面，子女向上的工具支持则会提升其疼痛发生风险，这部分印证了研究假设 4.2e 的观点。

家庭代际团结因素方面，模型 M4−58 在基准模型上纳入情感性团结维度，结果表明，子女关心老年人会相对降低与子女同住的流动老年人口 41.53% 的疼痛发生风险，而在纳入全部变量后，这种保护效应略有降低，但仍然能够体现子女情感支持对流动老年人口躯体健康的积极作用。功能性团结维度，模型 M4−61 表明，子女提供向上的经济支持会显著降低与子女同住的流动老年人口 40.33% 的疼痛发生风险，而子女向上的工具支持则是疼痛的风险因素，会显著提升其 35.72% 的疼痛风险。这可能是因为子女的经济支持可以降低老年人的生活压力，扩大健康投入的预算，进而对其躯体健康产生积极影响；同时，子女往往由于工作压力，缺少时间为老年人提供工具支持，往往选择以经济支持替代工具支持，可能仅在流动老年人口的疼痛水平难以实现自我照料的情况下才会选择提供工具支持，使得工具支持呈现出显著的风险效应。在纳入全部变量后，子女提供向上的经济和工具支持的影响方向与影响强度基本保持不变，其他的代际团结因素对流动老年人口的疼痛没有呈现出显著影响。

迁移流动特征上，在纳入全部变量后，流入时间没有对与子女同住的流动老年人口疼痛水平产生显著影响。流入地区特征上,相较于流入东部地区,流入东北地区的流动老年人口会显著降低其 39.68% 的疼痛发生风险,这体现了地区差异对流动老年人口躯体健康的复杂影响。

人口社会学特征上,模型 M4-62 在基准模型的基础上纳入全部变量,结果表明,高收入与在婚是与子女同住的流动老年人口疼痛的保护因素,而同住人数则是其疼痛的风险因素。例如,收入对数每提升 1 单位,流动老年人口的疼痛发生风险会降低 17.73%,这体现了社会经济地位的健康效应。多维健康特征上,在纳入全部变量后,心理健康对流动老年人口的疼痛存在显著的保护作用,而社会健康没有呈现出显著影响。

表 4-12　家庭代际团结对流动老年人口疼痛的影响(与子女同住)(N=845)

变量	M4-57	M4-58	M4-59	M4-60	M4-61	M4-62
流入时间	0.9961	0.9965	0.9965	0.9963	0.9969	0.9975
	(0.0032)	(0.0032)	(0.0032)	(0.0032)	(0.0033)	(0.0033)
流入地(东部地区)						
中部地区	0.9924	0.9494	0.9815	0.9636	1.0352	0.9642
	(0.2130)	(0.2069)	(0.2125)	(0.2068)	(0.2310)	(0.2166)
西部地区	0.9870	0.9364	0.9674	0.9824	1.0794	1.0146
	(0.2088)	(0.1988)	(0.2051)	(0.2089)	(0.2281)	(0.2165)
东北地区	0.6121*	0.6055*	0.6105*	0.5894*	0.6419*	0.6032*
	(0.1626)	(0.1601)	(0.1617)	(0.1592)	(0.1718)	(0.1632)
年龄	1.0128	1.0109	1.0135	1.0113	1.0114	1.0083
	(0.0104)	(0.0104)	(0.0104)	(0.0104)	(0.0105)	(0.0104)
性别(女性)	0.7668	0.7819	0.7564*	0.7859	0.7354*	0.7618
	(0.1244)	(0.1280)	(0.1230)	(0.1287)	(0.1219)	(0.1290)
居住地(农村)	0.8288	0.8416	0.8233	0.8494	0.8628	0.8880
	(0.2241)	(0.2318)	(0.2238)	(0.2311)	(0.2349)	(0.2482)
同住人数	1.1773**	1.1669**	1.1786**	1.1877**	1.1727**	1.1778**
	(0.0812)	(0.0818)	(0.0817)	(0.0819)	(0.0870)	(0.0882)
个人收入(取对数)	0.8408***	0.8364***	0.8370***	0.8380***	0.8295***	0.8227***
	(0.0335)	(0.0335)	(0.0334)	(0.0344)	(0.0342)	(0.0348)
受教育程度	0.9040	0.8938	0.8996	0.8617	0.8681	0.8212
(小学及以下)	(0.1587)	(0.1572)	(0.1583)	(0.1549)	(0.1544)	(0.1501)

续表

变量	M4—57	M4—58	M4—59	M4—60	M4—61	M4—62
婚姻状况(不在婚)	0.5918***	0.5851***	0.5928***	0.5789***	0.5560***	0.5423***
	(0.1016)	(0.1001)	(0.1021)	(0.1001)	(0.0956)	(0.0938)
工作状况(不在业)	1.6026	1.5903*	1.6020	1.5566	1.3387	1.2949
	(0.4600)	(0.4480)	(0.4652)	(0.4492)	(0.4074)	(0.3927)
心理健康	0.8717***	0.8774***	0.8779***	0.8702***	0.8811***	0.8865***
	(0.0192)	(0.0195)	(0.0196)	(0.0192)	(0.0197)	(0.0202)
社会健康	0.9872	0.9868	0.9880	0.9849	0.9908	0.9887
	(0.0152)	(0.0153)	(0.0153)	(0.0152)	(0.0156)	(0.0156)
情感性团结		0.5847**				0.6373*
(不关心)		(0.1421)				(0.1614)
共识性团结			1.3385			1.1405
(没有要求过多)			(0.2385)			(0.2144)
规范性团结				0.7354		0.7283
(非子女承担)				(0.1557)		(0.1595)
功能性团结						
(经济—工具)						
经济支持(双方相等)						
向上流动					0.5967***	0.6200**
					(0.1139)	(0.1193)
向下流动					1.4978	1.4877
					(0.4991)	(0.5113)
工具支持(双方相等)						
向上流动					1.3572*	1.3510*
					(0.2291)	(0.2278)
向下流动					1.0586	0.9617
					(0.2429)	(0.2307)
常数项	31.7853***	56.2981***	25.1583***	49.3664***	36.0473***	82.7292***
	(33.8278)	(62.2640)	(26.8123)	(54.6369)	(38.9486)	(96.4891)
预测概率	65.80%	66.63%	67.22%	66.04%	66.39%	65.68%
pseudo R^2	0.085	0.089	0.085	0.087	0.100	0.107

注:*** ,$P<0.01$;** ,$P<0.05$;* ,$P<0.1$;系数提供 OR 值,括号内为稳健标准误。

④家庭代际团结与慢性病

表4-13呈现了家庭代际团结对与子女同住的流动老年人口慢性病的影响。模型M4-63为仅纳入控制变量的回归结果,模型M4-64至M4-67为依次纳入家庭代际团结变量的回归结果,模型M4-68为家庭代际团结对流动老年人口慢性病影响的全模型。从整体上看,家庭代际团结因素、迁移流动特征与人口社会学特征对与子女同住的流动老年人口的慢性病均存在显著影响,情感性团结维度,子女关心会显著降低流动老年人口的慢性病发生风险,这印证了研究假设4.2b;功能性团结维度,子女向上的工具支持会显著提升其慢性病的发病风险,这在一定程度上否定了研究假设4.2e的观点。

表4-13 家庭代际团结对流动老年人口慢性病的影响(与子女同住)($N=851$)

变量	M4-63	M4-64	M4-65	M4-66	M4-67	M4-68
流入时间	0.9933**	0.9943*	0.9933**	0.9933**	0.9930**	0.9935**
	(0.0031)	(0.0032)	(0.0031)	(0.0031)	(0.0032)	(0.0033)
流入地(东部地区)						
中部地区	0.6597*	0.6147**	0.6611*	0.6710*	0.6633*	0.6317**
	(0.1485)	(0.1383)	(0.1493)	(0.1517)	(0.1520)	(0.1471)
西部地区	0.5820**	0.5176***	0.5843**	0.5848**	0.5761**	0.5171***
	(0.1286)	(0.1149)	(0.1284)	(0.1300)	(0.1275)	(0.1143)
东北地区	0.3858***	0.3699***	0.3863***	0.3922***	0.3761***	0.3650***
	(0.0943)	(0.0920)	(0.0946)	(0.0965)	(0.0957)	(0.0972)
年龄	1.0028	1.0002	1.0027	1.0037	0.9997	0.9971
	(0.0121)	(0.0117)	(0.0121)	(0.0121)	(0.0124)	(0.0122)
性别(女性)	0.4638***	0.4679***	0.4649***	0.4588***	0.4599***	0.4588***
	(0.0827)	(0.0841)	(0.0825)	(0.0815)	(0.0824)	(0.0823)
居住地(农村)	0.3922***	0.3925***	0.3932***	0.3881***	0.3777***	0.3815***
	(0.1244)	(0.1306)	(0.1247)	(0.1242)	(0.1254)	(0.1341)
同住人数	0.9982	0.9751	0.9983	0.9941	0.9853	0.9612
	(0.0703)	(0.0682)	(0.0703)	(0.0704)	(0.0708)	(0.0688)
个人收入(取对数)	0.9761	0.9647	0.9769	0.9774	0.9607	0.9535
	(0.0379)	(0.0378)	(0.0381)	(0.0379)	(0.0384)	(0.0387)
受教育程度	1.3585	1.3499	1.3604	1.3912*	1.2924	1.3436
(小学及以下)	(0.2621)	(0.2601)	(0.2627)	(0.2735)	(0.2505)	(0.2652)

续表

变量	M4—63	M4—64	M4—65	M4—66	M4—67	M4—68
婚姻状况(不在婚)	0.8124	0.7991	0.8127	0.8247	0.7961	0.7989
	(0.1452)	(0.1437)	(0.1452)	(0.1477)	(0.1457)	(0.1473)
工作状况(不在业)	0.7954	0.7685	0.7952	0.8064	0.7035	0.6934
	(0.2193)	(0.2079)	(0.2192)	(0.2214)	(0.2036)	(0.1965)
心理健康	0.9338***	0.9465**	0.9323***	0.9346***	0.9407***	0.9471**
	(0.0205)	(0.0210)	(0.0215)	(0.0206)	(0.0213)	(0.0226)
社会健康	0.9953	0.9942	0.9951	0.9966	0.9932	0.9922
	(0.0154)	(0.0155)	(0.0154)	(0.0155)	(0.0154)	(0.0156)
情感性团结(不关心)		0.2300***				0.2097***
		(0.0878)				(0.0831)
共识性团结			0.9396			0.7318
(没有要求过多)			(0.1788)			(0.1490)
规范性团结				1.1743		1.2101
(非子女承担)				(0.2428)		(0.2547)
功能性团结 (经济—工具)						
经济支持(双方相等)						
向上流动					0.8226	0.8136
					(0.1616)	(0.1670)
向下流动					1.4916	1.3995
					(0.5915)	(0.5645)
工具支持(双方相等)						
向上流动					1.7379***	1.8242***
					(0.3043)	(0.3252)
向下流动					1.2511	1.1932
					(0.3035)	(0.2984)
常数项	59.7165***	274.3241***	62.7140***	46.9419***	81.1295***	404.1598***
	(72.5008)	(360.2538)	(77.4124)	(59.2884)	(102.7360)	(576.3232)
预测概率	70.51%	72.15%	70.98%	70.98%	73.09%	74.97%
pseudo R²	0.062	0.083	0.064	0.063	0.074	0.096

注:***,$P<0.01$;**,$P<0.05$;*,$P<0.1$;系数提供 OR 值,括号内为稳健标准误。

家庭代际团结因素方面,模型 M4-64 在基准模型上纳入情感性团结维度,结果表明,子女关心会相对降低流动老年人口 77.00% 的慢性病发生风险,在纳入全部变量后,这种保护效应得到进一步增强。功能性团结维度,模型 M4-67 的回归结果表明,子女提供向上的工具支持会显著提升流动老年人口 73.79% 的慢性病发生风险,而在纳入全部变量后,这种风险效应进一步增强,显著提升其 82.42% 的慢性病发生风险。共识性团结呈现出潜在的保护效应,而规范性团结则呈现出潜在的风险效应,但均没有呈现出显著关联。

迁移流动特征上,在纳入全部变量后,流入时间对与子女同住的流动老年人口慢性病具有显著的保护作用,流入时间每增加 1 单位,其慢性病发生风险就会降低 0.65%。流入地方面,相较于流入东部地区,流动老年人口流入其他地区均会显著降低其慢性病的发生风险,例如,当流动老年人口流入西部地区时,其慢性病发生风险会相对降低 48.29%,这可能与流动老年人口不同的流动原因与空间移动模式有关。

在纳入全部变量后,模型 M4-68 表明,男性与居住在城市是与子女同住的流动老年人口慢性病的保护因素,例如,当流动老年人口居住在城市时,其慢性病发生风险会相对降低 61.85%,这可能是与城乡的医疗资源配置差异有关,城市老年人口能够享受到更为及时与便利的医疗服务,这有利于其改善躯体健康。多维健康特征上,全模型显示心理健康是流动老年人口慢性病的保护因素,每提升 1 单位,其慢性病发生风险就会降低 5.29%。

(3)家庭代际团结类型对流动老年人口躯体健康的影响

表 4-14 提供了流动老年人口家庭代际团结类型对躯体健康各维度影响的分析结果。从整体看,家庭代际团结类型对流动老年人口的躯体健康存在显著的差异化影响,相较于与子女达成高感知—高支持类型关系的老年人,当其与子女达成高支持—低感知类型关系时,会显著提升其 IADL 失能、疼痛与慢性病的发生风险,这体现了感知支持对流动老年人口躯体健康积极的健康效应,证实了研究假设 4.2f 提出的观点。

家庭代际团结类型上,流动老年人口与子女达成低支持—高感知关系类型会相对提升其 4.80% 的 ADL 失能风险、31.45% 的 IADL 失能风险与 24.33% 的疼痛发生风险,同时会降低其 0.66% 的慢性病发生风险,但这种关联性均不显著。当流动老年人口与子女达成高支持—低感知关系类型时,会显著提升其 3.71 倍的 IADL 失能风险、43.80% 的疼痛发生风险与 2.17 倍的慢性病发生风险。感知支持与流动老年人口的躯体健康存在显著关联,良好的社会感知支持有助于老年人提升其在满足健康需求过程中做出决定和控制个人生活的能力[①],感知支持的缺位可能使得流动老年人口产生融入困难,增加其心理压力,进而损害其躯体健康。

表 4-14　家庭代际团结类型对躯体健康的影响($N=2516$)

变量	ADL	IADL	疼痛	慢性病
家庭代际团结类型(高支持—高感知)				
低支持—高感知	1.0480	1.3145	1.2433	0.9934
	(0.2854)	(0.3162)	(0.2539)	(0.2265)
高支持—低感知	1.0491	3.7060***	1.4380*	2.1710***
	(0.3024)	(0.8010)	(0.2981)	(0.5558)
控制变量	YES	YES	YES	YES
常数	0.0110***	0.0013***	12.6553***	1.9000
	(0.0105)	(0.0010)	(7.6271)	(1.3146)
预测概率	86.49%	80.60%	66.22%	68.28%
pseudo R^2	0.122	0.165	0.07	0.048

注:***,$P<0.01$;**,$P<0.05$;*,$P<0.1$;系数提供 OR 值,括号内为稳健标准误。

4.5　本章小结

作为城镇化的必然过程之一,劳动力快速外流对流动者个体与家庭都产生了深远影响,现代化与城镇化显著影响了外流子女养老意愿与养老行为[②],间接影响流动老年人口躯体健康。本章实证研究结果发现,流动行为对流动老年人口的躯体健康产生了显著影响。家庭代际关系是流动老年人口生活质量的重要保障,流动老年人口与成年子女之间的代际关系互动会显著影响其躯体健康,且这种影响在不同的家庭代际团结维度与躯体健康维度中存在差异,具体可以归纳为四点。

---

① Simonsen N, Koponen A M, Suominen S. Empowerment among adult patients with type 2 diabetes:age differentials in relation to person-centred primary care, community resources, social support and other life-contextual circumstances[J]. BMC Public Health,2021(21):844.

② 宋月萍. 精神赡养还是经济支持:外出务工子女养老行为对农村留守老人健康影响探析[J]. 人口与发展,2014,20(4):37-44.

第一,流动老年群体带病流动现象突出,躯体健康受个体自身条件与其他维度健康影响较大,受与子女之间的居住安排的影响微弱。

数据显示,流动老年人口的躯体健康水平整体较好,身体存在失能情况的比例较低,但是患有高血压、糖尿病等慢性病与疼痛的比例偏高。说明流动老年人口实际上大多是带病流动,存在不同程度的身体机能老化,流入后存在潜在的健康风险,这与宋全成以及武玉的结论基本一致[1][2]。现阶段流动老年人口确实存在"衰老"与"流动"的双重困境,身体的退行性疾病带来了流动老年人口潜在的健康风险,其生活质量有待提升。

其次,不同人口特征的流动老年人口的躯体健康呈现出显著差异。在各类型流动老年人口中,低龄流动老年人口的躯体健康受损风险明显弱于高龄老年人口;而居住在城市的流动老年人口无论是慢性病还是 IADL 失能均有更高的受损风险。拥有较高受教育程度与在婚的流动老年人口均呈现出更低的 IADL 与疼痛受损风险。多维健康的积极效应体现了流动老年人口健康状况的多样性及不同健康维度的互动性。

此外,即使在同时纳入迁移流动因素、家庭代际团结相关维度及相关控制变量后,与子女同住与否对流动老年人口躯体健康仍未表现出较为显著的差异影响。这可能是因为流动老年人口躯体健康受到多维因素影响,且整体来看,更多还是受到性别、出生队列、退休前职业及进入老年期健康状况的直接影响,而居住方式则可能通过性别、年龄等异质性因素对流动老年人口健康产生潜在的影响。同时,尽管子女可能由于空间区隔不能提供传统的工具支持,但仍可能通过经济支持或情感支持的方式代偿工具支持的缺失[3],以保障流动老年人口的躯体健康。

第二,流动行为在流动老年人口内部具有健康选择性,一定程度上会持续保障其躯体健康,同时具有明显的区域异质性。

不同于 Choi[4] 与武玉等[5]提出的流动行为本身可能会带来健康损耗的结论,在与无流动行为的本地老年人口进行比较的过程中,本研究发现迁移流动行为在一定程度上为流动老年人口躯体健康水平提供了保护,降低了其慢性病的

① 宋全成,张倩. 中国老年流动人口健康状况及影响因素研究[J]. 中国人口科学,2018(4):81-92.

② 武玉,方志,刘爱华."年龄—流动"双重视角下老年流动人口健康及影响因素——基于2017年全国流动人口卫生计生动态监测调查数据[J]. 兰州学刊,2020(1):157-171.

③ 曾旭晖,李奕丰. 变迁与延续:中国家庭代际关系的类型学研究[J]. 社会,2020,40(5):190-212.

④ Choi, S. H. Testing healthy immigrant effects among late life immigrants in the United States: using multiple indicators[J]. Journal of Aging and Health,2012,24(3):475-506.

⑤ 武玉. 中国老年流动人口健康的城乡差异及影响因素研究[J]. 东北农业大学学报(社会科学版),2022,20(1):56-65.

患病风险。这符合健康移民假说的观点,流动行为本身可能对躯体健康状况存在前置的选择性,身体较为健康的老年人才会考虑迁移流动,导致流动老年人口的躯体健康水平相对较好,假设 4.1a 得到验证。

在进一步考虑迁移流动特征对流动老年人口躯体健康的影响后,发现流入时间的增长一定程度上会降低流动老年人口疼痛发生风险,而对其他维度躯体健康仅有潜在的保护效应。这可能是因为,流入时间的增长会提升流动老年人口的社会融入水平,这为流动老年人口走出家庭,积极参与社区活动,利用社区提供的养老资源等创造了条件,在一定程度上有利于改善老年人的躯体健康,研究发现部分验证了研究假设 4.1b 的观点。

从流入地区的角度看,区域差异显著影响了流动老年人口的躯体健康状况。部分证据证明,相较于流入东部地区,流入中西部的老年人躯体健康会呈现出更大的受损风险。这可能是因为,东部地区自然气候条件较为优越,经济与社会发展水平较高,拥有较多的养老资源与医疗资源,而中西部医疗卫生条件较东部地区发展不充分,老年人的医疗资源可及性不足,不利于其躯体健康[1][2]。这部分验证了研究假设 4.1c 的观点。

第三,家庭代际团结对流动老年人口的躯体健康具有差异化的影响,子女的情感支持有效提升流动老年人口的躯体健康水平,而工具支持整体上与其躯体健康负相关。

首先,子女与流动老年人口的情感连结直接而显著地影响着老年人的躯体健康水平,老年人更在意能够直接感知到来自子女的关怀,而不论居住方式如何。尽管居住安排存在差异,但是子女关心对同住、不同住的流动老年人口均呈现出有利于改善老年人躯体健康的结果。子女与老年人之间的情感交流可以有效减少代际情感距离,保证老年群体维持较好的心理状态,进而影响到躯体健康水平[3],该结论基本回应了研究假设 4.2b,子女对流动老年人的关心程度越高,老年人的躯体健康风险越低。同时,情感支持并没有如同既有研究设想的会被经济支持替代[4],而是对躯体健康的影响增强,在纳入共识性团结、联系性团结与规范性团结三个维度后,该结论依旧稳健。

联系性团结仅对不与子女同住的流动老年人口 IADL 失能产生一定保护效应,而与其他躯体健康子维度之间没有明显关联。这一定程度上肯定了联系频

---

① 宋全成,张倩. 中国老年流动人口健康状况及影响因素研究[J]. 中国人口科学,2018(4):81 - 92.

② 郭爱妹,顾大男. 健康不平等视角下医疗服务可及性对老年健康的影响——基于 CLHLS 数据的实证分析[J]. 人口与发展,2020,26(2):60 - 69.

③ 白兰,顾海. 子女代际支持对农村老年人健康水平的影响研究[J]. 现代经济探讨,2021(7):40 - 47.

④ 刘西国. 代际经济支持健康效应检验[J]. 西北人口,2016,37(1):45 - 51.

率对不与子女同住的流动老年人口躯体健康的积极影响。子女可以通过增加联系频率为老年人提供更多健康信息反馈与支持，提升老年人的健康服务利用率，这可能有利于改善老年人的躯体健康，研究发现部分证明了研究假设 4.2a。

共识性团结仅对与子女同住的流动老年人口的 IADL 失能有显著影响，子女与老年人没有达成共识反而有利于改善其失能状况，这与既有研究所提出的观念一致性对老年人口健康可能存在积极效应的观点并不一致[①]。这可能是因为子女往往可能在老年人口身体较为健康时采取以经济支持替代工具支持的策略，老年人流动后在子女家庭中承担工具支持提供者的角色[②]，子女要求过多可能代表老年人口本身躯体健康状况良好，因此，现有结果不能证实研究假设 4.2c。

规范性团结对不与子女同住的流动老年人口的疼痛具有明显保护效应，对与子女同住的流动老年人的 IADL 失能具有风险效应。这一发现既与研究假设 4.2d 存在一定的矛盾，也与已有研究不一致。陈娜等认为，来自家庭内部的支持对维持、提升老年人健康水平具有重要作用[③]。可能的原因是少子老龄化的时代背景下，家庭往往面临同时赡养老年人与抚育子女的情况，而能提供较高质量赡养的家庭成员不足，家庭照顾资源可能出现父代与孙代的代际竞争，子女的养老支持可能在流动老年人口身体机能衰退后才会提供[④]，从而提升了其 IADL 失能风险。

功能性团结中，在考虑代际支持双向性后，本研究在一定程度上证实了双向代际支持不均衡性对心理健康的差异路径在躯体健康层面同样稳定发挥着影响作用[⑤]，子女的代际支持并没有明显提升流动老年人口的健康水平，反而损害了其躯体健康。经济支持层面，子女提供向上的经济支持一定程度上会损害流动老年人口的躯体健康，区别于部分学者提出的经济支持通过为老年人提供基本生活需求和医疗需求继而减缓认知功能衰老、维护躯体健康的结论[⑥][⑦]。之所以

---

① 刘一伟. 互补还是替代："社会养老"与"家庭养老"——基于城乡差异的分析视角[J]. 公共管理学报，2016，13(4)：77 - 88.

② 杨菊华，卢瑞鹏. "漂老"与"老漂"：国内老年流动人口的研究进展与展望[J]. 西安交通大学学报(社会科学版)，2023，43(1)：84 - 94.

③ 陈娜，邓敏，王长青. 我国失能老人居家养老服务供给主体研究[J]. 医学与社会，2020，33(7)：46 - 49＋77.

④ 钟晓慧，彭铭刚. 养老还是养小：中国家庭照顾赤字下的代际分配[J]. 社会学研究，2022，37(04)：93 - 116.

⑤ Ramos M，Wilmoth J. Social Relationships and Depressive Symptoms Among Older Adults in Southern Brazil[J]. The Journals of Gerontology Series B：Psychological Sciences and Social Sciences，2003，58(4)：S253 - S261.

⑥ 胡宏伟，栾文敬，杨睿，等. 挤入还是挤出：社会保障对子女经济供养老人的影响——关于医疗保障与家庭经济供养行为[J]. 人口研究，2012，36(2)：82 - 96.

⑦ Chen G，Si W，Qiu L. Intergenerational financial transfers and physical health of old people in rural China：evidence from CHARLS data[J]. Ciência Rural，2020，50(5).

存在这种差异,一方面可能是因为流动老年群体较多承担沉重的隔代养育义务,子女提供给老年人的赡养资源被老年人隔代转移到孙辈身上,资源没有起到应有的保障老年人身体健康的功能。另一方面,这可能是由于赡养资源的分配,子女往往在流动老年人口身体机能无法支撑其独立生活时提供赡养资源,这在一定程度上掩盖了经济支持的健康效应。这些发现部分地否认了研究假设 4.2e。

工具支持层面,不均衡的工具支持整体上导致流动老年人口躯体健康水平下降,这印证了角色紧张理论对流动老年人口躯体健康同样存在影响。老年人提供向下的工具支持可能会加重其角色紧张,家务与代际抚养义务会对老年人的身体健康造成沉重负担[1],这部分证实了研究假设 4.2e 的观点,流动老年人口的向下支持不利于其躯体健康。同时,子女提供过度的向上工具支持对于流动老年人口的健康存在不利影响,这从侧面印证了代际衰竭理论对于流动老年人口健康的适用性,过度支持可能会造成老年人的自尊心受损,从而导致消极的老化态度,影响老年人身心健康,增大老年人健康风险的同时,导致老年人产生失用性衰退[2],既有证据否认了假设 4.2e 提及的向上工具支持对老年人健康风险的保护效应。

第四,家庭代际团结类型分析结果表明,尽管受城镇化的影响,对于流动老年人口的子女而言,孝道规范仍然发挥着重要作用,流动老年人口对子女存在着高度孝道期待,子女则积极予以其支持,以保障其躯体健康。

高支持—高感知型流动老年人口仍然占据主导地位,侧面印证子女是老年人坚定的支持者与后盾,子女的关心与支持有效地保障了该群体的躯体健康。同时,对于具有高支持—低感知的流动老年人口而言,较低的情感支持会显著降低其躯体健康水平,这从侧面印证了假设 4.2b。社会护航模型假设个体与朋友、亲戚与熟人能在个体不同的生命阶段提供帮助与支持,并促进身心健康[3][4],对老年人口而言,其社会关系网络具有较强伸缩性,呈现出明显的由内而外的圈层化,具体的规模与形式会受到地区文化与福利制度影响,在"家文化"盛行的地

---

① Minkler M, Fuller-Thomson E. African American grandparents raising grandchildren: a national study using the Census 2000 American Community Survey[J]. J Gerontol B Psychol, Soc, 2005, 60(2): S82.

② 徐梦婧,黄婵,罗娟,等. 不同养老模式对老年人生命质量的影响分析[J]. 中国社会医学杂志,2020, 37(3): 276 - 279.

③ Antonucci T C, Ajrouch K J, Birditt K S. The Convoy Model: Explaining Social Relations From a Multidisciplinary Perspective[J]. Gerontologist, 2014(1): 82 - 92.

④ 刘素素,欧阳铮,王海涛. 老年人的社会关系研究概述:基于护航模型的视角[J]. 人口与发展,2016, 22(5): 90 - 97.

区,老年人对家庭成员存在较高的角色期待,社会网络会呈现出紧缩性①②。同时,流动人群在流动后会面临"护航断裂"效应,与朋友之间的连接断裂③,而与家人的关系不变或者增强,社会连接网络的断裂会对个体的健康与幸福感造成负面影响④⑤。在中国的差序格局情境下,子女作为流动老年人口社会关系网络中第一圈层的群体,作为缓冲器承担着为老年人化解精神世界孤独与压力的职能,子女提供关心程度的高低直接关系到流动老年人口的生活满意度,从而影响其身心健康发展,这肯定了研究假设 4.2f 的观点。家庭代际团结对流动老年人口躯体健康影响小结表见表 4 - 15。

表 4 - 15　家庭代际团结对流动老年人口躯体健康影响小结表

变量	ADL		IADL		疼痛		慢性病	
	不与子女同住	与子女同住	不与子女同住	与子女同住	不与子女同住	与子女同住	不与子女同住	与子女同住
是否流动(非流动)							— ***	
流入时间					— *			
流入地(东部地区)								
中部地区							— **	
西部地区			+ ***		+ ***			
东北地区			+ ***		— ***		+ ***	
年龄	+ *	+ ***	+ ***	+ ***			+ ***	
性别(女性)								— ***
居住地(农村)			+ ***				+ **	— ***
同住人数	+ **	— **				+ **		

① A T L, B Y C Y, C Y Z. Culture, economic development, social-network type, and mortality: Evidence from Chinese older adults[J]. Social Science & Medicine, 2018, 204:23 - 30.

② Djundeva M D P A F T. Is Living Alone "Aging Alone"? Solitary Living, Network Types, and Well-Being[J]. The journals of gerontology. Series B. Psychological sciences and social sciences, 2019, 74 (8).

③ Park N S, Jang Y R, Lee B S, et al. An Empirical Typology of Social Networks and Its Association With Physical and Mental Health: A Study With Older Korean Immigrants[J]. JOURNALS OF GERONTOLOGY SERIES B-PSYCHOLOGICAL SCIENCES AND SOCIAL SCIENCES, 2015, 70 (1):67 - 76.

④ Park N S, Jang Y, Chiriboga D A, et al. Social network types, health, and well-being of older Asian Americans[J]. Aging & Mental Health, 2018:1 - 10.

⑤ Dong X Q, Chang E S. Social Networks among the Older Chinese Population in the USA: Findings from the PINE Study[J]. Gerontology, 2017, 63(3):238 - 252.

续表

变量	ADL 不与子女同住	ADL 与子女同住	IADL 不与子女同住	IADL 与子女同住	疼痛 不与子女同住	疼痛 与子女同住	慢性病 不与子女同住	慢性病 与子女同住
个人收入(取对数)		+ *			— *	— **	+ ***	
受教育程度(小学及以下)		+ ***	— ***			— ***		
婚姻状况(不在婚)	+ ***		— ***	— ***		— ***		
工作状况(不在业)					— ***			
心理健康	— ***	— ***	— ***	— **	— ***			— **
社会健康	— ***	— ***	— ***	— ***	— ***		— ***	
情感性团结(不关心)	— **	— **	— ***	— ***		— *		— ***
共识性团结(没有要求过多)			— **					
规范性团结(非子女承担)			+ **	— ***				
联系性团结(见面—通话)								
见面频率(不频繁)		/		/		/		/
通话频率(不频繁)		/	— **	/		/		/
功能性团结(经济—工具)								
经济支持(双方支持相等)								
向上流动		+ *		+ **	+ **	— **	+ ***	
向下流动								
工具支持(双方支持相等)								
向上流动	+ ***	+ ***	+ ***			+ *		+ ***
向下流动	— **	+ ***					+ **	
家庭代际团结类型（高感知—高支持）								
低支持—高感知								
高支持—低感知			+ ***		+ *		+ ***	

注：*** $P<0.01$；** $P<0.05$；* $P<0.1$；表内空白处表示没有显著影响，"/"表示未纳入该变量。

5　家庭代际团结对流动老年人口心理健康影响的实证分析

本章探讨家庭代际团结对流动老年人口心理健康的作用机制。考虑到流动行为本身与老年人口心理健康密切相关,在进行描述性统计后,本章首先探讨流动及其行为特征对老年人口心理健康的影响。其次,在分析家庭代际团结对流动老年人口心理健康的影响时,根据结构性团结将流动老年人口分成与子女同住和不与子女同住两个子样本分别展开分析。此外,本章还考察了家庭代际团结类型与流动老年人口心理健康的关联。

5.1　心理健康影响的研究假设

(1) 迁移流动何以影响心理健康

健康移民假说和三文鱼偏误假说常用于解释迁移流动行为与心理健康的关系[①]。健康移民假说认为健康的个体在面对流动过程中的各种风险时更具有优势,因此更易于发生迁移流动行为[②]。三文鱼偏误假说认为由于个体在流入地的社会保障及公共服务中处于边缘位置,健康状况恶化者更可能返回流出地以节约生活成本[③]。这两种理论均反映了迁移流动的健康选择性,因此提出:

假设 5.1a:与非流动人口相比,流动老年人口的心理健康水平更高。

如前所述,健康受损假说指出流动过程中的各种因素容易对个体心理健康产生负面影响。流动老年人口同时具备"衰老"和"流动"双重属性,具有身体机能弱化、文化适应能力差以及社会网络萎缩的特征,不利于其在流入地参与社区活动、拓展社会支持网络,因此更容易受到流动带来的负面影响[④]。再加之"落

[①] 王伶鑫,周皓. 流动人口的健康选择性[J]. 西北人口,2018,39(06):13-22.

[②] Piotrowski T M. Migration and Health Selectivity in the Context of Internal Migration in China,1997—2009[J]. Population Research and Policy Review,2012,31(4):497-543.

[③] Lu Y,Qin L. Healthy migrant and salmon bias hypotheses:A study of health and internal migration in China[J]. Social Science & Medicine,2014,102(2):41-48.

[④] 武玉,方志,刘爱华. "年龄—流动"双重视角下老年流动人口健康及影响因素——基于2017年全国流动人口卫生计生动态监测调查数据[J]. 兰州学刊,2020(01):157-171.

叶归根"传统文化思想的影响,老年人口在流入地较难产生归属感,随流动时间延长,更容易产生抑郁、孤独等消极情绪,因此提出:

假设 5.1b:流动时间越长,流动老年人口心理健康水平越差。

既有研究发现,流动老年人口心理健康水平在不同流入地区存在较大差异。例如,武玉等基于 2017 年 CMDS 数据,把流入地区分为东部、中部和西部地区,发现受流入地区社会经济发展水平和医疗卫生条件影响,流入东部地区的老年人口健康状况最好,西部地区次之,而流入中部地区的老年人口健康状况下降幅度最大[①]。宋全成和张倩则利用 2015 年 CMDS 数据,把流入地区划分为东部、中部、西部和东北地区,发现相较于流入东部地区,流入西部和东北地区的老年人口自评健康降低的概率显著提高[②]。因此提出:

假设 5.1c:流入地区对流动老年人口心理健康产生影响,相较于流入东部地区而言,流入西部、中部和东北地区的老年人口心理健康水平更低。

（2）家庭代际团结何以影响心理健康

社会护航模型理论认为,家庭成员(尤其是子女)提供情感支持可保护老年人口心理健康。与西方老年人口的"退休迁移"相比,中国流动老年人口的迁移往往是为了实现家庭团聚和隔代照料的家庭化迁移,具有"被动"的特点。在此背景下,来自家庭成员的情感支持对流动老年人口的心理健康具有重要影响。例如,彭大松调查发现家庭情感支持满足了流动老年人口的情感需求,对其生活满意度、心理认同具有显著提升作用[③]。周红云等研究也发现,家庭成员的情感支持是流动老年人口在流入地生活时最大的心理慰藉,有利于减少其孤独感等消极情绪[④]。因此提出:

假设 5.2a:情感性团结对流动老年人口心理健康有显著提升作用,认为子女足够关心自己的流动老年人口心理健康水平更高。

对流动老年人口而言,代际联系提供了陪伴、分享兴趣以及表达情感的机会,培养了对家庭的归属感,减轻了其人在异乡的孤独感。有研究指出,与子女的联系构成了可激活的"潜在支持网络",这种"安全网"的存在可能会提高老年

---

① 武玉,方志,刘爱华."年龄—流动"双重视角下老年流动人口健康及影响因素——基于 2017 年全国流动人口卫生计生动态监测调查数据[J].兰州学刊,2020(01):157-171.

② 宋全成,张倩.中国老年流动人口健康状况及影响因素研究[J].中国人口科学,2018(04):81-92.

③ 彭大松.家庭化流动背景下老年流动人口的城市融入研究[J].深圳大学学报(人文社会科学版),2020,37(06):105-114.

④ 周红云,胡浩钰.社会支持对流动老人社会融合的影响——基于武汉和深圳的调查数据[J].西北人口,2017,38(04):24-32.

人口的安全感①。还有一项研究利用 2015 年 CHARLS 数据,发现代际联系频率与中国老年人口抑郁症状之间存在负的剂量反应关系,即达到每月联系一次的临界点后,老年人口抑郁症状概率随联系频率增加迅速下降②。因此提出:

假设 5.2b:联系性团结对流动老年人口心理健康有显著改善作用,代际联系越频繁,流动老年人口心理健康水平越高。

面对异乡陌生的环境,与子女达成共识可消减流动老年人口的不安,满足其寻求价值感的心理需求,提高其心理健康水平。有研究表明,当老年人口与子女看法相似时,代际情感亲密度增强,家庭代际关系质量提升,从而提升老年人口主观幸福感③。而流动老年人口兼具"衰老"和"流动"双重特征,既因为退休而与社会角色脱嵌,又因为流动而丧失朋友网络,与子女达成观念一致,形成共识有利于其减轻"衰老"和"流动"带来的心理落差。因此提出:

假设 5.2c:共识性团结能显著提升流动老年人口心理健康水平,与子女未达成共识的流动老年人口心理健康水平更差。

家庭代际关系承载的功能性交换,即家庭代际资源分配,对老年人口的生活质量和心理健康产生重要影响。周红云和胡浩钰研究发现,代际经济支持向上流动使流动老年人口认为自己给子女加重了经济负担,使其容易丧失独立感;工具支持向上流动,使得本就是为了帮助子女进行流动的老年人口认为自己给子女增添了麻烦,从而容易产生不安、愧疚等消极情绪④。也有研究提出,代际经济支持和工具支持向下流动则能为流动老年人口提供角色积累回报,即价值感,从而对其心理健康有促进作用。因此提出:

假设 5.2d:功能性团结对流动老年人口心理健康有显著影响。相较于双方支持相当,代际支持向上流动不利于流动老年人口心理健康,而代际支持向下流动则对其心理健康有促进作用。

孝道规范仍对老年人口的生活产生重要影响。既有研究表明,当老年人口家庭地位降低和价值感丧失时,子女承担养老责任、提供资源有利于老年人口缓解自我印象的恶化,更好地适应老年生活,减少焦虑和抑郁情绪⑤。当成年子女

---

① Tosi M, Grundy E. Intergenerational contacts and depressive symptoms among older parents in Eastern Europe[J]. AGING & MENTAL HEALTH, 2019,23(6):686-692.

② Xie Y, Ma M, Wu W, et al. Dose-response relationship between intergenerational contact frequency and depressive symptoms amongst elderly Chinese parents: a cross-sectional study[J]. BMC Geriatrics, 2020, 20(1):349.

③ Katz R. Intergenerational family relations and subjective well-being in old age: a cross-national study[J]. European Journal of Ageing, 2009, 6(2):79.

④ 周红云,胡浩钰. 社会支持对流动老人社会融合的影响——基于武汉和深圳的调查数据[J]. 西北人口,2017,38(04): 24-32.

⑤ Bai X, Lai D W L, Guo A. Ageism and Depression: Perceptions of Older People as a Burden in China[J]. Journal of Social Issues, 2016, 72(1).

愿意承担养老责任时,老年人口容易对抚育子女的过程和结果产生认同感、满足感。流动老年人口迁移到异乡,为子女照顾家庭或照料孙辈,子女愿意承担养老责任是对其抚育行为的正向反馈,有利于其产生满足、愉快等积极情绪。因此提出:

假设5.2e:规范性团结对流动老年人口心理健康有显著提升作用,认为养老责任主要由子女承担的流动老年人口心理健康水平更高。

感知社会支持在压力和负面结果之间发挥着积极的调节作用[①]。Haber根据社会支持的性质,将社会支持分为感知支持(即对支持的看法和满意度)和获得支持(即具体的支持行为),并指出获得支持更接近于个体实际得到的社会支持,但只有获得支持改变个体对支持的感知时,才能够对个体的心理健康产生影响[②]。脱离熟悉的场域后,对代际支持的感知可有效缓解流动老年人口面临的社会适应和融入压力,调节其不安、焦虑等消极情绪。因此提出:

假设5.2f:相对于其他代际团结类型,属于高感知家庭代际关系类型的流动老年人口心理健康水平更高。

5.2 心理健康的操作化

本章因变量为心理健康,划分为四个维度:抑郁水平、孤独感、老化态度和生活满意度。

抑郁水平,采用流调中心抑郁量表(CES-D9)进行测量。该量表涵盖情绪、食欲、睡眠质量等9个问题,评分范围为1—3分,内部一致性系数为0.731。对孤独感、无用感、难过心情、食欲差、睡眠质量低、无事可做等表达负向情绪的项目进行反向计分[③],以保持题设方向一致性,量表总分越高说明流动老年人口心理健康水平越高。

孤独感,应用CLASS数据中三项目孤独感量表进行测度[④],该量表包含"过去一周您觉得自己没人陪伴吗?""过去一周您觉得自己被别人忽略了吗?""过去

① Roy M P, Steptoe A, Kirschbaum C. Life events and social support as moderators of individual differences in cardiovascular and cortisol reactivity[J]. Journal of Personality & Social Psychology, 1998, 75(5):1273 - 1281.

② Haber M G, Cohen J L, Lucas T, et al. The relationship between self-reported received and perceived social support: A meta-analytic review[J]. American Journal of Community Psychology, 2007, 39(1 - 2):133 - 144.

③ 孙鹃娟,冀云. 家庭"向下"代际支持行为对城乡老年人心理健康的影响——兼论认知评价的调节作用[J]. 人口研究,2017,41(06):98 - 109.

④ 董亭月. 社会支持对中国老年人孤独感的影响研究——基于2014年中国老年社会追踪调查[J]. 调研世界,2017(08):3 - 9.

一周您觉得自己被别人孤立了吗?"三个问题。评分范围为 1—3 分,量表内部一致性系数为 0.789。反向计分后加总生成指标"孤独感得分",加总得分越高,老年人口孤独感越弱,心理健康水平越高。

老化态度,采用年龄认同指标进行测量。参照既有研究,具体操作化为老年人口的自我感知老化年龄与实际年龄之差,自我感知老化年龄是通过询问老年人口"您觉得您多少岁算老?"进行测量①。当差值为正时,即流动老年人口认为自己并没有"老",老化态度积极。老化态度指标取值越大,流动老年人口的老化态度越积极,心理健康水平越高。

生活满意度,依据问题"总的来说,您对您目前的生活感到满意吗?"选项依序赋值为很不满意=1,比较不满意=2,一般=3,比较满意=4,很满意=5。取值越大,生活满意度越高,心理健康水平越高。

5.3　心理健康描述性统计分析

(1) 心理健康整体结果

如表 5-1 所示,样本中流动老年人口抑郁得分最小值为 9 分,最大值为 27 分,均值为 20.87 分,高于中值 18 分,表明流动老年人口整体抑郁水平较低。孤独感平均得分 7.98 分,表明大部分流动老年人口仅偶尔感受到无人陪伴、被忽略、被孤立三种情绪中的一种,整体孤独感较低。样本中老化态度均值为 1.05,标准差为 11.87,说明多数流动老年人口自我感知老化年龄大于实际年龄(即认为自己还没老),但是内部老化态度差异较大,分布较为分散。流动老年人口生活满意度最小值为 1,最大值为 5,均值为 3.93,反映流动老年人口对目前生活比较满意,整体生活满意度较高。

表 5-1　流动老年人口心理健康整体结果

变量	N	M	SD	最小值	最大值
CES-D9	4338	20.87	3.57	9	27
孤独感	3087	7.98	1.46	3	9
老化态度	4059	1.05	11.87	−38	40
生活满意度	5487	3.93	0.87	1	5

① 汪然,李挺,李刚. 中国老年人的社会参与模式及其对年龄认同的影响——基于 2016 CLASS 数据的实证分析[J]. 人口与发展,2021,27(06):151-161.

（2）家庭代际团结与心理健康的交叉分析

如表 5 - 2，不同家庭代际团结特征的流动老年人口心理健康状况存在差异。

比较不同结构性团结特征的流动老年人口心理健康状况发现，与子女同住者较不与子女同住者抑郁平均得分、老化态度均值和生活满意度均值更高。例如，前者老化态度均值为 1.85，而后者仅为 0.50。

随着情感性团结程度的提升，流动老年人口心理健康水平总体呈上升趋势。其中认为子女足够关心自己者抑郁平均得分、孤独感平均得分、老化态度均值、生活满意度均值分别为 21.02、8.07、1.39、3.97，均显著高于认为子女不够关心自己的流动老年人口样本。

不同共识性团结维度下，流动老年人口的心理健康状况也存在显著差异。与子女达成共识者在除老化态度外的 3 个指标得分均值明显高于未达成共识者。例如，前者抑郁得分均值为 21.11，较后者高 1.33 个单位。

比较不同规范性团结特征的流动老年人口心理健康状况可以发现，相较于认为养老责任主要由非子女承担者，认为养老责任主要由子女承担者抑郁得分、孤独感得分和生活满意度明显更低。具体而言，前者抑郁平均得分为 21.42，而后者为 20.76，较前者低 0.66 个单位。

随着联系性团结程度的提升，流动老年人口心理健康水平总体呈提升趋势。与子女通话频繁者 4 个指标得分均值均高于不频繁者，如前者老化态度均值为 1.53，较后者高 3.54 个单位。然而，与子女见面频繁的流动老年人口仅有老化态度均值高于不频繁者，两者在其他指标得分均值上差异并不显著。

功能性团结与流动老年人口心理健康状况密切相关，代际支持流动方向不同，流动老年人口的心理健康水平也不同。相较于家庭内部经济支持向下流动者，代际经济支持相当和代际支持向上流动者的 4 个指标得分均值明显更低。例如，前者抑郁平均得分为 21.39，而后两者分别为 20.56 和 20.75。代际工具支持向下流动者在除生活满意度外 3 个指标上的得分均值比家庭内部工具支持向上流动及代际支持相当者更高。

此外，同一家庭代际团结维度对流动老年人口不同心理健康指标的影响也存在差异。例如，与子女同住者孤独感平均得分较不与子女同住者低 0.09 个单位，而前者抑郁平均得分、老化态度均值和生活满意度均值却明显高于后者。这充分说明了流动老年人口心理健康具有多面性，不同维度的心理健康特点存在差异。因此，需要进一步通过回归分析考察家庭代际团结对流动老年人口不同维度心理健康的影响。

表5-2 不同特征下的流动老年人口心理健康

变量	指标内涵	类别	CES-D9			孤独感			老化态度			生活满意度		
			M	SD	T/F	M	SD	T/F	M	SD	T/F	M	SD	T/F
结构性团结	居住安排	不与子女同住	20.88	3.28	-1.92*	8.09	1.37	1.68*	0.5	11.61	-3.49***	3.91	0.88	-2.19**
		与子女同住	21.1	3.82		8	1.5		1.85	11.83		3.97	0.86	
情感性团结	情感关心	不关心	19.66	3.63	-7.21***	7.43	1.63	-6.64***	-1.41	11.01	-4.60***	3.72	0.91	-5.92***
		关心	21.02	3.54		8.07	1.4		1.39	11.79		3.97	0.86	
共识性团结	观念一致	没有达成共识	19.78	3.21	-9.97***	7.61	1.46	-5.96***	2.81	10.87	4.23***	3.68	0.86	-9.63***
		达成共识	21.11	3.59		8.06	1.43		0.84	11.86		3.99	0.86	
规范性团结	养老责任	非子女承担	21.42	3.67	5.15***	8.11	1.42	2.11***	1.73	11.54	2.14**	3.97	0.9	0.57
		子女承担	20.76	3.49		7.99	1.43		0.83	12.06		3.95	0.85	
联系性团结	见面	联系不频繁	20.91	3.6	0.32	8.05	1.39	1.48	-0.15	11.37	-4.12***	3.92	0.91	-1.13
		联系频繁	20.87	3.56		7.96	1.48		1.51	12.01		3.95	0.85	
	通话	联系不频繁	20.01	3.52	-5.32***	7.71	1.63	-3.10***	-2.01	11.21	-5.99***	3.79	0.89	-4.25***
		联系频繁	20.94	3.52		8.01	1.42		1.53	11.74		3.94	0.85	
功能性团结	经济支持	双方相等	20.56	3.64		7.83	1.59		1.07	12.58		3.84	0.89	
		向上流动	20.75	3.46	7.23***	7.99	1.43	3.25**	0.49	11.7	14.57***	3.94	0.86	5.29***
		向下流动	21.39	3.79		8.04	1.45		4.13	10.85		3.95	0.89	
	工具支持	双方相等	20.91	3.57		8	1.48		1.21	11.63		3.92	0.88	
		向上流动	20.64	3.53	14.14***	7.92	1.45	4.62***	0.22	11.91	14.65***	3.95	0.85	1.39
		向下流动	21.61	3.65		8.18	1.36		3.66	12.2		3.97	0.91	

注:***,$P<0.01$;**,$P<0.05$;*,$P<0.1$;当自变量为两类分类时,采用T检验;当自变量为三分类时,采用方差分析(F检验)。

5.4 心理健康实证分析结果

5.4.1 迁移流动对心理健康的影响

（1）是否迁移流动对老年人口心理健康的影响

表 5-3 汇报了控制变量及是否迁移流动对全样本老年人口心理健康的影响效应。分析结果显示，与非流动老年人口相比，流动老年人口的心理健康水平更高，假设 5.1a 得到证实。

人口社会学特征及其他健康特征方面，首先，除居住地和躯体健康外，其他变量对老年人口四个维度心理健康均具有显著影响。例如，相较于受教育程度为小学及以下的老年人口，受教育程度为初中及以上者抑郁平均得分、孤独感平均得分、老化态度均值、生活满意度均值分别高 0.21 个单位、0.05 个单位、1.12 个单位、0.09 个单位（见模型 M5-1、M5-3、M5-5、M5-7）。其次，在纳入变量"是否流动"后，人口社会学特征及其他健康特征对心理健康同一维度的影响方向和显著性水平未发生明显改变。例如，个人收入在纳入"是否流动"前后始终与抑郁得分正相关（见模型 M5-1 至 M5-8）。最后，同一变量对心理健康不同维度的影响存在差异。如年龄每增长一个单位，老年人口抑郁平均得分降低 0.02 个单位，生活满意度均值却提高 0.01 个单位（见模型 M5-1、M5-3、M5-5、M5-7）。

在控制其他可能的影响因素后，流动对老年人口四个维度心理健康均具有显著影响，与非流动者相比，流动老年人口抑郁平均得分、孤独感平均得分、老化态度均值、生活满意度均值分别高 0.97 个单位、0.21 个单位、1.27 个单位和 0.13 个单位（见模型 M5-2、M5-4、M5-6、M5-8）。这可能是因为心理健康水平更高的老年人口更有可能进行迁移，而心理健康水平更低的老年人口更不适合迁移流动。

（2）迁移流动特征对流动老年人口心理健康的影响

表 5-4 和表 5-5 展示了迁移流动特征对流动老年人口抑郁水平、孤独感、老化态度以及生活满意度影响的回归分析结果。部分结果证明了流入时间和流入地区显著影响流动老年人口心理健康，但并未完全证实假设 5.1b 和假设 5.1c。

在控制人口社会学及其他健康特征后，流入时间对除老化态度以外的流动老年人口的其他三个维度心理健康均有显著的消极影响（见模型 M5-10、M5-14、M5-18、M5-22），即流入时间每增长一个单位，流动老年人口抑郁平均得分下降 0.03 个单位，孤独感平均得分下降 0.007 个单位，生活满意度均值下降 0.004 个单位。这可能是因为随着流动老年人口流入异地时间越长，其家乡的社会网络规模逐渐萎缩，而其在流入地并未发展出可替代的支持网络，从而容易产生孤独、抑郁的情绪。

表5-3　迁移流动对老年人口心理健康的影响

变量	抑郁水平		孤独感		老化态度		生活满意度	
	M5-1	M5-2	M5-3	M5-4	M5-5	M5-6	M5-7	M5-8
年龄	-0.0207***	-0.0197***	-0.0077***	-0.0074***	-0.6947***	-0.6935***	0.0088***	0.0089***
	(0.0021)	(0.0021)	(0.0012)	(0.0012)	(0.0074)	(0.0074)	(0.0005)	(0.0005)
性别（女性）	0.1129***	0.1134***	-0.0397**	-0.0395**	0.2568***	0.2578***	-0.0074	-0.0075
	(0.0291)	(0.0290)	(0.0166)	(0.0166)	(0.0995)	(0.0995)	(0.0072)	(0.0072)
居住地（农村）	0.3183***	0.2745***	0.0152	0.0039	0.3228***	0.2684**	0.0383***	0.0321***
	(0.0322)	(0.0323)	(0.0190)	(0.0190)	(0.1114)	(0.1119)	(0.0081)	(0.0082)
同住人数	0.2496***	0.2452***	0.0919***	0.0907***	-0.0785**	-0.0850***	0.0225***	0.0218***
	(0.0096)	(0.0096)	(0.0047)	(0.0047)	(0.0310)	(0.0310)	(0.0023)	(0.0023)
个人收入（取对数）	0.2739***	0.2747***	0.1013***	0.1012***	0.3972***	0.3980***	0.0338***	0.0340***
	(0.0094)	(0.0094)	(0.0055)	(0.0055)	(0.0274)	(0.0274)	(0.0021)	(0.0021)
受教育程度（小学及以下）	0.2052***	0.2027***	0.0471***	0.0472***	1.1234***	1.1179***	0.0878***	0.0875***
	(0.0322)	(0.0321)	(0.0179)	(0.0179)	(0.1096)	(0.1096)	(0.0079)	(0.0078)
婚姻状况（不在婚）	0.4152***	0.4182***	0.3375***	0.3375***	-0.3226***	-0.3191***	0.0439***	0.0442***
	(0.0332)	(0.0331)	(0.0190)	(0.0190)	(0.1118)	(0.1118)	(0.0083)	(0.0083)

续表

变量	抑郁水平		孤独感		老化态度		生活满意度	
	M5-1	M5-2	M5-3	M5-4	M5-5	M5-6	M5-7	M5-8
工作状况(不在业)	-0.1084***	-0.1063***	-0.1781***	-0.1770***	-1.2347***	-1.2274***	0.0365***	0.0370***
	(0.0371)	(0.0370)	(0.0207)	(0.0207)	(0.1270)	(0.1270)	(0.0093)	(0.0093)
躯体健康	0.2495***	0.2480***	0.0281***	0.0277***	0.0107	0.0099	0.0513***	0.0511***
	(0.0099)	(0.0099)	(0.0058)	(0.0058)	(0.0277)	(0.0278)	(0.0028)	(0.0028)
社会健康	0.1427***	0.1437***	0.0436***	0.0438***	0.1363***	0.1374***	0.0289***	0.0290***
	(0.0031)	(0.0031)	(0.0015)	(0.0015)	(0.0097)	(0.0097)	(0.0007)	(0.0007)
迁移流动(否)		0.9673***		0.2114***		1.2716***		0.1338***
		(0.0768)		(0.0352)		(0.2416)		(0.0181)
常数项	7.2999***	7.2429***	5.1938***	5.1809***	41.3478***	41.2525***	0.5945***	0.5856***
	(0.3578)	(0.3582)	(0.2146)	(0.2147)	(1.0693)	(1.0701)	(0.0994)	(0.0993)
N	52716	52716	35524	35524	49315	49315	56118	56118
adjusted R²	0.134	0.137	0.077	0.078	0.209	0.209	0.060	0.061

注:***,$P<0.01$;**,$P<0.05$;*,$P<0.1$;括号内为稳健标准误。

表5-4 迁移流动特征对流动老年人口抑郁水平及孤独感的影响

变量	抑郁水平				孤独感			
	M5-9	M5-10	M5-11	M5-12	M5-13	M5-14	M5-15	M5-16
年龄	-0.0190*	0.0060	-0.0190*	0.0052	-0.0035	0.0034	-0.0038	0.0031
	(0.0104)	(0.0104)	(0.0103)	(0.0103)	(0.0048)	(0.0049)	(0.0048)	(0.0048)
性别（女性）	-0.3542**	-0.3795***	-0.2943**	-0.3039**	-0.1991***	-0.2096***	-0.1857***	-0.1935***
	(0.1425)	(0.1396)	(0.1447)	(0.1416)	(0.0635)	(0.0634)	(0.0649)	(0.0647)
居住地（农村）	0.5236***	-0.0226	0.4411**	-0.1276	-0.1261	-0.2364***	-0.1430*	-0.2625***
	(0.1970)	(0.1915)	(0.1977)	(0.1921)	(0.0851)	(0.0841)	(0.0848)	(0.0844)
同住人数	0.1623***	0.0983**	0.1861***	0.1173**	0.0477**	0.0342*	0.0510**	0.0370*
	(0.0474)	(0.0472)	(0.0475)	(0.0473)	(0.0204)	(0.0202)	(0.0203)	(0.0201)
个人收入（取对数）	0.2118***	0.1956***	0.2076***	0.1885***	0.0371*	0.0330**	0.0380**	0.0324**
	(0.0414)	(0.0408)	(0.0401)	(0.0394)	(0.0157)	(0.0153)	(0.0157)	(0.0153)
受教育程度（小学及以下）	0.2341	0.2172	0.1767	0.1473	0.3475***	0.3550***	0.3308***	0.3375***
	(0.1488)	(0.1459)	(0.1506)	(0.1472)	(0.0640)	(0.0637)	(0.0649)	(0.0647)
婚姻状况（不在婚）	0.6756***	0.7027***	0.6730***	0.6896***	0.2395***	0.2448***	0.2389***	0.2419***
	(0.1571)	(0.1542)	(0.1568)	(0.1537)	(0.0719)	(0.0714)	(0.0720)	(0.0714)
工作状况（不在业）	0.4013**	0.4388**	0.4194**	0.4644**	0.1485*	0.1664*	0.1487*	0.1724**
	(0.1923)	(0.1935)	(0.1943)	(0.1951)	(0.0863)	(0.0859)	(0.0863)	(0.0861)
躯体健康	0.5678***	0.5861***	0.5593***	0.5772***	0.1827***	0.1842***	0.1786***	0.1812***
	(0.0691)	(0.0706)	(0.0678)	(0.0693)	(0.0415)	(0.0423)	(0.0418)	(0.0427)

变量	抑郁水平				孤独感			
	M5—9	M5—10	M5—11	M5—12	M5—13	M5—14	M5—15	M5—16
社会健康	0.1081***	0.1204***	0.1112***	0.1215***	0.0383***	0.0408***	0.0391***	0.0410***
	(0.0147)	(0.0141)	(0.0148)	(0.0142)	(0.0060)	(0.0059)	(0.0061)	(0.0060)
流入时间		−0.0324***		−0.0325***		−0.0070***		−0.0071***
		(0.0026)		(0.0026)		(0.0012)		(0.0012)
流入地(东部地区)								
中部地区			−0.4295**	−0.5644***			−0.1206	−0.1566*
			(0.1898)	(0.1860)			(0.0869)	(0.0866)
西部地区			−0.5199***	−0.5870***			−0.0493	−0.0820
			(0.1764)	(0.1700)			(0.0800)	(0.0794)
东北地区			0.3311*	0.1331			0.1251	0.0647
			(0.1951)	(0.1925)			(0.0870)	(0.0871)
常数项	−0.6405	−1.5222	−0.3018	−0.9289	1.2314	1.0126	1.3642	1.1705
	(2.3294)	(2.3607)	(2.2943)	(2.3240)	(1.3462)	(1.3686)	(1.3531)	(1.3783)
N	2571	2571	2571	2571	2102	2102	2102	2102
adjusted R²	0.105	0.151	0.111	0.157	0.080	0.094	0.082	0.096

注:***,P<0.01;**,P<0.05;*,P<0.1;括号内为稳健标准误。

表5-5　迁移流动特征对流动老年人口老化态度及生活满意度的影响

变量	老化态度				生活满意度			
	M5-17	M5-18	M5-19	M5-20	M5-21	M5-22	M5-23	M5-24
年龄	-0.6886***	-0.6901***	-0.6933***	-0.6953***	0.0173***	0.0208***	0.0175***	0.0211***
	(0.0346)	(0.0348)	(0.0347)	(0.0350)	(0.0023)	(0.0023)	(0.0022)	(0.0023)
性别(女性)	1.0298**	1.0322**	1.3093***	1.3119***	-0.1606***	-0.1612***	-0.1699***	-0.1689***
	(0.4544)	(0.4545)	(0.4609)	(0.4611)	(0.0327)	(0.0325)	(0.0333)	(0.0331)
居住地(农村)	0.3295	0.3553	-0.1154	-0.0788	-0.0267	-0.0968**	-0.0205	-0.0976**
	(0.5614)	(0.5718)	(0.5738)	(0.5859)	(0.0452)	(0.0456)	(0.0452)	(0.0455)
同住人数	0.0070	0.0111	0.0677	0.0737	0.0555***	0.0462***	0.0519***	0.0414***
	(0.1490)	(0.1485)	(0.1501)	(0.1494)	(0.0116)	(0.0115)	(0.0116)	(0.0115)
个人收入(取对数)	0.2750**	0.2750**	0.2419**	0.2420**	0.0172**	0.0161**	0.0185**	0.0170**
	(0.1094)	(0.1094)	(0.1071)	(0.1071)	(0.0079)	(0.0079)	(0.0079)	(0.0079)
受教育程度(小学及以下)	0.9560**	0.9579**	0.6530	0.6560	0.2121***	0.2075***	0.2134***	0.2073***
	(0.4697)	(0.4695)	(0.4840)	(0.4837)	(0.0336)	(0.0333)	(0.0336)	(0.0333)
婚姻状况(不在婚)	-0.7550	-0.7546	-0.7594	-0.7579	0.0550	0.0561	0.0526	0.0524
	(0.4797)	(0.4799)	(0.4768)	(0.4774)	(0.0373)	(0.0369)	(0.0370)	(0.0364)
工作状况(不在业)	-1.2596**	-1.2654**	-1.3199**	-1.3286**	-0.0002	0.0046	0.0080	0.0142
	(0.6138)	(0.6149)	(0.6142)	(0.6158)	(0.0492)	(0.0496)	(0.0492)	(0.0495)
躯体健康	0.2522	0.2500	0.2366	0.2335	0.0255	0.0279*	0.0259	0.0287*
	(0.1838)	(0.1838)	(0.1874)	(0.1875)	(0.0161)	(0.0161)	(0.0161)	(0.0162)

续表

变量	老化态度				生活满意度			
	M5—17	M5—18	M5—19	M5—20	M5—21	M5—22	M5—23	M5—24
社会健康	0.1298***	0.1290***	0.1370***	0.1362***	0.0396***	0.0413***	0.0382***	0.0397***
	(0.0409)	(0.0411)	(0.0406)	(0.0408)	(0.0033)	(0.0033)	(0.0034)	(0.0034)
流入时间		0.0018		0.0025		−0.0044***		−0.0046***
		(0.0086)		(0.0085)		(0.0006)		(0.0006)
流入地（东部地区）								
中部地区			−1.5851***	−1.5814***			−0.1247***	−0.1411***
			(0.5615)	(0.5620)			(0.0481)	(0.0482)
西部地区			−2.4890***	−2.4845***			0.2207***	0.2143***
			(0.5888)	(0.5903)			(0.0414)	(0.0407)
东北地区			0.3122	0.3279			−0.0923**	−0.1191***
			(0.6264)	(0.6295)			(0.0447)	(0.0442)
常数项	35.7013***	35.8007***	37.5992***	37.7223***	0.6370	0.5066	0.6315	0.5179
	(6.5291)	(6.5297)	(6.6278)	(6.6325)	(0.5579)	(0.5608)	(0.5576)	(0.5616)
N	2425	2425	2425	2425	2743	2743	2743	2743
adjusted R²	0.208	0.208	0.216	0.216	0.101	0.115	0.120	0.135

注：***，$P<0.01$；**，$P<0.05$；*，$P<0.1$；括号内为稳健标准误。

除孤独感维度外,流入不同地区的流动老年人口心理健康状况均存在显著差异。模型 M5－11 显示,相较于流入东部地区的流动老年人口,流入中部地区者抑郁平均得分低 0.43 个单位,流入西部地区者抑郁量表平均得分低 0.52 个单位,但是流入东北地区者抑郁量表得分则高 0.33 个单位。与流入东部地区的老年人口相比,流入中部和西部地区的老年人口老化态度值分别低 1.59 个单位和 2.49 个单位(见模型 M5－19)。而模型 M5－23 结果表明,流入中部和东北地区的老年人口生活满意度较流入东部地区者分别低 0.12 个单位和 0.09 个单位,流入西部地区的老年人口生活满意度则高 0.22 个单位。流入地区对流动老年人口不同心理健康维度影响存在差异,一是可能因为心理健康本身是一个复杂多维的变量,不同维度的侧重点并不相同;二是可能因为流入地区的社会氛围和居住环境存在较大差异。

5.4.2 家庭代际团结对心理健康的影响

(1)不与子女同住的流动老年人口

①家庭代际团结与抑郁水平

表 5－6 显示了家庭代际团结对我国流动老年人口(不与子女同住)抑郁水平影响的回归结果。其中,模型 M5－25 体现了控制变量对流动老年人口抑郁水平的影响;模型 M5－26 至 M5－30 反映了在控制其他因素的前提下,家庭代际关系各维度的影响;模型 M5－31 则在模型 M5－25 的基础上同时纳入多维代际团结。

基础模型 M5－25 结果显示,在不与子女同住的情境下,流入时间与流动老年人口抑郁平均得分显著负相关,流入时间每延长一个单位,流动老年人口抑郁平均得分降低 0.04 个单位。年龄、个人收入、同住人数、躯体健康、社会健康对流动老年人口抑郁平均得分产生显著的正向影响。例如,年龄每增长一岁,其抑郁平均得分提高 0.08 个单位。此外,婚姻状况、居住地区和工作状况也产生显著影响,有配偶的流动老年人口抑郁量表平均得分比无配偶者高 1.05 个单位;相较于居住在农村地区的流动老年人口,居住在城镇地区者抑郁量表平均得分高 0.43 个单位;在业的流动老年人口比不在业者抑郁平均得分要高 0.89 个单位。

在基础模型上,纳入情感性团结变量,发现认为子女足够关心自己能显著降低流动老年人口的抑郁水平。与认为子女不够关心自己的流动老年人口相比,认为子女足够关心自己者抑郁量表平均得分高 0.52 个单位,证实了假设 5.2a。

模型 M5－27 表明,共识性团结对流动老年人口抑郁水平的影响为正,且在 1% 的统计水平上显著,即与子女达成共识的流动老年人口比未与子女达成共识者抑郁量表平均得分高 0.84 个单位,证实了假设 5.2c。

在基础模型上,纳入规范性团结变量,结果显示其与流动老年人口抑郁平均得分正相关。相较于认为养老责任主要由非子女承担的流动老年人口,认为养老责任主要由子女承担者抑郁平均得分高 0.08 个单位,但在统计结果上并不显著,并不能证实假设 5.2e。

模型 M5-29 显示,联系性团结方面,通话频率对流动老年人口抑郁量表平均得分产生显著正向影响,与子女通话频繁的流动老年人口比与子女通话不频繁的流动老年人口抑郁平均得分高 0.47 个单位,但在统计结果上并不显著;见面频率对流动老年人口抑郁平均得分具有显著负向影响,与子女见面频繁的流动老年人口抑郁平均得分比与子女见面不频繁者低 0.63 个单位,即与子女见面频繁的流动老年人口抑郁水平更高。这与假设 5.2b 相悖。

基于模型 M5-30 的结果,功能性团结方面,经济支持和工具支持均未对流动老年人口抑郁水平产生显著影响,并不能证实假设 5.2d。

比较模型 M5-26 至 M5-30 与全模型 M5-31,各维度家庭代际团结对不与子女同住的流动老年人口抑郁水平影响均发生一定变化。情感性团结影响的显著性消失,而功能性团结中经济支持向上流动的显著性水平提升,共识性团结回归系数的绝对值增大,联系性团结见面频率的回归系数绝对值变小。

②家庭代际团结与孤独感

根据表 5-7,在不与子女同住的流动老年人口样本中,基础模型 M5-32 仅纳入控制变量。流入时间与流动老年人口孤独感平均得分显著负相关,流入时间每延长一个单位,流动老年人口孤独感平均得分降低 0.007 个单位。部分证据证明了流入地区对流动老年人口孤独感水平具有显著影响,相较于流入东部地区,流入中部和东北地区的老年人口孤独感平均得分分别低 0.36 个单位和 0.28 个单位。年龄、同住人数、躯体健康、社会健康受教育程度、婚姻状况和工作状况与流动老年人口孤独感平均得分显著正相关。例如,同住人数每增加一个单位,其孤独感平均得分提高 0.21 个单位;受教育程度为初中及以上的流动老年人口比受教育程度为小学及以下者孤独感平均得分高 0.15 个单位;有配偶者孤独感平均得分比无配偶者高 0.51 个单位;在业者比不在业者孤独感平均得分要高 0.20 个单位。

根据模型 M5-33,就情感性团结维度而言,认为子女足够关心自己使流动老年人口孤独感平均得分增加 0.36 个单位,并在 1‰ 的水平上显著,证实了假设 5.2a。

在基础模型上,纳入共识性团结变量,发现共识性团结是流动老年人口缓解孤独感的保护因素。相较于未与子女达成共识的流动老年人口,与子女达成共识者孤独感平均得分高 0.16 个单位,但并未通过显著性检验,并不能证实假设 5.2c。

表 5-6　家庭代际团结对流动老年人口抑郁水平的影响(不与子女同住)(N=1013)

变量	M5-25	M5-26	M5-27	M5-28	M5-29	M5-30	M5-31
流入时间	-0.0384***	-0.0390***	-0.0381***	-0.0387***	-0.0376***	-0.0381***	-0.0377***
	(0.0040)	(0.0040)	(0.0040)	(0.0041)	(0.0041)	(0.0040)	(0.0042)
流入地(东部地区)							
中部地区	-0.2728	-0.2087	-0.2753	-0.2645	-0.4284	-0.2465	-0.3328
	(0.2611)	(0.2541)	(0.2589)	(0.2629)	(0.2762)	(0.2597)	(0.2658)
西部地区	-0.2573	-0.2034	-0.2788	-0.2520	-0.3736	-0.2098	-0.2771
	(0.2483)	(0.2521)	(0.2468)	(0.2476)	(0.2477)	(0.2497)	(0.2501)
东北地区	0.0010	0.0372	-0.0050	0.0128	0.0245	0.0983	0.1892
	(0.2616)	(0.2611)	(0.2559)	(0.2603)	(0.2618)	(0.2674)	(0.2609)
年龄	0.0835***	0.0839***	0.0789***	0.0836***	0.0866***	0.0837***	0.0822***
	(0.0150)	(0.0150)	(0.0150)	(0.0151)	(0.0150)	(0.0150)	(0.0151)
性别(女性)	-0.0802	-0.0831	-0.0978	-0.0856	-0.1205	-0.0985	-0.1731
	(0.1880)	(0.1873)	(0.1865)	(0.1875)	(0.1879)	(0.1895)	(0.1871)
居住地(农村)	0.4270*	0.3974	0.3244	0.4295*	0.4958*	0.4589*	0.4188
	(0.2587)	(0.2614)	(0.2628)	(0.2599)	(0.2541)	(0.2607)	(0.2608)
同住人数	0.7888***	0.7585***	0.7866***	0.7929***	0.7389***	0.7644***	0.6968***
	(0.1316)	(0.1333)	(0.1296)	(0.1319)	(0.1349)	(0.1310)	(0.1322)
个人收入(取对数)	0.3351***	0.3417***	0.3135***	0.3351***	0.3323***	0.3419***	0.3242***
	(0.0769)	(0.0767)	(0.0742)	(0.0770)	(0.0755)	(0.0770)	(0.0731)

续表

变量	M5-25	M5-26	M5-27	M5-28	M5-29	M5-30	M5-31
受教育程度（小学及以下）	-0.1152	-0.1239	-0.1052	-0.0988	-0.1409	-0.1587	-0.1612
	(0.2024)	(0.2018)	(0.2002)	(0.2063)	(0.2031)	(0.2040)	(0.2061)
婚姻状况（不在婚）	1.0531***	1.0447***	0.9835***	1.0648***	1.0056***	1.0229***	0.9068***
	(0.3060)	(0.3093)	(0.3107)	(0.3063)	(0.3095)	(0.3012)	(0.3095)
工作状况（不在业）	0.8900***	0.8536***	0.8219***	0.8960***	0.8517***	0.8950***	0.7769***
	(0.2651)	(0.2683)	(0.2676)	(0.2671)	(0.2651)	(0.2629)	(0.2685)
躯体健康	0.6601***	0.6583***	0.6619***	0.6609***	0.6504***	0.6467***	0.6352***
	(0.1084)	(0.1069)	(0.1089)	(0.1091)	(0.1072)	(0.1091)	(0.1080)
社会健康	0.1571***	0.1562***	0.1534***	0.1572***	0.1603***	0.1542***	0.1526***
	(0.0191)	(0.0189)	(0.0190)	(0.0191)	(0.0192)	(0.0191)	(0.0191)
情感性团结（不关心）		0.5225*					0.3268
		(0.2740)					(0.2846)
共识性团结（未达成共识）			0.8393***				0.8578***
			(0.2245)				(0.2321)
规范性团结（非子女承担）				0.0833			0.1482
				(0.2107)			(0.2102)
联系性团结（见面-通话）					-0.6294***		
					(0.2153)		
见面频率（不频繁）							-0.6110***
							(0.2134)

续表

变量	M5-25	M5-26	M5-27	M5-28	M5-29	M5-30	M5-31
通话频率(不频繁)					0.4720		0.4704
					(0.3259)		(0.3209)
功能性团结(经济-工具)							
经济支持(双方相等)							
向上流动						-0.3264	-0.5030**
						(0.2387)	(0.2309)
向下流动						0.3919	0.4266
						(0.3409)	(0.3365)
工具支持(双方相等)							
向上流动						0.1023	0.1694
						(0.1921)	(0.1934)
向下流动						0.5680	0.6973*
						(0.3818)	(0.3829)
常数项	-13.1018***	-13.4812***	-13.0735***	-13.2137***	-12.9231***	-12.5780***	-12.6100***
	(3.6430)	(3.6322)	(3.6451)	(3.7095)	(3.6005)	(3.6583)	(3.6861)
adjusted R^2	0.267	0.268	0.275	0.266	0.272	0.271	0.287

注:***,$P<0.01$;**,$P<0.05$;*,$P<0.1$;括号内为稳健标准误。

表5-7 家庭代际团结对流动老年人口孤独感的影响(不与子女同住)(N=837)

变量	M5-32	M5-33	M5-34	M5-35	M5-36	M5-37	M5-38
流入时间	-0.0074***	-0.0080***	-0.0072***	-0.0074***	-0.0072***	-0.0077***	-0.0078***
	(0.0017)	(0.0017)	(0.0017)	(0.0017)	(0.0017)	(0.0017)	(0.0018)
流入地(东部地区)							
中部地区	-0.3606***	-0.3179***	-0.3579***	-0.3630***	-0.3909***	-0.3836***	-0.3688***
	(0.1162)	(0.1141)	(0.1156)	(0.1144)	(0.1214)	(0.1196)	(0.1213)
西部地区	-0.1153	-0.0909	-0.1205	-0.1173	-0.1402	-0.1452	-0.1421
	(0.0997)	(0.1007)	(0.0995)	(0.0995)	(0.1012)	(0.1013)	(0.1039)
东北地区	-0.2798**	-0.2428**	-0.2747**	-0.2837**	-0.2831**	-0.3021**	-0.2681**
	(0.1230)	(0.1208)	(0.1226)	(0.1225)	(0.1229)	(0.1257)	(0.1238)
年龄	0.0288***	0.0292***	0.0279***	0.0287***	0.0293***	0.0284***	0.0289***
	(0.0067)	(0.0066)	(0.0067)	(0.0067)	(0.0067)	(0.0067)	(0.0068)
性别(女性)	-0.0528	-0.0658	-0.0616	-0.0525	-0.0584	-0.0494	-0.0690
	(0.0903)	(0.0906)	(0.0908)	(0.0902)	(0.0910)	(0.0915)	(0.0926)
居住地(农村)	-0.1606	-0.1922*	-0.1880*	-0.1612	-0.1510	-0.1711	-0.1985*
	(0.1061)	(0.1089)	(0.1075)	(0.1065)	(0.1073)	(0.1079)	(0.1124)
同住人数	0.2116***	0.1899***	0.2144***	0.2109***	0.2031***	0.2166***	0.1899***
	(0.0489)	(0.0499)	(0.0489)	(0.0486)	(0.0502)	(0.0504)	(0.0527)
个人收入(取对数)	0.0138	0.0206	0.0113	0.0136	0.0146	0.0088	0.0160
	(0.0249)	(0.0245)	(0.0247)	(0.0248)	(0.0247)	(0.0263)	(0.0258)

续表

变量	M5-32	M5-33	M5-34	M5-35	M5-36	M5-37	M5-38
受教育程度(小学及以下)	0.1493*	0.1471*	0.1584*	0.1465*	0.1491*	0.1472*	0.1463*
	(0.0880)	(0.0878)	(0.0878)	(0.0883)	(0.0884)	(0.0882)	(0.0888)
婚姻状况(不在婚)	0.5088***	0.4829***	0.5023***	0.5065***	0.5095***	0.5032***	0.4802***
	(0.1487)	(0.1504)	(0.1504)	(0.1493)	(0.1517)	(0.1541)	(0.1593)
工作状况(不在业)	0.1995*	0.1834	0.1920	0.1995*	0.1939	0.1960	0.1753
	(0.1201)	(0.1210)	(0.1209)	(0.1201)	(0.1204)	(0.1216)	(0.1232)
躯体健康	0.2926***	0.2830***	0.2886***	0.2926***	0.2891***	0.2951***	0.2826***
	(0.0665)	(0.0613)	(0.0649)	(0.0666)	(0.0666)	(0.0654)	(0.0614)
社会健康	0.0367***	0.0358***	0.0355***	0.0366***	0.0371***	0.0362***	0.0354***
	(0.0079)	(0.0077)	(0.0079)	(0.0079)	(0.0079)	(0.0078)	(0.0079)
情感性团结(不关心)		0.3628***					0.3220**
		(0.1372)					(0.1435)
共识性团结(未达成共识)			0.1629				0.0581
			(0.1192)				(0.1251)
规范性团结(非子女承担)				-0.0170			-0.0156
				(0.0843)			(0.0866)
联系性团结(见面-通话)							
见面频率(不频繁)					-0.1223		-0.1036
					(0.0889)		(0.0916)

续表

变量	M5—32	M5—33	M5—34	M5—35	M5—36	M5—37	M5—38
通话频率（不频繁）					0.0891		0.0527
					(0.1357)		(0.1388)
功能性团结（经济—工具）							
经济支持（双方相等）							
向上流动						0.1391	0.1124
						(0.1072)	(0.1044)
向下流动						0.0805	0.0717
						(0.1489)	(0.1478)
工具支持（双方相等）							
向上流动						−0.0237	−0.0126
						(0.0841)	(0.0856)
向下流动						−0.1451	−0.0912
						(0.1984)	(0.2040)
常数项	−4.1017*	−4.1018**	−3.9886*	−4.0823*	−4.0309*	−4.1520**	−4.0409**
	(2.1004)	(1.9617)	(2.0581)	(2.1252)	(2.0978)	(2.0813)	(1.9943)
adjusted R²	0.144	0.152	0.146	0.143	0.144	0.143	0.147

注：****，$P<0.01$；***，$P<0.05$；*，$P<0.1$；括号内为稳健标准误。

基于模型 M5－35 的结果,规范性团结与流动老年人口孤独感平均得分负相关。相较于认为养老责任主要由非子女承担的流动老年人口,认为养老责任主要由子女承担者孤独感平均得分低 0.02 个单位,但在统计结果上并不显著,并不能证实假设 5.2e。

根据模型 M5－36,联系性团结方面,通话频率对流动老年人口孤独感平均得分的影响方向为正,与子女通话频繁的流动老年人口比与子女通话不频繁者孤独感平均得分高 0.09 个单位,但在统计结果上并不显著;见面频率对流动老年人口孤独感平均得分具有负向影响,与子女见面频繁的老年人口孤独感平均得分比与子女见面不频繁者低 0.12 个单位,这与假设 5.2b 相悖。

在基础模型上,纳入功能性团结变量,结果显示经济支持和工具支持流动方向均未对流动老年人口孤独感水平产生显著影响,并不能证实假设 5.2d。

比较模型 M5－33 至 M5－37 与全模型 M5－38,发现情感性团结的回归系数绝对值变小,且显著性水平降低。

③家庭代际团结与老化态度

表 5－8 体现了控制变量、迁移流动特征及家庭代际团结对不与子女同住的流动老年人口老化态度影响的回归结果。

在仅纳入控制变量时(见基础模型 M5－39),部分结果证明了流入地区与流动老年人口老化态度显著相关,相较于流入东部地区,流入中部和西部地区的老年人口老化态度均值分别低 2.26 个单位和 2.95 个单位。年龄与流动老年人口老化态度显著负相关,年龄每增长一岁,其老化态度均值降低 0.64 个单位。同住人数和社会健康与流动老年人口老化态度显著正相关,如同住人数每增加一个单位,其老化态度均值提高 1.76 个单位。此外,居住地区和受教育程度也产生显著影响,居住在城镇地区的流动老年人口相较于居住在农村地区者老化态度均值低 1.84 个单位;与受教育程度为小学及以下的流动老年人口相比,受教育程度为初中及以上者老化态度均值高 1.51 个单位。其余控制变量的影响并不显著。

根据模型 M5－40,与认为子女不够关心自己的流动老年人口相比,认为子女足够关心自己者老化态度均值高 3.25 个单位,并在 1％的统计水平上显著,证实了假设 5.2a。

在基础模型上,纳入共识性团结变量,发现代际看法相似性是流动老年人口老化态度的危险因素。相较于未与子女达成共识的流动老年人口,与子女达成共识者老化态度均值低 1.74 个单位,这与本研究提出的假设 5.2c 相矛盾。

基于模型 M5－42 的结果,规范性团结显著改善了流动老年人口老化态度。相较于认为养老责任主要由非子女承担的流动老年人口,认为养老责任主要由子女承担者老化态度均值高 1.33 个单位,即当由子女主要承担养老责任时,流动老年人口的老化态度更为积极,证实了假设 5.2e。

模型 M5-43 结果表明,通话频率与流动老年人口老化态度正相关,与子女通话频繁的流动老年人口比与子女通话不频繁者老化态度均值高 0.45 个单位,但未通过 10% 的显著性检验;见面频率对流动老年人口老化态度产生显著负向影响,与子女见面频繁的流动老年人口老化态度均值比每周不频繁者低 1.34 个单位,即与子女见面频繁的流动老年人口老化态度更为消极,这与本研究的假设 5.2b 相冲突。

在基础模型上,纳入功能性团结变量,结果显示经济支持的影响未通过 10% 的显著性检验。相较于工具支持双方相等的流动老年人口,家庭内部工具支持向上流动者老化态度均值高 1.61 个单位,并在 5% 的水平上显著,与假设 5.2d 相悖。

比较模型 M5-40 至 M5-44 与全模型 M5-45,各维度家庭代际团结对不与子女同住的流动老年人口老化态度影响的显著性水平和回归系数大小均发生一定变化。情感性团结、共识性团结、规范性团结和联系性团结中见面频率的回归系数绝对值变大,功能性团结中工具支持向上流动的回归系数绝对值变小,而共识性团结和联系性团结见面频率的显著性水平提升。

④家庭代际团结与生活满意度

表 5-9 结果显示,模型 M5-46 仅纳入控制变量,流入时间对不与子女同住的流动老年人口生活满意度具有显著负向影响,流入时间每延长一个单位,其生活满意度均值降低 0.006 个单位。部分结果证明了流入地区与流动老年人口生活满意度显著相关,相较于流入东部地区,流入西部地区者生活满意度均值高 0.23 个单位,流入东北地区者生活满意度均值低 0.26 个单位。年龄、同住人数、躯体健康、社会健康均在 5% 的统计水平上与流动老年人口生活满意度显著正相关,如躯体健康、社会健康得分每增加一个单位,其生活满意度均值分别提高 0.04 个单位、0.04 个单位。此外,性别和受教育程度也产生显著影响,男性流动老年人口比女性流动老年人口生活满意度均值低 0.09 个单位;相较于受教育程度为小学及以下的流动老年人口,受教育程度为初中及以上者生活满意度均值高 0.13 个单位。

在模型 M5-46 的基础上,模型 M5-47 至 M5-51 分别纳入情感性团结、共识性团结、规范性团结、联系性团结、功能性团结。模型 M5-47 分析结果显示,情感性团结能显著提高流动老年人口的生活满意度。在 1% 的显著性水平上,与认为子女不够关心自己的流动老年人口相比,认为子女足够关心自己者生活满意度均值高 0.24 个单位,可证实假设 5.2a。

表 5—8　家庭代际团结对流动老年人口老化态度的影响（不与子女同住）（N=979）

变量	M5—39	M5—40	M5—41	M5—42	M5—43	M5—44	M5—45
流入时间	0.0201	0.0167	0.0181	0.0178	0.0234*	0.0200	0.0157
	(0.0134)	(0.0134)	(0.0136)	(0.0135)	(0.0135)	(0.0135)	(0.0138)
流入地（东部地区）							
中部地区	−2.2649***	−1.7780**	−2.3390***	−2.1994**	−2.6603***	−2.3344***	−2.3375**
	(0.8648)	(0.8788)	(0.8641)	(0.8616)	(0.9137)	(0.8895)	(0.9625)
西部地区	−2.9456***	−2.6552***	−2.8902***	−2.8684***	−3.2167***	−3.0086***	−2.8644***
	(0.8728)	(0.8837)	(0.8725)	(0.8665)	(0.8887)	(0.8971)	(0.9189)
东北地区	0.7394	0.9180	0.7130	0.8774	0.7989	0.5791	0.9986
	(0.9761)	(0.9541)	(0.9728)	(0.9819)	(0.9779)	(0.9929)	(0.9671)
年龄	−0.6444***	−0.6410***	−0.6361***	−0.6446***	−0.6389***	−0.6720***	−0.6483***
	(0.0519)	(0.0518)	(0.0516)	(0.0520)	(0.0519)	(0.0528)	(0.0524)
性别（女性）	0.4308	0.3263	0.5215	0.3893	0.3384	0.5902	0.4382
	(0.7026)	(0.7004)	(0.7022)	(0.6958)	(0.6998)	(0.6971)	(0.6789)
居住地（农村）	−1.8436**	−1.9539**	−1.6420**	−1.8332**	−1.6562**	−1.9801**	−1.5509*
	(0.7899)	(0.7858)	(0.7937)	(0.7899)	(0.7908)	(0.7983)	(0.7941)
同住人数	1.7596***	1.5756***	1.7262***	1.8270***	1.7074***	1.7720***	1.4926***
	(0.4801)	(0.4905)	(0.4884)	(0.4814)	(0.4823)	(0.4986)	(0.5269)
个人收入（取对数）	0.2228	0.3024*	0.2543	0.2346	0.2138	0.2619	0.4080**
	(0.1766)	(0.1781)	(0.1752)	(0.1782)	(0.1791)	(0.1822)	(0.1849)

续表

变量	M5—39	M5—40	M5—41	M5—42	M5—43	M5—44	M5—45
受教育程度(小学及以下)	1.5106**	1.4435**	1.4587**	1.7189**	1.5293**	1.4849**	1.5720**
	(0.7314)	(0.7217)	(0.7365)	(0.7197)	(0.7342)	(0.7420)	(0.7276)
婚姻状况(不在婚)	1.1530	1.1312	1.1528	1.3080	1.1814	1.0458	1.2693
	(1.0080)	(0.9886)	(1.0229)	(1.0023)	(1.0182)	(1.0012)	(1.0031)
工作状况(不在业)	−0.0350	−0.0786	−0.0507	0.1236	−0.0791	−0.1621	−0.1331
	(0.9338)	(0.9109)	(0.9361)	(0.9308)	(0.9218)	(0.9357)	(0.8969)
躯体健康	−0.0182	−0.1154	0.0326	−0.0388	−0.0425	−0.0286	−0.1112
	(0.3265)	(0.3052)	(0.3373)	(0.3168)	(0.3231)	(0.3228)	(0.3032)
社会健康	0.1444**	0.1336**	0.1520**	0.1501**	0.1506**	0.1215**	0.1323**
	(0.0601)	(0.0591)	(0.0606)	(0.0595)	(0.0606)	(0.0601)	(0.0595)
情感性团结(不关心)		3.2548***					3.8617***
		(0.9962)					(0.9705)
共识性团结(未达成共识)			−1.7410**				−2.5915***
			(0.7932)				(0.7936)
规范性团结(非子女承担)				1.3319**			1.3513**
				(0.6279)			(0.6348)
联系性团结(见面—通话)							
见面频率(不频繁)					−1.3358*		−1.7747**
					(0.7163)		(0.7223)

续表

变量	M5—39	M5—40	M5—41	M5—42	M5—43	M5—44	M5—45
通话频率（不频繁）					0.4524		0.3675
					(0.9824)		(1.0136)
功能性团结（经济—工具）							
经济支持（双方相等）							
向上流动						0.2854	0.4209
						(0.8492)	(0.8170)
向下流动						0.7495	0.9950
						(1.1407)	(1.1317)
工具支持（双方相等）							
向上流动						1.6135**	1.5961**
						(0.6648)	(0.6645)
向下流动						0.8403	1.3433
						(1.2635)	(1.2689)
常数项	36.4018***	36.2464***	35.2359***	35.5278***	37.1612***	37.8871***	35.7605***
	(10.6477)	(10.2156)	(10.8680)	(10.4702)	(10.5396)	(10.6401)	(10.2316)
adjusted R^2	0.203	0.211	0.206	0.206	0.204	0.205	0.224

注：***，$P<0.01$；***，$P<0.05$；*，$P<0.1$；括号内为稳健标准误。

表 5-9 家庭代际团结对流动老年人口生活满意度的影响(不与子女同住)(N=1082)

变量	M5-46	M5-47	M5-48	M5-49	M5-50	M5-51	M5-52
流入时间	-0.0057***	-0.0060***	-0.0056***	-0.0058***	-0.0058***	-0.0056***	-0.0061***
	(0.0010)	(0.0010)	(0.0010)	(0.0010)	(0.0010)	(0.0010)	(0.0010)
流入地(东部地区)							
中部地区	-0.1014	-0.0715	-0.1007	-0.0967	-0.1148	-0.1013	-0.0765
	(0.0768)	(0.0772)	(0.0770)	(0.0772)	(0.0832)	(0.0788)	(0.0860)
西部地区	0.2258***	0.2480***	0.2222***	0.2299***	0.2124***	0.2257***	0.2418***
	(0.0635)	(0.0639)	(0.0637)	(0.0633)	(0.0673)	(0.0648)	(0.0687)
东北地区	-0.2575***	-0.2357***	-0.2552***	-0.2492***	-0.2573***	-0.2507***	-0.2102***
	(0.0666)	(0.0664)	(0.0660)	(0.0676)	(0.0661)	(0.0675)	(0.0681)
年龄	0.0178***	0.0179***	0.0173***	0.0180***	0.0184***	0.0181***	0.0187***
	(0.0038)	(0.0038)	(0.0038)	(0.0038)	(0.0038)	(0.0040)	(0.0040)
性别(女性)	-0.0892*	-0.0922*	-0.0911*	-0.0919*	-0.0935*	-0.0901*	-0.1040**
	(0.0487)	(0.0485)	(0.0487)	(0.0487)	(0.0481)	(0.0497)	(0.0490)
居住地(农村)	-0.0083	-0.0183	-0.0211	-0.0063	-0.0058	-0.0090	-0.0160
	(0.0685)	(0.0684)	(0.0682)	(0.0687)	(0.0687)	(0.0685)	(0.0683)
同住人数	0.1155***	0.1032**	0.1161***	0.1185***	0.1049**	0.1116***	0.0935**
	(0.0426)	(0.0429)	(0.0433)	(0.0426)	(0.0432)	(0.0428)	(0.0440)
个人收入(取对数)	0.0201	0.0245*	0.0181	0.0203	0.0204	0.0201	0.0233*
	(0.0136)	(0.0137)	(0.0136)	(0.0136)	(0.0136)	(0.0138)	(0.0139)

续表

变量	M5-46	M5-47	M5-48	M5-49	M5-50	M5-51	M5-52
受教育程度(小学及以下)	0.1297***	0.1212**	0.1312***	0.1387***	0.1224**	0.1261**	0.1216**
	(0.0496)	(0.0493)	(0.0495)	(0.0495)	(0.0498)	(0.0505)	(0.0508)
婚姻状况(不在婚)	-0.1021	-0.1078	-0.1086	-0.0948	-0.1228	-0.1013	-0.1206
	(0.0761)	(0.0778)	(0.0767)	(0.0757)	(0.0754)	(0.0767)	(0.0778)
工作状况(不在业)	0.0794	0.0674	0.0772	0.0851	0.0723	0.0793	0.0680
	(0.0720)	(0.0719)	(0.0719)	(0.0729)	(0.0715)	(0.0719)	(0.0724)
躯体健康	0.0446**	0.0360*	0.0413**	0.0437**	0.0390*	0.0447**	0.0287
	(0.0192)	(0.0189)	(0.0196)	(0.0190)	(0.0200)	(0.0193)	(0.0200)
社会健康	0.0436***	0.0432***	0.0432***	0.0438***	0.0434***	0.0430***	0.0426***
	(0.0054)	(0.0054)	(0.0054)	(0.0054)	(0.0054)	(0.0055)	(0.0056)
情感性团结(不关心)		0.2444***					0.2309***
		(0.0720)					(0.0754)
共识性团结(未达成共识)			0.1064*				0.0604
			(0.0621)				(0.0647)
规范性团结(非子女承担)				0.0528			0.0626
				(0.0532)			(0.0527)
联系性团结(见面—通话)							
见面频率(不频繁)					-0.0817		-0.0747
					(0.0610)		(0.0622)

续表

变量	M5－46	M5－47	M5－48	M5－49	M5－50	M5－51	M5－52
通话频率(不频繁)					0.1747**		0.1498*
					(0.0859)		(0.0858)
功能性团结(经济—工具)							
经济支持(双方相等)							
向上流动						0.0135	−0.0215
						(0.0637)	(0.0628)
向下流动						0.0768	0.0887
						(0.0929)	(0.0922)
工具支持(双方相等)							
向上流动						−0.0044	−0.0103
						(0.0520)	(0.0529)
向下流动						0.0847	0.1028
						(0.0926)	(0.0923)
常数项	0.1093	0.1559	0.1977	0.0663	0.1965	0.0894	0.2256
	(0.7429)	(0.7362)	(0.7518)	(0.7454)	(0.7564)	(0.7507)	(0.7745)
adjusted R^2	0.159	0.167	0.160	0.159	0.162	0.157	0.168

注：***，$P<0.01$；**，$P<0.05$；*，$P<0.1$；括号内为稳健标准误。

共识性团结方面,相较于未与子女达成共识的流动老年人口,与子女达成共识者生活满意度均值高 0.11 个单位(见模型 M5－48),体现了代际看法相似性对流动老年人口生活满意度的改善作用,证实了假设 5.2c。

基于模型 M5－49 的结果,规范性团结方面,相较于认为养老责任主要由非子女承担的流动老年人口,认为养老责任主要由子女承担者生活满意度均值高 0.05 个单位,但并未通过 10% 的显著性检验,因此并不能证实假设 5.2e。

根据模型 M5－50,联系性团结方面,与子女通话频繁的流动老年人口生活满意度均值在 5% 的显著性水平上比与子女通话不频繁者高 0.17 个单位;与子女见面频繁的老年人口生活满意度均值比与子女见面不频繁者低 0.08 个单位,但在统计结果上并不显著。假设 5.2b 仅在通话频率维度得到证实。

功能性团结方面,经济支持和工具支持对流动老年人口生活满意度的影响均未通过 10% 的显著性检验(见模型 M5－51),并不能证实假设 5.2d。

比较模型 M5－47 至 M5－51 与全模型 M5－52,共识性团结影响的显著性消失,而联系性团结中通话频率的显著性水平减弱,情感性团结及联系性团结中通话频率的回归系数绝对值变小。

(2)与子女同住的流动老年人口

①家庭代际团结与抑郁水平

表 5－10 汇报了家庭代际团结对我国流动老年人口(与子女同住)抑郁水平影响的回归结果。其中,模型 M5－53 体现了控制变量的影响;模型 M5－54 至 M5－57 反映了在控制其他因素的前提下,家庭代际团结各维度的影响效应;模型 M5－58 则在模型 M5－53 的基础上同时纳入多维家庭代际团结。

从分析结果来看,在与子女同住的情境下,基础模型 M5－53 表明流入时间与流动老年人口抑郁水平显著负相关,流入时间每延长一个单位,流动老年人口抑郁平均得分降低 0.01 个单位。流入地区与流动老年人口抑郁水平显著相关,与流入东部地区相比,流入中部和西部地区的老年人口抑郁平均得分分别低 0.69 个单位和 0.80 个单位,流入东北地区者抑郁平均得分则高 0.96 个单位。年龄对流动老年人口抑郁平均得分具有显著负向影响,年龄每增长一岁,其抑郁平均得分降低 0.05 个单位。同住人数、躯体健康、社会健康对流动老年人口抑郁平均得分的影响为正。例如,同住人数每增加一个单位,其抑郁平均得分提高 0.21 个单位。

在基础模型上纳入情感性团结变量,子女足够关心自己能显著降低流动老年人口抑郁水平。与认为子女不够关心自己的流动老年人口相比,认为子女足够关心自己者抑郁平均得分高 1.67 个单位,证实了假设 5.2a。

根据模型 M5－55,共识性团结方面,相较于未与子女达成共识的流动老年人口,与子女达成共识者抑郁平均得分高 2.32 个单位,从而证实了假设 5.2c。

基于模型 M5－56 的结果,规范性团结对流动老年人口抑郁平均得分的影响为负,相较于认为养老责任主要由非子女承担的流动老年人口,认为养老责任主要由子女承担者抑郁平均得分低 0.63 个单位,这与本研究提出的假设 5.2e 相悖。

如模型 M5－57 所示,功能性团结方面,工具支持的影响未通过 10% 的显著性检验;而与经济支持双方相等的流动老年人口相比,家庭内部经济支持向上流动者抑郁平均得分高 0.59 个单位,并不能完全证实假设 5.2d。

比较模型 M5－54 至 M5－57 与全模型 M5－58,各维度家庭代际团结对与子女同住的流动老年人口抑郁水平影响均发生一定变化。功能性团结中经济支持向上流动的显著性消失,规范性团结影响的显著性水平减弱;情感性团结、共识性团结和规范性团结的回归系数绝对值变小。

表 5－10 家庭代际团结对流动老年人口抑郁水平的影响(与子女同住)(N＝978)

变量	M5－53	M5－54	M5－55	M5－56	M5－57	M5－58
流入时间	－0.0149***	－0.0157***	－0.0162***	－0.0146***	－0.0164***	－0.0168***
	(0.0043)	(0.0042)	(0.0043)	(0.0042)	(0.0043)	(0.0043)
流入地(东部地区)						
中部地区	－0.6870**	－0.6228**	－0.5108*	－0.7267**	－0.7076**	－0.5338*
	(0.3203)	(0.3146)	(0.3037)	(0.3183)	(0.3168)	(0.3027)
西部地区	－0.8021***	－0.7066***	－0.4806*	－0.7569***	－0.9288***	－0.4903*
	(0.2748)	(0.2695)	(0.2737)	(0.2758)	(0.2794)	(0.2748)
东北地区	0.9637**	0.9466**	0.9497**	0.9028**	0.8879**	0.8779**
	(0.3820)	(0.3838)	(0.3696)	(0.3861)	(0.3844)	(0.3769)
年龄	－0.0536***	－0.0463**	－0.0551***	－0.0567***	－0.0509***	－0.0519***
	(0.0186)	(0.0186)	(0.0180)	(0.0188)	(0.0186)	(0.0187)
性别(女性)	－0.4239	－0.4557*	－0.4519*	－0.4265	－0.4308*	－0.4728*
	(0.2604)	(0.2574)	(0.2528)	(0.2613)	(0.2615)	(0.2545)
居住地(农村)	－0.5297	－0.6194	－0.4781	－0.5291	－0.5804	－0.5555
	(0.4035)	(0.4039)	(0.4168)	(0.4039)	(0.4117)	(0.4228)
同住人数	0.2076*	0.2135**	0.1567	0.2420**	0.2257**	0.2021**
	(0.1123)	(0.1087)	(0.1020)	(0.1117)	(0.1114)	(0.1009)
个人收入(取对数)	0.0588	0.0716	0.0731	0.0508	0.0719	0.0783
	(0.0562)	(0.0563)	(0.0526)	(0.0557)	(0.0570)	(0.0531)
受教育程度	0.0240	0.0367	0.2250	－0.0331	0.0508	0.1685
(小学及以下)	(0.2696)	(0.2644)	(0.2552)	(0.2721)	(0.2681)	(0.2570)

续表

变量	M5-53	M5-54	M5-55	M5-56	M5-57	M5-58
婚姻状况(不在婚)	-0.0717	-0.0046	-0.0410	-0.1502	0.0152	-0.0263
	(0.2524)	(0.2492)	(0.2564)	(0.2548)	(0.2506)	(0.2544)
工作状况(不在业)	0.6131	0.6383	0.5563	0.5467	0.8357**	0.6540
	(0.4171)	(0.4230)	(0.3869)	(0.4213)	(0.4129)	(0.3985)
躯体健康	0.4053***	0.3882***	0.4162***	0.3888***	0.4482***	0.4097***
	(0.1130)	(0.1158)	(0.1064)	(0.1139)	(0.1156)	(0.1104)
社会健康	0.0860***	0.0826***	0.0721***	0.0841***	0.0759***	0.0666***
	(0.0247)	(0.0244)	(0.0237)	(0.0247)	(0.0252)	(0.0243)
情感性团结(不关心)		1.6709***				0.8534**
		(0.3346)				(0.3591)
共识性团结			2.3232***			2.0800***
(未达成共识)			(0.2635)			(0.2738)
规范性团结				-0.6342**		-0.4725*
(非子女承担)				(0.2798)		(0.2731)
功能性团结 (经济—工具)						
经济支持(双方相等)						
向上流动					0.5921**	0.2516
					(0.2721)	(0.2641)
向下流动					-0.7018	-0.5122
					(0.4944)	(0.4583)
工具支持(双方相等)						
向上流动					0.0288	0.0442
					(0.2536)	(0.2439)
向下流动					-0.1700	0.1121
					(0.3269)	(0.3062)
常数项	10.2211***	8.6741**	8.4499**	11.4705***	8.5475**	8.0517**
	(3.9250)	(3.9940)	(3.7197)	(4.0115)	(3.9617)	(3.8868)
adjusted R^2	0.092	0.108	0.161	0.096	0.100	0.167

注:***,$P<0.01$;***,$P<0.05$;*,$P<0.1$;括号内为稳健标准误。

②家庭代际团结与孤独感

根据表5-11,在与子女同住的流动老年人口样本中,基础模型M5-59仅纳入控制变量,流入时间和流入地区的影响效应未通过10%的显著性检验。年龄、性别、居住地和婚姻状况对流动老年人口孤独感平均得分的影响为负。例如,年龄每增长一岁,与子女同住的流动老年人口孤独感平均得分降低0.01个单位;男性流动老年人口比女性孤独感平均得分低0.27个单位。社会健康、受教育程度和工作状况对流动老年人口孤独感平均得分具有显著正向影响。例如,社会健康得分每增加一个单位,其孤独感平均得分提高0.03个单位;与不在业的流动老年人口相比,在业者孤独感平均得分高0.68个单位。

表5-11　家庭代际团结对流动老年人口孤独感的影响(与子女同住)(N=787)

变量	M5-59	M5-60	M5-61	M5-62	M5-63	M5-64
流入时间	−0.0033	−0.0034*	−0.0032	−0.0032	−0.0032	−0.0030
	(0.0020)	(0.0020)	(0.0021)	(0.0021)	(0.0021)	(0.0022)
流入地(东部地区)						
中部地区	0.1387	0.1374	0.1216	0.1295	0.0945	0.0843
	(0.1269)	(0.1262)	(0.1256)	(0.1293)	(0.1280)	(0.1291)
西部地区	0.0420	0.0625	0.0699	0.0393	0.0385	0.0903
	(0.1356)	(0.1361)	(0.1354)	(0.1360)	(0.1350)	(0.1357)
东北地区	0.1938	0.1836	0.2003	0.1797	0.2592	0.2699*
	(0.1529)	(0.1540)	(0.1529)	(0.1530)	(0.1577)	(0.1576)
年龄	−0.0144*	−0.0130	−0.0149*	−0.0144*	−0.0065	−0.0060
	(0.0085)	(0.0084)	(0.0085)	(0.0085)	(0.0091)	(0.0092)
性别(女性)	−0.2658**	−0.2608**	−0.2597**	−0.2706**	−0.2582**	−0.2427**
	(0.1099)	(0.1099)	(0.1085)	(0.1100)	(0.1081)	(0.1074)
居住地(农村)	−0.4380***	−0.4271***	−0.4069***	−0.4373***	−0.4058***	−0.3725***
	(0.1324)	(0.1343)	(0.1388)	(0.1332)	(0.1330)	(0.1394)
同住人数	0.0085	0.0138	0.0027	0.0120	0.0168	0.0139
	(0.0479)	(0.0461)	(0.0474)	(0.0488)	(0.0491)	(0.0485)
个人收入(取对数)	−0.0057	−0.0021	−0.0022	−0.0079	0.0002	0.0036
	(0.0200)	(0.0201)	(0.0197)	(0.0205)	(0.0207)	(0.0209)
受教育程度	0.4781***	0.4755***	0.4959***	0.4764***	0.4531***	0.4574***
(小学及以下)	(0.1134)	(0.1127)	(0.1103)	(0.1139)	(0.1128)	(0.1106)
婚姻状况(不在婚)	−0.3888***	−0.3808***	−0.3614***	−0.3982***	−0.3221**	−0.3093**
	(0.1247)	(0.1242)	(0.1240)	(0.1292)	(0.1249)	(0.1281)

续表

变量	M5－59	M5－60	M5－61	M5－62	M5－63	M5－64
工作状况(不在业)	0.6789***	0.6769***	0.6541***	0.6790***	0.7629***	0.7226***
	(0.1304)	(0.1320)	(0.1306)	(0.1305)	(0.1415)	(0.1431)
躯体健康	0.0742	0.0693	0.0803	0.0737	0.0757	0.0743
	(0.0533)	(0.0528)	(0.0530)	(0.0533)	(0.0554)	(0.0544)
社会健康	0.0286***	0.0276***	0.0243**	0.0279***	0.0284***	0.0247**
	(0.0100)	(0.0100)	(0.0102)	(0.0101)	(0.0103)	(0.0105)
情感性团结(不关心)		0.3591**				0.2627
		(0.1625)				(0.1705)
共识性团结			0.4774***			0.4220***
(未达成共识)			(0.1334)			(0.1415)
规范性团结				−0.0718		−0.0078
(非子女承担)				(0.1291)		(0.1309)
功能性团结 (经济—工具)						
经济支持 (双方相等)						
向上流动					0.3099**	0.2515**
					(0.1243)	(0.1265)
向下流动					−0.0147	0.0531
					(0.1994)	(0.1935)
工具支持(双方相等)						
向上流动					−0.2014*	−0.1963
					(0.1204)	(0.1213)
向下流动					0.2032	0.2850**
					(0.1371)	(0.1378)
常数项	6.5754***	6.2555***	6.0894***	6.6841***	5.6593***	5.1244***
	(1.8368)	(1.8087)	(1.8266)	(1.8477)	(1.9312)	(1.9016)
adjusted R²	0.096	0.100	0.110	0.095	0.107	0.121

注:***,$P<0.01$;**,$P<0.05$;*,$P<0.1$;括号内为稳健标准误。

情感性团结是流动老年人口孤独感水平的保护因素。与认为子女不够关心自己的流动老年人口相比,认为子女足够关心自己者孤独感平均得分高 0.36 个单位(见模型 M5－60),即对与子女同住的流动老年人口来说,认为子女足够关心自己可有效降低其孤独感水平,从而证实了假设 5.2a。

根据模型 M5－61,就共识性团结维度而言,相较于未与子女达成共识的流动老年人口,与子女达成共识者孤独感平均得分高 0.48 个单位,即与子女达成共识者心理健康状况更好,假设 5.2c 得到证实。

在基础模型上,纳入规范性团结变量,结果显示相较于认为养老责任主要由非子女承担的流动老年人口,认为养老责任主要由子女承担者孤独感平均得分低 0.07 个单位,但在统计结果上不显著,因此假设 5.2e 并不能得到证实。

基于模型 M5－63 的结果,功能性团结方面,与经济支持双方相等的流动老年人口相比,家庭内部经济支持向上流动者孤独感平均得分高 0.31 个单位;与双方工具支持相当的流动老年人口相比,家庭内部工具支持向上流动者孤独感平均得分低 0.20 个单位,这并不能完全证实假设 5.2d。

比较模型 M5－60 至 M5－63 与全模型 M5－64,发现各维度家庭代际团结对与子女同住的流动老年人口孤独感影响的显著性水平和回归系数大小均发生了变化。情感性团结和功能性团结中工具支持向上流动的显著性水平消失;共识性团结和功能性团结经济支持向上流动的回归系数绝对值变小。

③家庭代际团结与老化态度

表 5－12 体现了控制变量、迁移流动特征及家庭代际团结对不与子女同住的流动老年人口老化态度影响的回归结果。

在与子女同住的情境下,仅纳入控制变量时(见基础模型 M5－65),部分结果证明流入地区与流动老年人口老化态度显著相关,流入西部和东北地区的老年人口比流入东部地区者老化态度均值分别低 2.47 个单位和 2.03 个单位。年龄、同住人数对流动老年人口老化态度具有显著负向影响,如年龄每增长一岁,其老化态度均值降低 0.75 个单位。个人收入、躯体健康和社会健康对流动老年人口老化态度的影响为正,如躯体健康、社会健康得分每增加一个单位,其老化态度均值分别提高 0.65 个单位和 0.27 个单位。性别和工作状况的影响均通过了 5% 的显著性检验,男性流动老年人口比女性老化态度均值高 2.01 个单位;与不在业的流动老年人口相比,在业者老化态度均值低 2.77 个单位。

基于模型 M5－66 的结果,与认为子女不够关心自己的流动老年人口相比,认为子女足够关心自己者老化态度均值低 0.31 个单位,因此并不能证实 5.2a。

在模型 M5－65 的基础上,纳入共识性团结变量,发现共识性团结是流动老年人口老化态度的危险因素,即相较于未与子女达成共识的流动老年人口,与子女达成共识者老化态度均值降低 3.53 个单位,这与本研究提出的假设 5.2c 相悖。

根据模型 M5－68,规范性团结改善了流动老年人口的老化态度。相较于认为养老责任主要由非子女承担者,认为养老责任主要由子女承担者老化态度均值高 1.06 个单位,但并未通过 10% 的显著性检验,假设 5.2e 并不能得到验证。

模型 M5－69 结果显示,功能性团结方面,与经济支持双方相等的流动老年人口相比,家庭内部经济支持向下流动者老化态度均值高 2.33 个单位;与工具支持双方相等的流动老年人口相比,家庭内部工具支持向上流动者老化态度均值高 1.30 个单位,这并不能完全证实假设 5.2d。

比较模型 M5－66 至 M5－69 与全模型 M5－70,各维度家庭代际团结对与子女同住的流动老年人口老化态度影响的显著性水平未发生变化,但回归系数大小发生了一定变化。共识性团结、功能性团结中经济支持向下流动的回归系数绝对值变大,工具支持向上流动的回归系数绝对值变小。

表 5－12　家庭代际团结对流动老年人口老化态度的影响(与子女同住)($N=939$)

变量	M5－65	M5－66	M5－67	M5－68	M5－69	M5－70
流入时间	0.0153	0.0154	0.0169	0.0147	0.0129	0.0123
	(0.0140)	(0.0140)	(0.0141)	(0.0141)	(0.0143)	(0.0144)
流入地(东部地区)						
中部地区	−0.4313	−0.4310	−0.5282	−0.3717	−0.3395	−0.4540
	(0.9356)	(0.9366)	(0.9400)	(0.9441)	(0.9388)	(0.9528)
西部地区	−2.4716***	−2.4831***	−2.7907***	−2.5381***	−2.3153**	−2.7841***
	(0.9016)	(0.9086)	(0.8725)	(0.8973)	(0.9240)	(0.9053)
东北地区	−2.0307**	−2.0214**	−1.9521*	−1.9056*	−2.1122**	−2.0799**
	(1.0298)	(1.0286)	(1.0270)	(1.0223)	(1.0432)	(1.0359)
年龄	−0.7455***	−0.7466***	−0.7465***	−0.7400***	−0.7553***	−0.7477***
	(0.0594)	(0.0599)	(0.0593)	(0.0602)	(0.0607)	(0.0616)
性别(女性)	2.0090**	2.0117**	2.0500***	2.0457***	2.0526***	2.1101***
	(0.7847)	(0.7851)	(0.7752)	(0.7846)	(0.7910)	(0.7807)
居住地(农村)	−0.3558	−0.3388	−0.4039	−0.3733	−0.4854	−0.6304
	(1.1442)	(1.1424)	(1.1361)	(1.1465)	(1.1612)	(1.1606)
同住人数	−0.7748**	−0.7781**	−0.6933*	−0.8209**	−0.7230**	−0.6544*
	(0.3556)	(0.3567)	(0.3619)	(0.3552)	(0.3561)	(0.3583)
个人收入(取对数)	0.2943**	0.2911*	0.2688*	0.3061**	0.2553*	0.2547
	(0.1487)	(0.1486)	(0.1504)	(0.1520)	(0.1503)	(0.1551)

续表

变量	M5—65	M5—66	M5—67	M5—68	M5—69	M5—70
受教育程度	0.6581	0.6589	0.4490	0.7171	0.8818	0.7256
(小学及以下)	(0.8331)	(0.8334)	(0.8246)	(0.8377)	(0.8371)	(0.8284)
婚姻状况(不在婚)	1.2669	1.2600	1.1966	1.4215*	1.1225	1.2634
	(0.8218)	(0.8236)	(0.8173)	(0.8209)	(0.8438)	(0.8370)
工作状况(不在业)	−2.7695***	−2.7657***	−2.6900***	−2.7149***	−3.1084***	−2.8964***
	(1.0021)	(1.0027)	(1.0095)	(1.0014)	(1.0729)	(1.0728)
躯体健康	0.6526***	0.6548***	0.6094**	0.6766***	0.7110***	0.7085***
	(0.2519)	(0.2523)	(0.2528)	(0.2527)	(0.2510)	(0.2488)
社会健康	0.2671***	0.2681***	0.2948***	0.2707***	0.2551***	0.2765***
	(0.0658)	(0.0658)	(0.0667)	(0.0662)	(0.0671)	(0.0671)
情感性团结(不关心)		−0.3149				0.8953
		(1.0867)				(1.1049)
共识性团结			−3.5299***			−3.8101***
(未达成共识)			(0.7586)			(0.7827)
规范性团结				1.0576		0.8962
(非子女承担)				(0.8736)		(0.9016)
功能性团结						
(经济—工具)						
经济支持(双方相等)						
向上流动					0.4465	0.9596
					(0.8110)	(0.8095)
向下流动					2.3344*	2.2717*
					(1.2766)	(1.2465)
工具支持(双方相等)						
向上流动					1.2977*	1.2951*
					(0.7387)	(0.7448)
向下流动					−0.3335	−0.7653
					(1.0562)	(1.0676)
常数项	28.0505***	28.3527***	31.5476***	26.0117***	26.6687***	26.8174***
	(9.5205)	(9.7874)	(9.5981)	(9.8251)	(9.4957)	(9.9405)
adjusted R^2	0.282	0.281	0.296	0.282	0.283	0.298

注：***，$P<0.01$；**，$P<0.05$；*，$P<0.1$；括号内为稳健标准误。

④家庭代际团结与生活满意度

表 5-13 结果显示,在与子女同住的流动老年人口样本中,模型 M5-71 仅纳入控制变量,流入时间对流动老年人口生活满意度具有显著负向影响,流入时间每延长一个单位,其生活满意度均值降低 0.003 个单位。部分证据证明了流入地区与流动老年人口生活满意度显著相关,与流入东部地区的流动老年人口相比,流入西部和东北地区者生活满意度均值分别高 0.25 个单位和 0.19 个单位。年龄、同住人数、社会健康、受教育程度和婚姻状况对流动老年人口生活满意度的影响为正,且除婚姻状况外,均在 1% 统计水平上显著。例如,年龄每增长一岁,其生活满意度均值提高 0.02 个单位;在婚比不在婚的流动老年人口生活满意度均值高 0.15 个单位。性别、居住地对与子女同住的流动老年人口生活满意度有显著负向影响,即男性比女性流动老年人口生活满意度均值低 0.39 个单位;居住在城镇比居住在农村的流动老年人口生活满意度均值低 0.36 个单位。

在纳入控制变量(模型 M5-71)的基础上,模型 M5-72 至 M5-75 分别纳入情感性团结、共识性团结、规范性团结、功能性团结。模型 M5-72 结果表明,情感性团结能够显著提高与子女同住的流动老年人口生活满意度。认为子女足够关心自己会使流动老年人口生活满意度均值提高 0.24 个单位,并在 5% 的水平上显著,证实了假设 5.2a。

共识性团结方面,相较于未与子女达成共识的流动老年人口,与子女达成共识者生活满意度均值高 0.33 个单位(见模型 M5-73),体现了代际看法相似对流动老年人口生活满意度的改善作用,证实了假设 5.2c。

根据模型 M5-74,规范性团结是与子女同住的流动老年人口生活满意度的危险因素。相较于认为养老责任主要由非子女承担的流动老年人口,认为养老责任主要由子女承担者生活满意度均值低 0.15 个单位,与研究假设 5.2e 相悖。

基于模型 M5-75 的结果,功能性团结方面,与经济支持双方相等的流动老年人口相比,家庭内部经济支持向上流动者生活满意度均值高 0.15 个单位;与工具支持双方相等的流动老年人口相比,家庭内部经济支持向下流动者生活满意度均值低 0.17 个单位,这与本研究提出的假设 5.2d 相矛盾。

比较模型 M5-72 至 M5-75 与全模型 M5-76,各维度家庭代际团结对与子女同住的流动老年人口生活满意度影响的显著性水平和回归系数大小均发生一定变化。情感性团结影响的显著性水平消失,功能性团结中经济支持向上流动、工具支持向下流动的显著性水平降低;共识性团结、规范性团结、功能性团结中经济支持向上流动和工具支持向下流动的回归系数绝对值变小。

表 5 - 13　家庭代际团结对流动老年人口生活满意度的影响(与子女同住)
(N=1047)

变量	M5-71	M5-72	M5-73	M5-74	M5-75	M5-76
流入时间	-0.0029***	-0.0030***	-0.0031***	-0.0028***	-0.0034***	-0.0034***
	(0.0010)	(0.0010)	(0.0010)	(0.0010)	(0.0010)	(0.0010)
流入地(东部地区)						
中部地区	-0.0163	-0.0072	0.0153	-0.0223	-0.0216	0.0033
	(0.0802)	(0.0796)	(0.0785)	(0.0799)	(0.0790)	(0.0779)
西部地区	0.2464***	0.2550***	0.2839***	0.2557***	0.2162***	0.2647***
	(0.0663)	(0.0666)	(0.0673)	(0.0665)	(0.0673)	(0.0686)
东北地区	0.1883**	0.1825**	0.1827**	0.1724**	0.1524*	0.1398*
	(0.0824)	(0.0829)	(0.0815)	(0.0820)	(0.0840)	(0.0831)
年龄	0.0241***	0.0250***	0.0238***	0.0235***	0.0242***	0.0238***
	(0.0037)	(0.0037)	(0.0037)	(0.0037)	(0.0037)	(0.0038)
性别(女性)	-0.3869***	-0.3879***	-0.3886***	-0.3912***	-0.3900***	-0.3947***
	(0.0606)	(0.0605)	(0.0598)	(0.0604)	(0.0598)	(0.0591)
居住地(农村)	-0.3592***	-0.3699***	-0.3518***	-0.3582***	-0.3595***	-0.3564***
	(0.0820)	(0.0814)	(0.0813)	(0.0825)	(0.0819)	(0.0818)
同住人数	0.1203***	0.1263***	0.1165***	0.1283***	0.1242***	0.1297***
	(0.0329)	(0.0311)	(0.0323)	(0.0332)	(0.0332)	(0.0318)
个人收入(取对数)	0.0077	0.0103	0.0105	0.0058	0.0117	0.0127
	(0.0121)	(0.0120)	(0.0119)	(0.0122)	(0.0122)	(0.0121)
受教育程度	0.2439***	0.2479***	0.2739***	0.2352***	0.2574***	0.2722***
(小学及以下)	(0.0590)	(0.0591)	(0.0593)	(0.0590)	(0.0590)	(0.0592)
婚姻状况	0.1503**	0.1552**	0.1511**	0.1322**	0.1721***	0.1537**
(不在婚)	(0.0647)	(0.0646)	(0.0639)	(0.0652)	(0.0644)	(0.0645)
工作状况(不在业)	-0.0051	-0.0067	-0.0154	-0.0165	0.0378	0.0077
	(0.0859)	(0.0866)	(0.0866)	(0.0861)	(0.0875)	(0.0883)
躯体健康	-0.0025	-0.0042	0.0001	-0.0057	0.0066	0.0028
	(0.0358)	(0.0365)	(0.0360)	(0.0360)	(0.0357)	(0.0363)
社会健康	0.0343***	0.0336***	0.0323***	0.0338***	0.0319***	0.0301***
	(0.0058)	(0.0058)	(0.0058)	(0.0058)	(0.0059)	(0.0058)

变量	M5-71	M5-72	M5-73	M5-74	M5-75	M5-76
情感性团结(不关心)		0.2426**				0.1059
		(0.0945)				(0.0970)
共识性团结			0.3317***			0.2626***
(未达成共识)			(0.0596)			(0.0600)
规范性团结				−0.1464**		−0.1296**
(非子女承担)				(0.0603)		(0.0590)
功能性团结 (经济—工具)						
经济支持(双方相等)						
向上流动					0.1460**	0.1065*
					(0.0602)	(0.0598)
向下流动					−0.1514	−0.1151
					(0.1084)	(0.1061)
工具支持(双方相等)						
向上流动					−0.0229	−0.0253
					(0.0546)	(0.0540)
向下流动					−0.1681**	−0.1408*
					(0.0836)	(0.0806)
常数项	1.1981	0.9371	0.8985	1.4637	0.8827	0.8501
	(1.1701)	(1.2032)	(1.1780)	(1.1803)	(1.1610)	(1.1935)
adjusted R²	0.118	0.123	0.140	0.121	0.130	0.149

注：***，$P<0.01$；**，$P<0.05$；*，$P<0.1$；括号内为稳健标准误。

（3）家庭代际团结类型对流动老年人口心理健康的影响

表5-14将控制变量和家庭代际团结类型同时纳入模型,考察了家庭代际团结类型对流动老年人口心理健康的影响。部分实证分析结果证明了高感知家庭代际团结类型的积极影响,但并未完全证实假设5.2f。

根据表5-14,家庭代际团结类型仅对流动老年人口孤独感无显著影响。相较于高支持—高感知的家庭代际团结类型,低支持—高感知的家庭代际团结类型对流动老年人口抑郁量表平均得分具有显著正向影响,其抑郁量表平均得分提高0.67个单位;而对其生活满意度有显著负向影响,其生活满意度均值降低0.31个单位。可能是因为相比高支持—高感知,属于低支持—高感知家庭代际团结类型的流动老年人口获得的支持更少,使其对子女造成负担的歉疚感更少,抑郁水平更低;但同时子女的低支持一定程度上会降低其生活质量,流动老年人口在功能性团结维度上缺少正向反馈,从而降低其生活满意度。

与高支持—高感知的家庭代际团结类型相比,高支持—低感知的家庭代际团结类型对流动老年人口的老化态度和生活满意度的影响为负,老化态度均值和生活满意度均值分别降低 2.24 个单位、0.41 个单位。这可能是因为属于高支持—低感知家庭代际团结类型的流动老年人口获得的功能性代际支持等物质支持较多,但获得的情感支持等感知类支持较少,精神需求未被满足,从而容易持有较为消极的老化态度和较低的生活满意度。

表 5 - 14　家庭代际团结类型对流动老年人口心理健康的影响

变量	抑郁水平	孤独感	老化态度	生活满意度
家庭代际团结类型 (高支持—高感知)				
低支持—高感知	0.6687***	0.1211	1.1600	−0.3085**
	(0.2320)	(0.1550)	(1.1411)	(0.1279)
高支持—低感知	0.4021	−0.0647	−2.2423**	−0.4148***
	(0.3376)	(0.1557)	(1.0932)	(0.1102)
控制变量	YES	YES	YES	YES
常数项	26.2562***	2.7919**	27.8783***	1.4073*
	(2.1091)	(1.3172)	(6.9247)	(0.8477)
N	1840	1840	1840	1840
adjusted R^2	0.142	0.068	0.204	0.063

注:***,$P<0.01$;**,$P<0.05$;*,$P<0.1$;括号内为稳健标准误。

5.5　本章小结

综合以上实证分析结果,流动行为对流动老年人口心理健康产生显著影响。家庭代际团结作为流动老年人口社会网络的重要组成部分,影响着其心理健康,且这种影响效应在不同维度家庭代际团结、不同维度心理健康中存在差异化表现。具体可总结为以下四点。

第一,流动老年人口心理健康处于中等偏上水平,受个体自身条件和结构性团结特征影响较大。

流动老年人口抑郁平均得分、孤独感平均得分、老化态度均值、生活满意度均值均超过中值,即其心理健康处于中等偏上水平。居住地、个人收入、受教育程度、躯体健康和社会健康对流动老年人口不同维度心理健康均有积极提升作用,即居住在城市、高收入、高受教育程度、高躯体健康水平、高社会健康水平的流动老年人口有更高的心理健康水平。这与刘亮等对流动人口心理健康影响因素的研究发现既有区别又有相似之处,区别在于其主张受教育程度高的流动人口因面临着更激烈的就业竞争而心理压力更大,相似之处在于更高的收入可有效提高生活质量[①]。就受教育程度的影响效应而言,与劳动年龄流动人口不同,流动老年人口多数已经退休,脱离了愈加内卷的就业竞争,因就业面临的工作压力几近于无,更高的受教育程度反而能使其有能力学习和获取有关于心理健康的知识,从而提高其心理健康水平。收入方面,虽然劳动年龄流动人口与流动老年人口处于不同生命周期,但更高的收入始终发挥着提升生活质量、减轻心理压力的作用。此外,本研究发现社会健康的积极影响,与肖敏慧等的结论存在差异,其研究发现个体的社会资本对流动人口心理健康水平并无提升作用[②]。这可能因为流动老年人口进入老年阶段后社会网络萎缩,且多数已经退出劳动力市场,失去在工作中重新拓展社会网络的机会,社会健康水平的提升在一定程度上可有效增加流动老年人口资源拥有量,从而有效提高其获得各种支持和帮助的概率。

不同结构性团结特征下,同住人数、婚姻状况对流动老年人口同一维度心理健康的影响方向相反。同住人数、婚姻状况分别对不与子女同住的流动老年人口老化态度均值、孤独感平均得分有显著提升作用,却显著降低与子女同住者的老化态度均值、孤独感平均得分。可能的原因是,在不与子女同住时,同住人数增加可弥补子女功能性支持的缺位,为流动老年人口走出家庭、参与社区活动创造条件;配偶的陪伴可有效缓解孤独情绪,从而提高流动老年人口的生活质量。然而,与子女同住时,同住人数增加则容易提高代际矛盾发生的概率,容易使流动老年人口产生消极情绪。

第二,老年人口的流动行为存在健康选择性,但对流动老年人口心理健康具有损耗效应,并且存在地区差异。

相较于非流动老年人口,流动老年人口心理健康状况总体更好,这验证了健康移民假说,即健康状况更好的个体有更多的流动机会,更可能做出流动决策和

---

① 刘亮,高汉,章元. 流动人口心理健康及影响因素——基于社区融合视角[J]. 复旦学报(社会科学版),2018,60(04):158-166.

② 肖敏慧,王遒递,彭浩然. 迁移压力、社会资本与流动人口心理健康——基于压力过程理论的研究[J]. 当代财经,2019(03):14-24.

行为①,假设 5.1a 得到验证。不过,随着流动时间延长,流动老年人口抑郁平均得分、孤独感平均得分和生活满意度均值均有不同程度的下降。这可能因为对兼具"流动"和"衰老"双重特征的流动老年人口而言,在流入地的居留时间越长,社会网络萎缩、文化适应难的累积效应对其心理健康损害越严重②。这验证了健康受损假说,即假设 5.1b 在心理健康的抑郁、孤独感及生活满意度维度得到验证。

从不同流入地区来看,相较于流入东部地区,流入中部地区会损耗老年人口心理健康,而流入东北地区则对其心理健康产生显著增益。这与宋全成等研究得出的结论存在分歧,其主张东北地区相对东部地区医疗保障条件较为欠缺,因此流入东北地区的老年人口健康水平降低的概率更高③。可能是因为宋全成等特指躯体健康维度,更容易受气候环境、经济发展水平、医疗卫生水平等影响;而本章关注的是心理健康,更容易受社会网络影响。东北地区作为中国老龄化较为严重的地区,老年人口较多,利于流动老年人口拓展社会网络,从而降低其孤独感,提高其获得帮助的可能性。因此假设 5.1c 不能得到完全验证。

第三,整体而言,家庭代际团结对流动老年人口心理健康具有显著提升作用,但不同维度代际团结的影响效应具有差异化表现。

情感性团结对不与子女同住的流动老年人口除抑郁水平外的心理健康维度有显著增益,这与既有研究的观点一致④⑤⑥。中国老年人的社会网络形成了以子女和配偶为中心的差序格局,因此家庭提供的情感支持是其获得心理慰藉的最重要来源。尤其是对进入陌生环境、社会网络萎缩的流动老年人口而言,子女提供的情感支持可有效缓解不安等消极情绪,对其心理健康起"护航"作用。在不与子女同住情境下,假设 5.2a 在心理健康的孤独感、老化态度及生活满意度维度得到验证。

联系性团结对不与子女同住的流动老年人口抑郁平均得分、老化态度均值

---

① 齐亚强,牛建林,威廉·梅森,等.我国人口流动中的健康选择机制研究[J]. 人口研究,2012,36(01):102-112.

② 武玉,方志,刘爱华."年龄—流动"双重视角下老年流动人口健康及影响因素——基于 2017 年全国流动人口卫生计生动态监测调查数据[J]. 兰州学刊,2020(01):157-171.

③ 宋全成,张倩. 中国老年流动人口健康状况及影响因素研究[J]. 中国人口科学,2018(04):81-92.

④ 刘轶锋. 晚年独居意味着孤独吗?——基于社会网络的调节与中介作用分析[J]. 人口与发展,2022,28(01):68-80.

⑤ 周红云,胡浩钰. 社会支持对流动老人社会融合的影响——基于武汉和深圳的调查数据[J]. 西北人口,2017,38(04):24-32.

⑥ 彭大松. 家庭化流动背景下老年流动人口的城市融入研究[J].深圳大学学报(人文社会科学版),2020,37(06):105-114.

存在抑制作用。这与既有研究提出的观点存在分歧[1][2]，有研究分析了东欧老年人口与子女的见面频率对其抑郁水平的影响，发现"联系"为老年人口构建了潜在的支持网络，为其生活提供保障，在一定程度上可以预防晚年抑郁。而在本研究中，联系性团结对流动老年人口心理健康具有抑制作用，一方面可能是因为联系性团结与流动老年人口的年龄和躯体健康状况密切相关，而其老化态度受这些客观因素影响较大，即随年龄增长，其生理机能下降，子女客观上需要与其增加联系，但其老化态度却因此更为消极。另一方面可能是因为联系的质量而非数量对流动老年人口心理健康有更加深刻的影响[3]，在中国传统孝道文化规范下，流动老年人口认为有义务和其子女保持联系，即使关系质量低下，他们也可能保持频繁联系[4]，在此情境下，"联系"反而容易引发冲突和矛盾，从而产生抑郁等消极情绪，因此假设 5.2b 不能得到证实。

共识性团结对与子女同住的流动老年人口抑郁平均得分、孤独感平均得分、生活满意度有提升作用，却降低了其老化态度均值，这与已有研究提出的结论一致。一方面，根据发展老龄化理论，老年人口在生命历程的老龄阶段通常是信息反哺的接受者，观念受其子女影响，因此流动老年人口会更多地受在流入地生活的子女的影响，共识性团结可能代表着流动老年人口逐渐适应流入地的生活，有利于其建立新的社交网络，提高其生活满意度[5]；另一方面，共识性团结与情感性团结密切相关，流动老年人口与其子女达成共识有利于促进情感交流[6]、减少亲子之间的矛盾与冲突，而在发生矛盾时也较容易达成一致看法，维持和谐的家庭氛围，有利于减少抑郁、孤独感等消极心理，提升流动老年人口心理健康水平。同时，老年人口在这一阶段正经历从信息传递者到信息接收者以及家庭权力地位边缘化的转变[7]，容易产生已经老去的心理体验。因此，假设 5.2c 仅在老年人

[1] Xie Y, Ma M, Wu W, et al. Dose-response relationship between intergenerational contact frequency and depressive symptoms amongst elderly Chinese parents: a cross-sectional study[J]. BMC Geriatrics, 2020, 20(1):349.

[2] Tosi M, Grundy E. Intergenerational contacts and depressive symptoms among older parents in Eastern Europe[J]. AGING & MENTAL HEALTH, 2019, 23(6):686-692.

[3] Laura, Fratiglioni, and, et al. Influence of social network on occurrence of dementia: a community-based longitudinal study[J]. Lancet, 2000.

[4] Dykstra G P A. Solidarity and Conflict Between Adult Children and Parents: A Latent Class Analysis[J]. Journal of Marriage & Family, 2010, 68(4):947-960.

[5] 崔烨，靳小怡. 家庭代际关系对农村随迁父母心理福利的影响探析[J]. 中国农村经济，2016(06):15-29.

[6] Katz R. Intergenerational family relations and subjective well-being in old age: a cross-national study[J]. European Journal of Ageing, 2009, 6(2):79.

[7] 彭大松. 家庭化流动背景下老年流动人口的城市融入研究[J]. 深圳大学学报(人文社会科学版)，2020,37(06):105-114.

口不与子女同住时，在心理健康的抑郁、孤独感和生活满意度维度得到验证。

在与子女共居情境下，功能性团结对流动老年人口心理健康的影响存在差异。具体而言，经济支持向上流动有利于提高流动老年人口生活满意度，与假设5.2d相悖，但与李鹏等的观点一致。多数流动老年人口作为被动的流动主体，在流动后往往承担着照料子女家庭的责任，来自子女的经济支持一方面为流动老年人口提供了积极的正向反馈，另一方面缓解了其照顾压力①，有利于提高生活满意度。工具支持向下流动是流动老年人口生活满意度的危险因素。这与孙鹃娟等的观点存在差异，其认为老年人口为子女提供家务支持对其心理健康具有积极影响②。可能因为繁忙的家务劳动和沉重的照料负担一方面使流动老年人口的闲暇时间大幅缩减，减少了其参与社区活动、拓展朋友网络的机会；另一方面加重了生理老化的流动老年人口的身体和心理负担，从而降低其生活满意度。

规范性团结对与子女同住的流动老年人口抑郁水平和生活满意度具有抑制作用，与假设5.2e相矛盾。这与既有研究存在分歧，如有学者主张子女积极履行养老义务有助于减少老年人口对老龄化的刻板印象，改善心理健康状况③。可能的原因是，老年人口多数是出于照料子女家庭、减轻子女负担的目的进行流动，而子女承担养老责任履行可能会加重子女负担，与迁移目的背道而驰，因而流动老年人口易产生内疚、自责等消极情绪，从而提高抑郁水平、降低生活满意度。

第四，不同家庭代际团结类型中，"高感知"对流动老年人口心理健康具有增益作用。

与家庭代际团结类型为高支持—高感知的流动老年人口相比较，高支持—低感知型流动老年人口老化态度更消极、生活满意度更低，假设5.2f得到部分验证，这说明家庭代际团结的感知对流动老年人口心理健康水平有重要意义。与其他维度健康相比，心理健康更加重视认知、体验、感知等主观情绪。正如Ellis等提出的"情绪ABC理论框架"④，激发事件A只是引发情绪和行为后果C的间接原因，而直接原因则是个体对激发事件A的认知和评价而产生的信念B。

---

① 李鹏，张奇林. 隔代照料与老年人生活满意度——基于子女代际支持的中介效应检验[J]. 社会建设，2022,9(04)：31-44.

② 孙鹃娟，冀云. 家庭"向下"代际支持行为对城乡老年人心理健康的影响——兼论认知评价的调节作用[J]. 人口研究，2017,41(06)：98-109.

③ Bai X, Lai D W L, Guo A. Ageism and Depression: Perceptions of Older People as a Burden in China[J]. Journal of Social Issues, 2016, 72(1).

④ Ellis A. The revised ABC's of rational-emotive therapy(RET)[J]. Journal of Rational-Emotive and Cognitive-Behavior Therapy, 1991, 9(3)：139-172.

对同一事件 A 的不同信念 B 会导致产生不同情绪和行为后果 C[①]，因此流动老年人口对家庭代际团结感知的差异导致了其心理健康水平的差异。具体而言，对于相同强度的双向代际支持，一些流动老年人口因为缺乏与子女的情感互动，维持着对家庭代际团结的较低感知，其心理健康水平并未得到明显提高，具有更消极的老化态度以及更低的生活满意度。然而，另一些流动老年人口则在接受子女代际支持的同时，与子女有更多的情感联系，对家庭代际团结具有较高的感知，心理健康状况有相应的改善。家庭代际团结对流动老年人口心理健康影响小结见表 5-15。

表 5-15　家庭代际团结对流动老年人口心理健康影响小结

变量	抑郁水平		孤独感		老化态度		生活满意度	
	不与子女同住	与子女同住	不与子女同住	与子女同住	不与子女同住	与子女同住	不与子女同住	与子女同住
是否流动(否)	+***		+***		+***		+***	
流入时长	—***		—***					
流入地(东部地区)								
中部地区	—***		—*		—***		—***	
西部地区	—***				—***		+***	
东北地区							—***	
年龄	+***	—***	+***		—***	—***	+***	+***
性别(女性)		—*		—**	+***	—*		
居住地(农村)			—*	—***	—*			—***
同住人数	+***	+**	+***		+***	—*	+***	+***
个人收入(取对数)	+***				+**		+*	
受教育程度(小学及以下)			+*	+***	+***		+***	
婚姻状况(不在婚)	+***							+**
工作状况(不在业)	+***			+***		—***		
躯体健康	+***	+***	+***		+***			
社会健康	+***	+**	+***	+**	+**	+***	+***	+***

[①] 孙鹃娟，冀云. 家庭"向下"代际支持行为对城乡老年人心理健康的影响——兼论认知评价的调节作用[J].人口研究，2017,41(06):98-109.

续表

变量	抑郁水平		孤独感		老化态度		生活满意度	
	不与子女同住	与子女同住	不与子女同住	与子女同住	不与子女同住	与子女同住	不与子女同住	与子女同住
情感性团结(不关心)		+**	+**		+***		+***	
共识性团结(未达成共识)	+***	+***		+***	—***	—***		+***
规范性团结(非子女承担)		—*			+**			—**
联系性团结(见面—电话)		/		/		/		/
见面频率	—***	/		/	—**	/		
电话频率		/		/		/	+*	
功能性团结(经济—支持)								
经济支持(双方相等)								
向上流动	—**		+**					+*
向下流动						+*		
工具支持(双方相等)								
向上流动					+**	+**		
向下流动	+*		+**					—*
家庭代际团结类型 (高支持—高感知)								
低支持—高感知	+***							—**
高支持—低感知						—**		—***

注:***,$P<0.01$;**,$P<0.05$;*,$P<0.1$;表内空白处表示没有显著影响,"/"表示未纳入该变量;表中各因变量为同一方向,数值越大心理健康水平越高。

6 家庭代际团结对流动老年人口社会健康影响的实证分析

本章主要探讨家庭代际团结对流动老年人口社会健康的作用机制。考虑到流动行为引起老年人口生活场域的改变与其社会健康密切相关,本章首先探讨是否流动及流动特征对该群体社会健康的影响。其次,本章基于结构性安排视角,探讨流动老年人口家庭代际团结与其社会健康的关联。此外,本章还对不同家庭代际团结类型与流动老年人口社会健康之间的关系进行分析。

6.1 社会健康影响的研究假设

（1）迁移流动何以影响社会健康

个体社会网络、社会适应程度等随着场域的改变而发生变化。一方面,迁移流动会使老年人难以维系在原住地建立的社会关系,使得社会网络在一定程度上"断裂";另一方面,迁移流动到现住地后,老年人也难以在短时间内熟悉并参与当地的社会活动。此外,与原住地相比,流入地的风俗习惯,以及消费、交通、养老、医疗等社会服务可能存在较大差异,流动老年人口需要重新适应流入地的生活方式[1][2]。基于此,提出如下假设:

假设 6.1a:迁移流动行为会对流动老年人口社会健康产生消极影响。

既有研究表明,社会变迁中的流动者,在流入地生活时间越长,其社会网络就越完善,该假设已经在多个国家和地区得到了验证[3]。此外,随着流入时间延长,流动老年人口对当地的交通、日常活动、社区设施等情况也会愈发了解,社会适应程度会相应提高,社会参与也可能不断增加[4]。据此,提出如下假设:

---

① 唐丹, 张芷凌. 流动还是留守? 家庭流动安排对农村老人社会网络及心理健康的影响[J]. 南方人口, 2020,35(06):40-52.

② 苗瑞凤. 老年流动人口城市适应性的社会学分析[J]. 中国老年学杂志, 2012,32(18):4095-4097.

③ 张泉, 邢占军. 老年人社区社会网络的影响因素分析:基于整体网视角[J]. 社会科学研究, 2016(03):115-120.

④ 吴际, 尹海洁, 曲鹏. 流动人口社会参与度的性别差异及其影响因子检验[J]. 统计与决策, 2017(03):116-120.

假设 6.1b:在流入地的时间越长,流动老年人口社会健康水平越高。

流动老年人口在流入地选择上存在空间差异,而不同的生活空间对流动老年人口的社会健康也会产生影响。有研究发现,若流入地有良好的社会支持环境,更具有包容性、可达性,能够积极接纳流动老年人口,则该群体的社会适应水平更高[①]。与原住地相比,流入地的经济社会、文化风俗习惯差异越大,流动老年人口越难建立社会网络、适应新环境,这也使得他们很难有较高的社会参与意愿[②]。通常情况下,流动老年人口更倾向于选择熟悉的环境作为流入地,这使得"就近流动"成为突出的行为空间特征[③]。在区域选择上,既有研究表明,流动老年人口以选择西部地区为流入地为主,东部地区次之[④],相应地,该群体的社会健康也呈现出区域分化。与东部地区的流动老年人口相比,中部地区、东北地区的流动老年人口拥有更好的社会融入程度[⑤]。基于此,提出如下假设:

假设 6.1c:受到流入地区的影响,流动老年人口社会健康状况存在空间差异。

(2)家庭代际团结何以影响社会健康

流动老年人口在子女的支持和陪伴下能够更加顺利适应流入地生活,熟悉新环境,增加参与社会活动的意愿,从而增强与当地人的互动,扩大社会交往范围,提高社会适应水平以及更积极地生活[⑥]。同时,与子女之间保持亲近关系的流动老年人,无论是维系原有社会网络,还是在新环境中重建新的社会网络,都比那些与子女关系不那么亲近的老年人更具优势[⑦]。基于此,本研究提出如下假设:

假设 6.2a:情感性团结下,与认为子女不够关心的流动老年人口相比,认为子女给予自己足够关心的流动老年人口拥有更高的社会健康水平。

老年人口流动到新的环境生活,在帮助子女照料家务、照顾孩子的同时,也会与子女产生矛盾。受到代际之间生活理念、生活态度差异的影响,两代人之间可能在某些方面难以达成共识,这可能会加重流动老年人的精神焦虑,促使抑郁状况的发生,以及降低其参与社会活动的可能性,社会适应水平因而被削弱[⑧]。基于此,本研究提出如下假设:

① 胡雅萍,刘越,王承宽. 流动老人社会融合影响因素研究[J].人口与经济,2018(6):77-88.

② 陈志光. 漂泊与孤独:流动老年人口社会交往状况研究[J].社科纵横,2021,36(03):93-103.

③ 景晓芬. 老年流动人口空间分布及长期居留意愿研究——基于2015年全国流动人口动态监测数据[J].人口与发展,2019,25(04):34-43.

④ 杨菊华. 流动时代中的流动世代:老年流动人口的多维特征分析[J].人口学刊,2018,40(04):43-58.

⑤ 李雨潼. 中国老年流动人口的社会融入及其影响因素分析[J].人口学刊,2022,44(01):99-112.

⑥ 刘庆,陈世海. 移居老年人社会适应的结构、现状与影响因素[J].南方人口,2015,30(06):59-67.

⑦ 周红云,胡浩钰. 社会支持对流动老人社会融合的影响——基于武汉和深圳的调查数据[J].西北人口,2017,38(04):24-32.

⑧ 穆光宗. "老漂族"的群体现状与社会适应[J].人民论坛,2021(12):64-66.

假设 6.2b:共识性团结下,相较于与子女未能达成共识的流动老年人口,与子女达成共识的流动老年人口的社会健康水平更高。

中国传统的孝道文化依然在家庭关系中发挥重要作用,"养儿防老"的传统观念及帮助子女成为老年人口流动的重要驱动因素①。那些认为应当主要由子女承担老年人照料责任的流动老年人口更容易随子女流动,来自子女的照料与支持使得他们有较为充足的时间与精力熟悉流入地生活②。那些不认为子女承担老年人照料主要责任的流动老年人口,更倾向于自己解决养老问题,他们可能较少地获得来自子女的支持,这可能会使得流动老年人口较难适应流入地生活。基于此,本研究提出如下假设:

假设 6.2c:规范性团结下,相较于认为子女不承担主要养老责任的流动老年人口,认为由子女承担主要养老责任的流动老年人口拥有更高的社会健康水平。

迁移流动带来的空间转换,不仅使得流动老年人口与原有社会关系疏离,也使得该群体在流入地缺乏必要的社会交往圈,子女成为老年人在流入地最大的精神支柱。研究发现,与子女之间缺少交流会造成流动老年人口孤独、焦虑,难以适应当地生活。基于此,本研究提出如下假设:

假设 6.2d:联系性团结下,相较于与子女联系不频繁的流动老年人口,与子女联系频繁的流动老年人口的社会健康水平更高。

我国老年人拥有浓重的"家"情结,许多老年人会投身到家庭事务中,给予子女金钱、实物及照料方面的支持。然而,这些支持的给予可能会以挤占流动老年人口参与社会活动资源为代价,使其不具备维系社会网络、参与社会活动必需的时间及经济基础,从而不利于其熟悉流入地环境、适应当地生活③④。相反,来自子女的金钱、实物及照料支持,能在一定程度上减轻老年人提供工具支持的时间成本,为该群体参与流入地的社会活动、拓展社会交往等提供更多的机会,从而有利于其在流入地的社会适应⑤⑥⑦。基于此,本研究提出如下假设:

---

① 胡雅萍,刘越,王承宽. 流动老人社会融合影响因素研究[J]. 人口与经济,2018(6):77-88.

② 李瑶玥,任远. 家庭化迁移对流动人口社会融合的影响及其异质性分析[J]. 人口与发展,2021,27(3):18-31.

③ 王世斌,申群喜,王明忠. 比较视角下流动老年人社会参与的实证研究[J]. 南方人口,2015,30(05):44-51.

④ 孙鹃娟,冀云. 家庭"向下"代际支持行为对城乡老年人心理健康的影响——兼论认知评价的调节作用[J]. 人口研究,2017,41(06):98-109.

⑤ 谢立黎,王飞,胡康. 中国老年人社会参与模式及其对社会适应的影响[J]. 人口研究,2021,45(05):49-63.

⑥ 宋健,王记文,秦婷婷. 孙子女照料与老年人就业的关系研究[J]. 人口与经济,2018(03):92-103.

⑦ 李相荣,张秀敏,任正,等. 中国西部流动老年人口自评健康状况及其影响因素[J]. 医学与社会,2021,34(04):1-5.

假设 6.2e:功能性团结下,与代际间支持大致平衡者相比,获取净向上支持的流动老年人口拥有更高的社会健康水平,提供净向下支持的流动老年人口则拥有更低的社会健康水平。

根据家庭代际关系的类型学研究,老年人口与其子女之间的代际关系在不同维度上存在强弱程度上的差异。部分老年人口的子女在外居住或务工,向老年人口提供的工具支持有限,但却能够通过电话、微信等方式提供较强的情感支持。也有的老年人口与其子女共居,在经济、工具、情感三方面均获得较强的代际支持。总体上,老年人口与其子女之间的代际关系呈现出以实用主义工具型为主的特点,代际之间保持亲密的情感关系[①]。据此,提出如下假设:

假设 6.2f:流动老年人口家庭代际团结类别依据其不同维度的强弱程度呈现多元化特征,不同类别家庭代际团结对其社会健康的影响存在差异,家庭代际团结程度的增强对流动老年人口社会健康产生积极影响。

6.2 社会健康的操作化

本研究因变量为流动老年人口的社会健康,包括社会网络、社会参与、社会适应以及社会健康总分。

社会网络。根据问题"您一个月至少能与几个朋友见面或联系?""您能和几个朋友放心地谈您的私事?""当您需要时,有几个朋友可以给您提供帮助?"进行操作化。原选项为"没有、1 个、2 个、3—4 个、5—8 个、9 个及以上",将其分别赋分为:1 分=没有、2 分=1 个、3 分=2 个、4 分=3—4 个、5 分=5 个及以上。将各答案分数加总,得到社会网络得分,取值范围是 3—15 分,取值越高,社会网络越强。

社会参与。根据问题"您觉得以下的描述是否符合您当前的实际情况?"进行操作化。具体描述包括"如有机会,我乐意参加村/居委会的某些工作""我常常想再为社会做点什么事"。原选项为"完全不符合、比较不符合、一般、比较符合、完全符合、无法回答"。分别赋分为:1 分=完全不符合、2 分=比较不符合、3 分=一般、4 分=比较符合、5 分=完全符合;将无法回答视作缺失值。将答案分数加总,得到社会参与分数,取值范围是 2—10 分,取值越高,社会参与水平越强。

社会适应。根据问题"您觉得以下的描述是否符合您当前的实际情况?"进行操作化。具体描述包括"社会变化太快,我很难适应这种变化""现在,越来越

---

① 曾旭晖,李奕丰. 变迁与延续:中国家庭代际关系的类型学研究[J]. 社会,2020,40(05):190 - 212.

多的观点让我难以接受""现在的社会变化越来越不利于老年人"。原选项为"完全不符合、比较不符合、一般、比较符合、完全符合、无法回答"。将选项分别赋分为:1分=完全符合、2分=比较符合、3分=一般、4分=比较不符合、5分=完全不符合;无法回答视作缺失值。将各答案分数加总,得到社会适应得分,取值范围是3—15分,取值越高,社会适应状态越好。

此外,本研究参考幸福感量表、人际信任量表、领悟社会支持量表等做法及其他综合性指标构建方法[1],将社会网络、社会参与及社会适应得分加总作为社会健康总分,以衡量流动老年人口社会健康整体状况,取值范围是8—40分。

6.3 社会健康描述性统计分析

(1)社会健康整体结果

根据表6-1,流动老年人口社会网络、社会参与、社会适应、社会健康总分的均值分别为8.67分、5.89分、9.74分、24.66分。流动老年人口的社会网络、社会参与状况较差,而社会适应和社会健康总体状况相对较好。社会健康各维度和整体水平之间均存在差异,体现出流动老年人口社会健康的复杂性。

表6-1 流动老年人口社会健康整体结果

变量	N	M	SD	最小值	最大值
社会网络	5513	8.67	3.77	3	15
社会参与	4559	5.89	2.24	2	10
社会适应	4388	9.74	2.80	3	15
社会健康总分	4289	24.66	5.16	8	40

(2)家庭代际团结与社会健康的交叉分析

表6-2为不同维度家庭代际团结特征下的流动老年人口社会健康状况。结构性团结下,除社会参与外,流动老年人口社会网络、社会适应、社会健康总分均具有显著差异。不与子女同住的流动老年人口在社会网络、社会适应、社会健康总分方面的均值高于与子女同住者,分别为8.96分、9.83分、25.04分。

---

① 汪向东、王希林,马弘.心理卫生评定量表手册(增订版)[M].北京:中国心理卫生杂志社,1993:65-145.

表6－2 家庭代际团结与流动老年人口社会健康的交叉分析

变量	指标内涵	类别	社会网络 M	社会网络 SD	社会网络 T/F	社会参与 M	社会参与 SD	社会参与 T/F	社会适应 M	社会适应 SD	社会适应 T/F	社会健康总分 M	社会健康总分 SD	社会健康总分 T/F
结构性团结	居住安排	不与子女同住	8.96	3.67	4.82***	5.99	2.23	1.62	9.83	2.74	1.75*	25.04	5.01	3.27***
		与子女同住	8.44	3.82		5.87	2.25		9.67	2.86		24.50	5.14	
情感性团结	情感关心	不关心	8.00	3.59	−4.42***	5.48	2.39	−4.04***	9.83	2.84	0.64	23.91	4.77	−3.08***
		关心	8.76	3.77		5.94	2.23		9.73	2.81		24.75	5.20	
共识性团结	观念一致	未达成共识	9.27	3.38	4.93***	5.99	2.02	1.22	9.00	2.61	−7.99***	24.48	4.04	−1.07
		达成共识	8.58	3.84		5.88	2.30		9.90	2.83		24.71	5.39	
规范性团结	养老责任承担	非子女承担	8.82	3.83	1.26	6.14	2.21	4.69***	9.91	2.80	2.09**	25.10	5.48	3.11***
		子女承担	8.67	3.74		5.78	2.26		9.71	2.80		24.53	5.05	
联系性团结	见面	联系不频繁	8.00	3.82	−8.85***	5.93	2.30	0.77	9.66	2.85	−1.20	24.01	5.14	−5.28***
		联系频繁	8.97	3.72		5.88	2.22		9.77	2.77		24.93	5.15	
	通话	联系不频繁	7.32	3.72	−11.87***	5.61	2.36	−3.35***	9.20	2.71	−4.76***	22.85	5.11	−9.25***
		联系频繁	9.06	3.63		5.97	2.22		9.84	2.78		25.12	4.92	
功能性团结	经济支持	向上流动	8.23	3.80	15.13***	5.74	2.29	15.78***	9.81	2.88	2.20	24.10	5.22	14.88***
		向下流动	8.89	3.72		5.88	2.21		9.66	2.82		24.79	5.08	
		双方相等	8.98	3.55		6.49	2.18		9.94	2.59		25.79	5.03	
	工具支持	向上流动	8.34	3.80	19.76***	5.80	2.30	5.77***	9.82	2.80	8.45***	24.42	5.09	8.69***
		向下流动	8.96	3.70		5.93	2.16		9.55	2.75		24.72	5.15	
		双方相等	9.06	3.86		6.17	2.31		10.08	2.89		25.52	5.47	

注：当自变量为二分类时使用 T 检验，当自变量为多分类及以上时使用方差分析；***，P<0.01；**，P<0.05；*，P<0.1。

情感性团结方面,除社会适应外,认为子女对自己足够关心的流动老年人口在社会网络、社会参与、社会健康总分方面的分数均值高于认为子女对自己不够关心者,分别为 8.76 分、5.94 分、24.75 分。

共识性团结方面,仅有社会网络、社会适应表现出显著差异,与子女达成共识的流动老年人口在社会适应方面具有明显优势(9.90 分),但在社会网络方面的得分(8.58 分)低于未与子女达成共识者(9.27 分)。

规范性团结方面,仅有社会网络未表现出显著差异,认为养老责任应主要由子女承担的流动老年人口在社会参与、社会适应、社会健康总分方面的分数明显低于认为养老责任主要由非子女承担者。

联系性团结方面,相较于与子女联系不频繁者,与子女联系频繁的流动老年人口在大部分社会健康维度得分以及社会健康总分得分方面具有显著优势。其中,与子女之间存在频繁通话联系的老年人,拥有更大的社会网络(9.06)、更高的社会参与水平(5.97)、更好的社会适应能力(9.84)以及更优的社会健康总体水平(25.12)。

功能性团结方面,相较于代际间经济、工具支持相等的流动老年人口,向上、向下流动支持的样本在大部分社会健康维度以及社会健康总分上更具优势,且向下流动支持者的社会健康状况明显好于向上流动支持者。其中,工具支持向下流动的流动老年人口在社会网络、社会参与、社会适应以及社会健康总分的得分分别为 9.06 分、6.17 分、10.08 分、25.52 分。

6.4 社会健康实证分析结果

6.4.1 迁移流动对社会健康的影响

(1) 是否迁移流动对老年人口社会健康的影响

根据表 6-3,迁移流动对老年人口社会参与、社会适应的影响并不显著(M6-4、M6-6),对其社会网络、社会健康总分有显著消极影响(M6-2、M6-8)。相较于非流动老年人口,迁移流动行为使得流动老年人口社会网络、社会健康总分得分分别减少 0.49 分、0.47 分。流动老年人口脱离原有生活场域,与原有社会网络成员间的联系频率减少,甚至发生社会网络断裂[①]。面对流入地的陌生环境,流动老年人口难以快速建立与拓展新的社会网络,无法熟悉新环境、适应新生活,从而降低其社会参与的意愿。此外,部分流动老年人口需要依靠务工、经商或者花费自己的养老金向子女提供财物,大部分的精力与财力都向子女

---

① 王欢,李聪. 我国流动老年人口多维健康状况及其影响因素[J]. 医学与社会,2022,35(10):46-51.

表 6-3 迁移流动对老年人口社会健康的影响

变量	社会网络		社会参与		社会适应		社会健康总分	
	M6-1	M6-2	M6-3	M6-4	M6-5	M6-6	M6-7	M6-8
年龄	-0.0082***	-0.0089***	-0.0242***	-0.0243***	0.0090***	0.0090***	-0.0258***	-0.0264***
	(0.0021)	(0.0021)	(0.0013)	(0.0013)	(0.0017)	(0.0017)	(0.0030)	(0.0030)
性别（女性）	-0.2558***	-0.2574***	0.1162***	0.1160***	0.1243***	0.1244***	0.0203	0.0188
	(0.0299)	(0.0299)	(0.0192)	(0.0192)	(0.0237)	(0.0237)	(0.0425)	(0.0424)
居住地（农村）	-0.0444	-0.0123	0.0414*	0.0450**	-0.1803***	-0.1834***	-0.1876***	-0.1566***
	(0.0334)	(0.0336)	(0.0218)	(0.0219)	(0.0266)	(0.0267)	(0.0476)	(0.0479)
同住人数	0.0761***	0.0782***	-0.0236***	-0.0234***	-0.0385***	-0.0387***	0.0148	0.0169
	(0.0104)	(0.0104)	(0.0065)	(0.0065)	(0.0078)	(0.0078)	(0.0146)	(0.0146)
个人收入（取对数）	0.0572***	0.0564***	0.0867***	0.0867***	-0.0182***	-0.0181***	0.1313***	0.1307***
	(0.0087)	(0.0087)	(0.0055)	(0.0055)	(0.0068)	(0.0068)	(0.0121)	(0.0121)
受教育程度（小学及以下）	0.4401***	0.4383***	0.4235***	0.4233***	0.0974***	0.0976***	0.9513***	0.9493***
	(0.0327)	(0.0326)	(0.0212)	(0.0212)	(0.0260)	(0.0260)	(0.0471)	(0.0470)
婚姻状况（不在婚）	0.0098	0.0080	0.0484**	0.0482**	-0.0604**	-0.0602**	0.0054	0.0039
	(0.0336)	(0.0336)	(0.0216)	(0.0216)	(0.0269)	(0.0269)	(0.0480)	(0.0480)

续表

变量	社会网络		社会参与		社会适应		社会健康总分	
	M6-1	M6-2	M6-3	M6-4	M6-5	M6-6	M6-7	M6-8
工作状况（不在业）	0.1304***	0.1272***	0.1612***	0.1608***	0.2104***	0.2107***	0.5074***	0.5034***
	(0.0391)	(0.0390)	(0.0255)	(0.0255)	(0.0305)	(0.0305)	(0.0554)	(0.0554)
躯体健康	0.1713***	0.1718***	0.0513***	0.0514***	−0.0333***	−0.0333***	0.2004***	0.2010***
	(0.0099)	(0.0099)	(0.0066)	(0.0066)	(0.0074)	(0.0074)	(0.0144)	(0.0144)
心理健康	0.0745***	0.0750***	0.0364***	0.0365***	0.1923***	0.1922***	0.3064***	0.3069***
	(0.0047)	(0.0047)	(0.0029)	(0.0029)	(0.0035)	(0.0035)	(0.0066)	(0.0066)
迁移流动（否）		−0.4850***		−0.0545		0.0476		−0.4714***
		(0.0640)		(0.0382)		(0.0482)		(0.0881)
常数项	2.5731***	2.6120***	4.3743***	4.3780***	6.3933***	6.3905***	13.0833***	13.1115***
	(0.3592)	(0.3592)	(0.2372)	(0.2372)	(0.2721)	(0.2721)	(0.5296)	(0.5296)
N	57258	57258	55000	55000	53799	53799	52720	52720
adjusted R^2	0.024	0.025	0.043	0.043	0.058	0.058	0.084	0.084

注：***，$P<0.01$；**，$P<0.05$；*，$P<0.1$；括号内为稳健标准误。

处集中,挤占了流动老年人口参与社会活动的资源,其难有时间和精力参与社会活动、维系社会网络,导致其社会健康整体水平下降[1][2]。综合以上,迁移流动行为会对流动老年人口部分维度社会健康产生消极影响,假设 6.1a 得到部分验证。

(2)迁移流动特征对流动老年人口社会健康的影响

①迁移流动对社会网络的影响

根据表 6 - 4,流入时间对流动老年人口社会网络产生显著积极影响,流入地对其社会网络得分产生显著负向影响(M6—12),假设 6.1b、假设 6.1c 分别得到部分验证。流入时间每增加一年,流动老年人口社会网络得分增加 0.01 分。相较于流入地为东部地区,中部、西部、东北地区的流动老年人口社会网络得分分别低出 0.45 分、1.13 分、0.82 分,选择西部地区作为流入地者的社会网络情况最不容乐观。

表 6 - 4　迁移流动特征对流动老年人口社会网络的影响($N=2717$)

变量	M6—9	M6—10	M6—11	M6—12
年龄	−0.0147	−0.0252**	−0.0189*	−0.0283**
	(0.0107)	(0.0110)	(0.0108)	(0.0111)
性别(女性)	−0.3800**	−0.3673**	−0.2551*	−0.2504
	(0.1515)	(0.1505)	(0.1530)	(0.1522)
居住地(农村)	−0.7052***	−0.4457**	−0.8656***	−0.6147***
	(0.2097)	(0.2169)	(0.2102)	(0.2187)
同住人数	0.0200	0.0467	0.0070	0.0335
	(0.0511)	(0.0513)	(0.0512)	(0.0515)
个人收入(取对数)	0.1278***	0.1242***	0.1060**	0.1045**
	(0.0408)	(0.0410)	(0.0411)	(0.0412)
受教育程度(小学及以下)	0.9370***	0.9289***	0.8384***	0.8391***
	(0.1555)	(0.1544)	(0.1546)	(0.1536)

---

① 孙鹃娟,冀云. 家庭"向下"代际支持行为对城乡老年人心理健康的影响——兼论认知评价的调节作用[J]. 人口研究,2017,41(06):98 - 109.

② 薄赢. 代际支持对农村老年人医疗消费的影响——基于 2011 年 CHARLS 数据的分析[J]. 消费经济,2016,32(05):16 - 22.

续表

变量	M6—9	M6—10	M6—11	M6—12
婚姻状况(不在婚)	0.2695	0.2574	0.2090	0.2031
	(0.1665)	(0.1653)	(0.1660)	(0.1650)
工作状况(不在业)	−0.2163	−0.2542	−0.1649	−0.2043
	(0.2026)	(0.2010)	(0.2025)	(0.2006)
躯体健康	0.2339***	0.2064***	0.2366***	0.2119***
	(0.0755)	(0.0759)	(0.0731)	(0.0735)
心理健康	−0.0208	0.0019	−0.0276	−0.0063
	(0.0221)	(0.0224)	(0.0220)	(0.0222)
流入时间		0.0157***		0.0146***
		(0.0029)		(0.0029)
流入地(东部地区)				
中部地区			−0.5231**	−0.4539**
			(0.2126)	(0.2143)
西部地区			−1.1658***	−1.1315***
			(0.1848)	(0.1841)
东北地区			−0.9054***	−0.8166***
			(0.2191)	(0.2179)
常数项	2.5224	2.8938	3.7646	3.9884*
	(2.4602)	(2.4551)	(2.4231)	(2.4204)
adjusted R²	0.028	0.038	0.042	0.050

注：***，$P<0.01$；**，$P<0.05$；*，$P<0.1$；括号内为稳健标准误。

②迁移流动对社会参与的影响

根据表6-5,流入时间对流动老年人口社会参与产生显著积极影响,流入地对其社会参与产生的健康效应存在差异(M6—16),假设6.1b、假设6.1c得到部分验证。流入时间每增加一年,流动老年人口社会参与得分提升0.01分。相较于流入地为东部地区,将西部地区和东北地区作为流入地的流动老年人口具有较为显著的社会参与劣势,社会参与得分分别低出东部地区者0.37分、0.62分;流入地为中部地区则对其社会参与没有显著影响。

表 6 - 5　迁移流动特征对流动老年人口社会参与的影响($N=2673$)

变量	M6—13	M6—14	M6—15	M6—16
年龄	−0.0244***	−0.0297***	−0.0258***	−0.0306***
	(0.0061)	(0.0061)	(0.0060)	(0.0060)
性别(女性)	−0.0429	−0.0367	−0.0151	−0.0134
	(0.0882)	(0.0879)	(0.0884)	(0.0882)
居住地(农村)	0.4156***	0.5482***	0.3743***	0.5056***
	(0.1249)	(0.1260)	(0.1232)	(0.1250)
同住人数	0.0882***	0.1021***	0.0643**	0.0783***
	(0.0297)	(0.0298)	(0.0298)	(0.0300)
个人收入(取对数)	0.1390***	0.1370***	0.1308***	0.1299***
	(0.0220)	(0.0221)	(0.0221)	(0.0222)
受教育程度(小学及以下)	0.6756***	0.6722***	0.6635***	0.6656***
	(0.0896)	(0.0894)	(0.0893)	(0.0892)
婚姻状况(不在婚)	−0.0121	−0.0224	−0.0377	−0.0446
	(0.0957)	(0.0953)	(0.0961)	(0.0957)
工作状况(不在业)	0.5462***	0.5316***	0.5555***	0.5393***
	(0.1274)	(0.1284)	(0.1269)	(0.1278)
躯体健康	0.2025***	0.1906***	0.2009***	0.1903***
	(0.0475)	(0.0470)	(0.0469)	(0.0465)
心理健康	0.0262**	0.0373***	0.0269**	0.0375***
	(0.0127)	(0.0129)	(0.0128)	(0.0130)
流入时间		0.0079***		0.0075***
		(0.0017)		(0.0017)
流入地(东部地区)				
中部地区			0.1392	0.1826
			(0.1222)	(0.1219)
西部地区			−0.3894***	−0.3672***
			(0.1117)	(0.1115)
东北地区			−0.6664***	−0.6201***
			(0.1124)	(0.1136)
常数项	−1.2039	−1.0627	−0.7138	−0.6537
	(1.4923)	(1.4792)	(1.4889)	(1.4797)
adjusted R^2	0.088	0.095	0.104	0.109

注：***，$P<0.01$；**，$P<0.05$；*，$P<0.1$；括号内为稳健标准误。

③迁移流动对社会适应的影响

根据表6-6,流入时间对流动老年人口社会适应没有显著影响,流入地对其社会适应起到部分积极作用(M6-20),假设6.1b在该部分未能得到证实,假设6.1c得到部分验证。相较于流入地为东部地区,将西部地区作为流入地的流动老年人口在社会适应方面具有显著优势,社会适应得分比东部地区者高出0.89分;而将中部、东北地区作为流入地则对流动老年人口社会适应没有显著影响。

表6-6 迁移流动特征对流动老年人口社会适应的影响($N=2614$)

变量	M6-17	M6-18	M6-19	M6-20
年龄	-0.0032	-0.0039	-0.0029	-0.0035
	(0.0080)	(0.0081)	(0.0079)	(0.0080)
性别(女性)	0.0326	0.0338	-0.0249	-0.0244
	(0.1179)	(0.1179)	(0.1179)	(0.1180)
居住地(农村)	-0.1407	-0.1243	-0.0676	-0.0537
	(0.1605)	(0.1638)	(0.1591)	(0.1619)
同住人数	-0.0216	-0.0199	-0.0386	-0.0370
	(0.0368)	(0.0372)	(0.0365)	(0.0370)
个人收入(取对数)	-0.0003	-0.0003	0.0015	0.0016
	(0.0303)	(0.0303)	(0.0301)	(0.0302)
受教育程度(小学及以下)	0.2059*	0.2052*	0.2171*	0.2170*
	(0.1161)	(0.1162)	(0.1168)	(0.1169)
婚姻状况(不在婚)	0.1550	0.1535	0.1446	0.1437
	(0.1343)	(0.1343)	(0.1320)	(0.1321)
工作状况(不在业)	-0.3465**	-0.3488**	-0.3686**	-0.3707**
	(0.1641)	(0.1640)	(0.1618)	(0.1618)
躯体健康	0.0902	0.0881	0.0844	0.0828
	(0.0711)	(0.0712)	(0.0714)	(0.0715)
心理健康	0.2169***	0.2184***	0.2237***	0.2250***
	(0.0159)	(0.0163)	(0.0156)	(0.0160)
流入时间		0.0011		0.0009
		(0.0023)		(0.0023)

续表

变量	M6-17	M6-18	M6-19	M6-20
流入地(东部地区)				
中部地区			-0.1107	-0.1071
			(0.1404)	(0.1408)
西部地区			0.8867***	0.8892***
			(0.1490)	(0.1491)
东北地区			-0.1910	-0.1856
			(0.1577)	(0.1595)
常数项	2.8535	2.8860	2.7346	2.7545
	(2.3102)	(2.3074)	(2.3293)	(2.3259)
adjusted R^2	0.082	0.082	0.100	0.100

注：***，$P<0.01$；**，$P<0.05$；*，$P<0.1$；括号内为稳健标准误。

④迁移流动对社会健康总分的影响

根据表6-7，流入时间对流动老年人口社会健康总分具有积极作用，但流入地对其社会健康总分起到负面影响(M6-24)，假设6.1b、假设6.1c得到部分验证。流入时间每增加一年，流动老年人口社会健康总分则增加0.02分。相较于流入地为东部地区，将中部、西部、东北地区作为流入地的流动老年人口的社会健康总分较低，分别比东部地区者低出0.47分、0.45分、1.88分。其中，东北地区流动老年人口社会健康总分方面劣势最为明显。

表6-7 迁移流动特征对老年人口社会健康总分的影响($N=2571$)

变量	M6-21	M6-22	M6-23	M6-24
年龄	-0.0470***	-0.0640***	-0.0532***	-0.0679***
	(0.0140)	(0.0142)	(0.0139)	(0.0142)
性别(女性)	-0.2353	-0.2000	-0.1277	-0.1099
	(0.2099)	(0.2087)	(0.2125)	(0.2115)
居住地(农村)	-0.2682	0.1173	-0.3997	-0.0383
	(0.2938)	(0.2944)	(0.2950)	(0.2963)
同住人数	0.1175*	0.1568**	0.0532	0.0913
	(0.0640)	(0.0641)	(0.0645)	(0.0648)

变量	M6—21	M6—22	M6—23	M6—24
个人收入(取对数)	0.2717***	0.2720***	0.2431***	0.2458***
	(0.0613)	(0.0618)	(0.0627)	(0.0630)
受教育程度(小学及以下)	1.8548***	1.8338***	1.7638***	1.7583***
	(0.2118)	(0.2105)	(0.2110)	(0.2100)
婚姻状况(不在婚)	0.3604	0.3097	0.2588	0.2221
	(0.2309)	(0.2295)	(0.2293)	(0.2286)
工作状况(不在业)	0.1576	0.1125	0.1971	0.1512
	(0.2764)	(0.2761)	(0.2784)	(0.2780)
躯体健康	0.6539***	0.6099***	0.6420***	0.6043***
	(0.1164)	(0.1138)	(0.1146)	(0.1124)
心理健康	0.2226***	0.2581***	0.2260***	0.2580***
	(0.0300)	(0.0300)	(0.0297)	(0.0297)
流入时间		0.0239***		0.0213***
		(0.0038)		(0.0037)
流入地(东部地区)				
中部地区			−0.5796**	−0.4704*
			(0.2750)	(0.2742)
西部地区			−0.5183**	−0.4511*
			(0.2638)	(0.2626)
东北地区			−2.0180***	−1.8783***
			(0.2880)	(0.2878)
常数项	0.4096	1.0780	2.3115	2.7078
	(3.8060)	(3.7191)	(3.7868)	(3.7178)
adjusted R²	0.118	0.130	0.136	0.144

注:***,$P<0.01$;**,$P<0.05$;*,$P<0.1$;括号内为稳健标准误。

6.4.2 家庭代际团结对社会健康的影响

(1) 不与子女同住的流动老年人口

①家庭代际团结与社会网络

根据表6—8,基准模型回归结果显示(M6—25),只纳入控制变量时,性别、同住人数、个人收入、心理健康对流动老年人口社会网络没有显著影响,流入时间、流入地、年龄、居住地、受教育程度、婚姻状况、工作状况、躯体健康对其社会网络有显著影响。

模型 M6－26 至 M6－30 表示模型分别纳入情感性团结、共识性团结、规范性团结、联系性团结、功能性团结。回归结果显示,情感性团结、共识性团结对流动老年人口社会网络没有显著影响,规范性团结、联系性团结以及功能性团结对其社会网络产生显著影响,假设 6.2a、假设 6.2b 未能在该部分得到证实。规范性团结方面,相较于认为由非子女承担养老责任的流动老年人口,认为应由子女承担养老责任者在社会网络方面更具优势,高出 0.40 分,假设 6.2c 得到部分验证。联系性团结方面,通话频率对流动老年人口社会网络得分没有显著影响。然而,相较于见面不频繁者,与子女见面频繁的流动老年人口的社会网络得分高出 0.88 分,假设 6.2d 得到部分验证。功能性团结方面,相较于经济支持、工具支持双方相等的流动老年人口,经济和工具支持无论向上流动还是向下流动,均会对流动老年人口社会网络得分产生明显增益作用,假设 6.2e 得到部分验证。其中,工具支持向上流动者获得的增益效果最为明显,流动老年人口社会网络得分比工具支持双方相等者高出 1.08 分。流入地、居住地、躯体健康对流动老年人口社会网络的影响受不同维度家庭代际团结的影响较为明显。当纳入规范性团结时,躯体健康影响的显著性减弱。当纳入联系性团结时,流入地为中部地区影响的显著性与躯体健康影响的显著性减弱,居住地影响的显著性增强。当纳入功能性团结时,居住地影响的显著性增强。

模型 M6－31 同时纳入控制变量及多维代际团结。回归结果显示,规范性团结影响的显著性消失。控制变量中,流入时间影响的显著性与流入地为中部地区影响的显著性减弱;居住地影响的显著性增强。

②家庭代际团结与社会参与

根据表 6-9,基准模型回归结果显示(M6－32),只纳入控制变量时,性别、同住人数、工作状况对流动老年人口社会参与没有显著影响,流入时间、流入地、年龄、居住地、个人收入、受教育程度、婚姻状况、躯体健康、心理健康对其社会参与有显著影响。

模型 M6－33 至 M6－37 表示,模型分别纳入情感性团结、共识性团结、规范性团结、联系性团结、功能性团结。回归结果显示,共识性团结、规范性团结对流动老年人口社会参与无显著影响,情感性团结、联系性团结、功能性团结对其社会参与有显著影响,假设 6.2b、假设 6.2c 未能在该部分得到证实。情感性团结方面,认为子女对自己足够关心的流动老年人口比认为子女不够关心者的社会参与得分高出 0.58 分,假设 6.2a 得到部分验证。联系性团结方面,见面频率对流

表 6-8 家庭代际团结对流动老年人口社会网络的影响（不与子女同住）（N=1051）

变量	M6-25	M6-26	M6-27	M6-28	M6-29	M6-30	M6-31
流入时间	0.0168***	0.0162***	0.0168***	0.0158***	0.0132***	0.0158***	0.0118**
	(0.0046)	(0.0046)	(0.0046)	(0.0046)	(0.0047)	(0.0046)	(0.0047)
流入地（东部地区）							
中部地区	-0.9985***	-0.9398***	-0.9979***	-0.9650***	-0.6623*	-1.1121***	-0.7821**
	(0.3536)	(0.3576)	(0.3541)	(0.3522)	(0.3672)	(0.3443)	(0.3552)
西部地区	-1.2676***	-1.2240***	-1.2661***	-1.2450***	-1.0592***	-1.3987***	-1.1875***
	(0.2748)	(0.2772)	(0.2754)	(0.2739)	(0.2786)	(0.2741)	(0.2767)
东北地区	-0.3199	-0.2898	-0.3196	-0.2641	-0.3541	-0.5480*	-0.4927
	(0.3214)	(0.3223)	(0.3213)	(0.3224)	(0.3189)	(0.3211)	(0.3216)
年龄	-0.0679***	-0.0673***	-0.0676***	-0.0674***	-0.0712***	-0.0846***	-0.0838***
	(0.0175)	(0.0176)	(0.0174)	(0.0175)	(0.0175)	(0.0171)	(0.0170)
性别（女性）	-0.0663	-0.0689	-0.0652	-0.0924	0.0046	0.1067	0.1296
	(0.2260)	(0.2261)	(0.2263)	(0.2263)	(0.2231)	(0.2225)	(0.2221)
居住地（农村）	-0.7666**	-0.7865**	-0.7593**	-0.7612**	-0.9203***	-0.9434***	-1.0383***
	(0.3066)	(0.3088)	(0.3067)	(0.3071)	(0.3030)	(0.3011)	(0.3005)
同住人数	0.1296	0.1068	0.1297	0.1406	0.1432	0.1281	0.1323
	(0.2326)	(0.2329)	(0.2333)	(0.2302)	(0.2303)	(0.2391)	(0.2373)
个人收入（取对数）	0.0670	0.0736	0.0679	0.0664	0.0691	0.0841	0.0890
	(0.0815)	(0.0813)	(0.0817)	(0.0815)	(0.0808)	(0.0795)	(0.0793)

续表

变量	M6—25	M6—26	M6—27	M6—28	M6—29	M6—30	M6—31
受教育程度（小学及以下）	1.0239***	1.0157***	1.0234***	1.1015***	0.9968***	0.9478***	0.9830***
	(0.2281)	(0.2279)	(0.2283)	(0.2295)	(0.2272)	(0.2261)	(0.2274)
婚姻状况（不在婚）	1.2418***	1.2419***	1.2452***	1.3034***	1.1419***	1.2232***	1.2084***
	(0.3854)	(0.3831)	(0.3868)	(0.3902)	(0.3878)	(0.3758)	(0.3844)
工作状况（不在业）	−0.6014**	−0.6285**	−0.5981**	−0.5706**	−0.5772**	−0.6926**	−0.6521**
	(0.2790)	(0.2783)	(0.2786)	(0.2752)	(0.2767)	(0.2753)	(0.2694)
躯体健康	0.2826***	0.2837***	0.2819***	0.2850**	0.2641**	0.3061***	0.2898***
	(0.1089)	(0.1074)	(0.1092)	(0.1107)	(0.1062)	(0.0999)	(0.0999)
心理健康	0.0087	0.0053	0.0096	0.0087	0.0142	0.0022	0.0079
	(0.0385)	(0.0385)	(0.0389)	(0.0383)	(0.0382)	(0.0376)	(0.0376)
情感性团结（不关心）		0.4307					0.3150
		(0.3502)					(0.3601)
共识性团结（未达成共识）			−0.0634			−0.2020	
			(0.2742)			(0.2829)	
规范性团结（非子女承担）				0.3964*		0.3235	
				(0.2342)		(0.2318)	
联系性团结（见面—通话）							
见面频率（不频繁）					0.8779***		0.6824***
					(0.2556)		(0.2552)

续表

变量	M6-25	M6-26	M6-27	M6-28	M6-29	M6-30	M6-31
通话频率(不频繁)					0.3755		0.2779
					(0.3933)		(0.3963)
功能性团结(经济-工具)							
经济支持(双方相等)							
向上流动						0.9695***	0.9854***
						(0.2868)	(0.2858)
向下流动						0.9657**	0.9921**
						(0.3904)	(0.3931)
工具支持(双方相等)							
向上流动						1.0839***	0.9536***
						(0.2232)	(0.2237)
向下流动						1.0759**	0.9390**
						(0.4367)	(0.4463)
常数项	3.5921	3.2176	3.6063	3.1317	3.4807	2.8988	2.2425
	(3.7080)	(3.6895)	(3.7175)	(3.7700)	(3.6154)	(3.4296)	(3.4366)
adjusted R^2	0.098	0.098	0.097	0.100	0.110	0.131	0.138

注: ***, $P<0.01$; **, $P<0.05$; *, $P<0.1$; 括号内为稳健标准误。

表6-9　家庭代际团结对流动老年人口社会参与的影响（不与子女同住）（N=1034）

变量	M6-32	M6-33	M6-34	M6-35	M6-36	M6-37	M6-38
流入时间	0.0107***	0.0099***	0.0107***	0.0112***	0.0084***	0.0102***	0.0078***
	(0.0029)	(0.0029)	(0.0029)	(0.0029)	(0.0030)	(0.0029)	(0.0030)
流入地（东部地区）							
中部地区	0.4818**	0.5586***	0.4821**	0.4667**	0.6145***	0.4261**	0.6023***
	(0.1897)	(0.1895)	(0.1899)	(0.1901)	(0.1913)	(0.1913)	(0.1923)
西部地区	-0.5500***	-0.4914***	-0.5496***	-0.5605***	-0.4769***	-0.6032***	-0.4890***
	(0.1758)	(0.1761)	(0.1759)	(0.1756)	(0.1776)	(0.1789)	(0.1811)
东北地区	-1.3801***	-1.3414***	-1.3799***	-1.4069***	-1.3972***	-1.4215***	-1.4153***
	(0.1819)	(0.1800)	(0.1820)	(0.1818)	(0.1803)	(0.1905)	(0.1871)
年龄	-0.0305***	-0.0297***	-0.0304***	-0.0306***	-0.0308***	-0.0340***	-0.0326***
	(0.0095)	(0.0095)	(0.0095)	(0.0096)	(0.0094)	(0.0097)	(0.0096)
性别（女性）	0.1372	0.1328	0.1376	0.1486	0.1648	0.1772	0.2043
	(0.1368)	(0.1368)	(0.1370)	(0.1375)	(0.1363)	(0.1380)	(0.1386)
居住地（农村）	0.3631**	0.3332*	0.3651*	0.3572*	0.2922*	0.3141*	0.2409
	(0.1700)	(0.1703)	(0.1723)	(0.1694)	(0.1701)	(0.1732)	(0.1720)
同住人数	0.0777	0.0461	0.0777	0.0720	0.0548	0.0779	0.0216
	(0.1556)	(0.1563)	(0.1555)	(0.1546)	(0.1574)	(0.1525)	(0.1535)
个人收入（取对数）	0.0886**	0.0970**	0.0889**	0.0881**	0.0921**	0.0894**	0.1005**
	(0.0415)	(0.0414)	(0.0416)	(0.0418)	(0.0412)	(0.0429)	(0.0430)

续表

变量	M6-32	M6-33	M6-34	M6-35	M6-36	M6-37	M6-38
受教育程度（小学及以下）	0.8552***	0.8433***	0.8551***	0.8206***	0.8168***	0.8007***	0.7165***
	(0.1420)	(0.1409)	(0.1421)	(0.1450)	(0.1414)	(0.1437)	(0.1455)
婚姻状况（不在婚）	-0.6350***	-0.6380***	-0.6338***	-0.6612***	-0.7486***	-0.6672***	-0.7980***
	(0.2265)	(0.2291)	(0.2264)	(0.2286)	(0.2293)	(0.2260)	(0.2334)
工作状况（不在业）	0.0807	0.0435	0.0818	0.0696	0.0659	0.0475	-0.0032
	(0.1894)	(0.1903)	(0.1909)	(0.1886)	(0.1864)	(0.1880)	(0.1867)
躯体健康	0.2895***	0.2905***	0.2893***	0.2873***	0.2737***	0.2898***	0.2711***
	(0.0594)	(0.0589)	(0.0595)	(0.0592)	(0.0573)	(0.0593)	(0.0575)
心理健康	0.0933***	0.0890***	0.0935***	0.0936***	0.0925***	0.0884***	0.0855***
	(0.0245)	(0.0247)	(0.0249)	(0.0245)	(0.0246)	(0.0250)	(0.0256)
情感性团结（不关心）		0.5769***					0.5420***
		(0.2006)					(0.1986)
共识性团结（未达成共识）			-0.0161				-0.1183
			(0.1581)				(0.1633)
规范性团结（非子女承担）				-0.1795			-0.1831
				(0.1424)			(0.1385)
联系性团结（见面—通话）							
见面频率（不频繁）					0.2345		0.1937
					(0.1516)		(0.1519)

续表

变量	M6—32	M6—33	M6—34	M6—35	M6—36	M6—37	M6—38
通话频率(不频繁)					0.6253***		0.5912***
					(0.2233)		(0.2174)
功能性团结(经济—工具)							
经济支持(双方相等)							
向上流动						0.2836*	0.2306
						(0.1713)	(0.1728)
向下流动						0.6088**	0.6047**
						(0.2608)	(0.2566)
工具支持(双方相等)							
向上流动						0.2773**	0.2424*
						(0.1400)	(0.1407)
向下流动						0.2788	0.2031
						(0.2727)	(0.2719)
常数项	−3.8702**	−4.3488**	−3.7282*	−3.6311*	−3.8540**	−3.8343*	−3.9260**
	(1.9674)	(1.9502)	(1.9779)	(1.9681)	(1.8899)	(1.9608)	(1.9019)
adjusted R^2	0.195	0.200	0.196	0.195	0.203	0.201	0.212

注:***,$P<0.01$;**,$P<0.05$;*,$P<0.1$;括号内为稳健标准误。

动老年人口社会参与没有显著影响,相较于通话不频繁者,通话频繁的流动老年人口社会参与分数更高,高出 0.63 分,假设 6.2d 得到部分验证。功能性团结方面,相较于经济支持双方相等者,经济支持向下流动的流动老年人口社会参与得分高出 0.61 分;相较于工具支持双方相等者,流动老年人口工具支持向上流动时在社会参与方面更具优势,高出 0.28 分,假设 6.2e 得到部分验证。流入地与居住地对流动老年人口社会参与的影响受不同维度家庭代际团结影响较为明显。当纳入情感性团结、联系性团结时,流入地为中部地区影响的显著性增强,居住地影响的显著性减弱。当纳入功能性团结时,居住地影响的显著性减弱。

模型 M6-38 同时纳入控制变量及多维代际团结。回归结果显示,功能性团结中经济支持向上流动影响的显著性消失,工具支持向上流动影响的显著性减弱。控制变量中,流入地为中部地区影响的显著性增强,居住地影响的显著性消失。

③家庭代际团结与社会适应

根据表 6-10,基准模型回归结果显示(M6-39),只纳入控制变量时,流入时间、性别、居住地、个人收入、受教育程度、婚姻状况对流动老年人口社会适应没有显著影响,流入地、年龄、同住人数、工作状况、躯体健康、心理健康对其社会适应有显著影响。

模型 M6-40 至 M6-44 表示,模型分别纳入情感性团结、共识性团结、规范性团结、联系性团结、功能性团结。回归结果显示,仅有联系性团结对流动老年人口社会适应没有显著影响,情感性团结、共识性团结、规范性团结、功能性团结对其社会适应均有显著影响,假设 6.2d 未能在该部分得到证实。情感性团结方面,相较于认为子女对自己不够关心者,认为子女对自己足够关心的流动老年人口社会适应得分要低出 0.67 分,假设 6.2a 未能得到证实。共识性团结方面,与子女达成共识的流动老年人口在社会适应方面更具优势,得分高出与子女未能达成共识者 0.45 分,假设 6.2b 得到部分验证。规范性团结方面,认为应由子女承担养老责任的流动老年人口比认为应由非子女承担养老责任者的社会适应得分低出 0.33 分,假设 6.2c 未能得到证实。功能性团结方面,经济支持对流动老年人口社会适应没有显著影响,相较于工具支持双方相等者,工具支持向上流动使得流动老年人口社会适应得分降低 0.38 分,假设 6.2e 未能得到证实。同住人数对流动老年人口社会适应的影响受不同维度家庭代际团结的影响较为明显。当纳入规范性团结时,同住人数影响的显著性增强。

模型 M6-45 同时纳入控制变量及多维家庭代际团结。回归结果显示,情感性团结、共识性团结影响的显著性增强;功能性团结中工具支持向上流动影响显著性减弱。

表6-10 家庭代际团结对流动老年人口社会适应的影响（不与子女同住）（N=1024）

变量	M6-39	M6-40	M6-41	M6-42	M6-43	M6-44	M6-45
流入时间	0.0008	0.0017	0.0008	0.0017	0.0011	0.0011	0.0027
	（0.0037）	（0.0037）	（0.0037）	（0.0037）	（0.0039）	（0.0037）	（0.0039）
流入地（东部地区）							
中部地区	-0.2460	-0.3285	-0.2466	-0.2779	-0.2408	-0.2231	-0.3113
	（0.2240）	（0.2264）	（0.2241）	（0.2234）	（0.2415）	（0.2259）	（0.2465）
西部地区	0.8942***	0.8250***	0.8867***	0.8743***	0.9018***	0.9079***	0.8292***
	（0.2302）	（0.2327）	（0.2291）	（0.2299）	（0.2356）	（0.2320）	（0.2386）
东北地区	0.1607	0.1120	0.1604	0.1182	0.1620	0.2354	0.1322
	（0.2414）	（0.2377）	（0.2399）	（0.2439）	（0.2416）	（0.2458）	（0.2406）
年龄	-0.0429***	-0.0438***	-0.0449***	-0.0435***	-0.0434***	-0.0368***	-0.0427***
	（0.0129）	（0.0129）	（0.0128）	（0.0128）	（0.0129）	（0.0133）	（0.0133）
性别（女性）	0.2515	0.2548	0.2434	0.2734	0.2541	0.2014	0.2256
	（0.1824）	（0.1817）	（0.1817）	（0.1829）	（0.1823）	（0.1825）	（0.1811）
居住地（农村）	-0.0826	-0.0500	-0.1328	-0.0858	-0.0802	-0.0357	-0.0893
	（0.2206）	（0.2234）	（0.2235）	（0.2204）	（0.2236）	（0.2242）	（0.2299）
同住人数	-0.4220**	-0.3871**	-0.4183**	-0.4377***	-0.4143**	-0.4204**	-0.3790**
	（0.1713）	（0.1726）	（0.1739）	（0.1680）	（0.1727）	（0.1722）	（0.1771）
个人收入（取对数）	-0.0158	-0.0259	-0.0252	-0.0144	-0.0159	-0.0237	-0.0478
	（0.0521）	（0.0522）	（0.0520）	（0.0508）	（0.0523）	（0.0535）	（0.0533）

续表

变量	M6－39	M6－40	M6－41	M6－42	M6－43	M6－44	M6－45
受教育程度（小学及以下）	－0.1178	－0.1058	－0.1148	－0.1837	－0.1115	－0.1163	－0.1574
	(0.1787)	(0.1783)	(0.1778)	(0.1859)	(0.1790)	(0.1807)	(0.1868)
婚姻状况（不在婚）	0.1263	0.1336	0.0955	0.0767	0.1410	0.1316	0.0419
	(0.2792)	(0.2823)	(0.2740)	(0.2811)	(0.2829)	(0.2785)	(0.2798)
工作状况（不在业）	－1.1724***	－1.1303***	－1.1969***	－1.2010***	－1.1660***	－1.1432***	－1.1489***
	(0.2459)	(0.2499)	(0.2437)	(0.2462)	(0.2479)	(0.2485)	(0.2512)
躯体健康	－0.1441*	－0.1450*	－0.1389*	－0.1460*	－0.1417*	－0.1534*	－0.1489*
	(0.0814)	(0.0816)	(0.0826)	(0.0799)	(0.0823)	(0.0813)	(0.0828)
心理健康	0.2811***	0.2856***	0.2744***	0.2812***	0.2820***	0.2809***	0.2778***
	(0.0277)	(0.0278)	(0.0277)	(0.0276)	(0.0277)	(0.0277)	(0.0280)
情感性团结（不关心）		－0.6672**					－0.8233***
		(0.2649)					(0.2712)
共识性团结（未达成共识）			0.4510*				0.6731***
			(0.2354)				(0.2548)
规范性团结（非子女承担）				－0.3282*			－0.3062*
				(0.1812)			(0.1788)
联系性团结（见面—通话）							
见面频率（不频繁）					0.0444		0.1403
					(0.2107)		(0.2109)

续表

变量	M6-39	M6-40	M6-41	M6-42	M6-43	M6-44	M6-45
通话频率(不频繁)					-0.1159		-0.0398
					(0.2792)		(0.2747)
功能性团结(经济—工具)							
经济支持(双方相等)							
向上流动						-0.1003	-0.1522
						(0.2142)	(0.2156)
向下流动						0.0594	0.0247
						(0.2987)	(0.2978)
向上流动						-0.3753**	-0.3365*
						(0.1783)	(0.1805)
向下流动						-0.1237	-0.1409
						(0.3493)	(0.3481)
常数项	12.2780***	12.8450***	11.9015***	12.6705***	12.2472***	12.4089***	13.3491***
	(2.7239)	(2.7286)	(2.7393)	(2.6844)	(2.7463)	(2.7293)	(2.7774)
adjusted R²	0.130	0.135	0.140	0.133	0.129	0.132	0.143

注: ***, $P<0.01$; **, $P<0.05$; *, $P<0.1$; 括号内为稳健标准误。

④家庭代际团结与社会健康总分

根据表 6-11,基准模型回归结果显示(M6-46),只纳入控制变量时,性别、居住地、同住人数、婚姻状况对流动老年人口社会健康总分没有显著影响,流入时间、流入地、年龄、个人收入、受教育程度、工作状况、躯体健康、心理健康对其社会健康总分有显著影响。

模型 M6-47 至 M6-51 表示,分别纳入情感性团结、共识性团结、规范性团结、联系性团结、功能性团结。回归结果显示,情感性团结、共识性团结、规范性团结对流动老年人口社会健康总分没有显著影响,联系性团结、功能性团结对其社会健康总分有显著影响,假设 6.2a、假设 6.2b、假设 6.2c 未能在该部分得到证实。联系性团结方面,通话频率对流动老年人口社会健康总分没有显著影响,相较于见面不频繁的流动老年人口,见面频繁者在社会健康总分方面更具优势,社会健康总分得分高出 1.07 分,假设 6.2d 得到部分验证。功能性团结方面,相较于经济支持双方相等者,经济支持向上流动、向下流动分别使得流动老年人口社会健康总分得分提升 1.03 分、1.53 分;相较于工具支持双方相等者,工具支持向上流动、向下流动分别使得流动老年人口社会健康总分得分提升 0.94 分、1.24 分,假设 6.2e 得到部分验证。流入地、居住地、个人收入对流动老年人口社会健康总分的影响受不同维度家庭代际团结的影响较为明显。当纳入情感性团结时,流入地为中部地区影响的显著性消失。当纳入共识性团结时,居住地影响的显著性增强;当纳入联系性团结时,流入地为中部地区及西部地区影响的显著性消失,居住地影响的显著性增强;当纳入功能性团结时,流入地为中部地区、居住地、个人收入影响的显著性增强。

模型 M6-52 同时纳入控制变量及多维代际团结。回归结果显示,功能性团结中工具支持向下流动影响的显著性减弱。控制变量中,流入地为中部地区影响的显著性消失,流入地为西部地区影响的显著性减弱,性别、居住地、个人收入影响的显著性增强。

(2) 与子女同住的流动老年人口

①家庭代际团结与社会网络

根据表 6-12,基准模型回归结果显示(M6-53),只纳入控制变量时,年龄、性别、居住地、个人收入、婚姻状况、工作状况、躯体健康、心理健康对流动老年人口社会网络没有显著影响,流入时间、流入地、同住人数、受教育程度对其社会网络有显著影响。

模型 M6-54 至 M6-57 表示,模型分别纳入情感性团结、共识性团结、规范性团结、功能性团结。回归结果显示,规范性团结对流动老年人口社会网络没有显著影响,情感性团结、共识性团结、功能性团结对其社会网络有显著影响,假

表6-11 家庭代际团结对流动老年人口社会健康总分的影响(不与子女同住)(N=1013)

变量	M6-46	M6-47	M6-48	M6-49	M6-50	M6-51	M6-52
流入时间	0.0304***	0.0301***	0.0303***	0.0306***	0.0251***	0.0290***	0.0248***
	(0.0063)	(0.0063)	(0.0063)	(0.0064)	(0.0063)	(0.0062)	(0.0064)
流入地(东部地区)							
中部地区	-0.7857*	-0.7658	-0.7874*	-0.7954*	-0.3688	-0.9341**	-0.5928
	(0.4722)	(0.4686)	(0.4720)	(0.4716)	(0.4921)	(0.4656)	(0.4747)
西部地区	-0.8091**	-0.7924**	-0.8177**	-0.8152**	-0.5520	-0.9677**	-0.7673*
	(0.3813)	(0.3827)	(0.3832)	(0.3820)	(0.3931)	(0.3834)	(0.3948)
东北地区	-1.6644***	-1.6529***	-1.6655***	-1.6781***	-1.7120***	-1.8336***	-1.8907***
	(0.4150)	(0.4146)	(0.4149)	(0.4169)	(0.4108)	(0.4270)	(0.4236)
年龄	-0.1488***	-0.1485***	-0.1500***	-0.1489***	-0.1521***	-0.1615***	-0.1647***
	(0.0232)	(0.0232)	(0.0233)	(0.0232)	(0.0230)	(0.0231)	(0.0231)
性别(女性)	0.3138	0.3128	0.3067	0.3202	0.4040	0.4667	0.5361*
	(0.3106)	(0.3107)	(0.3104)	(0.3114)	(0.3047)	(0.3078)	(0.3036)
居住地(农村)	-0.6491	-0.6579	-0.6848*	-0.6520	-0.8519**	-0.8328**	-1.0332***
	(0.3993)	(0.4004)	(0.4025)	(0.3983)	(0.3977)	(0.3882)	(0.3908)
同住人数	0.1424	0.1337	0.1452	0.1373	0.1300	0.0969	0.0915
	(0.2648)	(0.2652)	(0.2638)	(0.2654)	(0.2690)	(0.2734)	(0.2767)
个人收入(取对数)	0.1639*	0.1663*	0.1573*	0.1639*	0.1668*	0.1796**	0.1682*
	(0.0870)	(0.0869)	(0.0875)	(0.0868)	(0.0876)	(0.0839)	(0.0849)

续表

变量	M6-46	M6-47	M6-48	M6-49	M6-50	M6-51	M6-52
受教育程度（小学及以下）	1.7248***	1.7218***	1.7268***	1.7054***	1.6687***	1.5931***	1.5114***
	(0.3005)	(0.3004)	(0.3004)	(0.3063)	(0.2970)	(0.3031)	(0.3047)
婚姻状况（不在婚）	0.6980	0.6964	0.6765	0.6839	0.5174	0.6600	0.4406
	(0.5144)	(0.5141)	(0.5142)	(0.5212)	(0.5278)	(0.5086)	(0.5321)
工作状况（不在业）	-1.4059***	-1.4162***	-1.4261***	-1.4130***	-1.4025***	-1.5135***	-1.5336***
	(0.4044)	(0.4056)	(0.4033)	(0.4046)	(0.3954)	(0.3948)	(0.3875)
躯体健康	0.4157***	0.4158***	0.4191***	0.4146***	0.3877***	0.4272***	0.4003***
	(0.1423)	(0.1418)	(0.1417)	(0.1422)	(0.1384)	(0.1349)	(0.1319)
心理健康	0.3925***	0.3914***	0.3876***	0.3927***	0.3978***	0.3793***	0.3806***
	(0.0470)	(0.0472)	(0.0472)	(0.0470)	(0.0472)	(0.0471)	(0.0480)
情感性团结（不关心）		0.1638					-0.0964
		(0.4361)					(0.4539)
共识性团结（未达成共识）			0.3114			0.3313	
			(0.3291)			(0.3505)	
规范性团结（非子女承担）				-0.0983			-0.1751
				(0.3242)			(0.3199)
联系性团结（见面—通话）							
见面频率（不频繁）					1.0710***		0.9519***
					(0.3517)		(0.3430)

续表

变量	M6—46	M6—47	M6—48	M6—49	M6—50	M6—51	M6—52
通话频率(不频繁)					0.7535		0.6899
					(0.5399)		(0.5440)
功能性团结(经济—工具)							
经济支持(双方相等)							
向上流动						1.0340***	0.9655***
						(0.3756)	(0.3739)
向下流动						1.5327***	1.5176***
						(0.5707)	(0.5737)
工具支持(双方相等)							
向上流动						0.9441***	0.8365***
						(0.2997)	(0.2945)
向下流动						1.2408**	1.0158*
						(0.5422)	(0.5516)
常数项	11.8394**	11.7055**	11.6740**	11.9732**	11.7543**	11.4978**	11.7986**
	(5.0088)	(5.0043)	(5.0215)	(5.0417)	(4.8672)	(4.7625)	(4.6988)
adjusted R2	0.190	0.189	0.189	0.189	0.201	0.206	0.213

注：***，$P<0.01$；**，$P<0.05$；*，$P<0.1$；括号内为稳健标准误。

设 6.2c 未能在该部分得到证实。情感性团结方面,认为子女对自己足够关心的流动老年人口在社会网络方面的得分高出认为子女不够关心自己者 1.17 分,假设 6.2a 得到部分验证。共识性团结方面,相较于未能与子女达成共识者,与子女能够达成共识的流动老年人口在社会网络方面更具劣势,社会网络得分低出 0.70 分,假设 6.2b 未能在该部分得到证实。功能性团结方面,相较于经济支持、工具支持双方相等者,经济支持、工具支持向上流动使得流动老年人口社会网络得分分别提升 0.92 分、1.00 分,假设 6.2e 得到部分验证。流入时间、流入地、躯体健康对流动老年人口社会网络的影响受不同维度家庭代际团结的影响较为明显。当纳入情感性团结时,流入时间影响的显著性减弱,流入地为东北地区影响的显著性增强。当纳入功能性团结时,流入时间影响的显著性消失,流入地为东北地区影响的显著性增强,躯体健康影响的显著性增强。

模型 M6—58 同时纳入控制变量及多维代际团结。回归结果显示,功能性团结中经济支持向下流动的影响变得显著。控制变量中,流入时间和同住人数影响的显著性消失,流入地为东北地区影响的显著性增强。

表 6-12　家庭代际团结对流动老年人口社会网络的影响(与子女同住)(N=1036)

变量	M6—53	M6—54	M6—55	M6—56	M6—57	M6—58
流入时间	0.0097**	0.0090*	0.0104**	0.0097**	0.0058	0.0058
	(0.0048)	(0.0047)	(0.0048)	(0.0048)	(0.0047)	(0.0047)
流入地(东部地区)						
中部地区	−0.3370	−0.3124	−0.3742	−0.3410	−0.3625	−0.4040
	(0.3468)	(0.3470)	(0.3460)	(0.3461)	(0.3422)	(0.3394)
西部地区	−1.3015***	−1.2552***	−1.3819***	−1.2974***	−1.3745***	−1.4537***
	(0.3013)	(0.2997)	(0.3004)	(0.3030)	(0.2990)	(0.2993)
东北地区	−0.9737**	−0.9814***	−0.9819***	−0.9792**	−1.0833***	−1.1210***
	(0.3799)	(0.3789)	(0.3827)	(0.3835)	(0.3769)	(0.3850)
年龄	0.0051	0.0090	0.0069	0.0049	0.0011	0.0087
	(0.0177)	(0.0175)	(0.0178)	(0.0178)	(0.0170)	(0.0170)
性别(女性)	0.1767	0.1542	0.2016	0.1763	0.1968	0.2146
	(0.2724)	(0.2714)	(0.2720)	(0.2726)	(0.2716)	(0.2698)
居住地(农村)	0.3105	0.2131	0.3253	0.3116	0.0990	−0.0039
	(0.4274)	(0.4253)	(0.4299)	(0.4281)	(0.4061)	(0.4055)

续表

变量	M6－53	M6－54	M6－55	M6－56	M6－57	M6－58
同住人数	－0.2489*	－0.2409*	－0.2474*	－0.2459*	－0.2183*	－0.2024
	(0.1283)	(0.1289)	(0.1280)	(0.1296)	(0.1255)	(0.1266)
个人收入(取对数)	0.0347	0.0446	0.0300	0.0342	0.0151	0.0176
	(0.0592)	(0.0593)	(0.0594)	(0.0595)	(0.0591)	(0.0592)
受教育程度	0.5794**	0.5803**	0.5296**	0.5745**	0.6497**	0.5681**
(小学及以下)	(0.2621)	(0.2628)	(0.2614)	(0.2627)	(0.2608)	(0.2609)
婚姻状况(不在婚)	0.0321	0.0807	0.0232	0.0253	0.0451	0.0898
	(0.2749)	(0.2760)	(0.2741)	(0.2797)	(0.2731)	(0.2774)
工作状况(不在业)	－0.0409	－0.0081	－0.0615	－0.0456	0.0619	0.0578
	(0.3667)	(0.3660)	(0.3676)	(0.3682)	(0.3665)	(0.3700)
躯体健康	0.1587	0.1262	0.1683	0.1592	0.2095*	0.1907
	(0.1144)	(0.1165)	(0.1109)	(0.1142)	(0.1217)	(0.1180)
心理健康	－0.0214	－0.0340	0.0002	－0.0219	－0.0315	－0.0136
	(0.0347)	(0.0351)	(0.0356)	(0.0348)	(0.0350)	(0.0360)
情感性团结(不关心)		1.1729***				1.3891***
		(0.4160)				(0.4121)
共识性团结			－0.6997***			－1.1130***
(未达成共识)			(0.2690)			(0.2677)
规范性团结				－0.0524		－0.0684
(非子女承担)				(0.2984)		(0.2931)
功能性团结 (经济—工具)						
经济支持(双方相等)						
向上流动					0.9217***	1.0323***
					(0.2725)	(0.2729)
向下流动					0.7006	0.8445*
					(0.4287)	(0.4310)
工具支持(双方相等)						

变量	M6－53	M6－54	M6－55	M6－56	M6－57	M6－58
向上流动					1.0032***	0.9789***
					(0.2543)	(0.2526)
向下流动					−0.0341	−0.1211
					(0.3412)	(0.3409)
常数项	4.8768	4.7067	4.6029	4.9284	3.1541	2.4189
	(3.7904)	(3.8613)	(3.6859)	(3.7951)	(3.9816)	(3.8915)
adjusted R²	0.029	0.035	0.033	0.028	0.052	0.069

注：***，$P<0.01$；**，$P<0.05$；*，$P<0.1$；括号内为稳健标准误。

②家庭代际团结与社会参与

根据表6-13，基准模型回归结果显示（M6－59），只纳入控制变量时，性别、同住人数、婚姻状况、躯体健康、心理健康对流动老年人口社会参与没有显著影响，流入时间、流入地、年龄、居住地、个人收入、受教育程度、工作状况对其社会参与有显著影响。

表6－13　家庭代际团结对流动老年人口社会参与的影响（与子女同住）（$N=1023$）

变量	M6－59	M6－60	M6－61	M6－62	M6－63	M6－64
流入时间	0.0053*	0.0055*	0.0053*	0.0054*	0.0055*	0.0057**
	(0.0028)	(0.0029)	(0.0028)	(0.0028)	(0.0029)	(0.0029)
流入地（东部地区）						
中部地区	−0.3161	−0.3249	−0.3162	−0.3483*	−0.3158	−0.3575*
	(0.1986)	(0.1988)	(0.1988)	(0.1976)	(0.1981)	(0.1970)
西部地区	−0.4506**	−0.4675**	−0.4508**	−0.4102**	−0.4536**	−0.4315**
	(0.1814)	(0.1823)	(0.1828)	(0.1812)	(0.1847)	(0.1864)
东北地区	−0.2873	−0.2870	−0.2873	−0.3374*	−0.2953	−0.3522*
	(0.1939)	(0.1928)	(0.1940)	(0.1956)	(0.1960)	(0.1969)
年龄	−0.0311***	−0.0324***	−0.0311***	−0.0343***	−0.0311***	−0.0359***
	(0.0106)	(0.0105)	(0.0106)	(0.0103)	(0.0108)	(0.0105)
性别（女性）	0.0020	0.0089	0.0020	−0.0128	−0.0016	−0.0117
	(0.1542)	(0.1540)	(0.1540)	(0.1535)	(0.1549)	(0.1545)

续表

变量	M6－59	M6－60	M6－61	M6－62	M6－63	M6－64
居住地(农村)	0.6106**	0.6313**	0.6106**	0.5977**	0.6313**	0.6415***
	(0.2506)	(0.2516)	(0.2507)	(0.2444)	(0.2502)	(0.2451)
同住人数	0.0204	0.0184	0.0204	0.0558	0.0170	0.0508
	(0.0707)	(0.0704)	(0.0708)	(0.0709)	(0.0708)	(0.0707)
个人收入(取对数)	0.1521***	0.1489***	0.1521***	0.1447***	0.1559***	0.1464***
	(0.0333)	(0.0334)	(0.0333)	(0.0336)	(0.0333)	(0.0338)
受教育程度	0.3552**	0.3541**	0.3551**	0.3019**	0.3585**	0.3068**
(小学及以下)	(0.1516)	(0.1511)	(0.1514)	(0.1527)	(0.1520)	(0.1535)
婚姻状况(不在婚)	0.1919	0.1800	0.1919	0.1258	0.1958	0.1185
	(0.1703)	(0.1702)	(0.1704)	(0.1718)	(0.1721)	(0.1734)
工作状况(不在业)	0.7526***	0.7459***	0.7527***	0.7071***	0.7402***	0.6861***
	(0.2228)	(0.2252)	(0.2232)	(0.2237)	(0.2221)	(0.2264)
躯体健康	0.1435	0.1460*	0.1435	0.1314	0.1387	0.1299
	(0.0878)	(0.0866)	(0.0879)	(0.0879)	(0.0888)	(0.0878)
心理健康	0.0283	0.0321	0.0284	0.0223	0.0288	0.0256
	(0.0201)	(0.0202)	(0.0210)	(0.0200)	(0.0203)	(0.0211)
情感性团结(不关心)		−0.3442				−0.3499
		(0.2593)				(0.2594)
共识性团结			−0.0016			0.0152
(未达成共识)			(0.1591)			(0.1612)
规范性团结				−0.5790***		−0.5955***
(非子女承担)				(0.1688)		(0.1707)
功能性团结 (经济—工具)						
经济支持(双方相等)						
向上流动					−0.0695	−0.0647
					(0.1524)	(0.1529)
向下流动					−0.0469	−0.0579
					(0.2747)	(0.2751)

变量	M6－59	M6－60	M6－61	M6－62	M6－63	M6－64
工具支持(双方相等)						
向上流动					−0.1371	−0.1624
					(0.1523)	(0.1522)
向下流动					−0.1658	−0.2279
					(0.1994)	(0.2000)
常数项	0.9788	1.2566	0.9796	2.1375	1.2004	2.6588
	(2.8094)	(2.7719)	(2.8107)	(2.8133)	(2.8354)	(2.8006)
adjusted R^2	0.093	0.094	0.092	0.102	0.090	0.101

注：＊＊＊，$P<0.01$；＊＊，$P<0.05$；＊，$P<0.1$；括号内为稳健标准误。

模型 M6－60 至 M6－63 表示，模型分别纳入情感性团结、共识性团结、规范性团结、功能性团结。回归结果显示，情感性团结、共识性团结、功能性团结对流动老年人口社会参与没有显著影响，仅规范性团结对其社会参与有显著影响，假设 6.2a、假设 6.2b、假设 6.2e 不能在该部分得到证实。规范性团结方面，认为应由子女承担养老责任的流动老年人口比认为应由非子女承担养老责任者的社会参与得分低出 0.58 分，假设 6.2c 未能在该部分得到证实。流入地、躯体健康对流动老年人口社会参与的影响受不同维度家庭代际团结的影响较为明显。当纳入情感性团结时，躯体健康的影响变得显著。当纳入规范性团结时，流入地为中部地区、东北地区的影响变得显著。

模型 M6－64 同时纳入控制变量及多维代际团结。回归结果显示，各维度代际团结影响的显著性没有发生明显变化。控制变量中，流入时间、居住地影响的显著性增强，流入地为中部地区、东北地区的影响变得显著。

③家庭代际团结与社会适应

根据表 6－14，基准模型回归结果显示（M6－65），只纳入控制变量时，流入时间、年龄、居住地、个人收入、受教育程度、婚姻状况对流动老年人口社会适应没有显著影响，流入地、性别、同住人数、工作状况、躯体健康、心理健康对其社会适应有显著影响。

模型 M6－66 至 M6－69 表示，模型分别纳入情感性团结、共识性团结、规范性团结、功能性团结。回归结果显示，规范性团结对流动老年人口社会适应没有显著影响，情感性团结、共识性团结、功能性团结对其社会适应有显著影响，假设 6.2c 未能在该部分得到证实。情感性团结方面，认为子女对自己足够关心者在社会适应得分方面低出认为子女对自己不够关心者 0.79 分，假设 6.2a 未能在该部分得到证实。共识性团结方面,相较于未能与子女达成共识的流动老年人口,与子女达成共识者的社会适应得分更高,高出 1.06 分,假设 6.2b 得到部分验证。功能性团结方面,仅经济支持对流动老年人口社会适应产生积极影响,相较于经济支持双方相等者,经济支持向上流动使得流动老年人口社会适应得分提升 0.38 分,假设 6.2e 得到部分验证。性别、同住人数、受教育程度对流动老年人口社会参与的影响受不同维度家庭代际团结的影响较为明显。当纳入情感性团结时,性别与同住人数影响的显著性减弱。当纳入共识性团结时,同住人数影响的显著性减弱,受教育程度的影响变得显著。当纳入规范性团结时,同住人数影响的显著性减弱。

模型 M6-70 同时纳入控制变量及多维代际团结。回归结果显示,情感性团结影响的显著性增强,功能性团结中经济支持向上流动影响的显著性消失。控制变量中,同住人数影响的显著性减弱,受教育程度的影响变得显著。

表 6-14 家庭代际团结对流动老年人口社会适应的影响(与子女同住)(N=1000)

变量	M6-65	M6-66	M6-67	M6-68	M6-69	M6-70
流入时间	0.0052	0.0057	0.0040	0.0052	0.0047	0.0044
	(0.0038)	(0.0038)	(0.0038)	(0.0038)	(0.0038)	(0.0038)
流入地(东部地区)						
中部地区	−0.0426	−0.0653	0.0107	−0.0324	−0.0655	−0.0179
	(0.2494)	(0.2498)	(0.2451)	(0.2506)	(0.2486)	(0.2454)
西部地区	0.6991***	0.6630***	0.8201***	0.6883***	0.6369***	0.7171***
	(0.2423)	(0.2380)	(0.2445)	(0.2427)	(0.2425)	(0.2391)
东北地区	0.4110	0.4096	0.4433	0.4204	0.4140	0.4702
	(0.3030)	(0.3061)	(0.2988)	(0.3042)	(0.3064)	(0.3085)
年龄	0.0058	0.0029	0.0031	0.0064	0.0098	0.0027
	(0.0151)	(0.0152)	(0.0149)	(0.0152)	(0.0156)	(0.0154)
性别(女性)	−0.4310**	−0.4131*	−0.4553**	−0.4288**	−0.4247**	−0.4252**
	(0.2156)	(0.2150)	(0.2126)	(0.2154)	(0.2158)	(0.2115)
居住地(农村)	−0.2414	−0.1916	−0.2419	−0.2384	−0.2672	−0.1755
	(0.3489)	(0.3487)	(0.3488)	(0.3486)	(0.3506)	(0.3460)
同住人数	0.2239***	0.2184**	0.2097**	0.2156**	0.2275***	0.1908**
	(0.0842)	(0.0851)	(0.0827)	(0.0851)	(0.0840)	(0.0845)

续表

变量	M6－65	M6－66	M6－67	M6－68	M6－69	M6－70
个人收入(取对数)	－0.0574	－0.0638	－0.0493	－0.0555	－0.0496	－0.0483
	(0.0514)	(0.0516)	(0.0511)	(0.0514)	(0.0515)	(0.0510)
受教育程度	0.3311	0.3292	0.4135**	0.3418	0.3218	0.4246**
(小学及以下)	(0.2082)	(0.2070)	(0.2046)	(0.2095)	(0.2090)	(0.2043)
婚姻状况(不在婚)	－0.2235	－0.2528	－0.2153	－0.2085	－0.1561	－0.1830
	(0.2508)	(0.2510)	(0.2445)	(0.2534)	(0.2517)	(0.2467)
工作状况(不在业)	0.6814**	0.6704**	0.6706**	0.6913**	0.7943**	0.7781**
	(0.3135)	(0.3081)	(0.3111)	(0.3159)	(0.3172)	(0.3079)
躯体健康	0.2430*	0.2487*	0.2581*	0.2462*	0.2582*	0.2821*
	(0.1447)	(0.1478)	(0.1411)	(0.1449)	(0.1485)	(0.1488)
心理健康	0.1516***	0.1606***	0.1162***	0.1531***	0.1444***	0.1219***
	(0.0267)	(0.0267)	(0.0272)	(0.0264)	(0.0265)	(0.0266)
情感性团结		－0.7929**				－1.2088***
(不关心)		(0.3228)				(0.3176)
共识性团结			1.0573***			1.1941***
(未达成共识)			(0.2064)			(0.2034)
规范性团结				0.1328		0.1998
(非子女承担)				(0.2393)		(0.2374)
功能性团结 (经济—工具)						
经济支持(双方相等)						
向上流动					0.3781*	0.2552
					(0.2138)	(0.2128)
向下流动					－0.1942	－0.3170
					(0.3453)	(0.3407)
工具支持(双方相等)						
向上流动					－0.2201	－0.1750
					(0.2062)	(0.2040)
向下流动					－0.0841	0.0310
					(0.2783)	(0.2769)

变量	M6-65	M6-66	M6-67	M6-68	M6-69	M6-70
常数项	-1.5799	-0.9627	-1.9707	-1.8540	-2.3898	-2.0291
	(4.8962)	(4.9896)	(4.7654)	(4.9189)	(5.0262)	(5.0256)
adjusted R²	0.066	0.070	0.085	0.065	0.067	0.096

注:*** ,$P<0.01$;** ,$P<0.05$;* ,$P<0.1$;括号内为稳健标准误。

④家庭代际团结与社会健康总分

根据表6-15,基准模型回归结果显示(M6-71),只纳入控制变量时,年龄、性别、同住人数、个人收入、婚姻状况对流动老年人口社会健康总分没有显著影响,流入时间、流入地、居住地、受教育程度、工作状况、躯体健康、心理健康对其社会健康总分有显著影响。

表6-15 家庭代际团结对流动老年人口社会健康总分的影响(与子女同住)($N=978$)

变量	M6-71	M6-72	M6-73	M6-74	M6-75	M6-76
流入时间	0.0169***	0.0168***	0.0165***	0.0171***	0.0127**	0.0127**
	(0.0056)	(0.0056)	(0.0056)	(0.0056)	(0.0056)	(0.0056)
流入地(东部地区)						
中部地区	-0.5966	-0.5870	-0.5719	-0.6191	-0.6392	-0.6516
	(0.4403)	(0.4418)	(0.4427)	(0.4394)	(0.4358)	(0.4389)
西部地区	-0.7789*	-0.7638*	-0.7275*	-0.7565*	-0.9463**	-0.9027**
	(0.4137)	(0.4134)	(0.4158)	(0.4153)	(0.4065)	(0.4115)
东北地区	-1.0682**	-1.0676**	-1.0551**	-1.0970**	-1.1931**	-1.2160**
	(0.5130)	(0.5126)	(0.5113)	(0.5160)	(0.5075)	(0.5117)
年龄	-0.0119	-0.0107	-0.0130	-0.0137	-0.0097	-0.0113
	(0.0244)	(0.0244)	(0.0244)	(0.0243)	(0.0239)	(0.0242)
性别(女性)	-0.0638	-0.0711	-0.0754	-0.0663	-0.0214	-0.0283
	(0.3668)	(0.3672)	(0.3662)	(0.3662)	(0.3630)	(0.3625)
居住地(农村)	1.1835**	1.1648**	1.1840**	1.1815**	0.9518*	0.9470*
	(0.5629)	(0.5670)	(0.5618)	(0.5625)	(0.5387)	(0.5439)
同住人数	-0.0463	-0.0445	-0.0530	-0.0275	-0.0158	0.0004
	(0.1368)	(0.1369)	(0.1366)	(0.1377)	(0.1346)	(0.1360)
个人收入(取对数)	0.1125	0.1150	0.1160	0.1084	0.1017	0.0992
	(0.1103)	(0.1109)	(0.1106)	(0.1117)	(0.1092)	(0.1111)

续表

变量	M6-71	M6-72	M6-73	M6-74	M6-75	M6-76
受教育程度	1.5585***	1.5604***	1.5955***	1.5271***	1.6306***	1.6093***
（小学及以下）	(0.3595)	(0.3598)	(0.3588)	(0.3616)	(0.3584)	(0.3589)
婚姻状况(不在婚)	0.0154	0.0275	0.0202	−0.0264	0.1160	0.0786
	(0.3769)	(0.3806)	(0.3759)	(0.3800)	(0.3743)	(0.3812)
工作状况(不在业)	1.8513***	1.8575***	1.8468***	1.8164***	1.9941***	1.9532***
	(0.5375)	(0.5368)	(0.5340)	(0.5380)	(0.5440)	(0.5440)
躯体健康	0.7199***	0.7179***	0.7270***	0.7117***	0.8324***	0.8239***
	(0.2063)	(0.2056)	(0.2058)	(0.2067)	(0.2129)	(0.2133)
心理健康	0.1614***	0.1579***	0.1463***	0.1585***	0.1404***	0.1332***
	(0.0440)	(0.0443)	(0.0463)	(0.0442)	(0.0446)	(0.0469)
情感性团结(不关心)		0.3070				0.1033
		(0.4547)				(0.4453)
共识性团结			0.4491			0.1115
（未达成共识）			(0.3341)			(0.3507)
规范性团结				−0.3359		−0.3280
（非子女承担）				(0.4004)		(0.3996)
功能性团结						
（经济—工具）						
经济支持(双方相等)						
向上流动					1.5918***	1.5738***
					(0.3487)	(0.3537)
向下流动					1.1112**	1.1406**
					(0.5593)	(0.5599)
工具支持(双方相等)						
向上流动					0.5466	0.5312
					(0.3383)	(0.3398)
向下流动					−0.6104	−0.6179
					(0.4752)	(0.4857)
常数项	−1.8329	−2.0812	−2.0214	−1.1418	−5.9162	−5.3193
	(6.8378)	(6.7995)	(6.8149)	(6.8892)	(6.9780)	(7.0163)
adjusted R²	0.097	0.097	0.098	0.097	0.118	0.116

注：***, $P<0.01$；**, $P<0.05$；*, $P<0.1$；括号内为稳健标准误。

模型 M6-72 至 M6-75 表示,模型分别纳入情感性团结、共识性团结、规范性团结、功能性团结。回归结果显示,情感性团结、共识性团结、规范性团结对流动老年人口社会健康总分没有显著影响,仅功能性团结对其社会健康总分有显著影响,假设 6.2a、假设 6.2b、假设 6.2c 未能在该部分得到证实。功能性团结方面,仅经济支持对流动老年人口社会健康总分产生显著影响,工具支持对其社会健康总分没有显著影响。相较于经济支持双方相等的流动老年人口,经济支持向上流动、向下流动均对其社会健康总分提升起到积极作用,分别增加其社会健康总分得分 1.59 分、1.11 分,假设 6.2e 得到部分验证。流入时间、流入地、居住地对流动老年人口社会健康总分的影响受不同维度家庭代际团结的影响较为明显。当纳入功能性团结时,流入时间、居住地影响的显著性减弱,流入地为西部地区影响的显著性增强。

模型 M6-76 同时纳入控制变量及多维代际团结。回归结果显示,各维度代际团结的影响没有显著变化。控制变量中,流入时间、居住地影响的显著性减弱,流入地为西部地区影响的显著性增强。

(3)家庭代际团结类型对社会健康的影响

根据表 6-16,家庭代际团结类型对流动老年人口社会网络、社会参与及社会健康总分具有消极影响,对其社会适应具有积极影响。相较于家庭代际团结类型为高支持—高感知的流动老年人口,低支持—高感知者在社会网络、社会参与及社会健康总分方面更具劣势,得分分别减少 1.06 分、0.50 分、1.80 分;高支持—低感知者在社会适应方面具有显著优势,社会适应得分高出 0.61 分。综合以上,不同类别家庭代际团结对流动老年人口社会健康的影响存在差异,家庭代际团结程度的增强对部分社会健康维度产生积极影响,假设 6.2f 得到部分验证。

表 6-16　家庭代际团结类型对流动老年人口社会健康的影响(N=2571)

变量	社会网络	社会参与	社会适应	社会健康总分
家庭代际团结类型(高支持—高感知)				
低支持—高感知	−1.0553***	−0.4977**	−0.2493	−1.8022***
	(0.3748)	(0.2435)	(0.2661)	(0.5086)
高支持—低感知	−0.2556	−0.0375	0.6072**	0.3140
	(0.3380)	(0.2009)	(0.2620)	(0.3462)
控制变量	YES	YES	YES	YES
常数项	0.6739	−1.4206	3.2002	2.4535
	(2.6391)	(1.4779)	(2.3238)	(3.7205)
adjusted R^2	0.059	0.116	0.106	0.148

注:***,$P<0.01$;**,$P<0.05$;*,$P<0.1$;括号内为稳健标准误。

6.5 本章小结

本章首先提出家庭代际团结对流动老年人口社会健康影响的研究假设,其次对流动老年人口社会健康进行整体性描述,并初步探讨其与家庭代际团结之间的关系。最后,本研究实证分析了家庭代际团结对流动老年人口社会健康的影响,对研究假设进行检验。表6-17对本章实证分析部分自变量、控制变量对流动老年人口社会健康影响的方向及显著性进行总结,主要结论如下:

第一,流动老年人口各维度社会健康及社会健康总分处于中等水平,受自身资源禀赋影响较大。

整体而言,流动老年人口社会健康处于中等水平并且具有复杂性,在不同维度下存在差异化特征。虽然流动老年人口社会网络、社会参与及社会适应均处于中等水平,但仍表现出以社会适应水平较高、社会网络及社会参与水平较低的维度差异。此外,受到社会网络、社会参与及社会适应共同影响,流动老年人口社会健康整体样貌有别于分维度时的状况,社会健康总分出现极端分数的情况大大减少,绝大多数流动老年人口社会健康总分处于中等水平。可见,流动老年人口某一维度社会健康较低,并不意味着其他维度社会健康较差;某一维度社会健康良好,但其他维度社会健康水平可能处于较低水平。

根据实证分析结果,相较于家庭代际团结特征,流动老年人口社会健康水平受自身资源禀赋影响较大。年龄、个人收入、受教育程度及心理健康对流动老年人口社会健康影响的作用方向在任意维度社会健康及结构性团结下始终保持一致,而性别、居住地、同住人数、婚姻状况、工作状况及躯体健康对其社会健康的影响随社会健康维度或结构性团结(是否与子女同住)的变化而产生差异。随着年龄增加,流动老年人口社会网络、社会参与、社会适应以及社会健康总分得分发生显著下降,可能的解释是,年龄增长引起的流动老年人口健康退行性衰退,使其没有足够的精力和时间参与社会活动,社会参与意愿大大降低[1]。同时,由于业缘、地缘关系的缩减,同辈群体的逝去等原因,其社会网络也会减少,缺少熟悉的朋友一起参与社会活动[2]。个人收入的增加显著提升流动老年人口社会参与及社会健康总分得分,经济资源作为支持流动老年人口参与社会活动的重要条件,个人收入的提升使其更愿意、更有机会进行社会参与,对其社会健康产生

---

[1] 刘燕,纪晓岚. 老年人社会参与影响因素的 Logistic 回归分析——基于311份个案访谈数据[J]. 华东理工大学学报(社会科学版),2014,29(03):98-104.

[2] 李鹏飞,柴彦威. 迁居对单位老年人日常生活社会网络的影响[J]. 人文地理,2013,28(03):78-84.

积极影响①。受教育水平的提升对流动老年人口各维度社会健康以及社会健康总分得分产生显著积极影响。高受教育程度可能表示流动老年人口有较充足的经济资源,学业、工作等带来的社会网络更容易维持;同时,自身具有较强的学习能力,因此社会适应能力更强②。高心理健康水平则对其社会健康状况有显著积极作用,抑郁、焦虑等情绪会减少流动老年人口在流入地参与活动、与人交流的意愿,乐观的情绪、良好的心理状态则能提升其社会适应水平③。

相较于女性,男性流动老年人口在社会适应方面存在劣势,但在社会健康总分方面具有优势,可能是因为传统"男主外,女主内"的社会角色分配使得男性退休前能够在工作中获得较丰富的社会网络资源与社会参与机会,这种资源与机会在退休后,尤其是脱离原生活场域后大大减少,使其承受较大的压力,而女性老年人口则更容易缺少此类资源,对其社会健康造成一定的负面影响④。居住地方面,城市居住的流动老年人口在社会网络方面具有劣势、社会参与方面具有显著优势。不与子女同住的流动老年人口在城市居住时,社会健康总分比居住在农村者低,但与子女同住的流动老年人口在城市居住时反而拥有更高的社会健康总分。可能因为当流入地的生活环境、风俗习惯等与原住地之间的差异较大时,流动老年人口较难适应新环境生活,与子女同住可以增加流动老年人向外交往的信心和积极性⑤。同住人数方面,同住人数的增加将对不与子女同住的流动老年人口社会适应方面产生消极影响,但却能显著提升与子女同住者社会适应得分。婚姻状况方面,相较于不在婚者,在婚流动老年人口在社会网络方面更具优势,但社会参与得分相对较低。从工作状况来看,相较于不在业者,在业状态使流动老年人口社会参与得分显著提升,但社会网络得分下降。当不与子女同住时,在业状态对流动老年人口社会适应、社会健康总分产生显著负向影响,而当与子女同住时,在业者在社会适应、社会健康总分方面具有显著优势。躯体健康方面,良好的躯体健康状况将使流动老年人口社会网络、社会参与以及社会健康总分得到显著提升;与子女同住的流动老年人口社会适应得分受到其良好躯体健康状况的显著正向影响,但不与子女同住者则在其躯体健康良好时

① 阳义南,贾洪波. 国民社会健康测度及其影响因素研究——基于 MIMIC 结构方程模型的经验证据[J]. 中国卫生政策研究, 2018,11(01):28 - 36.

② 傅崇辉,王文军. 多维视角下的老年人社会健康影响因素分析[J]. 中国社会科学院研究生院学报, 2011(05):124 - 131.

③ 胡雅萍,刘越,王承宽. 流动老人社会融合影响因素研究[J]. 人口与经济, 2018(06):77 - 88.

④ 王莉华,高亮. 城市社区老年人社会健康现状及其影响因素[J]. 中国老年学杂志,2018,38(01):197 - 198.

⑤ 傅崇辉,王文军. 多维视角下的老年人社会健康影响因素分析[J]. 中国社会科学院研究生院学报, 2011(05):124 - 131.

面临社会适应劣势。综上,尽管居住在城市、不在婚、不在业等会对流动老年人口社会健康某些维度造成负面影响,但是与子女同住将在一定程度上削弱这种负面效应,转而改善其社会健康水平[1][2]。

第二,流动行为对老年人口社会健康产生显著负面影响,流动老年人口社会健康随流入时间延长而提升,并在流入地方面存在显著空间差异。

相较于非流动老年人口,流动行为的发生使得流动老年人口在社会网络及社会健康总分显著下降。对于流动老年人口而言,随着流入时间增加,其社会网络、社会参与及社会健康总分得分得到不同程度的显著提升,社会适应没有显著变化。流入时间延长可以增加流动老年人口对流入地的熟悉感,进而提升其社会适应水平、增加社会活动参与机会[3]。从流入地来看,流动老年人口社会健康水平在不同流入地上表现出显著空间差异。相较于流动地为东部地区,流入地为其他地区的流动老年人口在社会网络、社会参与及社会健康总分方面存在显著劣势,仅流入地为西部地区者拥有较好的社会适应水平。总体来说,相较于其他地区,东部地区的经济社会发展程度、老龄友好程度更高,作为流动人口的主要流入地,拥有更加完善的流动人口服务政策,对改善流动老年人口社会健康状况有积极作用;而西部地区尽管在以上方面落后于东部地区,但对于部分流动老年人口而言,可能更接近其原住地的生活,使其能够更加快速适应当地生活[4]。

第三,家庭代际团结程度的提升对流动老年人口社会健康改善产生显著的积极效应,不同维度家庭代际团结间的健康效应存在较明显差异。

规范性团结、联系性团结对流动老年人口不同维度社会健康产生的影响方向较为一致,规范性团结的增强(认为应主要由子女承担养老责任)使得流动老年人口社会参与、社会适应水平显著下降;联系性团结的增强(见面/通话频繁)使得流动老年人口在社会网络、社会参与及社会健康总分方面具有显著优势。认为主要由子女承担照料责任的流动老年人口更可能面临躯体健康困境,慢性病、疼痛等生活不便使其更需要子女协助,同时也限制其自身维系社会网络、参与社会活动的机会[5]。与子女之间保持频繁的联系,能够帮助流动老年人口缓

① 邹静,邓晓军. 居住安排对女性老年流动人口社会融合的影响研究[J]. 调研世界,2022(7):78 - 88.

② 聂建亮,陈博晗,吴玉锋. 居住安排、居住条件与农村老人主观幸福感[J]. 兰州学刊,2021:1 - 14.

③ 张泉,邢占军. 老年人社区社会网络的影响因素分析:基于整体网视角[J]. 社会科学研究,2016 (03):115 - 120.

④ 李雨潼. 中国老年流动人口的社会融入及其影响因素分析[J]. 人口学刊,2022,44(01):99 - 112.

⑤ 王莉华,高亮. 城市社区老年人社会健康现状及影响因素[J]. 中国老年学杂志,2018,38(01): 197 - 198.

解流动行为带来的心理压力,同时能够帮助其削弱新环境带来的不适应感①。

情感性团结、共识性团结、功能性团结对流动老年人口不同维度社会健康产生的影响存在较明显差异。情感性团结的增强使流动老年人口社会网络、社会参与水平显著提升,但对其社会适应水平产生明显的消极影响。可能的解释是,流动老年人口本身社会适应水平较差,导致其更加需要子女的关心与支持。共识性团结的增强能够显著改善流动老年人口社会适应状况,但其社会网络水平出现下降。流动老年人口与其子女未能达成共识,认为子女要求过多,使得流动老年人口不得不花费大量精力满足子女的要求,降低其参与社会活动的可能性、社会网络难以得到维系或拓展②。功能性团结方面,相较于支持程度相等,经济支持向上流动或向下流动均表现为对流动老年人口社会网络、社会参与以及社会健康总分的增益;工具支持向上流动或向下流动主要表现为对流动老年人口社会网络、社会参与及社会健康总分的改善,但当工具支持向上流动时,流动老年人口面临较为显著的社会适应困境。可能的原因是,经济支持或工具支持向上流动时,流动老年人口获得的经济资源增多、照料性资源增加,使其有较为充足的时间、精力、财力投入到社会网络的维系、社会活动的参与中,进而可以提升其社会健康水平③④。然而,工具支持向上流动,也可能意味着流动老年人口躯体健康状况较差、需要来自子女的照料,进而使其在社会适应方面具有劣势⑤。

第四,家庭代际团结为"高支持—高感知"型的流动老年人口社会健康最具优势,"支持"程度的变化对其社会健康存在较明显的支配性作用。

相较于家庭代际团结类型为"高支持—高感知"型的流动老年人口,"低支持—高感知"型流动老年人口在社会网络、社会参与及社会健康总分方面出现不同程度的显著负向变化,"高支持—低感知"型流动老年人口仅在社会适应水平方面表现出显著优势。可以看出,在家庭代际团结类型中,相较于"感知"的变化,"支持"程度的增强对改善流动老年人口社会健康的作用最为明显,主要表现为:"支持"程度减弱,对其社会健康水平产生负向的健康效应;而"感知"程度的减弱,不仅未对流动老年人口社会健康水平产生消极影响,反而对其社会适应水

① 胡雅萍,刘越,王承宽.流动老人社会融合影响因素研究[J].人口与经济,2018(6):77-88.

② 孙鹃娟,冀云.家庭"向下"代际支持行为对城乡老年人心理健康的影响——兼论认知评价的调节作用[J].人口研究,2017,41(06):98-109.

③ 谢瑾,朱青,王小坤.我国老年流动人口健康影响因素研究[J].城市发展研究,2020,27(11):30-35.

④ 李相荣,张秀敏,任正,等.中国西部流动老年人口自评健康状况及其影响因素[J].医学与社会,2021,34(04):1-5.

⑤ 王莉华,高亮.城市社区老年人社会健康现状及其影响因素[J].中国老年学杂志,2018,38(01):197-198.

平的提升产生促进作用。既有研究发现,子女通常以提供财物、提供家庭照料行为等方式向父母表示孝道、维持亲密关系①②,这种客观支持有利于增加流动老年人口资源拥有量,从而拓展社交网络、提升社会健康。总体而言,"支持"和"感知"的并行增强是改善流动老年人口社会健康的最佳选择。其中以"支持"的影响最为明显,相较于主观感知,子女提供的客观支持的增加对其社会健康水平的提升更加显著。

表6-17 家庭代际团结对流动老年人口社会健康影响小结

变量	社会网络		社会参与		社会适应		社会健康总分	
	不与子女同住	与子女同住	不与子女同住	与子女同住	不与子女同住	与子女同住	不与子女同住	与子女同住
是否流动(否)	—***						—***	
流入时间	+***		+***				+***	
流入地(东部地区)								
中部地区	—**						—*	
西部地区	—***		—***		+***		—*	
东北地区	—***		—***				—***	
年龄	—***		—***	—***	—***		—***	
性别(女性)					—**	+*		
居住地(农村)	—***			+***			—***	+*
同住人数					—**	+**		
个人收入(取对数)			+**	+***			+***	
受教育程度(小学及以下)	+***	+**	+***		+***			+***
婚姻状况(不在婚)	+***		+***					
工作状况(不在业)	—**		+***		—***	+**		+***
躯体健康	+***		+***		—*	+**	+***	+***
心理健康			+***		+***	+***	+***	+***

① 靳小怡,崔烨,郭秋菊. 城镇化背景下农村随迁父母的代际关系——基于代际团结模式的分析[J]. 人口学刊,2015,37(01):50-62.

② 廖小平. 中国传统家庭代际伦理的现代转型与重构[J]. 东南学术,2005(6):79-84.

续表

变量	社会网络		社会参与		社会适应		社会健康总分	
	不与子女同住	与子女同住	不与子女同住	与子女同住	不与子女同住	与子女同住	不与子女同住	与子女同住
情感性团结（不关心）	+***	+***			—***	—***		
共识性团结（未达成共识）	—***				+***	+***		
规范性团结（非子女承担）				—***	—*			
联系性团结（见面—通话）								
见面频率（不频繁）	+***	/		/		/	+***	/
通话频率（不频繁）		/	+***	/		/		/
功能性团结（经济—工具）								
经济支持（双方相等）								
向上流动	+***	+***					+***	+***
向下流动	+**	+*	+**				+***	+**
工具支持（双方相等）								
向上流动	+***	+***	+*		—*		+***	
向下流动	+**						+*	
家庭代际团结类型（高支持—高感知）								
低支持—高感知	—***		—**				—***	
高支持—低感知				+**				

注：***，$P<0.01$；**，$P<0.05$；*，$P<0.1$；表内空白处表示没有显著影响，"/"表示未纳入该变量。

7 家庭代际团结对流动老年人口综合健康影响的实证分析

本章探讨了家庭代际团结对流动老年人口综合健康的作用机制。考虑到流动行为与老年人口综合健康密切相关,本章首先探讨流动行为特征对老年人口综合健康的影响,其次讨论家庭代际团结对流动老年人口综合健康的影响。此外,本章还考察了家庭代际团结类型与流动老年人口综合健康的关联。

7.1 综合健康影响的研究假设

（1）迁移流动何以影响综合健康

根据健康移民假说,选择迁移流动的人口具有更好的健康状况[1],即具备较好健康状况的人更倾向于选择迁移,移民相比本地居民拥有更好的健康状况。在我国,对流动人口的研究证实了健康的自选择性,对比流动人口和非流动人口的健康状况,发现流动人口比非流动人口更加健康[2],"城—乡"流动筛选出综合健康状况更好的人口流入城市。对比城市人口,流动人口具备一定的健康优势[3]。然而,已有研究结论主要基于劳动年龄流动人口,相较而言,老年人口迁移流动需要耗费更多的体力和心力,需要具备较好的适应能力,健康的自选择性可能在流动老年人口中体现出更强的作用,健康移民效应是否在流动老年人口综合健康中有所体现,需要进一步检验。据此,提出假设:

假设 7.1a:与非流动老年人口相比,流动老年人口综合健康水平更高。

迁移流动具有时间性和空间性。根据三文鱼偏误假说,随着迁移流动时间延长,流动人口的健康优势会消失,逐渐与本地人口健康状况相同,甚至更差[4]。

---

① Palloni, Arias. Paradox lost:explaining the Hispanic adult mortality advantage[J]. Demography, 2004, 41(3):385 - 415.

② 牛建林. 人口流动对中国城乡居民健康差异的影响[J]. 中国社会科学, 2013,(02):46 - 63.

③ 易龙飞,亓迪. 流动人口健康移民现象再检验:基于 2006—2011 年 CHNS 数据的分析[J]. 西北人口, 2014, 35(06):36 - 42.

④ Newbold. The short-term health of Canada's new immigrant arrivals:evidence from LSIC[J]. Ethn Health, 2009, 14(3):315 - 336.

具备较差人力资本的流动人口在城市的居住环境较差、从事高强度工作且收入较低,流动时间越长,流动行为对其综合健康的负面作用越强[1]。流动老年人口的迁移流动负向作用累积时间越长,对健康的损耗作用可能更明显。加上老年人口的身体功能随年龄增长不可避免地发生退行性衰退,相对于其他人群,流动老年人口在应对因时空变换带来的风险时,更加脆弱。据此,提出假设:

假设 7.1b:流动时间越长,流动老年人口综合健康水平更低。

已有研究表明,老年人口的综合健康可能存在区域分化。迁入地的经济水平和发展程度可能对流动人口的健康影响较大。杜鹏对自评健康的统计分析指出,与中西部地区相比,经济较发达的东部地区老年人口健康状况普遍较好[2]。还有研究表明,与流入东北地区相比,流入东部、中部和西部地区健康状况能够分别提高 19%、18% 和 16%[3]。综合考虑健康选择效应以及流入地特征,流入经济较发达地区的流动老年人口本身综合健康状况较好,加上流入经济较发达的地区可能拥有较多的社会经济资源,获得较好的健康服务,从而拥有更高的综合健康水平。据此,提出假设:

假设 7.1c:相比流入东部地区,流入西部、中部和东北地区的老年人口综合健康水平更低。

(2)家庭代际团结何以影响综合健康

家庭代际关系会对老年人口综合健康产生影响[4],以往学者较多关注对农村老年人口的影响[5][6],但是对流动老年人口影响的研究不多,因此本研究继续探索家庭代际关系对流动老年人口综合健康的影响。以往对家庭代际关系的研究集中在功能性和情感性的代际支持上,本节采用 Bengtson 等学者提出的更全面的家庭代际团结理论作为家庭代际关系的分析框架[7],研究多维家庭代际团结对流动老年人口综合健康的影响差异。

---

① 李建民,王婷,孙智帅. 从健康优势到健康劣势:乡城流动人口中的"流行病学悖论"[J]. 人口研究,2018,42(06):46-60.

② 杜鹏. 中国老年人口健康状况分析[J]. 人口与经济,2013(06):3-9.

③ 侯建明,赵丹. 我国流动人口健康自评状况及其影响因素分析[J]. 人口学刊,2020,42(04):93-102.

④ 黄庆波,胡玉坤,陈功. 代际支持对老年人健康的影响——基于社会交换理论的视角[J]. 人口与发展,2017,23(01):43-54.

⑤ 刘昊,李强,薛兴利. 双向代际支持对农村老年人身心健康的影响——基于山东省的调查数据[J]. 湖南农业大学学报(社会科学版),2019,20(04):49-56.

⑥ 白兰,顾海. 子女代际支持对农村老年人健康水平的影响研究[J]. 现代经济探讨,2021(07):40-47.

⑦ Bengtson,Roberts. Intergenerational Solidarity in Aging Families:An Example of Formal Theory Construction[J]. Journal of Marriage and the Family,1991,53(4).

以往研究多关注老年人和成年子女之间的情感支持、照料支持、经济支持,并认为代际支持对老年人口健康的影响以积极为主,这为家庭代际团结中的情感性团结、联系性团结、功能性团结下的工具和经济支持的研究假设提供了支撑。

情感支持对老年人口健康具有正向作用。无论是对农村、独居还是与家人共同居住的老年人而言[1],这种积极影响都被证实。子女的情感关心是老年人较看重的孝行,来自子代的感情支持有助于老年人维持和恢复身体机能[2],有效降低老年人的健康风险[3],提升生活满意度和改善健康状况。然而,也有学者发现子女的情感支持对老年人自评健康的影响不存在统计上的显著性[4]。代际间情感支持与联系密不可分,情感交流以联系的方式进行维持,因此部分学者对情感支持内涵进行测量时把联系性团结的内容包含在内[5]。据此,提出假设:

假设 7.2a:联系性团结程度越高,流动老年人口综合健康状况越好。

假设 7.2b:情感性团结程度越高,流动老年人口综合健康状况越好。

功能性团结对农村老年人口综合健康带来积极的影响,但是功能性团结中经济支持和工具支持流向对流动老年人口影响结果存在差异,研究结论并不明确[6]。功能性团结中经济支持向上流动有助于老年人满足基本生活需求和医疗需求,提升老年人的心理健康和躯体健康水平[7][8],拥有更好的综合健康状况。工具支持向上流动有助于改善老年人的生活质量,降低抑郁水平[9],提升综合健

---

① 贾仓仓,何微微. 子女代际支持对老年人健康的影响——基于内生性视角的再检验[J]. 人口与经济,2021(03):52-68.

② Levine, Halper, Peist, et al. Bridging Troubled Waters: Family Caregivers, Transitions, And Long-Term Care[J]. Health Affairs, 2010, 29(1):116-124.

③ 伍海霞,贾云竹. 城乡丧偶老年人的健康自评:社会支持视角的发现[J]. 人口与发展,2017,23(01):66-73.

④ Liu, Liang, Gu. Flows of social support and health status among older persons in China[J]. Soc Sci Med, 1995, 41(8):1175-1184.

⑤ 刘昊,李强,薛兴利. 双向代际支持对农村老年人身心健康的影响——基于山东省的调查数据[J]. 湖南农业大学学报(社会科学版),2019,20(04):49-56.

⑥ 宋璐,李树茁,张文娟. 代际支持对农村老年人健康自评的影响研究[J]. 中国老年学杂志,2006(11):1453-1455.

⑦ Cong, Silverstein. Intergenerational Time-for-Money Exchanges in Rural China: Does Reciprocity Reduce Depressive Symptoms of Older Grandparents? [J]. Research in Human Development, 2008, 5(1):6-25.

⑧ 郑志丹,郑研辉. 社会支持对老年人身体健康和生活满意度的影响——基于代际经济支持内生性视角的再检验[J]. 人口与经济,2017(04):63-76.

⑨ 彭华茂,尹述飞. 城乡空巢老人的亲子支持及其与抑郁的关系[J]. 心理发展与教育,2010,26(06):627-633.

康[①]。功能性支持在老年人躯体健康衰退时更加必要[②],但过多的功能性支持可能导致老年人自我效能感降低,导致较为消极的老化态度,同时产生失败感、负疚感和无助感[③④],这种影响对流动老年人口同样适用。据此,提出假设:

假设7.2c:功能性团结中,相较于经济和工具支持双方相等,二者向上流动时,流动老年人口综合健康状况更好。

本研究中共识性团结强调老年人口和子女对代际支持流动的感受一致性,进而影响到老年人口的综合健康。共识性团结表明老年人和子女之间能够达成代际支持的共识,代际关系越好的老年人口会更多获得与提供代际支持[⑤],流动老年人在离开熟悉的场域后面临社会适应和融入的问题,提升共识性团结有助老年人拥有较高的家庭凝聚力,促进社会适应,从而提升身心健康[⑥],促进流动老年人的综合健康。据此,提出假设:

假设7.2d:共识性团结程度越高,流动老年人口综合健康越好。

规范性团结研究养老责任是否应该主要由子女承担,这可能影响到养老模式的选择,从而对综合健康产生影响。养老责任由子女承担体现了"抚养—赡养"的传统代际团结规范。老年人大多接受传统的代际规范价值观,即使在现代社会仍然认同子代应当承担赡养老人的责任[⑦]。子代实际承担起赡养老年父母的主要责任,为老年人提供较多的刚性和弹性的支持[⑧],因此推测规范性团结对流动老年人口综合健康存在积极影响。据此,提出假设:

假设7.2e:规范性团结中,认为养老责任由子女承担有助于提升流动老年人口综合健康。

各个维度家庭代际团结之间相互作用,进而对流动老年人口的综合健康产

---

① 左冬梅,李树茁. 基于社会性别的劳动力迁移与农村留守老人的生活福利——基于劳动力流入地和流出地的调查[J]. 公共管理学报,2011,8(02):93-100.

② 陶裕春,申昱. 社会支持对农村老年人身心健康的影响[J]. 人口与经济,2014(03):3-14.

③ Liang, Krause, Bennett. Social exchange and well-being: is giving better than receiving? [J]. Psychology and aging, 2001, 16(3):511-523.

④ 黄庆波,胡玉坤,陈功. 代际支持对老年人健康的影响——基于社会交换理论的视角[J]. 人口与发展,2017,23(01):43-54.

⑤ 熊波,石人炳. 中国家庭代际关系对代际支持的影响机制——基于老年父母视角的考察[J]. 人口学刊,2016,38(05):102-111.

⑥ 池上新. 文化适应对随迁老人身心健康的影响[J]. 中国人口科学,2021,204(03):112-125+128.

⑦ 王跃生. 中国家庭代际关系的维系、变动和趋向[J]. 江淮论坛,2011(02):122-129.

⑧ 王跃生. 城乡养老中的家庭代际关系研究——以2010年七省区调查数据为基础[J]. 开放时代,2012(02):102-121.

生影响[1][2]。家庭代际关系的核心是团结和凝聚力,高凝聚力的代际团结有助于老年人降低致病风险和提高生存能力[3],获得较好的综合健康。据此,提出假设:

假设 7.2g:总体代际团结程度更高,流动老年人口综合健康状况越好。

7.2   综合健康的操作化

因变量为综合健康,包括主观综合健康、客观综合健康两个维度。

主观综合健康状况采用"自评健康状况"进行测量。根据原问卷中"您觉得您目前的身体健康状况怎么样?"这一问题进行操作化,回答选项为"1=很健康、2=比较健康、3=一般、4=比较不健康、5=很不健康、9=无法回答"。将"无法回答"定义为缺失值,其余选项反向赋值,数值越高代表自评健康程度越好。进一步,并将自评健康划为二分类变量,合并"很健康和比较健康"为"较健康"(赋值为1);"一般、比较不健康和很不健康"为"较不健康"(赋值为0)。

客观综合健康状况采用"最近是否住院"进行测量。根据问卷中"您最近一次住院住了多长时间?(天)"这一问题进行操作化。在剔除了住院天数大于100 天的极端值后,构建二分变量"最近是否住院"(0=是,1=否)。

7.3   综合健康描述性统计分析

(1) 流动老年人口综合健康整体结果

表 7-1 显示了主客观综合健康变量的描述性统计分析结果。流动老年人口主客观综合健康处在相对良好的水平。自评健康的总样本量为 5551 人,自评健康为较不健康的超过半数,有 53.85%,自评健康为较健康者占比为 46.15%。最近是否住院的总样本量为 4267 人,有 51.51%的流动老年人表示没有住过院,但也有 48.49%的被访者表示最近住过院。

---

① Silverstein, Bengtson. Intergenerational Solidarity and the Structure of Adult Child-Parent Relationships in American Families[J]. American Journal of Sociology, 1997, 103(2):429 – 460.

② Bengtson, Roberts. Intergenerational Solidarity in Aging Families: An Example of Formal Theory Construction[J]. Journal of Marriage and the Family, 1991, 53(4).

③ Silverstein, Bengtson. Do Close Parent-Child Relations Reduce the Mortality Risk of Older Parents? [J]. Journal of Health and Social Behavior, 1991, 32(4).

表7-1　流动老年人口综合健康整体结果

变量名	N	百分比(%)
自评健康	5551	
较不健康	2989	53.85
较健康	2562	46.15
最近是否住院	4267	
是	2069	48.49
否	2198	51.51

（2）家庭代际团结与综合健康的交叉分析

表7-2展现了家庭代际团结与流动老年人口综合健康的双变量描述性统计分析结果。大多家庭代际团结维度下的流动老年人口综合健康存在显著差异。

结构性团结维度下，不与子女同住的流动老年人口具有更好的综合健康状况。在不与子女同住的流动老年人口中，47.58％的样本自评较为健康，近2/3（60.44％）的样本表示自己近期未住过院，分别超过与子女同住样本3.45个百分点、15.60个百分点。

情感性团结维度下，认为子女关心自己的流动老年人口具有更好的健康状况。认为子女不关心自己的流动老年人口中，有66.03％的样本自评较不健康，62.41％的样本报告最近有住院，分别高于子女关心样本13.52个百分点、15.34个百分点。

共识性团结维度下，相比于未达成共识，达成共识的流动老年人口主观综合健康状况更好，但客观综合健康更差。未达成共识的流动老年人口中，40.71％的样本自评较为健康，62.10％的样本最近没有住院，分别低于、高于达成共识样本6.17个百分点、13.14个百分点。

规范性团结维度下，是否由子女承担养老责任对流动老年人口主观综合健康的影响不存在显著差异，但认为应由子女承担养老责任的流动老年人口拥有更好的客观综合健康。子女没有达成养老规范和达成养老规范的样本自评较为健康的占比分别为47.19％和45.74％，不存在统计学上的显著差异。达成养老规范的样本最近没有住院的占比为52.78％，高于没有达成养老规范样本6.11个百分点。

联系性团结维度下，和子女见面和联系频率高的流动老年人拥有更好的综合健康状况。和子女见面频繁与通话频繁的样本自评较为健康占比分别为46.46％和47.66％，最近没有住院占比分别为54.94％和54.92％，自评较为健

表7-2　家庭代际团结与流动老年人口综合健康的交叉分析

变量	指标内涵	类别	自评健康			最近是否住院		
			较不健康(%)	较健康(%)	χ²	是(%)	否(%)	χ²
结构性团结	居住安排	不与子女同住	52.42	47.58	162.42**	39.56	60.44	92.53***
		与子女同住	55.87	44.13		55.16	44.84	
情感性团结	情感关心	不关心	66.03	33.97	34.99***	62.41	37.59	35.75***
		关心	52.51	47.49		47.07	52.93	
共识性团结	观念一致	未达成共识	59.28	40.71	11.06***	37.90	62.10	43.31***
		达成共识	53.12	46.88		51.04	48.96	
规范性团结	养老责任承担	非子女承担	52.81	47.19	0.86	53.33	46.67	11.27***
		子女承担	54.26	45.74		47.22	52.78	
联系性团结	见面	联系不频繁	55.45	44.55	1.72	57.91	42.09	55.94***
		联系频繁	53.54	46.46		45.06	54.94	
	通话	联系不频繁	61.99	38.01	23.29***	59.46	40.54	38.87***
		联系频繁	52.34	47.66		45.08	54.92	
功能性团结	经济支持	双方相等	56.20	43.80	2.34	46.53	53.47	7.54
		向上流动	53.79	46.21		47.56	52.44	
		向下流动	53.14	46.86		55.11	44.89	
功能性团结	工具支持	双方相等	54.11	45.89	13.44***	49.97	50.03	9.12**
		向上流动	55.82	44.18		46.27	53.73	
		向下流动	47.23	52.77		53.44	46.56	

注：***，$P<0.01$；**，$P<0.05$；*，$P<0.1$；分类变量报告百分比。

康占比分别超过和子女见面不频繁与通话不频繁样本 1.91 个、9.65 个百分点，最近没有住院占比分别超过和子女见面不频繁与通话不频繁样本 12.85 个、14.38 个百分点。

功能性团结维度下，不同经济支持流向的流动老年人综合健康状况不存在显著的差异，工具支持向下流动使得流动老年人具备更好的主观综合健康状况和更差的客观综合健康状况。经济支持双方相等、向上流动和向下流动的样本中，自评较为健康占比分别为 43.80%、46.21% 和 46.86%，最近没有住院的占比分别为 53.47%、52.44% 和 44.89%，统计学上不存在显著差异。工具支持双方相等、向上流动和向下流动样本中，自评较为健康占比分别为 45.89%、44.18% 和 52.77%，最近没有住院的占比分别为 50.03%、53.73% 和 46.56%。工具支持向下流动时，自评健康占比分别高于双方相等和向上流动 6.88 个、8.59 个百分点，最近没有住院占比分别低于双方相等和向上流动 3.47 个、7.17 个百分点。

7.4 综合健康实证结果分析

7.4.1 迁移流动对综合健康的影响

（1）是否迁移流动对老年人口综合健康的影响

表 7-3 为是否迁移流动与综合健康的回归模型，自变量为是否迁移流动，因变量为自评是否健康与最近是否住院。模型 M7-1 和模型 M7-3 只纳入控制变量，模型 M7-2 和模型 M7-4 在此基础上增加了是否迁移流动变量，观察在控制相关变量下，是否迁移对老年人口主客观综合健康的影响。

结果显示，在控制变量与综合健康的回归模型中，除婚姻状况外，绝大部分控制变量，如年龄、性别、居住地、同住人数、收入、受教育程度、躯体健康得分、心理健康得分、社会健康得分在不同显著水平上影响了主客观综合健康。婚姻状况对最近是否住院影响显著，对自评健康影响不显著，说明婚姻状况对老年人自评健康影响不大，对老年人最近是否住院影响较大。年龄、同住人数对自评健康与最近是否住院具有负向影响，即年龄越大、同住人数越多的老年人更有可能自评较不健康，反映其最近有住院，身体状况较差。性别、收入、心理健康得分、社会健康得分对最近是否住院呈现显著负向影响，居住地、受教育程度、婚姻状况、工作状况、躯体健康得分对最近是否住院是显著正向的影响，说明婚姻支持对老年人客观综合健康较为重要，而最近有住院的老年人可能因为住院更加需要调整自己的心态，因此最近有住院的老年人口心理健康得分、社会健康得分会更高。

表 7 - 3　迁移流动对老年人口综合健康的影响

变量	自评是否健康		最近是否住院	
	M7-1	M7-2	M7-3	M7-4
年龄	0.9936***	0.9938***	0.9825***	0.9822***
	(0.0013)	(0.0013)	(0.0014)	(0.0014)
性别(女性)	1.0867***	1.0867***	0.9573**	0.9565**
	(0.0208)	(0.0208)	(0.0195)	(0.0195)
居住地(农村)	1.1363***	1.1307***	1.0403*	1.0597**
	(0.0241)	(0.0241)	(0.0235)	(0.0240)
同住人数	0.9697***	0.9693***	0.8683***	0.8694***
	(0.0060)	(0.0060)	(0.0061)	(0.0061)
收入(取对数)	1.0269***	1.0271***	0.9665***	0.9660***
	(0.0056)	(0.0056)	(0.0056)	(0.0056)
受教育程度(小学及以下)	1.1746***	1.1744***	1.1004***	1.1012***
	(0.0246)	(0.0245)	(0.0248)	(0.0249)
婚姻状况(不在婚)	0.9825	0.9831	1.2332***	1.2329***
	(0.0213)	(0.0213)	(0.0283)	(0.0283)
工作状况(不在业)	1.3916***	1.3920***	1.0692**	1.0660**
	(0.0341)	(0.0341)	(0.0285)	(0.0285)
躯体健康	1.4488***	1.4489***	1.1883***	1.1881***
	(0.0198)	(0.0198)	(0.0094)	(0.0094)
心理健康	1.1066***	1.1061***	0.9433***	0.9443***
	(0.0032)	(0.0033)	(0.0030)	(0.0030)
社会健康	1.0255***	1.0256***	0.9927***	0.9922***
	(0.0019)	(0.0019)	(0.0021)	(0.0021)
是否流动(否)		1.1205**		0.5921***
		(0.0533)		(0.0331)
常数项	13.7912***	13.7976***	1.7023***	1.6764***
	(0.4337)	(0.4337)	(0.2746)	(0.2744)
N	52928	52928	45178	45178
预测概率	61.71%	61.71%	60.98%	61.32%
pseudo R²	0.064	0.064	0.032	0.033

注：***，P<0.01；**，P<0.05；*，P<0.1；报告结果为 OR 值，括号内为稳健标准误。

全模型回归结果显示,是否迁移流动对主客观综合健康均产生显著影响。相比非流动老年人口,流动老年人口自评较为健康的可能性增加12.05%,说明在控制了其他变量的前提下,健康移民效应在流动老年人口综合健康方面得以体现,验证了假设7.1a。相比非流动老年人口,流动老年人口最近没有住院的可能性降低40.79%(P<0.01),说明实际上迁移流动的老年人客观综合健康较差的可能性较大,假设7.1a没有获得客观综合健康维度实证分析结果的支持。这需要进一步研究迁移流动的特征——流入时间和流入地对老年人综合健康的影响,继续验证迁移流动的作用。

(2)迁移流动特征对流动老年人口综合健康的影响

表7-4是迁移流动特征与综合健康的二元logistic回归模型,分别以自评健康、最近是否住院为因变量。流动人口有不同的迁移流动特征,表7-4是以流动老年人口为样本,在控制相关人口社会学变量以及其他健康维度的基础上,分别加入流入时间、流入地,最后一个模型综合纳入所有控制变量以及核心自变量。

模型M7-7和模型M7-11为只纳入控制变量的基础模型,结果显示,人口社会学特征和健康维度显著影响了流动老年人口综合健康。年龄越小、有工作、躯体健康状况、心理健康状况和社会健康状况越好的流动老年人口更有可能自评为较健康。年龄越小、居住在农村、同住人数越少、收入越低、受教育程度越高、在婚、有工作、躯体健康得分越高、心理健康得分越低、社会健康得分越高的流动老年人口更有可能降低住院的概率。

模型M7-8和模型M7-12在纳入控制变量的基础上加入流入时间特征。结果显示,流入时长对主客观综合健康均存在显著正向的影响,流入时长越长,自评较为健康的可能性增加0.68%,最近没有住院的可能性增加1.89%。假设7.1b没有得到验证。模型M7-10和模型M7-14显示,流入时长越长,自评较为健康的可能性增加0.70%,最近没有住院的可能性增加1.96%,相比分模型中自评健康的可能性略增,可能是因为说明老年人流入时间越长,对流入地的环境适应程度提高,因此自评健康的信心有所增强。

模型M7-9和模型M7-13在纳入控制变量的基础上加入流入地特征。在流入地与自评健康分模型中(M7-9),流入地区和自评健康的关系不显著。然而,模型M7-10显示,在控制相关变量的基础上,与只考虑流入地作为核心自变量相比,将流入时间和流入地作为自变量后,模型中流入地的影响有微弱的增加,影响变得显著。受流入时长的影响,相比于流入东部地区,流入西部地区的老年人口自评较为健康的概率增加25.23%,这与假设7.1c不符,流入社会经济条件较好的东部地区并不能显著提升老年人口的主观综合健康。相比流入东

表7-4 迁移流动特征对老年人口综合健康的影响(N=1997)

变量	自评健康				最近是否住院			
	M7-7	M7-8	M7-9	M7-10	M7-11	M7-12	M7-13	M7-14
年龄	0.9827**	0.9781***	0.9828**	0.9782**	0.9851**	0.9717***	0.9857**	0.9723***
	(0.0072)	(0.0074)	(0.0073)	(0.0074)	(0.0069)	(0.0073)	(0.0070)	(0.0073)
性别(女性)	1.1009	1.0937	1.0755	1.0637	0.973	0.9619	1.018	0.9984
	(0.1122)	(0.1118)	(0.1110)	(0.1102)	(0.0977)	(0.0988)	(0.1043)	(0.1048)
居住地(农村)	1.139	1.2696*	1.171	1.3190**	0.7144**	0.9626	0.6458***	0.8791
	(0.1496)	(0.1720)	(0.1558)	(0.1817)	(0.0958)	(0.1360)	(0.0896)	(0.1291)
同住人数	0.9679	0.9814	0.9639	0.9788	0.9182**	0.9506	0.9389*	0.9793
	(0.0343)	(0.0351)	(0.0346)	(0.0355)	(0.0318)	(0.0337)	(0.0333)	(0.0357)
收入(取对数)	0.9939	1.0003	0.9981	1.0055	0.9003***	0.9100***	0.8882***	0.9018***
	(0.0276)	(0.0279)	(0.0278)	(0.0282)	(0.0248)	(0.0251)	(0.0252)	(0.0256)
受教育程度(小学及以下)	1.1814	1.1864	1.2096*	1.2204*	1.5789***	1.6239***	1.4946***	1.5555***
	(0.1252)	(0.1262)	(0.1298)	(0.1316)	(0.1670)	(0.1756)	(0.1616)	(0.1723)
婚姻状况(不在婚)	0.881	0.8858	0.8831	0.8891	1.5974***	1.6585***	1.6345***	1.7101***
	(0.1007)	(0.1017)	(0.1011)	(0.1022)	(0.1792)	(0.1905)	(0.1851)	(0.1986)
工作状况(不在业)	1.4343***	1.3926**	1.4396**	1.3943**	1.7316***	1.6293***	1.7103***	1.5948***
	(0.2202)	(0.2156)	(0.2214)	(0.2165)	(0.2714)	(0.2600)	(0.2715)	(0.2571)
躯体健康	2.9344***	2.9457***	2.9442***	2.9528***	1.2283***	1.2005***	1.2303***	1.2055***
	(0.3765)	(0.3806)	(0.3782)	(0.3814)	(0.0654)	(0.0646)	(0.0659)	(0.0656)

续表

变量	自评健康				最近是否住院			
	M7-7	M7-8	M7-9	M7-10	M7-11	M7-12	M7-13	M7-14
心理健康	1.1021***	1.1147***	1.1035***	1.1162***	0.8887***	0.9102***	0.8814***	0.9025***
	(0.0166)	(0.0173)	(0.0167)	(0.0174)	(0.0133)	(0.0140)	(0.0133)	(0.0141)
社会健康	1.0209**	1.0161	1.0205**	1.016	1.0178*	1.0048	1.0234**	1.0111
	(0.0101)	(0.0102)	(0.0102)	(0.0103)	(0.0099)	(0.0102)	(0.0103)	(0.0106)
流入时间		1.0068***		1.0070***		1.0189***		1.0196***
		(0.0020)		(0.0021)		(0.0021)		(0.0021)
流入地(东部地区)								
中部地区			1.1351	1.1802			0.8102	0.9098
			(0.1596)	(0.1668)			(0.1122)	(0.1293)
西部地区			1.2259	1.2523*			0.4952***	0.5104***
			(0.1580)	(0.1622)			(0.0641)	(0.0681)
东北地区			1.0288	1.0761			1.2344	1.4438**
			(0.1456)	(0.1534)			(0.1746)	(0.2096)
常数项	33.4463***	33.7493***	33.6887***	34.0268***	2.0994	1.6911	1.8676	1.7077
	(3.9544)	(3.9852)	(3.9596)	(3.9861)	(1.7203)	(1.7448)	(1.7446)	(1.7780)
预测概率	63.36%	64.93%	62.74%	63.22%	62.75%	66.54%	63.30%	66.54%
pseudo R²	0.094	0.098	0.095	0.099	0.066	0.098	0.081	0.115

注：***，$P<0.01$；**，$P<0.05$；*，$P<0.1$；报告结果为 OR 值，括号内为稳健标准误。

部地区,流入西部地区对老年人最近是否住院影响较为显著,流入西部地区对老年人口健康是负向的影响,相比于流入东部的老年人,流入西部者最近没有住院的概率显著降低50.48%,流入地与最近是否住院模型支持假设7.1c中流入地对综合健康的作用。

7.4.2 家庭代际团结对综合健康的影响

(1) 不与子女同住的流动老年人口

①家庭代际团结与自评健康

表7-5为在不与子女同住的流动老年人口中,家庭代际团结对主观综合健康影响的二元logistic模型,自变量为家庭代际团结各维度,因变量为自评健康。基准模型M7-15只纳入控制变量,结果显示,性别、居住地、同住人数、收入、受教育程度、婚姻状况对流动老年人口自评是否健康没有显著的影响;年龄、工作状况、流入时间、流入地、躯体健康得分、心理健康得分、社会健康得分对其自评健康有显著影响。年龄越小、在业、流入西部地区、躯体健康得分、心理健康得分、社会健康得分越高的流动老年人口越有可能认为自己健康。

模型M7-16至M7-20在基准模型之上分别纳入联系性团结、情感性团结、共识性团结、规范性团结、功能性团结。结果显示,不与子女同住时,不同代际团结维度对流动老年人口综合健康影响存在差异,共识性团结和功能性团结对流动老年人口自评是否健康没有显著影响,联系性团结、情感性团结、规范性团结对其自评是否健康有显著正向的影响,部分验证了假设7.2a、7.2b和7.2e,即流动老年人和子女见面越频繁、子女对老人越关心、认同养老责任由子女承担时,流动老年人越有可能自评健康较好。在各个家庭代际团结维度中,情感性团结对流动老年人的影响最大,认为子女对自己足够关心者,相比认为子女对自己不够关心的流动老年人自评较为健康的概率增加了117.31%。联系性团结和规范性团结对流动老年人自评健康的影响次之。联系性团结中,相较于子女和老人见面较不频繁,与子女见面较频繁的流动老年人自评较为健康的概率增加约64.99%,统计意义上非常显著;相比子女通话较不频繁,通话较为频繁的流动老年人自评较为健康的概率增加28.24%,但在统计意义上不显著。这说明老年人和子女的感情是长期稳定的,老年人综合健康状况不会因为其与子女通话频率的变化而受到较大影响。规范性团结中,相比认为养老责任不由子女承担者而言,认为养老责任应由子女承担的流动老年人自评较为健康的概率增加46.54%。统计结果表明,功能性团结和共识性团结对流动老年人自评是否健康的影响不显著,假设7.2c和7.2d并没有被验证。这说明流动老年人在金钱和劳务上的付出与回报及代际间是否达成共识并不是影响其自评是否健康的关键因素。

表7-5 家庭代际团结对流动老年人口自评健康的影响(不与子女同住)(N=1016)

变量	M7-15	M7-16	M7-17	M7-18	M7-19	M7-20	M7-21
流入时间	1.0070**	1.005	1.0060*	1.0070**	1.0060*	1.0067**	1.0028
	(0.0032)	(0.0033)	(0.0032)	(0.0032)	(0.0032)	(0.0032)	(0.0033)
流入地(东部地区)							
中部地区	0.8772	0.9955	0.9429	0.8723	0.9137	0.8465	1.0764
	(0.1848)	(0.2181)	(0.2013)	(0.1845)	(0.1933)	(0.1808)	(0.2435)
西部地区	1.6586***	1.7711***	1.7975***	1.6611***	1.7069***	1.6092**	1.9039***
	(0.3192)	(0.3482)	(0.3502)	(0.3198)	(0.3304)	(0.3145)	(0.3861)
东北地区	0.8882	0.8764	0.9373	0.8872	0.9341	0.8612	0.9735
	(0.1709)	(0.1690)	(0.1823)	(0.1707)	(0.1817)	(0.1689)	(0.1963)
年龄	0.9761**	0.9742**	0.9767**	0.9763**	0.9775*	0.9744**	0.9764*
	(0.0115)	(0.0116)	(0.0116)	(0.0115)	(0.0115)	(0.0117)	(0.0120)
性别(女性)	1.1594	1.1997	1.1666	1.1561	1.1269	1.1865	1.1741
	(0.1745)	(0.1825)	(0.1767)	(0.1743)	(0.1706)	(0.1807)	(0.1831)
居住地(农村)	0.8112	0.7587	0.7793	0.8169	0.8238	0.7918	0.7412
	(0.1537)	(0.1461)	(0.1487)	(0.1560)	(0.1565)	(0.1518)	(0.1460)
同住人数	0.89	0.8761	0.8504	0.8871	0.9065	0.893	0.8597
	(0.1166)	(0.1161)	(0.1123)	(0.1165)	(0.1194)	(0.1176)	(0.1159)
收入(取对数)	0.9697	0.972	0.9769	0.9705	0.9681	0.9672	0.9733
	(0.0449)	(0.0452)	(0.0455)	(0.0450)	(0.0448)	(0.0456)	(0.0465)

续表

变量	M7—15	M7—16	M7—17	M7—18	M7—19	M7—20	M7—21
受教育程度（小学及以下）	0.8777	0.8538	0.866	0.8791	0.9512	0.8664	0.892
	(0.1323)	(0.1297)	(0.1319)	(0.1326)	(0.1472)	(0.1319)	(0.1416)
婚姻状况（不在婚）	0.8058	0.7287	0.7935	0.8049	0.854	0.7927	0.7525
	(0.1902)	(0.1757)	(0.1871)	(0.1901)	(0.2032)	(0.1879)	(0.1840)
工作状况（不在业）	1.7193***	1.6921**	1.6427**	1.7308***	1.7830***	1.6792**	1.6499**
	(0.3534)	(0.3505)	(0.3397)	(0.3581)	(0.3688)	(0.3469)	(0.3477)
躯体健康	3.0232***	2.9357***	2.9828***	3.0241***	3.0377***	2.9904***	2.8710***
	(0.6265)	(0.6111)	(0.6193)	(0.6270)	(0.6359)	(0.6221)	(0.6068)
心理健康	1.0960***	1.0980***	1.0938***	1.0964***	1.0960***	1.0964***	1.0948***
	(0.0272)	(0.0275)	(0.0273)	(0.0273)	(0.0274)	(0.0274)	(0.0280)
社会健康	1.0812***	1.0771***	1.0816***	1.0811***	1.0819***	1.0788***	1.0777***
	(0.0157)	(0.0159)	(0.0157)	(0.0157)	(0.0158)	(0.0158)	(0.0161)
情感性团结（不关心）			2.1731***				2.1496***
			(0.5160)				(0.5360)
共识性团结（未达成共识）				1.0853		0.9632	
				(0.1990)		(0.1891)	
规范性团结（非子女承担）					1.4654**		1.4708***
					(0.2197)		(0.2246)
联系性团结（见面—通话）							

续表

变量	M7-15	M7-16	M7-17	M7-18	M7-19	M7-20	M7-21
见面频率(不频繁)		1.6499**					1.5591*
		(0.4108)					(0.3990)
通话频率(不频繁)		1.2824					1.2671
		(0.2168)					(0.2190)
功能性团结(经济—工具)							
经济支持(双方相等)							
向上流动						1.1277	1.0716
						(0.2008)	(0.1962)
向下流动						1.2148	1.3246
						(0.3160)	(0.3507)
工具支持(双方相等)							
向上流动						1.1016	1.0301
						(0.1643)	(0.1572)
向下流动						0.9321	0.877
						(0.2697)	(0.2585)
常数项	39.7782***	40.8360***	40.3779***	40.8252***	40.6202***	42.9305***	39.7782***
	(5.6389)	(5.6383)	(5.6798)	(5.9233)	(5.7018)	(6.0376)	(5.6389)
预测概率	62.11%	64.76%	66.04%	63.29%	65.94%	63.29%	67.03%
pseudo R²	0.116	0.122	0.124	0.116	0.121	0.117	0.135

注：***，P<0.01；**，P<0.05；*，P<0.1；报告结果为 OR 值.括号内为稳健标准误。

模型 M7—21 同时纳入控制变量及多维家庭代际团结。回归结果显示,各维度家庭代际团结对流动老年人自评是否健康的影响与分模型中单独维度代际团结的影响方向和显著性基本一致,联系性团结、情感性团结、规范性团结对其自评是否健康存在显著正向影响,流动老年人口自评健康的可能性分别提升55.91%、114.96%和47.08%,假设7.2a、7.2b和7.2e被验证。情感性团结对流动老年人自评是否健康的影响是最为显著的,其次是规范性团结,最后是联系性团结中的见面频率。共识性团结和功能性团结对流动老年人口自评是否健康的影响依然不显著,不支持假设7.2c和7.2d。联系性团结中的见面频率对流动老年人自评健康的影响虽然不显著,但是影响方向为正,部分支持假设7.2a。全模型中情感性团结和规范性团结的影响相比分维度模型略微变化,相比于认为子女对自己不够关心的老年人,认为子女对自己足够关心的老年人自评较为健康的概率降低了2.35%;相比于认为养老应该由子女承担的老年人,认为应由非子女主要承担养老责任者自评为较健康的概率降低了0.54%。

②家庭代际团结与最近是否住院

表7-6展示了不与子女同住时,家庭代际团结对流动老年人口客观综合健康影响的二元logistic回归模型。自变量为家庭代际团结各维度,因变量为最近是否住院。根据基准模型M7—22,只纳入控制变量时,居住地、收入、受教育程度、婚姻状况、社会健康得分对流动人口老年人最近是否住院没有显著的影响;年龄、性别、同住人数、工作状况、流入时间、流入地、躯体健康得分、心理健康得分对客观综合健康有显著的影响。其中,年龄、同住人数、部分流入地、心理健康得分显著负向影响流动老年人客观综合健康,即年龄越大、同住人数越多、流入中部和西部地区、心理健康得分越高的流动老年人口最近住院的概率会更高。性别、工作状况、流入时间、部分流入地、躯体健康得分显著正向影响流动老年人口客观综合健康,即男性、有工作、流入时间越长、流入东北地区、躯体健康得分越高的流动老年人口最近没有住院的概率更高。值得注意的是,相比于流入东部地区,流入中西部地区和流入东北地区对流动老年人口最近是否住院的影响差异较大,这可能是因为相比流入东部经济较为发达的地区,流入中西部地区的流动老年人口更可能遭遇较差的医疗条件、基础设施等,面临较高的健康风险。

模型 M7—23 至 M7—28 分别在基准模型的基础上纳入联系性团结、情感性团结、共识性团结、规范性团结、功能性团结。回归模型结果显示,情感性团结、共识性团结和功能性团结显著正向影响流动老年人口客观综合健康,其他维度代际团结维度对流动老年人口最近是否住院的影响不显著,回归估计结果部分支持假设7.2b、7.2c和7.2d。情感性团结中,相比认为子女对自己不够关心的

表7-6 家庭代际团结对流动老年人口最近是否住院的影响(不与子女同住)(N=811)

变量	M7-22	M7-23	M7-24	M7-25	M7-26	M7-27	M7-28
流入时间	1.0277***	1.0270***	1.0270***	1.0274***	1.0270***	1.0290***	1.0271***
	(0.0042)	(0.0043)	(0.0043)	(0.0042)	(0.0043)	(0.0043)	(0.0045)
流入地(东部地区)							
中部地区	0.4492***	0.4672***	0.4992***	0.4396***	0.4621***	0.4604***	0.5213**
	(0.1258)	(0.1362)	(0.1431)	(0.1238)	(0.1296)	(0.1322)	(0.1592)
西部地区	0.3161***	0.3211***	0.3360***	0.3051***	0.3186***	0.3325***	0.3514***
	(0.0775)	(0.0815)	(0.0830)	(0.0753)	(0.0780)	(0.0825)	(0.0905)
东北地区	1.8996**	1.8805***	2.0378***	1.9003**	1.9628**	1.7950**	1.9902**
	(0.4831)	(0.4785)	(0.5243)	(0.4831)	(0.5060)	(0.4667)	(0.5339)
年龄	0.9556***	0.9549***	0.9570***	0.9535***	0.9557***	0.9451***	0.9453***
	(0.0140)	(0.0141)	(0.0141)	(0.0141)	(0.0140)	(0.0144)	(0.0146)
性别(女性)	1.4418**	1.4510**	1.4624**	1.4437**	1.4061*	1.5873**	1.5501**
	(0.2653)	(0.2684)	(0.2704)	(0.2661)	(0.2612)	(0.3010)	(0.3000)
居住地(农村)	0.9740	0.9707	0.9581	0.9015	0.9715	0.8860	0.8327
	(0.2604)	(0.2614)	(0.2593)	(0.2456)	(0.2605)	(0.2403)	(0.2333)
同住人数	0.3496***	0.3409***	0.3374***	0.3439***	0.3523***	0.3365***	0.3223***
	(0.1010)	(0.0989)	(0.0976)	(0.0987)	(0.1016)	(0.0973)	(0.0934)
收入(取对数)	0.9067	0.9094	0.9241	0.8946*	0.9043	0.9288	0.9307
	(0.0594)	(0.0602)	(0.0611)	(0.0593)	(0.0594)	(0.0614)	(0.0633)

续表

变量	M7—22	M7—23	M7—24	M7—25	M7—26	M7—27	M7—28
受教育程度（小学及以下）	1.2102 (0.2345)	1.1799 (0.2306)	1.2135 (0.2361)	1.2241 (0.2373)	1.2657 (0.2510)	1.3129 (0.2632)	1.3573 (0.2833)
婚姻状况（不在婚）	0.6177 (0.1896)	0.5784* (0.1830)	0.6597 (0.2027)	0.5920* (0.1834)	0.6264 (0.1921)	0.6577 (0.2046)	0.6388 (0.2068)
工作状况（不在业）	1.8246** (0.5110)	1.8034** (0.5052)	1.7179* (0.4827)	1.7250* (0.4875)	1.8874** (0.5324)	1.8454** (0.5299)	1.7370* (0.5067)
躯体健康	1.3305*** (0.1213)	1.3215*** (0.1208)	1.3350*** (0.1209)	1.3423*** (0.1211)	1.3305*** (0.1217)	1.3529*** (0.1228)	1.3570*** (0.1226)
心理健康	0.8197*** (0.0275)	0.8210*** (0.0278)	0.8140*** (0.0276)	0.8095*** (0.0278)	0.8194*** (0.0274)	0.8161*** (0.0276)	0.8045*** (0.0283)
社会健康	1.0204 (0.0199)	1.0191 (0.0200)	1.0193 (0.0200)	1.0202 (0.0200)	1.0206 (0.0199)	1.0165 (0.0201)	1.0165 (0.0204)
情感性团结（不关心）			1.8942** (0.4984)				1.5926* (0.4344)
共识性团结（未达成共识）				1.5528** (0.3360)			1.4250 (0.3280)
规范性团结（非子女承担）					1.2327 (0.2395)		1.2098 (0.2440)
联系性团结（见面—通话）							

续表

变量	M7-22	M7-23	M7-24	M7-25	M7-26	M7-27	M7-28
见面频率(不频繁)		1.3285					1.1788
		(0.4110)					(0.3673)
通话频率(不频繁)		1.0122					1.0309
		(0.2220)					(0.2292)
功能性团结(经济—工具)							
经济支持(双方相等)							
向上流动						1.1499	1.0087
						(0.2572)	(0.2331)
向下流动						0.6494	0.6307
						(0.2162)	(0.2123)
工具支持(双方相等)							
向上流动						1.6301**	1.5770**
						(0.3105)	(0.3056)
向下流动						1.2678	1.2885
						(0.4796)	(0.4937)
常数项	1.1972	1.2968	0.4458	1.2898	1.0382	1.0913	0.5802
	(3.0883)	(3.0858)	(3.0838)	(3.0551)	(3.1049)	(3.0788)	(3.0739)
预测概率	76.57%	76.82%	75.46%	76.08%	75.46%	75.46%	74.85%
pseudo R²	0.247	0.248	0.253	0.255	0.248	0.258	0.265

注:***,P<0.01;**,P<0.05;*,P<0.1。报告结果为 OR 值,括号内为稳健标准误。

流动老年人口,认为子女对自己足够关心者最近没有住院的概率会提升89.42%。共识性团结中,对比代际间未达成共识者,与子女达成共识的流动老年人口最近没有住院的概率会显著增加55.28%,即认为子女对自己没有过多要求的流动老年人口更健康。功能性团结中,对比工具支持相等的情况,工具支持向上流动使流动老年人口最近没有住院的概率显著提升63.01%,这说明子女对流动老年人提供家务支持,减轻了流动老年人的家务负担,流动老年人口客观健康状况较好。相比经济支持相等,经济支持向上流动对流动老年人口健康存在正向影响,影响方向和假设一致,但是在统计意义上不显著。

联系性团结和规范性团结对流动老年人客观综合健康的影响并不显著,假设 7.2a 和 7.2e 并没有被证实。这可能是因为最近是否住院属于较为客观的指标,代表流动老年人最近的健康状况。价值观、意识和子女的联系频率对流动老年人实际健康状况的影响不大。对流动老年人来说,与子女联系不频繁并不能代表子女和老年人关系不佳,流动老年人口客观综合健康更多地会受到子女与老年人情感性团结程度的影响。在不与子女同住的情况下,规范性团结方面养老责任是否应该由子女承担的规范不太重要。

模型 M7−28 同时纳入控制变量及多维代际团结。回归模型结果显示,各个代际团结维度对流动老年人口客观综合健康的影响与分模型中单独代际团结维度的影响方向和显著性基本一致,情感性团结和功能性团结对流动老年人口客观综合健康存在显著正向影响,假设 7.2b 和 7.2c 被部分证实。在全模型中,情感性团结的显著性有所降低,影响方向依然为正;共识性团结的影响变得不显著,说明在其他代际团结维度共同作用下,是否达成共识对不与子女同住的流动老年人口客观综合健康的重要性下降;功能性团结中工具支持向上流动的影响显著性不变,流动老年人口最近没有住院的可能性从 63.01% 下降为 57.70%。

(2)与子女同住的流动老年人口

①家庭代际团结与自评健康

表 7−7 为在与子女同住时,家庭代际团结对流动老年人口主观综合健康影响的二元 logistic 回归模型,自变量为家庭代际团结各维度,因变量为自评健康。模型展示了与子女同住情况下,情感性团结、共识性团结、规范性团结、功能性团结维度对流动老年人口主观综合健康的影响。

基准模型 M7−29 只纳入控制变量,结果显示,居住地、收入、受教育程度、婚姻状况、流入时间、流入地、躯体健康得分、心理健康得分对流动老年人主观综合健康有正向显著的影响,即居住在城市、收入越高、受教育程度越高、在婚、流入时间越长、流入中西部和东北地区、躯体健康状况较好、心理健康状况较好的流动老年人越有可能自评较为健康。年龄、性别、同住人数、工作状况、社会健康

表7-7 家庭代际团结对流动老年人口自评健康的影响(与子女同住)(N=982)

变量	M7-29	M7-30	M7-31	M7-32	M7-33	M7-34
流入时间	1.0146***	1.0142***	1.0140***	1.0154***	1.0146***	1.0150***
	(0.0031)	(0.0031)	(0.0031)	(0.0032)	(0.0032)	(0.0033)
流入地(东部地区)						
中部地区	1.4059*	1.4229*	1.4227*	1.3296	1.3972	1.3597
	(0.2898)	(0.2945)	(0.2951)	(0.2761)	(0.2897)	(0.2875)
西部地区	2.4754***	2.5894***	2.6767***	2.6544***	2.3823***	2.7044***
	(0.4738)	(0.5014)	(0.5203)	(0.5141)	(0.4612)	(0.5385)
东北地区	2.6697***	2.7228***	2.7238***	2.5354***	2.7088***	2.6711***
	(0.6730)	(0.6876)	(0.6911)	(0.6508)	(0.6893)	(0.6971)
年龄	0.9841	0.9871	0.9819	0.9808*	0.9866	0.9847
	(0.0113)	(0.0114)	(0.0113)	(0.0114)	(0.0116)	(0.0118)
性别(女性)	0.9594	0.9570	0.9600	0.9560	0.9594	0.9656
	(0.1570)	(0.1573)	(0.1582)	(0.1585)	(0.1579)	(0.1625)
居住地(农村)	2.8489***	2.7451***	2.8753***	2.9447***	2.8830***	2.8231***
	(0.7138)	(0.6907)	(0.7236)	(0.7447)	(0.7287)	(0.7245)
同住人数	1.0572	1.0616	1.0521	1.1043	1.0597	1.1129
	(0.0766)	(0.0774)	(0.0767)	(0.0820)	(0.0771)	(0.0850)
收入(取对数)	1.1075***	1.1131***	1.1167***	1.0909**	1.1214***	1.1158***
	(0.0384)	(0.0387)	(0.0388)	(0.0383)	(0.0395)	(0.0402)

续表

变量	M7－29	M7－30	M7－31	M7－32	M7－33	M7－34
受教育程度（小学及以下）	1.4624**	1.4835**	1.5271**	1.3652*	1.4669**	1.4043*
	(0.2463)	(0.2513)	(0.2600)	(0.2341)	(0.2491)	(0.2457)
婚姻状况（不在婚）	1.3664*	1.4063*	1.3750*	1.2551	1.4420**	1.2992
	(0.2406)	(0.2493)	(0.2428)	(0.2239)	(0.2569)	(0.2370)
工作状况（不在业）	0.7610	0.7814	0.7523	0.7277	0.8051	0.7491
	(0.1891)	(0.1931)	(0.1878)	(0.1820)	(0.2034)	(0.1916)
躯体健康	3.3014***	3.3339***	3.3654***	3.5552***	3.3722***	3.7653***
	(0.5869)	(0.5900)	(0.6024)	(0.6694)	(0.6058)	(0.7209)
心理健康	1.1238***	1.1154***	1.1051***	1.1189***	1.1202***	1.1038***
	(0.0240)	(0.0240)	(0.0244)	(0.0243)	(0.0242)	(0.0245)
社会健康	0.9879	0.9878	0.9868	0.9815	0.9876	0.9800
	(0.0147)	(0.0147)	(0.0147)	(0.0149)	(0.0150)	(0.0153)
情感性团结（不关心）		2.0380***	1.8474***			1.6520*
		(0.5560)	(0.3393)			(0.4881)
共识性团结（未达成共识）						0.3903***
						(0.1363)
规范性团结（非子女承担）				0.4109***		0.3670***
				(0.0784)		(0.0723)

续表

变量	M7-29	M7-30	M7-31	M7-32	M7-33	M7-34
功能性团结(经济—工具)						
经济支持(双方相等)						
向上流动					1.1872	1.1275
					(0.2037)	(0.1982)
向下流动					0.7769	0.8610
					(0.2294)	(0.2665)
工具支持(双方相等)						
向上流动					0.7286*	0.6769**
					(0.1196)	(0.1138)
向下流动					0.7840	0.7866
					(0.1668)	(0.1748)
常数项	0.0000***	0.0000***	0.0000***	0.0000***	0.0000***	0.0000***
	(0.0000)	(0.0000)	(0.0000)	(0.0000)	(0.0000)	(0.0000)
预测概率	64.54%	64.47%	65.76%	65.11%	65.11%	64.97%
pseudo R^2	0.153	0.158	0.160	0.169	0.158	0.186

注:***,$P<0.01$;**,$P<0.05$;*,$P<0.1$;报告结果为 OR 值,括号内为稳健标准误。

得分对流动老年人口主观综合健康没有显著的影响。

　　模型 M7－30 至 M7－33 分别在基准模型的基础上纳入情感性团结、共识性团结、规范性团结、功能性团结。回归模型结果显示,情感性团结和共识性团结对与子女同住的流动老年人口主观综合健康有显著正向的影响($P<0.01$),验证了假设 7.2b 和 7.2d,其余维度家庭代际团结与综合健康关系的假设并没有被证实。情感性团结中,相比认为子女对自己不够关心者,认为子女对自己足够关心的流动老年人自评较为健康的概率显著提高约 103.80％。共识性团结中,相比没有达成共识,达成共识的流动老年人自评健康的概率显著提升 84.74％。规范性团结对与子女同住的流动老年人自评是否健康存在显著负向的影响,与假设 7.2e 影响方向相反,认为养老责任由子女承担、与子女同住的流动老年人自评较健康的概率会显著降低 58.91％。功能性团结中,经济支持的影响不显著,工具支持实际影响和假设的方向相反,相比工具支持相等,工具支持向上流动使得流动老年人自评较健康的概率显著降低 27.14％。

　　模型 M7－34 同时纳入控制变量及多维家庭代际团结。回归模型结果显示,情感性团结显著正向影响与子女同住的流动老年人口主观综合健康,假设 7.2b 得到验证。功能性团结、共识性团结和规范性团结的影响显著但影响方向与研究假设相反,假设 7.2c、7.2d 和 7.2e 没有得到验证。情感性团结中,认为得到子女足够关心使得与子女同住的流动老年人口自评较为健康的可能性显著提升 65.20％,相比逐步回归模型,该影响大小降低,但在统计水平上依然显著。功能性团结中,相比支持相等,经济支持向上流动的影响不显著,工具支持向上流动使与子女同住的流动老年人口自评为较健康的可能性显著降低 32.31％。共识性团结中,达成共识使得与子女同住的流动老年人口自评较为健康的可能性降低 60.97％,全模型中共识性团结的影响方向与模型 M7－31 相反。全模型中共识性团结的影响显著且为负,说明综合考虑控制变量和其他代际团结维度影响后,共识性团结对与子女同住的流动老年人口综合健康具有显著负向作用。规范性团结中,认为应由子女承担养老责任对与子女同住的流动老年人口带来显著负向影响,与模型 M7－32 中规范性团结的影响方向一致。

　　②家庭代际团结与最近是否住院

　　表 7－8 是与子女同住时,家庭代际团结对流动老年人口客观综合健康影响的 logistic 回归模型。自变量为家庭代际团结各维度,因变量为最近是否住院。基准模型 M7－35 只纳入控制变量,回归结果显示,受教育程度、流入时间、流入地、心理健康得分对流动老年人最近是否住院有显著的影响,即受教育程度越高、流入时间越长、选择流入东北地区的与子女同住的流动老年人客观综合健康越好。相比流入东部地区,选择流入西部地区、心理健康得分越高的与子女同住

的流动老年人客观综合健康越差,说明流入西部地区的老年人可能不太适应西部地区的生活,客观综合健康状况较差,住院的可能性更高。此外,可能因为住院这一事件迫使其预先做好一定的心理建设,因此最近住院的流动老年人口心理健康得分会更高。年龄、性别、居住地、同住人数、收入、婚姻状况、工作状况、躯体健康得分、社会健康得分对流动老年人口自评是否健康没有显著的影响。

模型 M7—36 至 M7—39 分别在基准模型的基础上纳入情感性团结、共识性团结、规范性团结、功能性团结。回归模型结果显示,情感性团结正向显著影响与子女同住的流动老年人口客观综合健康,假设 7.2b 得到验证;功能性团结、共识性团结和规范性团结的影响方向和假设 7.2c、7.2d 和 7.2e 不一致,假设 7.2c、7.2d 和 7.2e 没有得到证实。情感性团结中,认为子女对自己足够关心,与子女同住的流动老年人口最近没有住院的概率显著增加 144.31%,反映其客观健康状况较好。共识性团结中,相比没有达成共识者而言,与子女达成共识的流动老年人口最近没有住院的概率会显著降低 28.78%。这说明代际间达成共识的与子女同住的流动老年人客观健康状况较差。规范性团结对与子女同住的流动老年人口综合健康没有显著的影响。功能性团结中,经济支持没有产生显著的影响,但相比经济支持相等,经济支持向上流动存在正向的影响;工具支持存在显著负向的影响,即相比于工具支持流动相等的情况,工具支持向上流动和向下流动都会使与子女同住的流动老年人口最近住院的概率降低 25.12%($P<$ 0.1)和 50.45%($P<0.01$),可能是因为帮子女做家务会一定程度上损伤老年人口躯体健康,负面影响客观综合健康;而子女帮做家务也可能是因为流动老年人口本身客观综合健康状况较差,结果都呈现出最近住院的概率更大,即工具支持的流向对流动老年人口客观综合健康影响都是负向的。

模型 M7—40 同时纳入控制变量及多维代际团结。回归模型结果和逐步回归模型的结果基本一致,情感性团结显著正向影响与子女同住的流动老年人口客观综合健康,支持假设 7.2b;功能性团结、共识性团结和规范性团结的影响没有证实假设 7.2b、7.2d 及 7.2e,而是显著负向影响客观综合健康。情感性团结中,认为子女关心的与子女同住的流动老年人口最近没有住院的可能性提升了 193.61%,说明得到子女关心的与子女同住的流动老年人口客观综合健康更佳。共识性团结中,达成共识使得与子女同住的流动老年人口最近没有住院的可能性降低 47.74%,说明与子女同住时,达成共识不利于流动老年人口客观综合健康。功能性团结中,经济支持影响依然不显著;相比工具支持相等,工具支持向上流动使与子女同住的流动老年人口最近没有住院的可能性降低 28.10%,说明对与子女同住的流动老年人口而言,功能性支持向上流动不利于其客观综合

表 7－8 家庭代际团结对流动老年人口最近是否住院的影响（与子女同住）(N＝748)

变量	M7－35	M7－36	M7－37	M7－38	M7－39	M7－40
流入时间	1.0085***	1.0083***	1.0092***	1.0086***	1.0079**	1.0090***
	(0.0031)	(0.0031)	(0.0031)	(0.0031)	(0.0031)	(0.0032)
流入地（东部地区）						
中部地区	0.9315	0.9731	0.8937	0.9257	0.9280	0.8925
	(0.2086)	(0.2193)	(0.2018)	(0.2070)	(0.2095)	(0.2045)
西部地区	0.6961*	0.7100*	0.6589**	0.7047*	0.6589**	0.6152**
	(0.1431)	(0.1468)	(0.1373)	(0.1453)	(0.1378)	(0.1328)
东北地区	1.8530**	1.8996**	1.8590**	1.8438**	1.7580**	1.8251**
	(0.4773)	(0.4929)	(0.4798)	(0.4763)	(0.4584)	(0.4870)
年龄	0.9897	0.9944	0.9912	0.9889	0.9902	0.9980
	(0.0114)	(0.0116)	(0.0115)	(0.0114)	(0.0116)	(0.0120)
性别（女性）	1.0674	1.0101	1.0803	1.0634	1.0778	1.0307
	(0.1824)	(0.1746)	(0.1848)	(0.1820)	(0.1858)	(0.1805)
居住地（农村）	1.1133	1.0306	1.0890	1.1136	1.1646	1.0084
	(0.2821)	(0.2649)	(0.2761)	(0.2825)	(0.2980)	(0.2615)
同住人数	0.9359	0.9473	0.9422	0.9451	0.9220	0.9578
	(0.0843)	(0.0859)	(0.0853)	(0.0858)	(0.0838)	(0.0889)
收入（取对数）	0.9993	1.0137	0.9964	0.9978	1.0111	1.0200
	(0.0395)	(0.0404)	(0.0394)	(0.0395)	(0.0406)	(0.0414)

续表

变量	M7－35	M7－36	M7－37	M7－38	M7－39	M7－40
受教育程度(小学及以下)	1.7402***	1.7086***	1.6791***	1.7235***	1.7854***	1.6126**
	(0.3149)	(0.3111)	(0.3060)	(0.3126)	(0.3274)	(0.3015)
婚姻状况(不在婚)	1.3310	1.4304*	1.3372	1.3058	1.3525	1.4598*
	(0.2484)	(0.2708)	(0.2501)	(0.2456)	(0.2550)	(0.2833)
工作状况(不在业)	0.7633	0.7830	0.7482	0.7546	0.7842	0.7714
	(0.2186)	(0.2272)	(0.2154)	(0.2165)	(0.2293)	(0.2315)
躯体健康	1.0981	1.1021	1.0906	1.0951	1.1132	1.1030
	(0.0905)	(0.0926)	(0.0901)	(0.0904)	(0.0932)	(0.0949)
心理健康	0.9281***	0.9213***	0.9370***	0.9259***	0.9224***	0.9286***
	(0.0213)	(0.0213)	(0.0221)	(0.0214)	(0.0215)	(0.0225)
社会健康	1.0035	0.9965	1.0045	1.0042	1.0037	0.9970
	(0.0172)	(0.0172)	(0.0172)	(0.0172)	(0.0175)	(0.0177)
情感性团结(不关心)		2.4431***				2.9361***
		(0.6842)				(0.8762)
共识性团结(未达成共识)			0.7122*			0.5226***
			(0.1284)			(0.1036)
规范性团结(非子女承担)				0.8476		0.7831
				(0.1624)		(0.1541)

续表

变量	M7−35	M7−36	M7−37	M7−38	M7−39	M7−40
功能性团结(经济—工具)						
经济支持(双方相等)						
向上流动					1.0528	1.1208
					(0.1959)	(0.2150)
向下流动					0.8540	1.0351
					(0.2737)	(0.3435)
工具支持(双方相等)						
向上流动					0.7488*	0.7190*
					(0.1261)	(0.1234)
向下流动					0.4955**	0.4552***
					(0.1248)	(0.1184)
常数项	0.3560	0.1223	0.4119	0.4737	0.2909	0.1415
	(0.9946)	(0.3505)	(1.1541)	(1.3339)	(0.8242)	(0.4170)
预测概率	61.63%	61.90%	59.09%	60.83%	60.96%	62.30%
pseudo R²	0.046	0.056	0.047	0.047	0.055	0.076

注:***,$P<0.01$;**,$P<0.05$;*,$P<0.1$;报告结果为 OR 值,括号内为稳健标准误。

健康。规范性团结对与子女同住的流动老年人口客观综合健康存在负向作用，使其最近没有住院的可能性降低 21.69%，但并不显著。

（3）代际团结类型对流动老年人综合健康的影响

表 7-9 为家庭代际团结类型对流动老年人口综合健康影响的 logistic 回归模型，自变量为家庭代际团结类型，因变量为自评健康与最近是否住院。

回归结果显示，代际团结程度越高，流动老年人口综合健康状况越好，假设 7.2g 得到证实。在控制其他变量后，相比家庭代际团结为高支持—高感知型的流动老年人口，获得低支持或者低感知的流动老年人口，其主观综合健康受到显著的负向影响，家庭代际团结类型为低支持—高感知型的流动老年人口自评较健康的可能性降低 53.98%，高支持—低感知型的流动老年人口自评较健康的可能性降低 51.88%。在控制其他变量的情况下，相比家庭代际团结类型为高支持—高感知型的流动老年人口，低支持—高感知型的流动老年人口最近没有住院的可能性显著降低 63.82%。在高支持的状态下感知降低会负向影响流动老年人口客观综合健康，但是影响不显著。因此，无论是减少代际支持或者降低对代际支持程度的感知，都会对流动老年人口主观综合健康和客观综合健康带来负向影响。

表 7-9　代际团结类型与综合健康的回归模型（N=1989）

变量	自评健康	最近是否住院
家庭代际团结类型 （高支持—高感知）		
低支持—高感知	0.4602**	0.3618***
	(0.1400)	(0.1167)
高支持—低感知	0.4812***	0.7307
	(0.1159)	(0.1653)
控制变量	YES	YES
常数项	0.0000***	0.0590
	(0.000)	(0.1067)
预测概率	64.29%	67.22%
pseudo R²	0.104	0.121

注：*** ，$P<0.01$；** ，$P<0.05$；* ，$P<0.1$；报告结果为 OR 值，括号内为稳健标准误。

7.5　本章小结

本章主要探讨了家庭代际团结对流动老年人口综合健康的作用机制。综合以上实证分析结果发现，流动行为特征显著影响流动老年人口综合健康。家庭代际关系为流动老年人口综合健康提供重要支持,流动老年人口与成年子女之间的关系会影响其综合健康,但这种影响在不同维度家庭代际团结、主客观综合健康中存在差异化表现。具体可总结为以下四点。

第一,流动老年人口综合健康状况差异较大,且受个人特征的影响较大。

流动老年人口自评较不健康者所占比重比自评较健康者多 7.70 个百分点,最近住院者所占比重比最近没有住院者低 3.02 个百分点。不同年龄、性别、居住地、同住人数、收入、受教育程度、工作和婚姻状况的流动老年人口综合健康状况存在显著差异,这和石郑与郭静的研究结果较为一致:年龄越小、身为男性、居住在城市、已婚、受教育程度越高的流动老年人口综合健康状况越好[①②]。

然而,本研究发现在区分是否与子女同住后,人口社会学特征对主客观综合健康的影响方向和显著性存在差异,这与董晓芳和刘茜[③]的发现相一致。不与子女同住流动老年人口的综合健康受到年龄增加[④]、同住人数多、社会联系减少[⑤]的负面影响较大,但男性、在业流动老年人口综合健康水平更高。与子女同住的流动老年人口,如果居住在城市、收入较高、受教育程度较高,其综合健康状况会更好。躯体健康状况越好,流动老年人口综合健康状况越好。较好的心理健康能够提升流动老年人口主观综合健康,但是没有给客观综合健康带来相同的作用,客观综合健康较差的流动老年人口反而有更高的调节心情能力,获得较高的心理健康得分。在不同居住安排下,流动老年人口的人口社会学特征对其综合健康影响不同,这也说明了本研究在区分结构性团结的基础上,进一步分析其他代际团结维度对流动老年人口综合健康影响的必要性。

第二,选择迁移流动的老年人口主观综合健康状况较好,但实际上面临较大的客观综合健康风险,迁移流动对综合健康的影响存在流入时间和地域差异。

选择迁移流动的老年人口主观上自评较为健康的可能性更大[⑥],符合健康移民假说,有较好综合健康状况的人更可能选择迁移,这与部分研究结论一致[⑦]。以往研究证明,选择迁移流动的人口自评健康状况会优于迁出地和迁入

① 石郑. 流动人口健康自评状况及影响因素分析[J]. 江汉学术, 2020, 39(02):17-28.

② 郭静, 薛莉萍, 范慧. 流动老年人口自评健康状况及影响因素有序 logistic 回归分析[J]. 中国公共卫生, 2017, 33(12):1697-1700.

③ 董晓芳, 刘茜. 高堂在, 不宜远居吗?——基于 CHARLS 数据研究子女居住安排对父母健康的影响[J]. 中国经济问题, 2018(05):38-54.

④ George, Okun, Landerman. Age as a moderator of the determinants of life satisfaction[J]. Res Aging, 1985, 7(2):209-233.

⑤ 陈宁, 石人炳. 流动老人健康差异的实证研究[J]. 重庆社会科学, 2017(07):53-60.

⑥ 宋全成, 张倩. 中国老年流动人口健康状况及影响因素研究[J]. 中国人口科学, 2018(04):81-92.

⑦ Lu, Qin. Healthy migrant and salmon bias hypotheses: a study of health and internal migration in China[J]. Social Science & Medicine, 2014, 102:41-48.

地的人口,流动老年人口有相似的特征①。然而,本研究并没有基于迁入/迁出地视角,对比迁移流动的老年人口与本地老年人口在自评健康状况方面的差异,而是针对老年人口从是否迁移流动的角度对健康移民假说进行验证。

相同条件下,与非流动老年人口相比,流动老年人口在客观综合健康方面并不具有明显的优势,表明在迁移流动与健康关系的相关研究中,迁移流动原因的作用不可忽视。已有研究表明,流动老年人口以照料家人和养老为主要流动原因。前者需要体力劳动付出,并可能导致客观综合健康恶化;后者可能由于自身客观综合健康衰退而迁移流动,健康与迁移流动行为之间可能存在反向因果关系。然而,与宋全成和张倩以"是否患有慢性病"作为客观综合健康的测量指标不同,本研究基于"最近是否住院"对流动老年人口客观综合健康状况进行测量,能够较为全面地、综合性地反映该群体近期躯体、心理、社会健康的状况。

在控制其他变量的影响后,流动老年人口迁移流动时间越长,对迁移后环境的适应状况越好,其综合健康状况越好。这与王会光的研究结论不太一致,其研究表明流入时间越长、流动老年人口综合健康状况越差②。他认为,随着流动时间延长,流动老年人口受到年龄增加的影响增强,高龄流动老年人口受到的健康风险更大。这意味着个体特征差异能够为流动因素对流动老年人口综合健康负向作用提供合理解释。已有研究表明,社会融入水平的提高能够提升流动对健康的正效应③。由于迁移流动的个体,其社会融入水平与时间密切相关,这使得短期流动的老年人口可能面临更多的健康风险④⑤。此外,杨妮等的研究表明,身体健康的流动老年人口在当地长期定居的意愿更强⑥,因此可能延长流动时间以达成定居目的,本研究并不排除流入时间与综合健康的反向因果关系。

从迁移流动区域看,相比流入东部地区,流入东北地区的老年人口获得较好客观综合健康可能性更大,流入西部地区的老年人口获得较好主观综合健康和较差客观综合健康的可能性更大。这与侯建明和赵丹的研究结果存在较大差

① Abraido-Lanza, Dohrenwend, Ng-Mak, et al. The Latino mortality paradox: A test of the "salmon bias" and healthy migrant hypotheses[J]. American Journal of Public Health, 1999, 89(10): 1543 -1548.

② 王会光. 流动老人的自评健康状况及影响因素研究——基于城乡差异的视角[J]. 西北人口, 2018, 39(06):48 - 58.

③ 杨菊华. 中国流动人口的社会融入研究[J]. 中国社会科学, 2015(02):61 - 79.

④ 任国强,胡梦雪. 跨省流动人口健康自评状况及其影响因素分析——基于2014年全国流动人口动态监测调查数据[J]. 中国卫生事业管理, 2021, 38(08):587 - 593.

⑤ 郑佳然. 流动老年人口社会融入困境及对策研究——基于6位"北漂老人"流迁经历的质性分析[J]. 宁夏社会科学, 2016(01):112 - 119.

⑥ 杨妮,许倩,王艳. "老漂族"长期定居意愿研究——基于成功老龄化的框架[J]. 人口与发展, 2018, 24(03):43 - 54.

别,他们认为流入东北和西北偏僻地区,流动老年人口综合健康状况更差①,解释是东部地区的社会经济条件较好,流入东部地区能够获得较好的医疗服务资源,因此东部地区的流动人口综合健康状况较好。但本研究认为,恰恰是综合健康较好的老年人口流入社会经济条件较差的地区才能长久生存下去。即便是对于客观身体较差的流动老年人口,其主观上对自身健康状况较有信心,也能够在东北和西部地区居留。自评健康状况良好的老年人口更容易参与迁移流动,齐亚强等学者的研究也证明了这一点②。

第三,家庭代际团结对流动老年人口综合健康的影响存在显著差异,不同维度家庭代际团结对流动老年人口综合健康同时发挥积极和消极作用。

感知到子女的关心有利于流动老年人口提升综合健康,情感性团结的研究假设被验证。以往的研究表明③,情感性团结对老年人口综合健康发挥积极的影响④⑤,这些研究发现对流动老年人口同样适用。无论流动老年人口是否与子女同住,其与子女之间的情感性联结都具有重要意义,但对于非流动老年人而言,不与子女同住的老年人口获得的情感支持较少⑥⑦。情感性团结与流动老年人口社会网络中情感亲密度所指的内容相似,子女是流动老年人口情感亲密度最重要的来源,子女处于社会护航模型的三个同心圆中最靠近圆心的位置,因此子女稳定持续的关心对流动老年人口综合健康产生积极影响⑧。

与子女同住的流动老年人口可能会和子女产生矛盾,共识性团结对流动老年人口综合健康具有消极影响。以往文献发现共识性团结会影响流动老年人口心理健康⑨,但较少发现对流动老年人口综合健康的影响。本研究发现,与子女

① 侯建明,赵丹.我国流动人口健康自评状况及其影响因素分析[J].人口学刊,2020,42(04):93-102.

② 齐亚强,牛建林,威廉·梅森,等.我国人口流动中的健康选择机制研究[J].人口研究,2012,36(01):102-112.

③ 靳小怡,刘妍珺.照料孙子女对老年人生活满意度的影响——基于流动老人和非流动老人的研究[J].东南大学学报(哲学社会科学版),2017,19(02):119-129.

④ 刘昊,李强,薛兴利.双向代际支持对农村老年人身心健康的影响——基于山东省的调查数据[J].湖南农业大学学报(社会科学版),2019,20(04):49-56.

⑤ 贾仓仓,何微微.子女代际支持对老年人健康的影响——基于内生性视角的再检验[J].人口与经济,2021(03):52-68.

⑥ 殷俊,刘一伟.子女数、居住方式与家庭代际支持——基于城乡差异的视角[J].武汉大学学报(哲学社会科学版),2017,70(05):66-77.

⑦ 董晓芳,刘苒.高堂在,不宜远居吗?——基于CHARLS数据研究子女居住安排对父母健康的影响[J].中国经济问题,2018(05):38-54.

⑧ 刘素素,欧阳铮,王海涛.老年人的社会关系研究概述:基于护航模型的视角[J].人口与发展,2016,22(05):90-97.

⑨ Zhou,Bai. Influence of intergenerational relationships on depressive symptoms in ageing Chinese adults in Hong Kong:Mediating effects of sense of loneliness[J]. BMC Geriatr, 2022, 22(1):587.

同住时,共识性团结对流动老年人口综合健康发挥显著的消极作用,和子女达成共识的流动老年人口综合健康状况处于劣势,这与研究假设不符。该结果可能和本研究对共识性团结的理解有关,本研究将共识性团结操作化为"流动老年人口从未觉得子女在各个方面有要求过多的支持和帮助"。对这一研究发现可能的解释是,流动老年人口在老年期退出工作角色和重新回归家庭会面临角色转变冲突的问题①,子女寻求帮助有利于老年人继续肯定自身价值,重新适应家庭生活,更好适应衰老的过程,增进综合健康。老年人退出劳动力市场会丧失工作带来的满足感和成就感,转变工作角色重新回归家庭,需要找到能够重新发挥自身价值的新家庭角色。与子女同住的流动老年人口能够及时关注到子女的需求,满足子女需求能够带来发挥功能价值的满足感。即使子女要求过多的支持和帮助,流动老年人口也能从中得到被需要的价值感,为自己能够满足子女的过多需求而自豪,因此结果展现出能够满足子女过多需求改善流动老年人口综合健康。需要指出的是,实证结果也可能意味着流动老年人口认为需要满足子女的需求才是和子女达成真正的共识,即使流动老年人觉得子女的需求可能过多。

功能性团结对流动老年人口综合健康的影响具有差异性,代际间工具支持的影响比经济支持显著。本研究发现,在功能性团结中,代际经济支持的流动不显著影响流动老年人口综合健康,这与贾仓仓和何微微在非流动老年人口中的发现一致。他们研究得出经济支持向上流动对老年人健康影响并不显著②的结论。而刘昊等在农村老年人中发现经济支持向上流动会给农村老年人综合健康带来消极影响③,说明经济支持流动对农村老年人口综合健康影响较大,对流动老年人口综合健康影响较小。

不与子女同住时,相比工具支持相等,工具支持向上流动积极影响流动老年人口综合健康;而与子女同住时,工具支持向上流动发挥消极作用。实证结果部分验证了研究假设,不同居住安排下工具支持向上流动发挥不同作用可能与流动老年人口流动原因相关。大部分流动老年人口之所以流动后与子女同住,是由于子女和孙辈有被照料的需求④。流动老年人口流入子女家庭中共同居住,能为子女提供工具支持。换言之,流动老年人口综合健康较好才能主动为子女

---

① 张杨波. 西方角色理论研究的社会学传统——以罗伯特·默顿为例[J]. 国外理论动态,2014(09):104-109.

② 贾仓仓,何微微. 子女代际支持对老年人健康的影响——基于内生性视角的再检验[J]. 人口与经济,2021(03):52-68.

③ 刘昊,李强,薛兴利. 双向代际支持对农村老年人身心健康的影响——基于山东省的调查数据[J]. 湖南农业大学学报(社会科学版),2019,20(04):49-56.

④ 靳小怡,刘妍珺. 照料孙子女对老年人生活满意度的影响——基于流动老人和非流动老人的研究[J]. 东南大学学报(哲学社会科学版),2017,19(02):119-129.

提供工具支持,当流动老年人口需要子女提供工具支持时,可能反映其综合健康状况较差。因此工具支持向上流动在流动老年人口与子女同住时与其综合健康存在负相关关系。然而,对一般老年人尤其是农村老年人而言,工具支持向上流动对综合健康有促进作用[①],白兰和顾海的研究证明了这一点[②]。流动老年人口因为流动原因的影响,以工具支持向下流动为主,主要给子女提供工具支持,因而在工具支持流动与综合健康关系方面体现出不同的特征。

第四,家庭代际团结潜在类别分析发现,我国大部分流动老年人口属于高支持—高感知的类型,减少代际支持或者降低对代际支持程度的感知不利于流动老年人口综合健康。

流动老年人口家庭代际团结类型存在三类:高支持—高感知、低支持—高感知和高支持—低感知。本研究发现流动老年人口家庭代际团结类型不存在低支持—低感知型,大部分属于高支持—高感知型。这与马春华在城市家庭中的研究发现一致,其研究表明中国城市中家庭代际关系以团结为主,代际关系疏离型的占比少[③]。但需要注意的是,虽然本研究区分了家庭代际团结类型,但是成年子女和老年父母之间的关系是动态变化的[④],会受到成年子女与老年人个人特征变化的影响[⑤],还受到社会变革的影响[⑥],因此流动老年人口家庭代际团结类型也是动态变化的。

日常获得代际支持较少或者对代际团结感知不高会对流动老年人口综合健康的提升不利。相比获得高支持和高感知,获得低支持和高感知不利于流动老年人口主客观综合健康状况提升,获得高支持和低感知不利于流动老年人口主观综合健康状况提升,说明流动老年人口在客观代际支持与代际支持的主观感知上都具有较高要求,同时满足主客观代际支持才有利于流动老年人口综合健康的维持。流动老年人口在支持和感知上都体现出较高程度的团结,而实际代际支持是双向流动的,实证结果可能意味着不同家庭代际团结类型下,不管流动老年人口是提供代际支持还是接受代际支持都有助于维持综合健康,支持以往

① 贾仓仓,何微微. 子女代际支持对老年人健康的影响——基于内生性视角的再检验[J]. 人口与经济,2021(03):52 - 68.

② 白兰,顾海. 子女代际支持对农村老年人健康水平的影响研究[J]. 现代经济探讨,2021(07):40 - 47.

③ 马春华. 中国城市家庭亲子关系结构及社会阶层的影响[J]. 社会发展研究,2016,3(03):44 - 70.

④ 石金群. 转型期家庭代际关系流变:机制、逻辑与张力[J]. 社会学研究,2016,31(06):191 - 213.

⑤ Yang, Ariela, Todd, et al. Intergenerational Latent Solidarity Class and Relationship Quality among Chinese:Implications for Self-reported Health and Well-being[J]. Acta Psychologica Sinica, 2013, 45(7):811 - 824.

⑥ 王跃生. 社会变革中的家庭代际关系变动、问题与调适[J]. 中国特色社会主义研究,2019(03):79 -87.

学者互惠的家庭代际关系有益于老年人口综合健康的看法[1][2]。一方面,流动老年人口在老年期面临衰老问题,由于身体机能与活动能力等的退化,需要获得来自子女的代际支持来维持综合健康。另一方面,流动老年人口在老年角色转变过程中需要满足自我实现的需求,主动为子女提供代际支持实现自身价值[3],积极影响综合健康。不同家庭代际团结类型的影响与杨晶晶等的研究发现一致,其研究证明代际团结程度提高会提升自评健康状况和生活幸福感[4],有利于综合健康。家庭代际团结对流动老年人口综合健康影响小结见表7-10。

表7-10　家庭代际团结对流动老年人口综合健康影响小结

变量	自评是否健康		最近是否住院	
	不与子女同住	与子女同住	不与子女同住	与子女同住
是否流动(否)	+ **		— ***	
流入时长	+ ***		+ ***	
流入地				
(东部地区)				
中部地区				
西部地区	+ *		— ***	
东北地区			+ **	
年龄	— *		— ***	
性别(女性)			+ **	
居住地(农村)		+ ***		
同住人数			— ***	
个人收入		+ ***		
(取对数)				
受教育程度		+ *		+ **
(小学及以下)				
婚姻状况				+ *
(不在婚)				

① Lowenstein, Katz, Gur-Yaish. Reciprocity in parent-child exchange and life satisfaction among the elderly:A cross-national perspective[J]. Journal of Social Issues, 2007, 63(4):865 - 883.

② 黄庆波,胡玉坤,陈功. 代际支持对老年人健康的影响——基于社会交换理论的视角[J]. 人口与发展, 2017, 23(01):43 - 54.

③ 曾小五,朱尧耿. 老年人的价值及其价值实现[J]. 人口研究, 2008,170(02):87 - 90.

④ Yang, Ariela, Todd, et al. Intergenerational Latent Solidarity Class and Relationship Quality among Chinese:Implications for Self-reported Health and Well-being[J]. Acta Psychologica Sinica, 2013, 45(7):811 - 824.

续表

变量	自评是否健康		最近是否住院	
	不与子女同住	与子女同住	不与子女同住	与子女同住
工作状况	+**		+*	
（不在业）				
躯体健康	+***	+***	+***	
心理健康	+***	+***	—***	—***
社会健康	+***			
情感性团结	+***	+*	+*	+***
（不关心）				
共识性团结		—***		—***
（未达成共识）				
规范性团结	+**	—***		
（非子女承担）				
联系性团结		/		/
（见面—通话）				
见面频率	+*	/		/
（不频繁）				
通话频率		/		/
（不频繁）				
功能性团结				
（经济—工具）				
经济支持				
（双方相等）				
向上流动				
向下流动				
工具支持				
（双方相等）				
向上流动		—**	+**	—*
向下流动				—***
家庭代际团结类型				
（高支持—高感知）				
低支持—高感知	—**		—***	
高支持—低感知	—***			

注：*** ,$P<0.01$；** ,$P<0.05$；* ,$P<0.1$；表内空白处表示没有显著影响，"/"表示未纳入该变量。

8 国际视野下家庭支持政策相关实践及启示

人口老龄化不断加深伴随着老年人口养老需求的不断增加,如何更好地保障老年人口生活,满足其养老需求,建设一个更加完备的养老保障制度,是当前中国社会亟待解决的问题。本章论述了我国家庭政策、养老保障政策的现状及问题,并对西方不同类型福利国家家庭政策、养老保障实践进行探讨,以便对我国家庭支持政策提供启示。

8.1 西方家庭政策发展及启示

8.1.1 西方家庭政策类型

哥斯塔·艾斯平—安德森根据非商品化程度、非阶层化程度及国家承担责任的多少,将福利国家的福利制度划分为社会民主型、保守型和自由型三种类型[①]。见表8-1。

具体来说,社会民主型福利国家坚持普遍主义原则,即其福利制度覆盖全体公民,由国家向个人提供最完整的公共福利服务,代表性国家有瑞典、挪威、丹麦等;保守型福利国家的政府也对公民的福利生活承担着相应责任,但大部分的社会服务(尤其是个人服务)主要由各类社会组织提供,代表性国家有德国、法国、意大利等;而自由型福利国家的公共福利服务主要由市场和家庭提供,国家在公共福利服务中扮演补救角色,代表性国家有英国、美国等[②]。

---

① 王瑶. 西方国家福利制度的模式、经验及对中国的启示[J]. 河北经贸大学学报,2022,43(06):52-60.

② 洪秀敏,刘倩倩. 三种典型福利国家婴幼儿照护家庭友好政策的国际经验与启示[J]. 中国教育学刊,2021(02):57-62.

表 8 - 1 福利国家三种类型

	社会民主型	保守型	自由型
非商品化程度	较高	中等	较低
非阶层化程度	较高	中等	较低
国家责任	较大	中等	较小

在安德森对社会福利制度三分法的基础上,Gauthier 将家庭政策划分为四种类型:自由主义模式、南欧模式、保守主义模式和社会民主主义模式。其中,自由主义模式主张限制国家在社会政策领域中的权力;南欧模式对家庭的支持略强于自由主义模式,但总体上支持强度仍然较低;保守主义模式只支持有特殊需要的家庭;社会民主主义模式则认为需要通过家庭来完成社会产品再分配,并给予最大支持[①]。根据不同政策类型特点,家庭政策大致可划分为两类:补救型和普惠型。社会民主主义模式的家庭政策为普惠型,而自由主义模式、南欧模式和保守主义模式的家庭政策为补救型。从政策支持强度上看,各类家庭政策对家庭的支持程度依次为:社会民主主义模式＞保守主义模式＞南欧模式＞自由主义模式。

不同类型的家庭政策在支持力度和政策对象方面存在差别。社会民主主义模式实施普惠政策,注重社会性别平等,对工作中的父母提供长期产假和育儿假以及全面的儿童照料服务,并给予中等力度的普惠现金补贴。保守主义模式基于传统的劳动性别分工及父母就业状况提供不同程度的支持,提供中等或高水平的现金援助,并在部分国家提供长期产假和育儿假,但儿童照料服务有限。南欧模式与职业相关联,政策碎片化且缺乏国家最低收入保障和现金支援,对工作中的父母支援水平较低。自由主义模式主要面向困难家庭,强调市场机制,家庭政策支援力度和普及性均较低,对困难家庭提供相对较高的支援,但对工作中的父母支援仍不够,儿童照料主要依靠私人机构和父母承担。

西方发达国家的家庭政策大致经历了从家庭主义到去家庭化再到再家庭化的演变趋势[②]。在家庭主义阶段(20 世纪 30 年代至第二次世界大战),政府主要对特殊贫困家庭采取介入措施,重点关注产妇、母亲和婴幼儿等弱势群体。此时,家庭政策仍处于起步阶段,在理论上与直接以家庭为客体的政策有所区别,且在实践中注重家庭基本需求,但困难依然被视为个体或家庭的私人问题。总

[①] Anne,H,Gauthier. Family Policies in Industrialized Countries:Is There Convergence? [J]. Population,2002.

[②] 韩央迪. 家庭主义、去家庭化和再家庭化:福利国家家庭政策的发展脉络与政策意涵[J]. 南京师大学报(社会科学版),2014(06):21-28.

的来说,这一阶段的家庭政策揭示了个人主义与结构主义融合背景下国家对公民家庭生活的干预。

第二次世界大战后,发达国家对公民家庭生活进行大幅干预,家庭政策得到了快速发展和转变。家庭政策逐渐从病理学向社会模型、从选择主义向普及主义、从事后补救向上游干预为主的路径转变。原本以聚焦特殊家庭为主的补救型家庭政策逐步发展为面向全体公民的普遍性政策,取代了原有的"家庭主义"福利体制。此阶段的家庭政策表现出三大共性:创建专门的家庭政策机构、扩大家庭补助金覆盖范围、优化产假政策[1]。整体上,此阶段正式视家庭为政策客体,并通过财政投入实现了福利的普及供给方式。但过度干预也造成了家庭功能的失衡,产生了国家与家庭关系的某种悖论。

自20世纪70年代以来,福利国家的经济低迷限制了国家对家庭的介入。家庭政策在意识形态上进行了改革,从原先过度干预路径转向去家庭化和家庭主义结合,旨在促进国家与家庭之间的关系平衡以支持个人权利实现。虽然各国福利开支受到较大限制,政府对家庭的干预效力也因此减弱,但随着家庭结构与功能的变化以及贫困问题的加剧,社会越来越需要系统化家庭政策的支持。相较于家庭政策黄金时期,该阶段的政策仍然得到国家的关注,并出现了再家庭化的趋势。

8.1.2 不同类型福利国家的家庭政策实践

不同类型福利国家的政策目标、价值理念不同,会直接影响其家庭政策的设计与实践。

(1) 社会民主主义福利国家

以瑞典、挪威等为代表的社会民主主义型福利国家,其家庭政策在百年的发展历程中主要呈现如下原则和目标[2]:首先,家庭政策由较为严格的资格审查转变为普遍性原则,即只要是该国公民即可享受相关福利,并不需要其他附加条件。其次,福利的主要提供者为国家,即在为公民提供福利方面,与市场的作用相比,政府的作用更为显著,且政府提供的公共服务质量也显著高于市场。再次,强调性别平等原则,突出体现在分担儿童照料责任和支持女性就业方面,在性别平等观念的基础上发展了独特的双职家庭支持模式。最后,儿童福利至上原则。对儿童的支持呈现"无缝"支持——为0至1岁婴幼儿主要照料者提供带薪假,1至6岁照料者提供公立照料服务,孩子在6岁之后即可享受免费的学校

① 李泉然.西方家庭政策的改革:制度演进与福利意涵[J].社会建设,2020,7(04):45-55.
② 张佳华."北欧模式"理念的建构、扩展与变迁——一项社会政策的考察[J].欧洲研究,2013,31(02):105-119.

教育。在这一福利主线之下,还有针对父母、住房、教育、医疗等各项政策的支持。

在养老保障方面,瑞典实行五支柱养老保障,分别为零支柱担保养老金(主要包含名义账户制养老金、实账积累制养老金及担保养老金三个层面)、第一支柱公共养老基金(由名义账户制国民养老基金和实账积累制养老基金组成)、第二支柱职业养老金、第三支柱个人养老储蓄和第四支柱养老护理服务。瑞典五支柱养老保障以明确养老保障职能定位,借助资本市场实现养老基金增值保值,充分保障退休人群即使在老龄化冲击下,依然能够享有较高的养老保险收入①。在长期照护方面,当前,瑞典的养老服务体系中最主要的两部分为居家养老服务和机构养老服务,二者均由政府负责,且覆盖所有有需求的老年人。瑞典居家养老服务内容丰富,包括送餐上门服务、个人照护、医疗护理与卫生保健等,老年人根据自身情况的差异选择服务内容及时长。对于居家养老服务无法满足需要的老年人,则可选择机构养老服务。养老机构包括老年之家、护理院等,主要为需要长期连续性照顾的老年人提供服务②。

(2)保守主义型福利国家

作为保守型福利体制的典型代表,德国的家庭政策变迁主要表现为:一是公共托幼服务的完善③。2007—2017年,德国政府对儿童日托机构的公共支出从130.92亿欧元上升到301.39亿欧元,涨幅达130%。2008—2018年,针对3岁以下儿童的托幼场所增加了40余万个。2019年1月,德国出台《儿童日托优化法》,旨在进一步提升儿童日托的质量。二是改革育儿养老金补贴,育儿津贴更加丰厚。提高补贴力度,将养老金薪酬点数从0.75提高到1;取消育儿养老金补贴与就业养老金缴费相互抵消的规定,只要二者总和不超过缴费上限,就可以一同被计入养老金薪酬点数。三是在住房领域实施了一系列家庭政策措施,如:住房补助金、对家庭盖建私有住宅的资助、社会福利住房建设、对租房者的保护④。通过这些改革,德国的家庭政策更加完整。德国的家庭政策有以下三个特点:一是"高度立法化、高度机构化、高度职业化",得益于强大的法治能力,德国建立了完备的有关家庭政策的法律框架、职业领域、政府与非官方机构合作机制;二是兼顾"确保公民权利与减少社会差异",从提供福利政策的角度出发确保每个公民都享有同样的福利,并为了维护社会公正进行再分配和差异均衡;三是

---

① 冯潇,成新轩.我国多支柱养老保障存在的问题及瑞典经验借鉴[J].金融与经济,2022(05):90-96.

② 杨政怡.基于平等主义文化的瑞典养老服务体系的形成及其对中国的启示[J].社会保障研究,2020(02):89-96.

③ 杨无意.德国的家庭政策变迁及其对我国的启示[J].内蒙古社会科学,2021,42(03):174-180.

④ 张威.德国家庭政策的核心框架与特征[J].社会工作,2018(02):85-96.

关注预防和干预,不仅重视解决贫困家庭、弱势家庭和问题家庭的问题,更重视从预防角度关注所有家庭,避免问题的出现。

德国养老保险体系的特征是形成了所谓的"三柱模式",即法定养老保险、企业补充养老保险和私人养老保险,其中法定养老保险一直居于最重要的地位。2001 年德国进行养老金改革——推出"里斯特养老金"制度,即国家支持的资本积累制的个人自愿养老保险,目的是鼓励个人参与法定养老保险之外的补充保险,以国家带动个人,让个人更多地承担起责任。里斯特养老金共采取两种补贴方式:一是直接补贴,基础补贴额度为 175 欧元(2019 年),并根据子女数和工作性质等情况给予额外奖励;二是税收优惠叠加匹配缴款。2006 年,里斯特养老金取代了职业养老金,成为德国养老基金提供的主要工具[①②]。德国是世界上第一个建立法定医疗保险的国家,其医疗保障制度以医疗保险为核心,被称为"俾斯麦模式"。德国医疗保障体系已经相当成熟和完善,主要特点是国家对医疗领域进行干预,强制参保。德国医疗保险由法定医疗保险、私人医疗保险、长期护理保险和针对特殊人群的福利医疗计划四类构成,形成了以强制性法定医疗保险为主、自愿性私人医疗保险为辅的多层次医疗保险体系[③]。

德国长期照护政策的系统性更强。德国于 1995 年颁布的《长期照护保险法》规定了长期照护的基本框架和资金支持方式,使德国的长期照护服务通过一个完全独立的体系得以实施,该体系将照护依赖和贫困分离。照护服务的提供不是基于个人收入的多寡,而是基于个人对照护服务本身的需求程度。由此,具有相同照护需求程度的个人,无论收入水平如何,都可以根据法律规定享受基本照护服务,并获得同等数额的费用偿付。《长期照护保险法》对长期照护需求进行了明确规定:长期照护需求是指个人由于健康原因出现自主行动或生活能力方面的障碍,需要他人提供帮助。该法案还规定,长期照护服务体系遵从"两个优先"原则:居家照护服务优先于住院照护服务,预防和康复优先于治疗[④]。

(3)自由主义型福利国家

随着主流社会政策思想变化,美国家庭政策也在发生改变。早期政府干预主要是为了弥补家庭功能不足,让家庭承担福利责任,如罗斯福总统通过税收来为个人和家庭提供社会保险和公共救助。而 20 世纪 60 年代,政府开始强调有责任帮助个人和家庭满足需求,通过增加福利责任来实现这一目标。1973 年,

---

① 徐清. 欧洲福利制度主要模式的比较与借鉴[J]. 现代经济探讨,2021(3):126 - 132.

② 罗艳君. 德国养老金体系改革启示[J]. 中国金融,2021(19):88 - 91.

③ 华颖. 居民基本医疗保险:筹资政策、实践效应及其优化[J]. 长白学刊,2022:1 - 12.

④ 刘涛. 福利多元主义视角下的德国长期照护保险制度研究[J]. 公共行政评论,2016,9(04):68 - 87.

"补充收入保障计划"整合了已有的公共福利计划,一套比较完善的社会福利体系形成。20世纪90年代末期,家庭政策的重点从政府干预转向了个体和家庭自身的责任,政府的干预则是为了促进家庭的福利功能,1996年通过法案——《Welfare Reform Act 1996》,相关的家庭政策不断增加,包括收养、儿童虐待、儿童照顾、家庭暴力、家长休假、家庭贫困的政策等。现如今,美国的家庭政策取向强调个人和家庭的责任,政府倾向于提供有限的福利安全网,并通过立法、教育和退税等方式有选择性地提倡家庭价值,加大对生育的经济支持等完善家庭功能[①]。

英国是世界上第一个建立全民医疗保障制度的国家,是国家承担基本医疗职能的全民医疗服务模式的典型代表[②]。英国全民医保的特点主要有:第一,不论是否就业以及收入的高低,每个人均可免费获得医疗服务,费用由国家财政负担。第二,国家主要通过税收为医疗保障筹资。个人如果需要享受更高质量的医疗服务,则需自费或参加私人医疗保险。第三,国家是医疗保障体系的管理者,公立医院是医疗服务最主要的供给者,私人医疗服务的占比很小。英国的长期照护制度是基于收入和资产审查的,由地方政府协同社会组织、家庭提供一系列正式和非正式照护服务或津贴的特惠制度。正式照护主要包括机构照护(主要包含疗养院和护理院)和居家照护两大类。非正式照护意指来自家庭成员或邻里的照顾,照护者能够享有一定的长期照护政策支持和补贴。英国长期照护制度的保障对象为具有重点照护需求的老年人,获得地方政府支持的社会照护服务必须经过严格的家计调查,此外还有部分对非正式照护者的政策支持;保障范围涉及社会服务、医疗服务和部分现金补贴计划[③]。

8.1.3 对我国家庭政策启示

20世纪80年代后,随着人口结构和经济社会的变迁,中国民众对于家庭文化与家庭行为的看法发生了重大转变。如:初婚年龄推迟,结婚意愿下降,低生育意愿与低生育水平逐渐固化,家庭结构、代际和代内关系以及家庭功能也出现了明显的变化,同居、空巢等多种家庭户类型并存。与此同时,人口的大规模流动也改变了传统的家庭居住方式,临时主干家庭、中年空巢家庭等新的家庭形式出现。这都催生了新的家庭政策需求,相较于已经存在且日益突出的家庭问题,我国的家庭政策目前依然处于比较松散的阶段,尚未形成具体的政策体系,且针对老年人的养老保障措施亟须改革完善。

---

① 何欢. 美国家庭政策的经验和启示[J]. 清华大学学报(哲学社会科学版),2013,28(01):147-156.

② 许荣庭,沈袁恒. 普惠型医疗保险发展:实践困境与优化方向[J]. 西南金融,2022(01):40-51.

③ 赵青,李珍. 英国长期照护:基本内容、改革取向及其对我国的启示[J]. 社会保障研究,2018(05):96-103.

（1）对我国建设家庭政策体系的启示

第一，当代家庭政策在价值取向上应兼顾家庭和个体，注重福利的普适性[①]。在扩大以家庭为单位的福利保障的同时，保证家庭成员个体福利。家庭政策既要考虑家庭整体利益，也要考虑家庭中个体成员利益，将家庭整体作为福利对象与以家庭成员作为福利对象的政策相结合。在制定家庭政策时应从家庭视角评估政策对家庭整体利益的影响，协调家庭政策与其他政策之间的关系。这样才可以更好保证家庭在福利供给中的功能实现。同时，由于家庭的不稳定性和多元性，传统家庭解体，家庭整体的支持模式也遇到难题，人们很难从家庭中获得生存保障和发展支持，加之家庭成员之间的利益有差异，有时甚至存在冲突，因而也需要对具体的家庭成员提供政策支持。有利于家庭成员的政策不一定有利于家庭中的每个个体，而有利于家庭成员的政策也不一定有利于整个家庭。因此在家庭政策问题上，家庭本位或个体本位都不能解决问题，应坚持家庭和个体双重价值取向。

第二，构建发展型家庭政策体系。首先，对目前已有的家庭政策进行归类，将现有按人群、困难家庭或者问题类型划分的家庭政策，统一在家庭为单位的视角中，对政策进行重新审视和统筹。以家庭为单位，对重复政策进行合并，不足之处予以补齐，形成系统、全面的家庭政策系统。其次，对已有的"以制度安排型政策为主干，各类特殊政策进行补足"的政策思路进行调整，转变为以家庭发展能力为标准的政策划分，针对家庭发展能力处于低、中、高不同阶段的家庭给予不同的政策侧重。最后，构建支持家庭发展的法律政策体系，如推进家庭教育立法进程、加大反家庭暴力法实施力度等。发展型家庭政策应该保障少数底层家庭的基础能力，同时也需要关注大部分中层家庭和高层家庭能力的建设与发展，真正做到以家庭整体为目标对象，旨在增强家庭发展能力、替补与完善家庭功能、提升所有家庭成员的福利水平。

第三，在政府部门成立专门负责家庭问题和相关事务的常设机构。家庭政策的制定、实施、监管需要有专门的行政机构，但我国现有的家庭政策往往分布于不同部门，各部门之间职责交叉且界限不明，甚至会出现政策之间有所冲突的现象。因此一个统一专属部门的设立，可以在满足家庭需求的基础上，整合人口计生、民政、税收、人保、卫生等部门的相关职能和资源，增强家庭政策内容的统筹性，使政策之间的衔接更为融合，从而避免因政策冲突影响个人和家庭获得福利资源的权利，以实现个体和家庭福利的最大化。这同时也可以有效推进中国家庭政策体系的构建，给家庭提供最大的支持，支持家庭的可持续发展。如韩国

---

① 李桂梅，刘安. 论当代中国家庭政策的基本价值取向[J]. 吉首大学学报（社会科学版），2019，40（01）：106-112.

设立性别平等与家庭事务部,同时设置作为总统咨询机构的"老龄化及未来社会委员会"与处理幼稚园和保育设施问题的"女性家族专门委员会";新加坡指定社会和家庭发展部统筹管理人口生育政策方面的事宜等。

第四,推进家庭政策适度普惠性的同时强化对特殊家庭的援助。尝试以家庭为单位的税收政策以及税收优惠措施,尤其要将有养老或育儿需求家庭的经济成本考虑在内,如一代独生子女已经到了兼具养老和育儿需求的阶段,政府理应为这一群体提供支持。尝试以家庭为单位的社会保险及医疗保险制度,允许保险在家庭成员(主要是配偶)之间转移;重视未就业或非正规就业家庭成员的需求,并探讨将家庭成员所承担的某些长期家庭服务(如老年人的长期护理、对0—6岁儿童的抚育等)纳入社会保险范畴的可行性。

(2)对建立健全我国养老保障政策体系的启示

第一,从全局视角出发,推进基本养老保险的平衡充分发展,统筹养老保险体系三支柱协调发展。具体而言,第一支柱可根据普惠性特点和保险基本功能,适时建立财政全额供款的非缴费型基本养老保险以满足基本生活需要;针对第二支柱,在企业和个人的缴费责任从第一支柱中的缴费负担中剥离后,可探索建立补充养老保险自动加入机制,积极促进职业年金和企业年金发展,为养老保险上"双保险";第三支柱可根据个人账户的资金盈余状况参加个人储蓄性养老保险,通过建立个人属性账户归并机制提供全方位的养老保障,构建起平衡协调、适度共享的"底线公平—梯度提升"的养老保险体系。此外,还可通过扩大养老保险的覆盖面,逐步实现基本养老保险法定人员全覆盖,并尽快实现企业职工基本养老保险全国统筹。

第二,建设多层次医疗保障体系,提供全方位全生命周期的医疗保障。一是完善基本医疗保险制度。坚持和完善覆盖全民、依法参加的基本医疗保险制度和政策体系,统一基本医疗保险统筹层次、医保目录,规范医保支付政策确定办法,以便达到基本医疗保险全国一体化的目的。例如:完善相关法规,尽快统一涵盖等待期和最低缴费年限等要件的规则,使得参保者享受基本医疗保险待遇的资格条件尽量做到全国统一;逐步统一起付线、封顶线和报销比率的设定规则,从而统一基本医疗保险的医药费用报销规则等。二是完善异地就医直接结算服务。制定全国统一的跨省异地就医直接结算管理办法和工作流程,并加强国家异地就医结算能力建设,实现全国统一的异地就医备案。积极推动"互联网+医疗健康"建设,完善数字化服务,提升流动人口服务体验。三是提高基本公共卫生服务均等化水平。建立健全基本公共卫生服务标准体系,明确国家标准并建立动态调整机制,推动城乡区域基本公共卫生服务制度统一、质量水平有效衔接。按照常住人口规模和服务半径统筹基本公共卫生服务设施布局和共建共享,促进基本公共卫生服务资源向基层延伸、向农村覆盖、向边远地区和生活困难群众倾斜。明确供给流动人口哪些基本公共卫生服务,形成服务供给合力,防止提供的基本公共服务"碎片化"。

第三,稳妥推进长期护理保险制度试点,并加大探索力度,完善现有试点,积极探索建立适合我国国情的长期护理保险制度。首先,应加快顶层设计,形成全国统一的制度框架。从法律层面明确制度的地位,尽快开展长期护理保险立法研究,针对试点中存在的筹资模式、待遇给付等方面的公平性问题,从立法层面明确发展方向,如统一制定各项标准与细则,尽快在参保对象、保障范围、资金筹集、待遇给付、经办管理等制度设计框架上形成统一的"国家线",各地可依据自身情况适度调整,避免制度碎片化带来的弊病;统一失能评估标准并建立合理的评估体系;加强部门间的协调配合,借助"互联网+"技术搭建数据共享平台,实现部门间信息的互联互通。其次,完善长期护理服务供给,健全监督管理体系。构建长期护理服务包,并积极推行居家护理服务,通过对家庭照料者进行培训,传授专业的护理知识和技巧,提高其护理能力;健全监督管理体系和监督稽核制度,不断完善对护理服务机构和从业人员的协议管理,同时积极引导社会力量参与监督。最后,加快长期护理配套体系建设。如加强护理服务人才队伍建设、大力培育护理服务机构、积极推动商业长期护理保险发展。

8.2　我国家庭政策实践

家庭是最基本的社会单位,对个体及整个社会都具有重要意义。家庭政策,作为家庭成员的福利资源,得到了广泛关注。这些政策旨在为家庭提供各种直接或间接的收入保障和服务,使家庭保持稳定并促进家庭成员的幸福和健康发展。

家庭政策有广义与狭义之分。广义的家庭政策涵盖了国家及地方政府出台的各种对家庭制度起到规范作用的法律,以及可能影响家庭生活的各类政策。例如,卡梅尔曼和卡恩认为显性的家庭政策具有直接而明确的家庭目标,并以家庭为对象,而隐性的家庭政策没有明确的家庭目标但对家庭会有影响。狭义的家庭政策,一般指具有明确的家庭目标且对象仅限于家庭或家庭中个人的相关政策[1][2]。

---

① 陈卫民. 我国家庭政策的发展路径与目标选择[J]. 人口研究,2012,36(04):29 - 36.
② 于凌云、魏秋芳. 我国家庭政策的变迁、缘由及展望(1949—2021)[J]. 江汉学术,2022,41(03):17 - 25.

8.2.1 我国家庭政策演进与发展特征

在计划经济时期(1949—1978年),传统家庭保障职能被国家化的"单位"所取代,单位承担起了个人生、老、病、死、残的保障职能①。通过集体化运动,国家全面推动集体主义的施行,从而使个人从对家庭的依赖转向了对集体的依赖,最终转向对国家的依赖。家庭福利供给的主体为国家。国家通过单位(集体)这一中间桥梁为个人和家庭提供福利保障,福利内容涉及衣食住行、生老病死等职工生活的方方面面;覆盖人群不仅仅局限于个体,后期逐渐扩展到家庭成员。家庭服务方式实现了由家庭保障体系向单位照顾式服务的转变,家庭福利最终由单位(集体)包办。然而,长期由政府提供家庭福利的做法不仅加重了财政负担,同时也会抑制企业发展的活力,阻碍经济体制的转变。

改革开放以来(1979—2000年),尤其是随着社会主义市场经济体制的逐步确立,我国现代社会保障政策也逐项建立。在这一过程中,"国家"相对于计划经济时期"缩小"了,逐渐从家庭福利中退出,家庭福利供给责任转由个人和家庭承担,这给家庭作为私人生活提供了空间和可能。保障关系从传统社会的"家庭—个人",转向计划经济时期的"国家—个人",继而转向了"国家—家庭—个人"。家庭福利内容逐渐单一化,主要集中于养老、医疗两大保障板块,对家庭内部人员照顾等需求考虑较少;家庭福利的人群覆盖范围逐渐收缩,更多的是以个人为家庭政策的对象,政策的制定与实施缺乏家庭整体视角。

进入21世纪,过度市场化的弊端又形成了"把国家带回来"的呼唤——呼唤政府以更积极主动的姿态介入福利供给。此阶段,家庭政策的核心是在尊重传统价值观和强调国家责任的基础上,利用国家、家庭、市场、社区等多种资源去支持家庭,满足家庭成员发展的需要。

目前,我国家庭政策仍处于发展阶段,尚未构建起一个完整、系统的家庭政策体系。总体来看,我国家庭政策具有以下特点。

第一,缺乏普适的、专门以家庭为基本单位的家庭政策。当前,我国依旧没有明确以家庭为对象的家庭政策,与家庭有关的政策内容通常附属于其他政策,尚未取得独立的政策地位。对家庭的支持政策大多散见各类综合性法律法规条例中,仅有个别少量以家庭为对象的政策。除此之外,现行制度安排中,以个人为主的家庭政策大多是支持性和保障性的,而以家庭为主要对象的家庭政策却具有限制性或约束性。具体而言,养老保险以保险的方式为社会成员提供老年收入保障,旨在确保社会成员年老之后具有购买基本生活资料的能力;医疗保险

---

① 王锴,于萌."家"在何方? 我国社会保障中的"再家庭化"研究[J].中国矿业大学学报(社会科学版),2021,23(04):50-62.

主要是防止社会成员因病致贫;养老保险和照护保险与老有所养有关,医疗保险与病有所医有关。这些以个人为目标的社会政策是支持性的,但以家庭为单位的生育政策、最低生活保障制度,却具有限制性。

我国的计划生育政策属于限制性政策。1980 年在《关于控制我国人口增长问题致全体共产党员、共青团员的公开信》中,提倡"一对夫妇只生育一个孩子",被党的十二大确定为基本国策,并于 1982 年被写入宪法,即"夫妻双方有实行计划生育的义务"。1991 年《中共中央、国务院关于加强计划生育工作严格控制人口增长的决定》指出"我国现行的计划生育政策是:提倡晚婚晚育,少生优生;提倡一对夫妇只生育一个孩子"。随着人口形势的变化和相关人口问题的显现,我国开始对生育政策进行调整。我国生育政策先后经历了"单独二孩""全面二孩"到"三孩政策"的转变。《国务院关于印发个人所得税专项附加扣除暂行办法的通知》(国发〔2018〕41 号)提到"纳税人为独生子女的,赡养老人支出按照每月2000 元的标准定额扣除"①。整体上,迄今为止,我国缺乏"家庭友好型"的社会政策安排,也缺少鼓励家庭成员相互照顾的激励制度。

第二,家庭政策呈现出碎片化特征。家庭政策的碎片化特征表现在两个方面:一是制定家庭政策的政府部门分散,涉及民政、社保、卫健、妇联等多个部门,但由于部门之间任务目标、利益诉求不同,缺乏有效的沟通、协调机制,使得部门之间难以达成一致,缺乏行动配合,直接导致出台的家庭政策也缺乏相应的整合和衔接,甚至会出现政策矛盾冲突的内容,导致家庭政策失效。二是部门之间的分散性导致政策内容趋于碎片化,政策对象分散,资源难以实现整合并进行最有效的配置。

例如,在人口政策方面,只放开了生育限制,并对 0—3 岁托育机构和税收减免进行调整,但至今尚未对生育津贴、产假、社会保险等作出实质性改革举措。如《国务院办公厅关于促进 3 岁以下婴幼儿照护服务发展的指导意见》和《国家卫生健康委关于印发托育机构设置标准(试行)和托育机构管理规范(试行)的通知》仅对托育机构进行了相关规定②③。《国务院关于设立 3 岁以下婴幼儿照护个人所得税专项附加扣除的通知》(国发〔2022〕8 号)决定设立 3 岁以下婴幼儿照护个人所得税专项附加扣除,具体内容为:纳税人照护 3 岁以下婴幼儿子女的相关支出,按照每个婴幼儿每月 1000 元的标准定额扣除;父母可以选择由其中

---

① 国务院. 国务院关于印发个人所得税专项附加扣除暂行办法的通知. http:∥www. gov. cn/zhengce/zhengceku/2018-12/22/content_5351181. html.

② 国务院办公厅. 国务院办公厅关于促进 3 岁以下婴幼儿照护服务发展的指导意见. http:∥www. gov. cn/zhengce/zhengceku/2019-05/09/content_5389983. html.

③ 卫生健康委. 国家卫生健康委关于印发托育机构设置标准(试行)和托育机构管理规范(试行)的通知. http:∥www. gov. cn/zhengce/zhengceku/2019-11/13/content_5451664. html.

一方按扣除标准的 100% 扣除,也可以选择由双方分别按扣除标准的 50% 扣除,具体扣除方式在一个纳税年度内不能变更①。2021 年,各地逐步探索以育儿补贴的方式给予家庭现金补助,补贴范围和标准根据当地财政和生育状况而定。全面二孩政策下,各省产假调整为"国家规定假期 98 天+生育奖励假",即产假在国家法定的 98 天的基础上增加 30 天或 60 天,大部分省份的产假天数为 128—158 天。配偶陪产假则大致分为 7 天、15 天和 30 天三档②。然而,政策文本的调整在实践中的执行效果还有待于进一步观察。

第三,家庭政策目标补缺性突出,且缺乏具体、操作性强的政策内容安排③。现有家庭政策在法律层面的制度安排居多,缺乏操作性较强的政策内容和社会行动项目。通过筛选后得到 171 份家庭政策文件,对其进行分析发现,我国家庭政策多为法律法规(84 份)和部门规章(75 份),如《国务院办公厅关于发展家庭服务业的指导意见》(国办发〔2010〕43 号)、《财政部、税务总局、发展改革委等关于养老、托育、家政等社区家庭服务业税费优惠政策的公告》(财政部公告 2019 年第 76 号)、《国务院办公厅关于推动个人养老金发展的意见》(国办发〔2022〕7 号)、《国务院关于印发"十四五"国家老龄事业发展和养老服务体系规划的通知》(国发〔2021〕35 号)等,政策导向重于宏观引领,这在很大程度上削弱了家庭政策在实践层面的执行效率,使得家庭社会需求不能得到及时和有效满足。在家庭需求的满足上,远远滞后于日本、新加坡、加拿大、香港等一些国家和地区,他们都制定了面向家庭的税收优惠政策,鼓励家庭成员承担供养父母、抚育子女等责任。

8.2.2 我国养老保障政策实践及问题

从现有养老保障制度体系构成来看,涉及养老经济保障和养老服务保障两大板块④。其中,养老经济保障以养老保险、医疗保险及长期护理保险为主要构成部分;养老服务保障主要包括居家、社区及机构服务等。

(1)养老经济保障

①养老保险制度

现阶段,我国建立了以基本养老保险为第一支柱、补充养老保险为第二支

---

① 茅倬彦,罗志华. 加快构建积极生育支持政策体系:现实挑战与策略选择[J]. 妇女研究论丛,2023(02):17-24.

② 祁静,茅倬彦. 生命历程视角下的生育支持政策研究[J]. 福建师范大学学报(哲学社会科学版),2020(02):112-121.

③ 吴帆. 第二次人口转变背景下的中国家庭变迁及政策思考[J]. 广东社会科学,2012(02):23-30.

④ 贾玉娇. 人民视角下中国养老保障制度质量检验与优化思路[J]. 华中科技大学学报(社会科学版),2020,34(04):48-54.

柱、个人储蓄性养老保险为第三支柱的多层次、多支柱的养老保险制度体系框架[①]。理论上,养老保险三支柱在老年经济保障上具有不同的功能职责:基本养老保险保障老年人的基本生活,补充养老保险及个人储蓄性养老保险提供基本生活保障之外的部分,为老年人过更好的生活提供相关的经济来源支持。然而,由于种种原因,我国三支柱的养老保险制度并未得到充分的发展:基本养老保险承担了绝大部分的保障责任,补充性养老保险集中在少数职业群体中,个人储蓄性养老保险仍然处于起步阶段。

对于第一支柱,我国依照人群身份分别为机关事业单位工作人员、企业职工及城乡居民建立了相应的基本养老保险制度。然而,受到历史因素、意识形态、价值理念与社会经济发展水平等诸多因素影响,这一理论上应当公平地承担老年人基本生活保障主要责任的经济制度,却存在严重的"人群—区域—制度"分割,使得基本养老保险呈现出高度碎片化的特征。在制度覆盖方面,尽管我国基本养老保险制度已经实现了地区全覆盖,但距离人群全覆盖依然存在较大差距。作为政府"雇员"的机关事业单位工作人员,其"体制内"的公职人员身份确保了100%的制度参保率。然而,最新数据表明,2021年,我国城镇企业职工、城乡居民基本养老保险参保率分别为74.65%、86.41%,显著低于机关事业单位工作人员,这意味着有相当一部分的企业职工和城乡居民仍然游离在制度之外。

在基本养老保险制度模式及规则方面,三类人群也存在较大差异。尽管经过数次改革,机关事业单位工作人员、企业职工和城乡居民基本养老保险制度形成了相对统一、以"部分积累"为主体结构的制度模式,但在筹资模式、缴费及待遇计发规则等方面均存在较大分化。机关事业单位工作人员/城镇企业职工基本养老保险由政府/企业和个人共同承担筹资,单位缴纳基本养老保险费的比例为本单位工资总额的16%,个人缴纳基本养老保险费比例为本人缴费工资的8%;城乡居民基本养老保险的资金由政府、集体(社区)和个人共同出资,居民根据"自愿性"原则,在100—1200元、1500元和2000元共12个档次中进行选择缴费,大多选择较低档次进行缴费。在待遇计发方面,前两类人员基本养老金的待遇计发与在岗职工平均工资水平、个人指数化缴费工资水平、缴费年限以及个人账户储蓄额等参数相关,具有显著的经济性;城乡居民基本养老金则只存在由政府根据经济社会发展情况及物价水平制定的最低标准限制,具有较为显著的政策性。基本养老保险制度在参保机会、制度规则等方面的差异,必然导致不同人群基本养老金待遇水平的分化。2021年,企业职工人均养老金为3577元/月,是城乡居民人均养老金的18.72倍(191元/月),但仅为机关事业单位工作人员人均

---

① 冯潇,成新轩.我国多支柱养老保障存在的问题及瑞典经验借鉴[J].金融与经济,2022(05):90 - 96.

养老金水平的约 1/3(10731 元/月)。如果进一步比较机关事业单位工作人员与城乡居民,两类人群的基本养老金平均水平差距更大,前者是后者的 56.18 倍。

2018 年中国老年社会追踪调查数据显示(见表 8-2),我国流动老年人口中,有将近 1/3 样本没有参加任何一种养老保险。在流动老年人口中有 30.65%、34.41% 的样本参加了企业职工、城乡居民养老保险,这两类群体为流动老年人口的主要身份群体。与此同时,仅有 5.91% 的流动老年人口参加了机关事业单位养老保险。这意味着,职业群体的分化在流动老年人口群体中被延续下来。从养老金待遇水平来看,参加机关事业单位养老保险的流动老年人口平均养老金为 3525 元/月,分别是参加企业职工基本养老保险、城乡居民基本养老保险流动老年人口的 1.58 倍、9.86 倍。与企业职工、城乡居民相比,退休前为机关事业单位工作人员的流动老年人口具有更强的抵御经济风险的能力。在流入地新环境中,对于参加企业职工、城乡居民基本养老保险及尚未参加任何基本养老保险的流动老年人口,家庭将为其提供主要的经济支持。这意味着,对老年人口正式经济支持的不足将使得经济保障的压力转嫁至家庭。与具有机关事业单位身份者相比,具有企业职工、城乡居民身份的流动老年人口,家庭对其经济支持的压力更大。

表 8-2　流动老年人口基本养老保险参保概况　　　　　　　（单位:%;元/月）

类别	参保		平均养老金
	是	否	
机关事业单位养老保险	5.91	94.09	3525.00
企业职工基本养老保险	30.65	69.35	2234.78
城乡居民基本养老保险	34.41	65.59	357.62
至少参加一种基本养老保险	66.13	33.87	/

数据来源:2018 年中国老年社会追踪调查数据。

②医疗保险制度

与养老保险制度体系多层次、多支柱的发展道路相比,我国医疗保险制度体系层次化发展的实践相对滞后。西方发达国家,例如日本、德国、法国、英国等,均通过建立覆盖全民、高水平的法定医疗保障制度满足了公民医疗需求,这些制度实践为我国重点发展基本医疗保险制度提供了依据。然而,与西方发达国家医疗保险政策目标不同,我国基本医疗保险制度奉行"保基本"的目标,个体在抵抗重大疾病导致的生存与生计风险时缺乏有力的制度支持。近十年来,"建立多层次的医疗保障体系"越来越成为我国政策体系中的话语共识。从 2009 年中共中央国务院发布的《关于深化医疗卫生体制改革的意见》,2012 年国务院发布的

《关于印发卫生事业发展"十二五"规划的通知》,再到 2020 年中共中央国务院在《关于深化医疗保障制度改革的意见》,建立"以人民健康为中心""多层次医疗保障体系"成为纲领性目标。

现阶段,我国已经初步形成了以基本医疗保险为核心,以补充医疗、医疗救助为两翼的多层次医疗保障体系①。其中,基本医疗保险包括城镇职工基本医疗保险和城乡居民基本医疗保险,承担了我国多层次医疗保障的主体功能。当前,我国基本医疗保障制度保持着较广的覆盖面。截至 2021 年底,全国基本医疗保险参保人数 13.64 亿人,参保率稳定在 95% 以上,其中参加全国城乡居民基本医疗保险的人数为 10.09 亿人。

与基本养老保险制度类似,基本医疗保险制度也存在制度规则分化。尽管我国医疗保障待遇清单制度已付诸实践,但城镇职工基本医疗保险与城乡居民基本医疗保险在筹资模式、缴费和报销比例及封顶条件等方面存在迥然差别。筹资模式和缴费方面,职工医保实行费率制,由用人单位和职工共同缴纳,单位缴费率为职工工资总额的 6% 左右,职工个人缴费率为本人工资收入的 2%,筹资水平随工资水平增长自动调整②。居民医保筹资机制为按人头定额缴费,个人缴费与政府补助相结合,财政按人头定额补贴,每年政府公布定额增长数额,筹资水平机械增长。个人缴费由 2019 年的每人每年 250 元增长至 2022 年的 350 元,财政补助亦逐年提升,由 2019 年的每人每年不低于 520 元增长至 2022 年的 610 元。

在报销比例方面,职工医保和居民医保差距显著。2021 年职工医保政策范围内住院费用基金支付比例 84.40%,而居民医保政策范围内住院费用基金支付比例 69.30%。

③长期护理保险

自 2016 年国家层面的长期护理保险试点工作启动后,许多地方政府围绕政策体系、标准体系、管理办法、运行机制等方面进行了有益探索。截至 2021 年 8 月,全国 49 个长期护理保险试点城市参保人数达 1.34 亿人,累计享受待遇人数 152 万人③。长期护理保险的实施不仅切实减轻了失能人员和家庭的负担,也推动了养老服务市场的发展,但由于政策处于探索期,一些问题亟待解决。

第一,已有政策文件多停留在探索建立长期护理保险制度、开展和扩大长期

---

① 仇雨临,王昭茜. 全民医保与健康中国:基础、纽带和导向[J]. 西北大学学报(哲学社会科学版),2018,48(03):40-47.

② 国家医疗保障局,财政部. 国家医保局、财政部关于建立医疗保障待遇清单制度的意见. https://www.pkulaw.com/chl/b1f8614cd45f7da8bdfb.html.

③ 潘萍,覃秋蓉. 中国长期护理保险制度模式选择与发展路径[J]. 西南金融,2022(02):89-100.

护理保险制度试点层面,各地在覆盖面、筹资来源、待遇给付、管理办法等方面呈现出"碎片化"特征,缺乏统一的具有强制力的法律文件。从参保对象来看,不同地区在参保资格设置方面存在较大差异。仅有少数城市(苏州、南通、上饶、青岛、荆门、石景山区、呼和浩特)规定参加了所在地区职工/城乡居民基本医疗保险的人员可以参加长期护理保险,较多城市仅限参加职工基本医疗保险的人员参加,如承德、重庆、天津、昆明等。在资金来源方面主要分为以下三种模式,一是定比筹资,即在岗职工大多以职工医保缴费基数或者工资总额为基数,与所在单位一起按同一缴费率进行缴费,退休人员则一般以退休金、职工医保个人账户划入基数或养老金为基数进行缴费。二是定额筹资,即通过规定人均筹资额确定筹资标准,但不同地区的筹资标准存在差异。如广州市人均筹资额为130元/年,齐齐哈尔市人均筹资额为60元/年,安庆市人均筹资额则仅为30元/年。三是混合筹资,如长春、青岛、成都等,其中长春市居民的筹资标准按照定额的方式确定,每人每年30元,而职工的筹资标准按照定比的方式确定,当月城镇职工基本医疗保险缴费工资基数的0.20%。待遇给付的前提是对参保对象的失能程度进行评估,但当前的长期护理失能评估标准体系并不统一,有的地区使用Barthel量表进行评估,如承德、齐齐哈尔、苏州、南通、宁波、安庆等;有的地区则是自行出台失能评估标准,如上海、苏州、上饶、青岛、成都等。

第二,制度参保和保障对象覆盖面较小。从身份和地域上看,第一批15个试点城市中有5个城市参保对象为城镇职工,1个城市参保对象为城镇职工及城镇居民,仅有60%的城市覆盖城镇职工及城乡居民。第二批试点城市中,绝大多数城市的参保对象仅覆盖了城镇职工,这就表示有大量的城乡居民尤其是农村居民未被纳入参保对象。绝大多数试点城市仅把重度失能人员列为保障对象,只有长春市、南通市、苏州市和呼和浩特市明确规定中度失能人员为待遇给付对象。还有些城市则是按照失能级别界定给付对象。例如,上海规定年满60岁的二至六级失能人员才能作为待遇给付对象,而最新出台的《关于补贴长期护理保险个人负担费用的通知》则规定补贴对象为具有本市户籍,参加老年照护统一需求评估,以及享受长期护理保险待遇的最低生活保障、低收入家庭的老年人。由此也可以看出当前长期护理保险的保障对象存在隐性限制。

(2)养老服务保障

第七次全国人口普查数据显示,我国60岁及以上老年人口已经达到2.64亿人,占总人口比重18.70%,其中65岁老年人为1.91亿人,占总人口比重13.50%。相关预测结果显示,我国65岁及以上老年人口2060年左右将达到峰值(约4亿人),占总人口比重将攀升至30%的高位水平。随着人口结构转变的加快,建立健全养老服务体系已经成为我国积极应对人口老龄化的重要举措。当前,我国老年人口的需求结构已经发生转变,从生存型转向发展型是最突出的特征之一。受到家庭小型化、核心化以及人口快速、频繁迁移流动的影响,家庭已经难以独立地为老年人提供全方位的支持,特别是具有照料、护理属性的服务支持。

我国养老服务建设经历了一段不断发展的过程。早期(1949—1977年),我国养老服务以家庭供给为主,社会化的养老服务旨在兜底救助,重点面向城市"三无"老年人、农村"五保"老年人和孤寡烈属老年人,为这类极少数人群提供照护服务支持。改革开放后,随着养老责任由单位及家庭向社会的转移,社会及市场力量开始介入养老服务供给并展开探索。1996年,我国出台了第一部《老年人权益保障法》(主席令73号),赋予了养老服务体系建设的合法性与正当性。新世纪后,我国出台一系列政策文件引领养老服务体系快速发展。从第一份老龄工作纲领性文件《关于加强老龄工作的决定》(中发〔2000〕13号),到《中国老龄事业发展"十二五"规划》(国发〔2011〕28号)及《社会养老服务体系建设规划(2011—2015)》,进一步明确了社会养老服务体系建设的方向及居家、社区、机构等供给主体的责任定位。2013年后,我国养老服务体系发展目标不断趋于成熟,通过《国务院关于加快发展养老服务业的若干意见》《关于推进养老服务发展的意见》《国家积极应对人口老龄化中长期规划》等进一步强化了养老服务体系"多层次"的发展方向。2020年后,随着积极应对人口老龄化上升为国家战略,完善多层次养老保障体系以及创新居家养老服务模式、规范发展机构养老、建立基本养老服务清单制度等路径成为老龄工作的重点。

然而,由于我国养老服务的发展一直处于摸索阶段,加之从中央到地方政府的政策引领过于宏观,具体政策实施存在较大空间,各地在制定及实施过程中出现"就地取材""五花八门"等状况,甚至在基本养老服务层面也未能达成一致。

例如,2023年4月,上海市政府发布"基本养老服务"清单主要基于狭义养老服务,以老年人生活照料、康复护理、医疗保健为明确的目标,涉及照护服务、物质帮助、专项支持三个层面,包括机构养老服务、社区养老服务、居家养老服务、照护服务支付保障、基本养老保险、老年社会福利、老年社会救助及特定情形老年保障八个类别24个项目。然而,在服务实施对象及条件方面,24个条目中有22条具有显性或隐性户籍限制,有17条设置了明确的年龄门槛。

再如,江苏省发布的《基本养老服务指导性目录(2022年版)》则建立在广义养老服务的基础上,涉及13项面向社会老年人的普惠服务项目,以及17项面向特殊老年人的保障服务项目。普惠性项目包括提供社区场所、"银发顾问"服务、就医便利服务、老年教育服务、自愿随子女迁移户口、乘坐城市交通工具、免费参观旅游景点、老年人能力综合评估、健康管理服务、尊老金、职工基本养老保险、城乡居民基本养老保险等。保障服务项目则包括居家上门服务、公证服务、法律诉讼服务、优抚供养、分散特困供养、集中特困供养、最低生活保障、养老服务补贴、养老护理补贴、重度残疾人护理补贴、困难残疾人生活补贴、计划生育特别扶助金、家庭适老化改造、失能(失智)老年人家庭成员照护培训、居家探访关爱服务、优先入住公办养老机构、流浪乞讨救助等17项。对于普惠项目,江苏省政府设置了年龄门槛,从60岁到100岁不等;对于保障性服务项目,则将服务对象明确限制在"当地"的特殊人群。例如,该目录明确规定,符合"当地"规定的经济困难、高龄、失能老年人,可以享有通过政府购买服务引入的第三方专业服务组织提供的助残、助洁、助浴、助医、助行等居家上门服务。

由此可见,不同地区对于养老保障的供给内容不同,对于涉及实质性经济、医疗、照料性质的支持,依然主要面向具有本地户籍的老年人,在很大程度上存在对流动老年人口的政策排斥,这是一种普遍的情况。2018年中国老年社会追踪调查数据显示(表8-3、表8-4),流动老年人口对于养老服务的享有主要限于本地优待服务。样本中,65.12%的流动老年人口免费乘坐过公交车、游览过公园。然而,在具体的养老服务方面,无论是服务知晓率还是服务使用率,该群体均严重不足,60%以上的老年人并不知道社区是否提供法律援助、上门探视、服务热线、日常购物、上门做家务、送饭/老年饭桌、陪同看病、日托/托老、心理咨询等服务;对于这些服务,有约33%老年人否认社区供给;同时,仅有不足5%的流动老年人表示自己知晓社区提供养老服务。在养老服务使用方面,流动老年人口使用率最高的是上门探访服务(5.38%),其他养老服务的使用率均不超过3%,其中仅约2%的流动老年人使用过社区提供的老年饭桌或送饭服务、日托站或托老所服务。

表 8 - 3　流动老年人口对于养老服务的知晓情况　　　　　　　　　　(单位:%)

问题	占比	问题	占比
所在的社区是否提供法律援助服务?		所在的社区是否提供帮助日常购物服务?	
是	4.84	是	2.15
否	32.26	否	33.87
不知道	62.90	不知道	63.98
所在的社区是否提供上门探访服务?		所在的社区是否提供上门做家务服务?	
是	6.99	是	2.15
否	30.65	否	33.87

续表

问题	占比	问题	占比
不知道	62.37	不知道	63.98
所在的社区是否提供老年人服务热线服务?		所在的社区是否提供老年饭桌或送饭服务?	
是	3.23	是	4.84
否	31.72	否	31.72
不知道	65.05	不知道	63.44
您所在的社区是否提供陪同看病服务?		您所在的社区是否提供日托站或托老所服务?	
是	1.61	是	4.30
否	33.33	否	32.26
不知道	65.05	不知道	63.44
您所在的社区是否提供心理咨询服务?			
是	4.30		
否	31.72		
不知道	63.98		

数据来源:2018 年中国老年社会追踪调查数据。

表 8 - 4　流动老年人口对于养老服务的使用情况　　　　　　　　（单位:%）

问题	占比	问题	占比
您是否使用过上门探访?		您是否使用过法律援助?	
是	5.38	是	2.59
否	94.62	否	97.41
您是否使用过老年人服务热线?		您是否使用过上门做家务?	
是	1.61	是	1.61
否	98.39	否	98.39

续表

问题	占比	问题	占比
您是否使用过陪同看病？		您是否使用过老年饭桌或送饭？	
是	1.61	是	2.05
否	98.39	否	97.95
您是否使用过帮助日常购物？		您是否使用过日托站或托老所？	
是	1.61	是	2.25
否	98.39	否	97.75
您是否使用过心理咨询？			
是	2.69		
否	97.31		

数据来源：2018年中国老年社会追踪调查数据。

（3）现行养老保障制度体系难以适应人口流动

随着城镇化的快速推进，人口迁移流动已经成为我国常态化的社会特征之一。2020年，全国流动人口已经达到3.76亿人，占全国人口的26.60%，比2010年增加了1.54亿，规模增长69.70%。然而，面对这一群体迁移流动日趋频繁的事实，我国以养老保险、医疗保险及养老服务为主体的养老保障体系却表现出种种不适。低统筹层次、碎片化的制度规则及分化待遇差距，制约了现行养老保障制度在流动老年人口生活方面的功能发挥。

目前，我国基本养老保险制度仍然停留在县（区）级低层次统筹水平上。各统筹体内部遵循不同的缴费及待遇计发规则，在基金调控模式、基金预算模式、业务管理体制等方面也各不相同。即便是北京、广东、江苏、浙江等经济社会发达地区，也尚未实现真正意义上的省级统筹①。低统筹层次必然带来基本养老保险关系跨统筹体转移接续的障碍，"缴费地""退休地"分别会设置相关"转出""转入"条件，而后者的门槛更高，涉及户籍、年龄及缴费年限；已经领取养老金待遇的人员不能变更待遇享受地。对于流动老年人而言，其在原户口所在地领取的养老金将成为他们在流入地最稳定的生活经济来源。然而，受到区域经济社会发展水平分化的影响，迁移流动会进一步削弱基本养老金对于老年人基本生

---

① 张力，范春科. 中国城镇职工基本养老保险流动性分析[J]. 中国人口科学，2015(5)：10-20.

活的保证能力,特别是那些从乡村流动到城镇、从中西部流动到东部地区的老年人。2021 年,我国西部地区、中部地区、东北部地区城乡居民人均基本养老金中位数分别仅为 174.00 元/月、146.80 元/月、152.80 元/月,仅是东部地区城镇居民可支配收入的 7.04%、6.34%、6.01%,难以支撑这部分老年人在流入地的消费以及满足日常生活需求。

在适应人口迁移流动方面,我国基本医疗保险制度面临类似的问题。由于我国城镇职工基本医疗保险和城乡居民医疗保险仍停留在县(区)级统筹,并在制度规则方面各自为政,各统筹体之间在医保药品目录、诊疗项目目录、医疗服务设施标准、医保报销比例等方面并不一样,这会直接增加个体异地就医的难度。2022 年 7 月,国家医保局、财政部联合发布《关于进一步做好基本医疗保险跨省就医直接结算工作的通知》,提出"备案制"来优化跨省异地长期居住人员及跨省临时外出就医人员的异地就医结算流程。然而,基本医疗保险各统筹体为了控制基金支出,确保统筹体内部基本医疗保险基金可持续性,会对异地就医采取一系列的控制措施,如降低异地就医报销比例,提高个人负担水平等。相关数据显示,湖南异地人员次均住院个人自付费用是统筹区内住院人员的 3 倍。此外,全国层面上,基本养老服务仍处于探索发展阶段,其中以"政府购买"形式展开的照料、护理性质的基本养老服务多以本地特殊老年人为覆盖人群,流动老年人口无法得到相应的政策关怀,只能通过个体商业购买的形式获得相关服务。

随着年龄的增长,个体会面临与日俱增的因衰老而导致的生存风险及健康风险,而迁移流动会使得这些风险进一步被放大。然而,现阶段以基本养老保险、医疗保险及养老服务为主体的养老保障体系却难以给予流动老年人个体以充分的制度支持来抵抗年老风险。在流动老年人个体抵御衰老风险有限、社会支持力量不足的情况下,相关压力就会转嫁到流动老年人口家庭上。来自家庭内部,特别是成年子女的支持对流动老年人口而言具有至关重要的作用与意义。

8.3　本章小结

本章对国际视野下家庭支持政策进行分析,主要围绕不同国家家庭政策和养老保障政策两个部分展开了探讨。

从我国家庭政策实践来看,我国家庭政策仍处于发展阶段,目前尚未构建起一个完整、系统的家庭政策体系。具体到养老保障政策实践,在养老经济保障方面,基本养老保险、基本医疗保险存在明显的"人群—区域—制度"分割,使其呈现出高度碎片化的特征;在养老服务保障方面,我国养老服务的发展一直处于摸索阶段,且从中央到地方政府的政策引领过于宏观,具体政策实施存在较大空间。此外,现行养老保障制度的低统筹层次、碎片化的制度规则及待遇差距的分化,进一步制约了养老保障制度体系对流动老年人口经济、服务基本保障功能的发挥。通过对不同类型福利国家家庭政策实践的梳理,现阶段我国应当构建发展型家庭政策体系,确立兼顾家庭和个体的价值取向,注重家庭政策的普惠性;统一基本养老保险、医疗保险制度规则,加快推进长期护理保险的建设,提高基金统筹层次;进一步构建和完善兜底性、普惠型、多样化的养老服务体系,促进基本养老服务享有与户籍制度脱钩,使得养老保障制度体系与老年人口迁移流动新形势相适应。

9 研究结论与讨论

9.1 研究结论

本研究以流动老年人口及其家庭为研究对象,对流动老年人口一般性特征及其家庭特征、流动老年人口家庭代际关系以及家庭代际团结与流动老年人口健康的理论关联进行探讨,着重剖析了家庭代际团结对流动老年人口健康的影响及其作用机制。在此基础上,基于"家庭化"与"去家庭化"平衡的发展型政策价值取向,明晰家庭政策构建目标、原则与途径,探讨流动老年人口健康政策融入机制及实现路径,提出增进代际团结、促进流动老年人口健康的相关家庭支持政策。主要研究结论如下。

(1)本研究结合中国传统文化和实际情况对西方家庭代际团结进行本土化界定,丰富了家庭代际团结理论与实证研究。西方家庭代际团结理论在中国情境下的运用需要本土化内涵界定,在借鉴西方家庭代际团结价值中对代际情感关爱、互助认同的同时,关注我国传统儒家孝文化家庭代际"反馈模式"下子女赡养照料老年人的义务,以及其随着现代化发生的自适应变迁。此外,充分考虑现代性、大规模人口迁移带来的家庭结构、功能以及价值观念的变化,在把握我国流动老年人口及其家庭特征基础上,结合我国家庭价值取向和实际情况,对结构性、联系性、情感性、共识性、功能性、规范性六维度的家庭代际团结测度体系进行了本土化内涵阐释:将结构性团结定义为流动老年人口与其子女之间的居住安排;将联系性团结定义为流动老年人口与子女之间联系的频率;将情感性团结定义为流动老年人口与成年子女之间的情感关系体验;将共识性团结定义为家庭成员对于孝文化的认同性;将功能性团结定义为流动老年人口与成年子女之间相互的经济与工具支持;将规范性团结定义为流动老年人口家庭成员对于养老责任承担的看法。在此基础上,结合数据可获得性,设计了包括 6 个维度,共计 8 个测量指标的流动老年人口家庭代际团结关系指标体系。

(2)阐释老年多维健康内涵,构建包含躯体健康、心理健康、社会健康和综合健康四个维度的老年健康测量体系。随着年龄增长,个体健康状态会发生相应变化,这使得不同年龄群体具有不同健康特征。与少年儿童、劳动年龄人口相比,老年人口面临健康状况的增龄性改变,这使得该群体在躯体健康、心理健康、社会健康及整体综合性健康方面均存在不同于其他群体的健康内涵与测度指标。考虑到个体在衰老过程中将不可避免地出现身体功能退化,本研究从维持身体机能正常运转以满足日常生活需求、与年龄相符的智力情绪自我意识、能够适应外部社会环境变化等方面对老年人口躯体、心理、社会、综合健康进行内涵阐释并构建了相应四维健康测度指标体系。

(3) 构建家庭代际团结对流动老年人口健康影响的分析框架,在后续实证研究中证实了分析框架的可行性。本研究基于六维家庭代际团结分析框架,将情感性、联系性、共识性、规范性、结构性以及功能性团结维度下厘定的测度指标作为解释变量;基于四维健康分析框架,将躯体、心理、社会、综合健康等健康维度下厘定的测度指标作为被解释变量,理论分析家庭代际团结对流动老年人口健康影响的理论路径并构建分析框架。实证研究结果发现:流动行为在不同程度上对老年人口躯体、心理、社会及综合健康产生一定影响;同时,家庭代际结构性、联系性、规范性、情感性、共识性、功能性团结对流动老年人口躯体、心理、社会及综合健康的影响存在明显分化。不同流动时间及流入地区、不同维度家庭代际团结对流动老年人口多维健康之间的影响方向、作用强度不尽相同。实证分析结果在一定程度上证实了分析框架的可行性。

(4) 流动老年人口低龄化、长居化特征明显,多具有良好的家庭代际关系。流动老年人口存在低龄化倾向,女性、低受教育程度者为主体,在婚、不在业是其普遍状态;具有典型的长居特征,流入时间偏长;空间分布较为分散,以东部地区作为流入地者居多;家庭特征方面,"男孩偏好"的生育选择在流动老年人口中占据上风,家庭化流动特征明显。基于曲线估计与灰色预测模型对流动老年人口规模及其家庭结构的预测结果表明:中方案下,2023—2035 年流动老年人口年均增长量为 1651.91 万人,年均增长率为 12.359%,呈现快速增长趋势;2035 年时,独居、与配偶同住、与子女同住、与孙辈同住的流动老年人口分别达到1725.12 万人、24726.69 万人、11213.27 万人、8050.55 万人。流动老年人口与其子女之间具有良好的家庭代际关系:结构性团结方面,流动老年人口以与子女同住为主;情感性团结方面,90.19%的流动老年人口认为得到了子女足够的关心;共识性团结方面,绝大多数流动老年人口能够在观念上与子女达成某种程度的共识;规范性团结方面,"养儿防老"的孝道规范在流动老年人口中依然占据主要地位;联系性团结方面,流动老年人口与其子女能够保持频繁的联系;功能性团结方面,流动老年人口家庭代际之间以向上支持、平衡互惠为突出特征。流动老年人口家庭代际团结可以分为高支持—高感知型、低支持—高感知型以及高支持—低感知型三个类别,其中高支持—高感知型为主体类型(90.79%)。

（5）多维家庭代际团结对流动老年人口躯体健康的影响并不一致。流动老年人口躯体健康状况较为良好，但是带病流动现象突出，躯体健康受个体自身条件与其他维度健康影响较大，与居住安排存在弱关联；流动行为在老年人口内部具有健康选择性，一定程度上会持续保障其躯体健康，同时这一作用具有明显的区域异质性。家庭代际团结方面，子女的情感支持有效提升了老年人的躯体健康水平，而工具支持整体上与老年人的躯体健康负相关。联系性团结仅对不与子女同住的流动老年人口 IADL 失能产生一定的保护效应，而与其他健康维度之间没有明显关联；共识性团结仅对与子女同住的流动老年人口的 IADL 失能有显著影响；规范性团结对不与子女同住的流动老年人口的疼痛具有明显的保护效应，而对与子女同住者的 IADL 失能具有风险效应。代际关系类型的分析结果表明，尽管受到城镇化的影响，对于流动老年人口的子女而言，孝道规范仍然很好地发挥着作用，流动老年人口对子女存在着高度的孝道期待，子女则积极对流动老年人口予以支持，以保障流动老年人口的健康。

（6）多维家庭代际团结对流动老年人口心理健康的影响存在分化。流动老年人口心理健康状况良好，受教育程度、收入等自身条件因素及情感性团结、共识性团结等认知因素对其心理健康具有提升作用，而迁移流动特征、联系性团结、规范性团结在特定情境下成为其心理健康的损耗因素。从自身条件来看，受教育程度更高、收入更高、躯体健康水平更高的流动老年人口具有更高的心理健康水平。从迁移流动特征来看，随流动时间延长，流动老年人口心理健康呈现下降趋势；流入地区的影响具有差异性，相较于流入东部地区者，流入中部的老年人口心理健康更差，流入东北地区者心理健康则更好。从家庭代际团结特征来看，情感性团结对不与子女同住的流动老年人口老化态度、生活满意度具有正向影响；共识性团结则降低了与子女同住的流动老年人口抑郁水平及孤独感；联系性团结对不与子女同住的流动老年人口心理健康具有抑制作用；规范性团结则对与子女同住者心理健康具有消极影响。家庭代际团结类型的影响证实了家庭代际团结的认知因素对流动老年人口心理健康具有增益，具备"高感知"（低支持—高感知，高支持—高感知）家庭代际团结类型的流动老年人口心理健康水平更高。

（7）多维家庭代际团结对流动老年人口社会健康的影响存在差异。流动行为对老年人口社会健康产生显著负面影响，流动老年人口社会健康随流入时间延长而提升，并依流入地不同存在显著空间差异。家庭代际团结程度的提升对流动老年人口社会健康改善产生显著的积极效应，不同维度家庭代际团结间的健康效应不同。规范性团结增强使流动老年人口社会参与、社会适应水平显著下降；联系性团结增强使其在社会网络、社会参与及社会健康总分方面具有显著优势;情感性团结增强使其社会网络、社会参与水平显著提升,但对其社会适应水平产生明显的消极影响;共识性团结增强显著改善其社会适应状况,但其社会网络水平出现下降;功能性团结方面,相较于支持程度相等,经济支持向上或向下流动均表现为对其社会网络、社会参与以及社会健康总分的增益;工具支持向上或向下流动主要表现为对其社会网络、社会参与及社会健康总分的改善,但当工具支持向上流动时,其面临较为显著的社会适应困境。家庭代际团结为高支持—高感知型的流动老年人口社会健康最具优势,"支持"程度的变化对其社会健康存在较明显的支配性作用。相较于家庭代际团结类型为高支持—高感知型的流动老年人口,低支持—高感知型者在社会网络、社会参与及社会健康总分方面出现不同程度的显著负向变化,高支持—低感知型者仅在社会适应水平方面表现出显著优势。

(8) 多维家庭代际团结对流动老年人口综合健康的影响存在不同。综合健康受到个体特征影响较大,年龄越小、男性、居住在城市、已婚、受教育程度越高的流动老年人口综合健康状况越好。迁移流动能对老年人口主观综合健康带来增益,但是却会使其面临更多的客观综合健康风险。流动时间越长,流动老年人口对迁移后环境的适应能力越好,综合健康状况越好;相比流入东部地区,流入东北地区的老年人口获得较好主客观综合健康可能性更大,流入西部地区的老年人口获得较好主观综合健康和较差客观综合健康的可能性更大。家庭代际团结方面,区分结构性团结情境后,其他代际团结维度对流动老年人口综合健康存在或积极或消极的作用:流动老年人口非常重视情感性团结,感知到子女的关心有利于提升其综合健康;与子女同住的流动老年人口受到共识性团结的影响较大,负向影响其综合健康;不与子女同住时,相较于工具支持相等,工具支持向上流动积极影响流动老年人口综合健康;在与子女同住时,工具支持向上流动则发挥消极作用。我国大部分流动老年人口属于高支持—高感知的类型,减少代际支持或者降低对代际支持程度的感知不利于流动老年人口综合健康。

(9) 我国缺乏系统性的家庭政策,现行养老保障体系难以适应老年人口流动新形势。通过研究发现,我国家庭政策仍处于发展阶段,目前尚未构建起一个完整、系统的家庭支持政策体系。从养老保障政策实践来看,在养老经济保障方面,基本养老保险、基本医疗保险、长期护理保险存在明显的"人群—区域—制度"分割,使其呈现出高度碎片化的特征。在养老服务保障方面,我国养老服务的发展一直处于摸索阶段,且从中央到地方政府的政策引领过于宏观,具体政策实施存在较大差别。此外,现行养老保障制度的低统筹层次、碎片化规则及待遇差距的分化,进一步制约了该制度体系对流动老年人口养老保障功能的发挥。现阶段,我国应当构建发展型家庭政策体系,确立兼顾家庭和个体的价值取向,注重家庭政策的普惠性;统一基本养老保险医疗保险的制度规则,并提高统筹层次,进一步构建和完善兜底性、普惠性、多样化的养老服务体系。

9.2 强化家庭代际团结促进流动老年人口健康的对策思考

下面主要基于家庭代际团结维度,从新孝爱文化的弘扬、养老责任的合理分担、养老保障政策的健全、住房支持政策完善以及对家庭政策的支持等方面展开对策思考。

9.2.1 联系性共识性情感性团结视角下新孝爱文化的弘扬

本研究实证研究表明家庭代际团结在一定程度上可以显著改善流动老年人口的健康水平。家庭代际之间的联系性、共识性、情感性团结对于流动老年人口的躯体健康、心理健康、社会健康和综合健康的不同侧面有较为显著的正向作用。在中国,属于家庭代际"高支持—高感知"型的流动老年人口仍然占据主导地位。这也在一定程度上表明,现代社会中成年子女依然是流动老年人口有力的支持者与坚实后盾,子女的关心与支持有效地促进了该群体的健康。在新的发展阶段,传统孝道文化出现了自适应变迁,主要表现为孝道主体的多元化、孝道方式的理性化和多元化。具体而言,孝道主体由以儿子为主体向女儿在孝道中逐渐凸显转变,同时政府和社会等多元主体也逐渐参加到尽孝实践之中。当代社会在强调孝道本质的同时也更加注重尽孝方式的多样性,以满足不同亲代的需求。这意味着孝顺并不仅限于传统的表达方式,而是包括了更广泛的行为和相互关心。这种多元化的尽孝方式可以根据家庭的情况和个人能力进行灵活选择,以兼顾亲代和子女的需求。同住是孝,不同住也是孝,常回家看看是孝,多电话联系是孝,老年人和子女之间相互的理解、尊敬、包容与体谅亦是孝。传统孝道的发展与演变使得我国个体及家庭能够更好地适应现代社会的变化和要求。

(1)老年人要加强自我支撑,树立自己是健康的第一责任人理念。首先,拥有较好的身体健康是老年人生活的基础。鼓励老年人走出家门,到社区的公共区域使用健身仪器等基础设施开展适量的户外活动;帮助老年人培养自己的兴趣爱好,加入老年人的社区活动,锻炼身体的同时,还能够结交同辈群体,重塑自己的社交网络。其次,树立"活到老、学到老"的学习理念,加强学习、与时俱进,夯实老年人参与社会活动的能力基础。最后,引导老年人以志愿服务形式积极参与基层民主监督、移风易俗、民事调解、文教卫生等活动,发挥老年人在家庭教育、家风传承等方面的积极作用。

(2)通过多种方式增进亲子之间的理解、信任和关心,建立更加紧密的代际关系,为促进老年人健康提供和谐家庭环境。第一,对于不与子女同住的老年人,子女可以经常拜访,定期看望父母是维系关系的基本前提。给予父母时间和关注,让他们感受到子女的关心和陪伴。第二,通过电话或视频通话与父母保持联系,以便交流日常生活、分享喜悦和烦恼,增进情感互动。第三,参与共同兴趣,找到父母感兴趣的活动或爱好,并参与其中。可以一起看电影、听音乐、旅行或做其他喜欢的事情,以加深彼此的交流和互动,有助于达成观念的一致。第四,尊重和理解。尊重父母的意愿和决定意味着接受父母作为独立个体的权利和选择。同时,子女应该设法理解父母所处的生活阶段和面临的困境,包括躯体健康、心理需求以及生活方式的变化等,充分给予父母尊重和自主权。此外,作为父母,也应当尽力体谅子女的难处,对于子女在能力范围内支持给予充分的理解。

(3)强化家庭成员之间的相互支持,提高老年人健康素养。首先,在社会层面开展人口老龄化国情教育,树立积极老龄观。引导老年人将"维护机体功能,保持自主生活能力"作为健康目标,树立"自己是健康第一责任人"的意识,强化"家庭是健康第一道关口"的观念,促进老年人及其家庭践行健康生活方式。其次,构建适用于家庭的有关养老的知识支持系统,协助成年子女掌握照顾老年人的知识、技能和信息,帮助其建立积极老龄化和健康老龄化的知识储备,使其更好地识别老年人的照顾需求。最后,创新老年健康教育服务提供方式。如组织开展全国老年健康宣传周、世界阿尔茨海默病日等主题宣传活动;开发科普视频,建设开放共享的数字化国家级老年健康教育科普资源库;充分利用传统媒体、短视频、微信公众号、微博、移动客户端等多种方式和媒体媒介,传播老年健康相关知识,宣传老年健康达人典型案例。

(4)强化社会敬老氛围,为全面促进老年人口多维健康提供良好社会环境。首先,制定和完善相关法律法规,明确老年人权益保护的法律责任和义务,加强对虐待、歧视老年人行为的打击力度。同时,建立健全老龄服务体系,提供更多的养老福利和服务,满足老年人的需求。其次,开展敬老尊老的教育活动,向公众普及养老知识和价值观,强调尊重、关爱和支持老年人的重要性。利用各种媒体渠道,包括电视、广播、报纸、互联网等,宣传敬老理念,倡导尊老爱老的社会风尚。再次,加强社区参与,鼓励社区组织和居民参与到关心老年人、帮助老年人的活动中来,如志愿者服务、举办康乐活动、提供日常照料等。通过社区的力量和资源,营造亲切、温暖的环境,让老年人感受到社会的关怀和支持。最后,将对老年人的尊重和关爱纳入学校的教育内容中,培养学生对老年人的尊敬和关心之情。开展与老年人相关的实践活动,增进学生与老年人之间的交流和理解,培养孝亲敬老的价值观。

9.2.2 规范性团结视角下养老责任的合理分担

随着人口老龄化的加剧,养老责任呈现出从单一的子女负责向多元主体共同负责转变的趋势。传统依赖子女的家庭养老模式面临挑战,受生育率水平大幅降低和家庭结构改变影响,有赡养能力的子女越来越少,老年人所得到的养老支持减少。伴随着个体及家庭经济压力增大,社会养老保障体系成为养老资源供给的重要补充性力量。在此背景下,优化养老责任多元主体分担机制就显得尤为重要。

(1)老年人自我对养老责任的承担至关重要。首先,鼓励老年人保持积极向上的心态,树立自强不息、自我管理、自我照顾的意识。通过保持身体健康、参加适合自己的锻炼和活动,以及学习新知识和技能来提升自我价值和生活质量。其次,进行经济储备与规划。老年人可以在退休前通过积蓄、投资和养老金等方式进行经济储备,并制订合理的消费计划,遵循适度消费和储蓄的原则,确保退休后有足够的经济来源来满足生活需求。再次,进行健康管理与预防。老年人可以通过定期进行健康检查、保持良好的饮食习惯、适度运动以及遵医嘱使用药物等,延缓身体功能下降,提升生活质量。最后,积极参与社会活动。在健康允许的情况下,老年人可以积极参与社区、志愿者组织或各类俱乐部的活动,在活动中找到归属感和愉悦感,通过分享经验、传授知识、帮助他人等方式继续为社会作出贡献,保持社交网络和活跃度。

(2)家庭是养老保障的核心力量。在老年人逐渐失去自我照料能力时,以家庭为基础的照料一直是我国老年人养老的主要方式。当老年人渐渐无法照顾自己时,他们通常需要依赖子女或其他亲属提供支持和照料。这反映了家庭在老年人生活中的重要角色,并强调家庭成员之间互相扶助的重要意义。在物质生活再生产和社会生活再生产中,家庭仍然是基本单位。它不仅扮演着物质资源再生产的角色,还是福利生产的基本单位。家庭通过再生产人口、健康、时间、情感等资源,帮助家庭成员度过生命周期不同阶段的挑战。这意味着家庭在提供日常生活所需、照料年幼和老年成员、传承价值观念以及提供情感支持等方面依然发挥着不可替代的重要作用。

(3)政府对老年人口基本养老保障负有完全责任。政府有责任通过制定和实施包括养老保险、医疗保险、养老服务、老年福利等方面在内的养老保障政策,为老年人提供经济支持、服务保障,确保老年人的基本生活需求得到满足;通过推行养老保险、医疗保险及长期护理保险制度,以确保老年人能够享受到基本的经济支持,以及基本的医疗、健康和护理服务;通过资金投入和政策支持,提高医疗服务水平,减轻老年人个体及家庭的经济与照料负担;通过积极提供公共服务,例如建设养老院、日间照料中心和医疗机构,以满足老年人的长期护理和医疗需求。此外,政府还应当鼓励社会组织和志愿者参与到养老服务中,提供多样化的养老服务。

(4) 社会在养老保障责任中对政府的承担进行补充。首先,社会组织和志愿者在提供养老服务方面发挥着重要作用。许多非营利组织、慈善机构和志愿者团体致力于为老年人提供日常照料、情感关怀和社交支持等服务。他们通过提供家庭陪护、义务照顾、心理慰藉等方式,满足老年人的需求。其次,社会的跨代合作和社区支持也对养老责任的补充至关重要。邻里间的互助关系、亲朋好友的支持和社区资源的共享,为老年人提供了更广泛的支持网络。这种合作和支持可以减轻政府和家庭的负担,增进老年人的融入感和福祉。最后,随着科技的不断发展,智慧养老已经成为一种趋势。社会通过引入先进的科技设施和服务,为老年人提供便利和保障。例如,养老机构引入智能设备来监测老年人的健康状况,互联网技术使得老年人能够远程咨询医生等。这些科技创新对于改善老年人的生活品质具有积极影响。

9.2.3 功能性团结视角下养老保障政策的健全

社会成员在年老后退出劳动力市场,在生活上依靠个体财富积累、子女或亲友供养或社会保障体系的支持是其面对老年风险的重要途径。然而,受家庭小型化、核心化以及人口快速、频繁迁移流动影响,家庭已难以独立为老年人提供全方位支持,特别是具有照料、护理属性的服务支持。我国以养老保险、医疗保险及养老服务为主体的养老保障体系也表现出种种不适。低统筹层次、碎片化制度规则及分化待遇差距,制约现行养老保障制度在流动老年人口生活方面的功能发挥。为满足老年人日益增长的多层次、高品质健康养老需求,需进一步构建和完善兜底性、普惠性、多样化养老服务体系,并推动老龄事业和产业不断协同发展。

(1) 优化养老保障制度设计。第一,适时建立财政全额供款的非缴费型基本养老保险以满足老年人基本生活需要,并尽快实现基本养老保险全国统筹。加强补充养老保险建设,可根据个人账户的资金盈余状况参加个人储蓄性养老保险,通过建立个人属性账户归并机制提供全方位的养老保障,构建平衡协调、适度共享的"底线公平—梯度提升"的养老保险体系。第二,坚持和完善覆盖全民、依法参加的基本医疗保险制度和政策体系,统一基本医疗保险统筹层次、医保目录,规范医保支付政策确定办法,以便达到基本医疗保险全国一体化的目的。此外,现阶段,仍处于探索期的长期护理保险主要依托于医疗保险,因此应加快顶层设计,形成全国统一的制度框架,尽快在参保对象、保障范围、资金筹集、待遇给付、经办管理等制度设计框架上形成统一的"国家线"。第三,养老服务的需求因人而异,需要针对不同人群确定明确的目标。处于能力强且稳定阶段的老年人通常拥有较好的身体健康和认知功能,并且能够自理日常生活。对于他们来说,重点应放在健康管理上,包括合理膳食、适当运动、戒烟限酒和心理平衡等基本健康保健措施。提供健康教育和健康促进的服务,以帮助老年人保持健康状态,延缓衰老进程,并预防慢性疾病的发生。随着年龄增长,一些老年人可能会出现功能下降和慢性疾病的问题。这些处于能力衰退阶段的老年人需要的是慢病管理和功能维持的服务,包括定期进行慢性疾病的诊断和治疗、保持良好的药物管理、进行康复训练和功能锻炼,确保老年人能够尽可能地保持独立性和生活质量。对处于严重失能阶段的老年人来说照护依赖已成为常态,他们需要长期照护甚至安宁疗护(临终关怀),重点是提供持续的照料和支持,包括提供日常生活照料、医疗护理、康复服务等,以帮助他们维持最佳的生活品质和舒适度。同样重要的是提供心理支持和情感关怀,让老年人在困难时刻感受到尊严和安宁。

(2)增强养老保障制度的流动性。流动老年人口的需求与劳动年龄阶段的流动人口有所差异,特别是在医疗、健康和养老方面。流动老年人口由于身体素质存在异质性,对这些基本公共服务的需求更为迫切。随着他们在流入地区居留时间的延长,对相关服务保障的需求也变得更加迫切。当前户籍制度存在城市与农村之间、流入人口与本地户籍人口之间的差别待遇。由于户籍限制,流入人口往往难以享受到与本地户籍人口同等的教育、医疗、社保等基本公共服务。通过推动户籍制度改革,打破这种不公平现象,让流入人口能够合理分享城市的基本公共服务资源。此外,户籍制度改革还需要与配套政策相结合。例如,建立健全社会保障体系,通过逐步提高基本养老保险、医疗保险的统筹层次,以确保其转移接续的顺利完成,从而为流动老年人口提供支持。

9.2.4 结构性团结视角下住房支持政策的完善

流动老年人口在选择居住地时,可能会优先考虑与子女、孙辈或其他亲属的关系密切的地区,这样可以更好地维系家庭联系,并提供/得到所需的关心和帮助。我国的保障性住房类型大致可以分为经济适用型住房、廉租住房、政策性租赁住房以及共有产权房,目前国内大部分地区政府将申请保障性住房的目标人群限定为当地城镇人口,即具有本市城镇户籍才可以申请,保障房与户籍制度挂钩也成为我国特定的一种模式,这却将流动老年人口群体排斥在政策体系之外。他们既享受不到保障房政策,又可能无力从市场上购买商品房。为了更好地给予流动老年人口及其家庭相应保障,需要建立更加完善的住房支持政策。

(1)设计家庭友好型住房保障制度。面对不同年龄、收入、家庭规模的相关购房群体,实施差别化的购房政策,从而实现"居者有其屋"。例如,对于年轻人,可以推出购房补贴或优惠贷款利率等激励措施,以帮助他们实现首次购房。而对于老年人,可以提供适合他们生活和健康需求的住房选择。例如,老年人福利公寓或退休社区等。同时,鼓励子女与老年人同住,尤其是当老年人处于能力衰退阶段/严重失能阶段时,为子女提供相应的住房补贴、降低贷款利率、推动建立住房公积金支持租房新模式、推广发放共有产权住房公积金个人住房贷款等。在收入层面,政府可以通过不同的购房补贴、优惠或贷款计划来帮助低收入家庭实现购房目标。同时,也可加强对中等收入阶层的购房支持,以满足他们的住房需求并激发消费和经济增长。此外,政府也可以根据家庭规模和结构,提供适当的住房选择。例如,对于大家庭可以提供更宽敞的住房单位,而对于单身人士或小家庭则可以推出适合其需求和经济能力的住房选项。

(2)推动户籍制度改革。将户籍制度与保障房分配制度脱钩,推动户籍制度改革,放宽城市落户条件。通过建立明确的规则和条件,使符合特定条件者可更便利地在不同地区迁移和定居。这有助于平衡资源配置,提高城乡居民生活质量。增强居住地福利而弱化积分福利可有效减少因积分制度而引发的人为歧视和不公平现象。传统的积分制度往往将重点放在个人技能、教育背景等方面,而较少考虑居住地提供的基本公共服务和福利。通过修改制度,将注重居住地福利的提供。例如,教育、医疗、社会保障等,能够使不同居住地之间的资源分配更加均衡。在改革过程中应综合考虑各方面的利益和政策的可行性。迁移政策的完善需要平衡各方面的需求和利益,避免给社会带来更多的不稳定因素。此外,改革过程也需要逐步进行,预留充足的政策过渡期,确保政策的有效实施和顺利推进。

9.2.5 强化对家庭的政策支持,以家庭代际团结弘扬"家本位"文化

我国一直强调家庭的重要性,在"家本位"理念中,以家庭为中心的文化传统可以促进家庭成员之间的相互尊重和沟通交流,加强代际之间的联系,这有助于维系家庭的团结和凝聚力。家庭是社会生产力的基本单元,家庭的健康发展对社会的稳定和进步至关重要。家庭不仅承担着育幼养老的重要功能,也是家庭成员个体情感支持的重要来源与抵御外部风险的重要屏障,为个体提升风险应对能力、增强韧性提供重要支撑。

(1)重视家庭的基础保障作用,在家庭政策和基本公共服务体系层面强化对家庭成员承担家庭责任的认同与支持。首先,建立健全家庭政策法规框架,明确家庭的基本权益和责任,鼓励家庭成员承担家庭责任,提供相应的支持和保障。其次,建立完善的基本公共服务体系,包括医疗、教育、住房、养老等方面,为家庭成员提供全面的支持和服务,减轻家庭负担。最后,加强家庭教育和宣传,通过教育和宣传活动,引导家庭成员树立正确的家庭价值观念,强调家庭的基础保障作用,增强家庭责任感和凝聚力。

（2）以家庭整体为目标对象制定有利于家庭凝聚、增进家庭成员福利的家庭政策。制定家庭税收优惠政策，鼓励家庭成员承担供养父母、抚育子女等责任。完善住房保障制度，提供适宜的住房选择和贷款支持，帮助家庭解决住房问题。建立健全基本医疗保障体系，为家庭成员提供医疗保障和健康服务，提高家庭成员的健康水平。提供针对家庭的育儿支持政策，包括产假、哺乳假、生育津贴、托育服务等，帮助家庭更好地照顾孩子，减轻经济和时间压力。

（3）重塑政府与家庭的责任边界，通过对中国传统家庭文化的传承和创新，促进现代家庭的能力提升和可持续发展。在尊重传统价值观和强调国家责任的基础上，利用国家、家庭、市场、社区等多种资源去"支持家庭"，满足家庭成员发展的需要。政府应建立健全家庭政策法规，制定针对家庭的保障措施和福利政策，为家庭提供基础设施建设、教育、医疗保健等支持，确保家庭成员的权益得到保障。倡导家庭成员之间的互助与支持，培养家庭成员间的相互关爱和团结意识，通过家庭内部资源的合理配置，满足不同成员的发展需求。鼓励市场机制的参与，提供多样化的产品和服务，满足家庭成员的多元需求。例如，家庭健康服务、教育培训等。建设和发展社区资源，提供社区服务设施、组织社区活动等，促进邻里合作、互助支持，为家庭提供更加便利和丰富的社区环境。通过营造"家本位"社会氛围，提升家庭代际团结，激发家庭发展能力，促进社会和谐稳定。

9.3　相关讨论与不足

本研究以流动老年人口及其家庭为切入点，对流动老年人口家庭代际团结及老年多维健康进行阐释并构建测度体系，构建家庭代际团结对流动老年人口健康的理论分析框架。通过描述性分析、类型化分析、交叉分析、回归模型分析等，揭示流动老年人口的特征及变化情况，揭示家庭代际团结对流动老年人口健康的作用机制。同时，通过对西方家庭政策发展类型学分析及养老保障政策实践分析、借鉴，提出增进我国家庭代际团结、促进流动老年人口健康的相关家庭支持政策。然而，由于受研究团队理论基础不够扎实和研究方法、指标测量以及数据有限等现实因素的局限，研究尚不充分。今后可重点关注以下六个方面的问题。

（1）开展家庭代际团结本土化内涵的可持续性研究。本研究从流动老年人口视角，结合传统孝道文化演变对家庭代际团结的内涵进行了本土化阐释，但讨论仍不够充分。在现代化不断推进的过程中，无论是社会中广义的代与代之间的关系，还是狭义的家庭场域内部的代与代之间的关系，均会随着人口、经济、社会、文化的变化而发生自适应改变。这一变化使得后续研究需要结合宏观、中观、微观层面环境及中国本土文化情景改变对家庭代际团结的内涵进行持续性、跟踪性的研究,不断完善和丰富家庭代际团结理论的本土化阐释。

（2）对比研究流动老年人口与非流动老年人口家庭代际关系的差异。与非流动老年人口相比,迁移流动会使得流动老年人口的生活场域发生转变,从而对家庭代际关系产生影响。本研究缺少对于这两类人群家庭代际关系特征差异的比较,对迁移流动本身与家庭代际关系之间关联的关注不足。因此,需要在后续的探讨中进一步关注迁移流动行为本身对于家庭代际关系的影响,并围绕流动老年人口与非流动老年人口的家庭代际关系异同展开对比性分析。

（3）补充探讨子女及其家庭特征对流动老年人口家庭代际关系、健康的影响。本研究在进行家庭代际团结对流动老年人口健康影响的实证分析过程中,对控制变量的分析不够充分。基于流动老年人口群体样本,研究仅选取了流动老年人口的年龄、性别、居住地、同住人数、个人收入、受教育程度、婚姻状况以及工作状况作为控制变量,对其成年子女及其家庭特征的影响未能给予充分关注。事实上,子女及孙辈的婚姻、受教育程度、经济、职业、健康等因素对流动老年人口的健康及其家庭代际关系同样具有重要意义,因而后续研究应更多地关注流动老年人口子女个体及其家庭特征的作用。

（4）进一步完善家庭代际团结对流动老年人口健康影响的理论分析框架。本研究提出了多维家庭代际团结对流动老年人口健康影响的理论路径,兼顾了迁移流动与老年人口健康之间的理论关联。然而,迁移流动、家庭代际关系及老年人口健康的关联是复杂且多变的。除个体年龄增长所导致的老年健康生物性改变之外,家庭代际关系、迁移流动行为对老年人口健康的影响不仅与相关主体互动行为有关,同时也受到时空转换、社会经济文化、自然气候等宏观环境因素变化的影响。这需要后续更加扎实、深入的研究,来完善本研究提出的理论分析框架,以期增进对中国情境下家庭代际团结与流动老年人口健康变化关联的理解。

（5）从个体视角转向家庭视角来探讨流动老年人口家庭政策支持策略。当前,我国尚未形成系统性的家庭支持政策,针对老年人的养老保障和养老服务政策体系依然以个体为目标。然而,老年人口内嵌于家庭,其迁移流动的主要原因多与家庭因素相关,例如抚幼和养老。因此,从个体视角对家庭政策、流动老年人口养老保障政策支持的探讨是不足的,也难以支持现实需要。未来,研究应当引入家庭整体观,从对个体的政策支持转向对整个家庭的政策支持,从被动应急、补缺的做法转向主动赋能家庭,逐步向发展型家庭支持政策的方向前行。这不仅将有利于包括老年人在内的每一个家庭成员的生存和发展,也有利于家庭整体建设与发展能力的提升。

（6）加强家庭相关追踪调查数据库的平台开发和建设。家庭代际关系并不能够被狭义化为经济支持、情感支持和工具支持，它具有多维度的内涵，然而现有的数据库中对于代际关系的测量并不全面。因此未来需要引入更多的能够指征家庭代际关系的相关测度指标，为相关研究提供有力的数据支撑。其次，对于代际关系的测量还应当引入成年子女和孙辈的视角，通过多元化路径来揭示家庭内部代与代之间的互动逻辑和关系，为更加深入的研究做好数据准备。此外，无论是家庭代际关系还是流动老年人口的健康，其变化均具有缓慢性，需要持续的、追踪性的观察、监测与研究，以更好地揭示变量之间的关联。

参考文献

艾旭峰,李秋莎,王婉晨,宋佳,范成鑫,丰志强,尹文强,马东平.基于Anderson模型的流动老年人口住院服务利用现状及影响因素分析[J].现代预防医学,2022,49(17):3170-3175.

白兰,顾海.子女代际支持对农村老年人健康水平的影响研究.现代经济探讨,2021(7):40-47.

薄赢.代际支持对农村老年人医疗消费的影响——基于2011年CHARLS数据的分析[J].消费经济,2016,32(05):16-22.

陈诚,杨巧,李月.隔代照料孙子女与老年人生活幸福感[J].大连理工大学学报(社会科学版),2023,44(01):103-115.

陈诚诚.长期护理保险试点总结及发展建议[J].中国社会保障,2020(06):39-41.

陈光燕,司伟,蓝红星.隔代照料对农村中老年人主观福利的影响[J].农村经济,2022(11):68-76.

陈娜,邓敏,王长青.我国失能老人居家养老服务供给主体研究[J].医学与社会,2020,33(7):46-49.

陈宁,石人炳.流动老人健康差异的实证研究[J].重庆社会科学,2017(7):53-60.

陈卫民.我国家庭政策的发展路径与目标选择[J].人口研究,2012,36(04):29-36.

陈先华,卢祖洵,董超群.武汉市社区老年人多维健康功能评价及其影响因素的研究[J].护理研究,2009,23(28):2620-2621.

陈映芳.价值暧昧抑或目标分异 当下中国的家庭政策及其供给机制分析[J].社会,2020,40(06):71-91.

陈志光.漂泊与孤独:流动老年人口社会交往状况研究[J].社科纵横,2021,36(03):93-103.

程悦,刘佳,刘彦慧,等.中国老年人生理健康的系统评价[J].中国老年学杂志,2020,40(22):4797-4801.

池上新,吕师佳.社会融入与随迁老人的身心健康——基于深圳市调查数据的分析[J].深圳社会科学,2021,4(5):95-108.

池上新.文化适应对随迁老人身心健康的影响[J].中国人口科学,2021,204(03):112-125.

仇雨临,王昭茜.全民医保与健康中国:基础、纽带和导向[J].西北大学学报(哲学社会科学版),2018,48(03):40-47.

崔少朴,周彪,刘东钰,等.SCL-90心理症状自评量表在海外项目的应用[J].中国安全生产科学技术,2014,10(S2):61-67.

崔烨,靳小怡.家庭代际关系对农村随迁父母心理福利的影响探析[J].中国农村经济,2016(06):15-29.

崔烨,靳小怡.亲近还是疏离?乡城人口流动背景下农民工家庭的代际关系类型分析——来自深圳调查的发现[J].人口研究,2015,39(03):48-60.

邓蕾."80后"与父母的代际关系类型[J].青年学报,2020(03):36-45.

董博,张丽娟,宋艳丽.城市漂族老年人主观幸福感及其影响因素研究[J].护理研究,2018,32(24):3971-3973.

董亭月.社会支持对中国老年人孤独感的影响研究——基于2014年中国老年社会追踪调查[J].调研世界,2017(08):3-9.

董晓芳,刘茜.高堂在,不宜远居吗?——基于CHARLS数据研究子女居住安排对父母健康的影响[J].中国经济问题,2018(5):38-54.

杜本峰,王旋.老年人健康不平等的演化、区域差异与影响因素分析[J].人口研究,2013,37(05):81-90.

杜洁,高林慧,王娜,等.流动老人健康档案建立现状及影响因素分析[J].现代预防医学,2020,47(22):4033-4037.

杜鹏.中国老年人口健康状况分析[J].人口与经济,2013,(06):3-9.

方鹏骞,赵圣文,张霄艳,等.我国基本医疗保险制度的成就、挑战及对策[J].中国卫生经济,2016,35(07):12-14.

费孝通.家庭结构变动中的老年赡养问题——再论中国家庭结构的变动[J].北京大学学报(哲学社会科学版),1983(03):7-16.

风笑天.社会学研究方法(第五版)[M].北京:中国人民大学出版社,2018.

冯芳龄,蔡延平,赵发林,等.老年人健康状况评价指标体系构建[J].健康研究,2014,34(02):121-123.

冯潇,成新轩.我国多支柱养老保障存在的问题及瑞典经验借鉴[J].金融与经济,2022(05):90-96.

傅崇辉,王文军.多维视角下的老年人社会健康影响因素分析[J].中国社会科学院研究生院学报,2011(05):124-131.

傅东波,沈贻谔,夏昭林,等.《上海市老年人综合健康功能评估表》的信度分析[J].预防医学情报杂志,1997(04):3-7.

耿艳玲,彭华民.老年人家庭经济支持影响因素与城乡比较研究[J].东南大学学报(哲学社会科学版),2021,23(06):53-61.

郭爱妹,顾大男.健康不平等视角下医疗服务可及性对老年健康的影响——基于CLHLS数据的实证分析[J].人口与发展,2020,26(2):60-69.

郭静,薛莉萍,范慧.流动老年人口自评健康状况及影响因素有序logistic回归分析[J].中国公共卫生,2017,33(12):1697-1700.

郭秋菊,谢娅婷,李树苗.家庭代际关系类型及其城乡差异分析[J].华中农业大学学报(社会科学版),2020(06):120-127.

郭于华.代际关系中的公平逻辑及其变迁[J].中国学术,2001(04):224-236.

国家地球系统科学数据中心国家卫生健康委流动人口数据平台.中国流动人口数据及可视化分析专题库.http://www.geodata.cn.

国家计生委.国家计生委关于印发"十三五"全国流动人口卫生计生服务管理规划的通知.https://www.jiujiang.gov.cn.

国家统计局.第七次全国人口普查(第五号).国家统计局网站,http://www.stats.gov.cn.

国家卫生计生委流动人口司.中国流动人口发展报告[M].北京:中国人口出版社,2016.

国家医疗保障局,财政部.国家医保局、财政部关于建立医疗保障待遇清单制度的意见.https://www.nhc.gov.cn.

国务院.国务院关于设立3岁以下婴幼儿照护个人所得税专项附加扣除的通知.https://www.gov.cn/zhengce/.

国务院.国务院关于印发个人所得税专项附加扣除暂行办法的通知.http://www.gov.cn/zhengce/zhengceku.

国务院.国务院办公厅关于印发深化医药卫生体制改革2016年重点工作任务的通知.https://www.gov.cn/gongbao/content.

国务院.国务院办公厅关于促进3岁以下婴幼儿照护服务发展的指导意见.http://www.gov.cn/zhengce/.

国务院第七次全国人口普查领导小组办公室编.2020年第七次全国人口普查主要数据[M].北京:中国统计出版社,2021.

韩央迪.家庭主义、去家庭化和再家庭化:福利国家家庭政策的发展脉络与政策意涵[J].南京师大学报(社会科学版),2014(06):21-28.

韩耀风,张荣木,方亚. 厦门市老年人综合健康状况及其影响因素[J]. 中国老年学杂志,2021,41(08):1743-1745.

何欢. 美国家庭政策的经验和启示[J]. 清华大学学报(哲学社会科学版),2013,28(01):147-156.

何南芙,普亚姣,李忠起,等. 中国流动老年人口健康状况影响因素及公平性[J]. 中国老年学杂志,2021,41(19):4398-4401.

何文炯. 改革开放40年:中国养老保险回顾与展望[J]. 教学与研究,2018(11):16-24.

何文炯. 全面增强基本医疗保障制度公平性[J]. 中国医疗保险,2022(03):1-3.

何圆,王伊攀. 隔代抚育与子女养老会提前父母的退休年龄吗?——基于CHARLS数据的实证分析[J]. 人口研究,2015,39(02):78-90.

洪秀敏,刘倩倩. 三种典型福利国家婴幼儿照护家庭友好政策的国际经验与启示[J]. 中国教育学刊,2021(02):57-62.

侯慧丽,李春华. 身份、地区和城市——老年流动人口基本公共健康服务的不平等[J]. 人口与发展,2019,25(02):31-38.

侯慧丽. 责任与期待:中国青年的养老观念及代际差异[J]. 当代青年研究,2023(2):38-50.

侯建明,张培东,周文剑. 代际支持对中国老年人口心理健康状况的影响[J]. 人口学刊,2021,43(05):88-98.

侯建明,赵丹. 我国流动人口健康自评状况及其影响因素分析[J]. 人口学刊,2020,42(04):93-102.

胡宏伟,栾文敬,杨睿,等. 挤入还是挤出:社会保障对子女经济供养老人的影响——关于医疗保障与家庭经济供养行为[J]. 人口研究,2012,36(2):82-96.

胡晓毅,詹开明,何文炯. 基本医疗保险治理机制及其完善[J]. 学术研究,2018(01):99-106.

胡雅萍,刘越,王承宽. 流动老人社会融合影响因素研究[J]. 人口与经济,2018(06):77-88.

胡雅萍,刘越,王承宽. 流动老年人社会融入现状及对策研究——基于江苏省流动老年人的质性研究[J]. 老龄科学研究,2019,7(07):41-49.

胡湛,彭希哲. 家庭变迁背景下的中国家庭政策[J]. 人口研究,2012,36(02):3-10.

华颖. 居民基本医疗保险:筹资政策、实践效应及其优化[J]. 长白学刊,2022:1-12.

黄锋,保继刚.旅游小企业的家庭化生产对家庭代际团结的影响——西双版纳傣族园案例[J].旅游学刊,2021,36(11):57-68.

黄国桂,杜鹏,陈功.隔代照料对于中国老年人健康的影响探析[J].人口与发展,2016,22(06):93-100.

黄庆波,胡玉坤,陈功.代际支持对老年人健康的影响——基于社会交换理论的视角[J].人口与发展,2017,23(01):43-54.

黄一帆,等.老化态度问卷(AAQ)中文版的初步试用[J].中国临床心理学杂志,2010,18(04):447-450.

霍添琪,闫晓,郭峻,等.我国老年流动人口常见病症患病及就诊情况的影响因素研究[J].中国全科医学,2021,24(22):2785-2792.

吉宇琴,姜会明.新时代老龄化与养老资源适配度时空差异及其影响因素分析[J].地理科学,2022,42(5):851-862.

贾仓仓,何微微.子女代际支持对老年人健康的影响——基于内生性视角的再检验[J].人口与经济,2021,(03):52-68.

贾玉娇.人民视角下中国养老保障制度质量检验与优化思路[J].华中科技大学学报(社会科学版),2020,34(04):48-54.

江克忠,陈友华.亲子共同居住可以改善老年人的心理健康吗?——基于CLHLS数据的证据[J].人口学刊,2016,38(06):77-86.

姜良铎.健康、亚健康、未病与治未病相关概念初探[J].中华中医药杂志,2010,25(02):167-170.

姜向群,魏蒙.中国高龄老年人日常生活自理能力及其变化情况分析[J].人口与发展,2015(02):93-100.

蒋炜康,孙鹃娟.居住方式、居住环境与城乡老年人心理健康——一个老年友好社区建设的分析框架[J].城市问题,2022(01):65-74.

靳小怡,崔烨,郭秋菊.城镇化背景下农村随迁父母的代际关系——基于代际团结模式的分析[J].人口学刊,2015,37(01):50-62.

靳小怡,刘妍珺.照料孙子女对老年人生活满意度的影响——基于流动老人和非流动老人的研究[J].东南大学学报(哲学社会科学版),2017,19(02):119-129.

靳永爱,周峰,翟振武.居住方式对老年人心理健康的影响——社区环境的调节作用[J].人口学刊,2017,39(03):66-77.

景晓芬.老年流动人口空间分布及长期居留意愿研究——基于2015年全国流动人口动态监测数据[J].人口与发展,2019,25(04):34-43.

卡尔·波兰尼.冯钢,刘阳(译).大转型:我们时代的政治与经济起源[M].

杭州:浙江人民出版社,2007.

康岚.反馈模式的变迁:代差视野下的城市代际关系研究[D].上海:上海大学,2009.

李桂梅,刘安.论当代中国家庭政策的基本价值取向[J].吉首大学学报(社会科学版),2019,40(01):106-112.

李含伟.老年流动人口群体差异及异地生活感知研究[J].中国人口科学,2020(03):115-125.

李佳.中国长期护理保险制度财政负担可持续性研究——基于17种试点方案测算[J].社会保障评论,2020,4(04):53-71.

李建民,王婷,孙智帅.从健康优势到健康劣势:乡城流动人口中的"流行病学悖论"[J].人口研究,2018,42(06):46-60.

李俊.失能老年人的家庭照料:照料意愿及其影响因素[J].云南民族大学学报(哲学社会科学版),2023,40(2):72-81.

李连友,李磊,万叶.积极老龄化视角下老年人隔代抚养与社会参与的角色冲突及调适——基于社会角色理论的分析[J].行政管理改革,2021(05):71-78.

李鲁.社会医学[M].北京:人民卫生出版社,2017.

李民,王健.尚书译注[M].上海:上海古籍出版社,2004.

李培林.流动民工的社会网络和社会地位[J].社会学研究,1996(4):42-52.

李鹏,张奇林.隔代照料与老年人生活满意度——基于子女代际支持的中介效应检验[J].社会建设,2022,9(04):31-44.

李鹏飞,柴彦威.迁居对单位老年人日常生活社会网络的影响[J].人文地理,2013,28(03):78-84.

李泉然.西方家庭政策的改革:制度演进与福利意涵[J].社会建设,2020,7(04):45-55.

李树苗,王欢.家庭变迁、家庭政策演进与中国家庭政策构建[J].人口与经济,2016(06):1-9.

李婷,胡文波.中国家庭的代际同住及其驱动机制变迁——基于CHNS 1991—2015的九期调查数据[J].人口与经济,2021(06):54-67.

李相荣,张秀敏,任正,等.中国西部流动老年人口自评健康状况及其影响因素[J].医学与社会,2021,34(4):1-5.

李瑶玥,任远.家庭化迁移对流动人口社会融合的影响及其异质性分析[J].人口与发展,2021,27(3):18-31.

李雨潼. 中国老年流动人口的社会融入及其影响因素分析[J]. 人口学刊，2022,44(01):99-112.

李雨潼. 中国老年流动人口特征及社会融入分析[J]. 社会科学战线，2021(03):270-275.

李玉水，阚小冬. 福建省基本医疗保险体系适应流动性的研究[J]. 社会保障研究，2014(4):58-61.

李月娥，明庭兴. 长期护理保险筹资机制:实践、困境与对策——基于15个试点城市政策的分析[J]. 金融理论与实践，2020(02):97-103.

梁春贤. 我国基本医疗保险制度中政府责任分析[J]. 管理世界，2011(06):168-169.

廖小平. 中国传统家庭代际伦理的现代转型和重构[J]. 东南学术，2005(6):79-84.

林晨蕾，郑庆昌. 替代抑或互补:社会养老与家庭养老协同性研究[J]. 统计与决策，2018,34(22):99-103.

刘昌平，汪连杰. 社会经济地位对老年人健康状况的影响研究[J]. 中国人口科学，2017(05):40-50.

刘更新. 社会健康测量[J]. 国外医学(社会医学分册)，1994(04):149-152.

刘昊，李强，薛兴利. 双向代际支持对农村老年人身心健康的影响——基于山东省的调查数据[J]. 湖南农业大学学报(社会科学版)，2019,20(04):49-56.

刘华山. 心理健康概念与标准的再认识[J]. 心理科学，2001(04):480-481.

刘继同. 世界主要国家现代家庭福利政策的历史发展与经验规律[J]. 中共中央党校学报，2016,20(04):51-65.

刘亮，高汉，章元. 流动人口心理健康及影响因素——基于社区融合视角[J]. 复旦学报(社会科学版)，2018,60(04):158-166.

刘庆，陈世海. 移居老年人社会适应的结构、现状与影响因素[J]. 南方人口，2015,30(06):59-67.

刘庆. "老漂族"的城市社会适应问题研究——社会工作介入的策略[J]. 西北人口，2012,33(04):23-26.

刘瑞平，李建新. 我国中老年人健康不平等的变化趋势及相关因素分解[J]. 人口与发展，2022,28(05):43-55.

刘素素，欧阳铮，王海涛. 老年人的社会关系研究概述:基于护航模型的视角[J]. 人口与发展，2016,22(05):90-97.

刘涛. 福利多元主义视角下的德国长期照护保险制度研究[J]. 公共行政评论,2016,9(04):68-87.

刘西国. 代际经济支持健康效应检验[J]. 西北人口,2016,37(1):45-51.

刘晓雪."老漂族"的养老问题初探[J]. 西安财经学院学报,2012,25(06):110-113.

刘艳.关于"心理健康"的概念辨析[J]. 教育研究与实验,1996(03):46-48.

刘燕,纪晓岚. 老年人社会参与影响因素的 Logistic 回归分析——基于311 份个案访谈数据[J]. 华东理工大学学报(社会科学版),2014,29(03):98-104.

刘一伟. 互补还是替代:"社会养老"与"家庭养老"——基于城乡差异的分析视角[J]. 公共管理学报,2016,13(4):77-88.

刘一伟. 居住方式影响了老年人的健康吗?——来自中国老年人的证据[J]. 人口与发展,2018,24(4):77-86.

刘轶锋. 晚年独居意味着孤独吗?——基于社会网络的调节与中介作用分析[J]. 人口与发展,2022,28(01):68-80.

芦恒,郑超月."流动的公共性"视角下老年流动群体的类型与精准治理——以城市"老漂族"为中心[J]. 江海学刊,2016(02):227-233.

陆杰华,汤澄. 人口转变背景下风险家庭表现形式、成因及公共政策再建构[J]. 河北学刊,2016,36(03):145-151.

罗艳君. 德国养老金体系改革启示[J]. 中国金融,2021(19):88-91.

吕国营. 新时代中国医疗保障制度如何定型?[J]. 社会保障评论,2020,4(03):39-46.

吕亚军. 欧盟层面家庭政策研究[M]. 北京:经济科学出版社,2009.

马春华. 中国城市家庭亲子关系结构及社会阶层的影响[J]. 社会发展研究,2016,3(03):44-70.

马春华. 瑞典和法国家庭政策的启示[J]. 妇女研究论丛,2016(02):20-23.

马磊,林森苗. 隔代照料减少了老年人的社区参与吗?——基于 2014 年中国老年社会追踪调查数据的分析[J]. 老龄科学研究,2020,8(05):42-53.

茅倬彦,罗志华. 加快构建积极生育支持政策体系:现实挑战与策略选择[J]. 妇女研究论丛,2023(02):17-24.

梅子鸿,刘婵娟. 2012—2020 年我国基层医疗资源配置效率分析[J]. 中国卫生经济,2022,41(10):54-58.

孟向京,姜向群,宋健,万红霞,陈艳,韩中华,何云燕. 北京市流动老年人口特征及成因分析[J]. 人口研究,2004(06):53-59.

宓淑贤. 从农村丧偶初老老人搭伙现象看当代乡村社会代际关系的转型[J]. 宁夏社会科学,2022(6):153-163.

苗瑞凤. 老年流动人口城市适应性的社会学分析[J]. 中国老年学杂志,2012,32(18):4095-4097.

穆光宗. "老漂族"的群体现状与社会适应[J]. 人民论坛,2021(12):64-66.

穆光宗. 老龄人口的精神赡养问题[J]. 中国人民大学学报,2004(04):124-129.

穆怀中,范璐璐,陈曦. 养老保障制度"优化"理念分析[J]. 社会保障研究,2020(01):3-10.

穆怀中. 从"金字塔"到"橄榄型":新三支柱养老保障制度的设计与优化[J]. 社会科学,2022(01):82-93.

聂欢欢,潘引君,孙炜,等. 上海市流动老人自评健康状况——基于2015年全国流动人口动态监测调查的数据分析[J]. 上海交通大学学报(医学版),2017,37(1):98-101.

聂建亮,陈博晗,吴玉锋. 居住安排、居住条件与农村老人主观幸福感[J]. 兰州学刊,2021:1-14.

牛建林. 人口流动对中国城乡居民健康差异的影响[J]. 中国社会科学,2013(02):46-63.

牛可可,高娅楠,刘世颖. 随迁老人社会融入困难的原因及对策分析[J]. 社会与公益,2020(06):74-75.

潘锦棠,许晓丽. 国际比较视野下的公共家庭政策与两性就业平等关系——基于"福利国家悖论"现象的考察[J]. 河南师范大学学报(哲学社会科学版),2020,47(06):72-79.

潘丽群,张少华. 社会网络能提高流动人口工资吗?——基于路径及异质性的分析[J]. 广东财经大学学报,2022,37(02):15-28.

潘萍,覃秋蓓. 中国长期护理保险制度模式选择与发展路径[J]. 西南金融,2022(02):89-100.

彭大松,张卫阳,王承宽. 流动老人的心理健康及影响因素分析——基于南京的调查发现[J]. 人口与社会,2017,33(4):20-32.

彭大松. 家庭化流动背景下老年流动人口的城市融入研究[J]. 深圳大学学报(人文社会科学版),2020,37(06):105-114.

彭华茂,尹述飞. 城乡空巢老人的亲子支持及其与抑郁的关系[J]. 心理发展与教育,2010,26(06):627-633.

彭青云,朱晓. 影响城市老年人经济活动参与的家庭因素分析[J]. 人口与发展,2017,23(03):68-75.

彭向东,褚勇强,萨支红,等. 健康行为理论:从健康信念模式到风险认知和健康行为决策[J]. 中国健康教育,2014,30(06):547-548.

齐亚强,牛建林,威廉·梅森,等. 我国人口流动中的健康选择机制研究[J]. 人口研究,2012,36(01):102-112.

齐亚强. 自评一般健康的信度和效度分析[J]. 社会,2014,34(06):196-215.

祁静,茅倬彦. 生命历程视角下的生育支持政策研究[J]. 福建师范大学学报(哲学社会科学版),2020(02):112-121.

秦立建,陈波,余康. 农村劳动力转移的健康选择机制研究[J]. 南方人口,2014,29(02):62-71.

任国强,胡梦雪. 跨省流动人口健康自评状况及其影响因素分析——基于2014年全国流动人口动态监测调查数据[J]. 中国卫生事业管理,2021,38(08):587-593.

任强,唐启明. 中国老年人的居住安排与情感健康研究[J]. 中国人口科学,2014(04):82-91.

任远,乔楠. 城市流动人口社会融合的过程、测量及影响因素[J]. 人口研究,2010(02):11-20.

施文凯,朱坤. 中国医疗保障财政支出:现状、问题与对策[J]. 财政科学,2022(10):72-81.

石金群. 独立还是延续:当代都市家庭代际关系中的矛盾心境[J]. 广西民族大学学报(哲学社会科学版),2014,36(04):35-40.

石金群. 转型期家庭代际关系流变:机制、逻辑与张力[J]. 社会学研究,2016,31(06):191-213.

石金群. 当代西方家庭代际关系研究的理论新转向[J]. 国外社会科学,2015(02):74-80.

石磊. 中国代际社会流动的变迁——基于多重机制的分析[J]. 社会学研究,2022,37(05):156-178.

石郑. 流动人口健康自评状况及影响因素分析[J]. 江汉学术,2020,39(02):17-28.

史辉,袁慧,胡浩,等. 老年慢性病共病患者抗逆力现状及影响因素[J]. 中国医药科学,2022,12(2):125-128.

史凯旋,张敏. 社区感知建成环境对"老漂族"主观幸福感的影响——基于南京典型社区的实证[J].现代城市研究,2022(03):92-99.

司守奎,孙玺菁.Python 数学建模算法与应用[M].北京:国防工业出版社,2022.

宋健,王记文,秦婷婷.孙子女照料与老年人就业的关系研究[J].人口与经济,2018(03):92-103.

宋璐,李树茁,张文娟.代际支持对农村老年人健康自评的影响研究[J].中国老年学杂志,2006(11):1453-1455.

宋璐,李树茁.农村老年人家庭代际关系及其影响因素——基于性别视角的潜在类别分析[J].人口与经济,2017(6):1-12.

宋璐,冯雪.隔代抚养:以祖父母为视角的分析框架[J].陕西师范大学学报(哲学社会科学版),2018,47(01):83-89.

宋璐,李树茁.代际交换对中国农村老年人健康状况的影响:基于性别差异的纵向研究[J].妇女研究论丛,2006(4):14-20.

宋全成,张倩.中国老年流动人口健康状况及影响因素研究[J].中国人口科学,2018(4):81-92.

宋全成,尹康.中国老年流动人口初诊就医行为选择及影响因素研究[J].东岳论丛,2021,42(01):136-147.

宋晓莹,曹洁.积极老龄化视域下社会网络对老年人再就业的影响效应研究[J].中国矿业大学学报(社会科学版),2021,23(04):63-78.

宋月萍.精神赡养还是经济支持:外出务工子女养老行为对农村留守老人健康影响探析[J].人口与发展,2014,20(4):37-44.

苏沂,李慧,王彦茹,王芸.乌鲁木齐老年人躯体和心理健康状况及影响因素[J].中国老年学杂志,2015(19):5597-5599.

孙菲,汤哲,刘富荣,刁丽军,刘宏军,吴晓光,关绍晨.老年人躯体健康与抑郁症状发病的相关研究[J].中华流行病学杂志,2008,29(2):121-124.

孙鹃娟,冀云.家庭"向下"代际支持行为对城乡老年人心理健康的影响——兼论认知评价的调节作用[J].人口研究,2017,41(06):98-109.

汤兆云,张憬玄.新生代农民工的社会网络和社会融合——基于 2014 年流动人口动态监测调查江苏省数据的分析[J].江苏社会科学,2017(05):8-15.

唐灿,马春华,石金群.女儿赡养的伦理与公平——浙东农村家庭代际关系的性别考察[J].社会学研究,2009,24(06):18-36.

唐灿.家庭现代化理论及其发展的回顾与评述[J].社会学研究,2010,25(03):199-222.

唐丹,孙惠,徐瑛.照顾孙子女对老年人心理健康的影响:社会网络的中介作用[J].人口研究,2020,44(04):33-45.

唐丹,张芷凌.流动还是留守?家庭流动安排对农村老人社会网络及心理健康的影响[J].南方人口,2020,35(06):40-52.

唐雁明,刘利鸽,刘红升.陕西关中地区农村老人的家庭代际关系研究——基于代际团结—冲突理论的分析[J].统计与管理,2021,36(12):89-94.

陶涛,刘雯莉,孙铭涛.代际交换、责任内化还是利他主义——隔代照料对老年人养老意愿的影响[J].人口研究,2018,42(05):56-67.

陶裕春,申昱.社会支持对农村老年人身心健康的影响[J].人口与经济,2014(03):3-14.

汪然,李挺,李刚.中国老年人的社会参与模式及其对年龄认同的影响——基于2016 CLASS数据的实证分析[J].人口与发展,2021,27(06):151-161.

汪受宽,金良年.孝经·大学·中庸译注[M].上海:上海古籍出版社,2012.

汪向东,王希林,马弘.心理卫生评定量表手册(增订版)[M].北京:中国心理卫生杂志社,1993.

汪晓慧,李剑波,杨洋.中国老年流动人口接受健康教育和建立健康档案现状及其影响因素分析[J].中国公共卫生,2021,37(02):203-208.

王登峰.Russell孤独量表的信度与效度研究[J].中国临床心理学杂志,1995(01):23-25.

王富百慧.家庭代际关系对城市老年人锻炼行为决策的影响[J].上海体育学院学报,2019,43(05):58-66.

王桂新,苏晓馨,文鸣.城市外来人口居住条件对其健康影响之考察——以上海为例[J].人口研究,2011,35(02):60-72.

王红漫.重视中国老年人群健康状况,推进健康老龄化国家战略[J].中华流行病学志,2019,40(3):259-265.

王红艳.孝文化的内涵及其当代价值[J].学校党建与思想教育,2015(10):90-91.

王欢,李聪.我国流动老年人口多维健康状况及其影响因素[J].医学与社会,2022,35(10):46-51.

王会光.流动老人的自评健康状况及影响因素研究——基于城乡差异的视角[J].西北人口,2018,39(06):48-58.

王锴,于萌."家"在何方?我国社会保障中的"再家庭化"研究[J].中国矿业大学学报(社会科学版),2021,23(04):50-62.

王莉华,高亮.城市社区老年人社会健康现状及其影响因素[J].中国老年学杂志,2018,38(01):197-198.

王伶鑫，周皓. 流动人口的健康选择性[J]. 西北人口，2018,39(06)：13-22.

王孟成，毕向阳. 潜变量建模与 Mplus 应用. 进阶篇[M]. 重庆：重庆大学出版社，2018.

王萍，高蓓. 代际支持对农村老年人认知功能发展趋势影响的追踪研究[J]. 人口学刊，2011(03)：70-79.

王萍，张雯剑，王静. 家庭代际支持对农村老年人心理健康的影响[J]. 中国老年学杂志，2017,37(19)：4893-4896.

王瑞琪，赵庆华，黄欢欢，等. 我国 28 个省份老年人疼痛与抑郁症状现状及相关性研究[J]. 中华护理教育，2023,20(1)：103-108.

王瑞梓，吴卫红. 杭州市老年人健康与医疗保健状况分析[J]. 南方人口，1998(02)：46-49.

王世斌，申群喜，王明忠. 比较视角下流动老年人社会参与的实证研究[J]. 南方人口，2015,30(05)：44-51.

王树新. 社会变革与代际关系研究[M]. 北京：首都经济贸易大学出版社，2004.

王希林，马弘，汪向东. 心理卫生评定量表手册　增订版[M]. 北京：中国心理卫生杂志社，1999.

王笑啸，刘婧娇. 中国共产党推进养老保障的百年探索：发展历程、基本经验与未来方向[J]. 西北人口，2021,42(04)：114-126.

王延中. 新冠肺炎疫情防控背景下中国医疗卫生与医疗保障制度的优化[J]. 社会保障评论，2022,6(03)：57-69.

王瑶. 西方国家福利制度的模式、经验及对中国的启示[J]. 河北经贸大学学报，2022,43(06)：52-60.

王跃生. 城乡养老中的家庭代际关系研究——以 2010 年七省区调查数据为基础[J]. 开放时代，2012(02)：102-121.

王跃生. 社会变革中的家庭代际关系变动、问题与调适[J]. 中国特色社会主义研究，2019(03)：79-87.

王跃生. 中国家庭代际关系的维系、变动和趋向[J]. 江淮论坛，2011(02)：122-129.

王跃生. 农村家庭代际关系理论和经验分析——以北方农村为基础[J]. 社会科学研究，2010(04)：116-123.

王跃生. 中国家庭代际关系的理论分析[J]. 人口研究，2008(04)：13-21.

韦晓丹，陆杰华. 老年人居住安排对其自评健康的影响——基于

CLASS2014 数据的验证[J].人口与社会,2021,37(04):35-46.

国家卫生健康委.国家卫生健康委关于印发托育机构设置标准(试行)和托育机构管理规范(试行)的通知. http://www.gov.cn/zhengce/zhengceku/2019-11/13/content_5451664.htm.

温煦,张君榕,程文楚,等.我国老年人躯体健康状况与老年虐待的关系研究[J].中华疾病控制杂志,2017,21(06):546-549.

邬沧萍.老年社会学[M].北京:中国人民大学出版社,1999.

吴帆.第二次人口转变背景下的中国家庭变迁及政策思考[J].广东社会科学,2012(02):23-30.

吴际,尹海洁,曲鹏.流动人口社会参与度的性别差异及其影响因子检验[J].统计与决策,2017(03):116-120.

吴振云,许淑莲,李娟.老年心理健康问卷的编制[J].中国临床心理学杂志,2002(01):1-3.

伍海霞,贾云竹.城乡丧偶老年人的健康自评:社会支持视角的发现[J].人口与发展,2017,23(01):66-73.

武玉,方志,刘爱华."年龄—流动"双重视角下老年流动人口健康及影响因素——基于 2017 年全国流动人口卫生计生动态监测调查数据[J].兰州学刊,2020(1):157-171.

武玉.中国老年流动人口健康的城乡差异及影响因素研究[J].东北农业大学学报(社会科学版),2022,20(1):56-65.

肖海翔,李盼盼.照料孙辈对我国农村中老年人心理健康的影响[J].中国卫生政策研究,2019,12(02):41-50.

肖敏慧,王邃遂,彭浩然.迁移压力、社会资本与流动人口心理健康——基于压力过程理论的研究[J].当代财经,2019(03):14-24.

肖群忠.孝与中国文化[M].北京:人民出版社,2001.

肖索未."严母慈祖":儿童抚育中的代际合作与权力关系[J].社会学研究,2014,29(06):148-171.

肖夕君.体质、健康和体适能的概念及关系[J].中国临床康复,2006(20):146-148.

肖雅勤.隔代照料对老年人健康状况的影响——基于 CHARLS 的实证研究[J].社会保障研究,2017(1):33-39.

谢瑾,朱青,王小坤.我国老年流动人口健康影响因素研究[J].城市发展研究,2020,27(11):30-35.

谢立黎,王飞,胡康.中国老年人社会参与模式及其对社会适应的影响

[J].人口研究,2021,45(05):49-63.

谢莉琴,秦盼盼,高星,等.中国城乡居民基本医疗保险制度发展历程、挑战与应对策略[J].中国公共卫生,2020,36(12):1673-1676.

熊波,石人炳.中国家庭代际关系对代际支持的影响机制——基于老年父母视角的考察[J].人口学刊,2016,38(05):102-111.

徐丛剑,严非.医学社会学[M].上海:复旦大学出版社,2021.

徐梦婧,黄婵,罗娟,等.不同养老模式对老年人生命质量的影响分析[J].中国社会医学杂志,2020,37(3):276-279.

徐清.欧洲福利制度主要模式的比较与借鉴[J].现代经济探讨,2021(3):126-132.

许琪.传承与变迁:当代中国家庭结构与家庭养老[M].北京:中国人民大学出版社,2023.

许荣庭,沈袁恒.普惠型医疗保险发展:实践困境与优化方向[J].西南金融,2022(01):40-51.

薛珑,朱晓玲,刘宁.社会经济地位、子女代际支持与老年健康[J].统计与决策,2020,36(16):73-76.

薛薇.统计分析与SPSS的应用[M].北京:中国人民大学出版社,2021.

阳义南,贾洪波.国民社会健康测度及其影响因素研究——基于MIMIC结构方程模型的经验证据[J].中国卫生政策研究,2018,11(01):28-36.

杨伯峻.论语译注[M].北京:中华书局,2009.

杨博,张楠.流动老年人健康自评的性别差异:基于健康双因素的多层模型研究[J].人口与发展,2019,25(02):20-30.

杨菊华,卢瑞鹏."漂老"与"老漂":国内老年流动人口的研究进展与展望[J].西安交通大学学报(社会科学版),2023,43(1):84-94.

杨菊华.流动时代中的流动世代:老年流动人口的多维特征分析[J].人口学刊,2018,40(04):43-58.

杨菊华.空间理论视角下老年流动人口的社会适应[J].社会学研究,2021,36(03):180-203.

杨菊华.中国流动人口的社会融入研究[J].中国社会科学,2015(02):61-79.

杨妮,许倩,王艳."老漂族"长期定居意愿研究——基于成功老龄化的框架[J].人口与发展,2018,24(03):43-54.

杨善华,贺常梅.责任伦理与城市居民的家庭养老——以"北京市老年人需求调查"为例[J].北京大学学报(哲学社会科学版),2004(01):71-84.

杨无意. 德国的家庭政策变迁及其对我国的启示[J]. 内蒙古社会科学, 2021,42(03):174-180.

杨晔琴,符丽燕,余昌妹,等. 温州市迁移老人生活满意度及影响因素分析[J]. 医学与社会,2012,25(05):4-6.

杨政怡. 基于平等主义文化的瑞典养老服务体系的形成及其对中国的启示[J]. 社会保障研究,2020(02):89-96.

姚俊,张文静,王浩,等. 代际支持对流动老年人生活满意度的影响:自我效能感和心理弹性的序列中介作用[J]. 南京医科大学学报(社会科学版),2022,22(01):40-46.

易龙飞,亓迪. 流动人口健康移民现象再检验:基于2006—2011年CHNS数据的分析[J]. 西北人口,2014,35(06):36-42.

殷俊,刘一伟. 子女数、居住方式与家庭代际支持——基于城乡差异的视角[J]. 武汉大学学报(哲学社会科学版),2017,70(05):66-77.

于凌云,魏秋芳. 我国家庭政策的变迁、缘由及展望(1949—2021)[J]. 江汉学术,2022,41(03):17-25.

于淼,刘晓虹. 老年心理健康的研究进展[J]. 解放军护理杂志,2008(01):30-32.

曾宪新. 我国老年人口健康状况的综合分析[J]. 人口与经济,2010(5):80-85.

曾小五,朱尧耿. 老年人的价值及其价值实现[J]. 人口研究,2008,170(02):87-90.

曾旭晖,李奕丰. 变迁与延续:中国家庭代际关系的类型学研究[J]. 社会,2020,40(5):190-212.

张芬,沈晨. 劳动参与、代际支持与老年心理健康[J]. 人口与发展,2022,28(03):123-140.

张河川,李如春,岑晓钰. 空巢老人社会健康的脆性与对策[J]. 云南财经大学学报(社会科学版),2008,23(03):53-55.

张佳华. "北欧模式"理念的建构、扩展与变迁——一项社会政策的考察[J]. 欧洲研究,2013,31(02):105-119.

张建雷,曹锦清. 无正义的家庭政治:理解当前农村养老危机的一个框架——基于关中农村的调查[J]. 南京农业大学学报(社会科学版),2016,16(01):132-143.

张静茹,倪冰莹,纪颖,常春,王燕玲. 中国老年流动人口健康状况及卫生服务利用分析[J]. 现代预防医学,2017,44(19):3526-3530.

张力，范春科. 中国城镇职工基本养老保险流动性分析[J]. 中国人口科学，2015(5)：10-20.

张莉. 中国高龄老人的居住安排、代际关系和主观幸福感——基于对CLHLS 数据的分析[J]. 国家行政学院学报，2015(5)：68-73.

张娜，韩铁光，庄润森，等. 深圳市社区居民健康素养与健康状况调查[J]. 中国健康教育，2017, 33(03)：251-254.

张泉，邢占军. 老年人社区社会网络的影响因素分析：基于整体网视角[J]. 社会科学研究，2016(03)：115-120.

张威. 德国家庭政策的核心框架与特征[J]. 社会工作，2018(02)：85-96.

张文娟，刘瑞平. 中国城市老年人的社会网络现状及其影响因素——基于迁移和非迁移老年人群的比较[J]. 兰州学刊，2018(10)：191-208.

张文娟，刘瑞平. 中国老年人社会隔离的影响因素分析[J]. 人口研究，2016, 40(05)：75-91.

张秀兰，徐月宾. 建构中国的发展型家庭政策[J]. 中国社会科学，2003(06)：84-96.

张杨波. 西方角色理论研究的社会学传统——以罗伯特·默顿为例[J]. 国外理论动态，2014(09)：104-109.

张镇，张建新，孙建国，等. 离退休人员社会参与度与主观幸福感、生活满意度的关系[J]. 中国临床心理学杂志，2012, 20(06)：865-867.

赵蒙蒙，罗楚亮. 预期生活照料的可获得性与生活满意度——基于CHARLS 数据的经验分析[J]. 劳动经济研究，2017, 5(5)：63-81.

赵青，李珍. 英国长期照护：基本内容、改革取向及其对我国的启示[J]. 社会保障研究，2018(05)：96-103.

郑晨. 论当代社会变迁中的"孝文化"——寻找传统文化与现代社会的契合点[J]. 开放时代，1996(06)：79-82.

郑佳然. 流动老年人口社会融入困境及对策研究——基于6位"北漂老人"流迁经历的质性分析[J]. 宁夏社会科学，2016,(01)：112-119.

郑晓冬，苏保忠，方向明. 子女代际支持对老年人宗教信仰的影响[J]. 人口与发展，2018, 24(01)：109-118.

郑晓瑛. 疾病和失能对老年人口健康预期寿命的影响——兼论卫生资源在老年人口健康分类投资的方向[J]. 中国人口科学，2001(04)：29-36.

郑训佐，靳永. 孟子译注[M]. 济南：山东出版集团齐鲁书社，2009.

郑志丹，郑研辉. 社会支持对老年人身体健康和生活满意度的影响——基于代际经济支持内生性视角的再检验[J]. 人口与经济，2017(04)：63-76.

钟晓慧，彭铭刚. 养老还是养小：中国家庭照顾赤字下的代际分配[J]. 社会学研究，2022，37(04)：93 – 116.

钟晓慧，何式凝. 协商式亲密关系：独生子女父母对家庭关系和孝道的期待[J]. 开放时代，2014(01)：155 – 175.

钟涨宝，李飞，冯华超. "衰落"还是"未衰落"？孝道在当代社会的自适应变迁[J]. 学习与实践，2017(11)：89 – 97.

周爱民. 当前我国养老保障制度改革的现状、面临的挑战及其对策探讨[J]. 湖南社会科学，2019(06)：133 – 140.

周红云，胡浩钰. 社会支持对流动老人社会融合的影响——基于武汉和深圳的调查数据[J]. 西北人口，2017，38(04)：24 – 32.

周平梅，原新. 健康对流动老年人口经济参与的影响研究[J]. 兰州学刊，2021(02)：196 – 208.

周平梅，原新. 流动老年人口经济参与及其影响因素分析[J]. 南方人口，2019，34(02)：69 – 80.

周晓虹. 冲突与认同：全球化背景下的代际关系[J]. 社会，2008(02)：20 –38.

周振甫. 诗经译注[M]. 北京：中华书局，2013.

朱素蓉，王娟娟，卢伟. 再谈健康定义的演变及认识[J]. 中国卫生资源，2018，21(02)：180 – 184.

祝西冰，陈友华. 中国家庭政策研究：回顾与相关问题探讨[J]. 社会科学研究，2013(04)：111 – 119.

邹静，邓晓军. 居住安排对女性老年流动人口社会融合的影响研究[J]. 调研世界，2022(7)：78 – 88.

左冬梅，李树茁. 基于社会性别的劳动力迁移与农村留守老人的生活福利——基于劳动力流入地和流出地的调查[J]. 公共管理学报，2011，8(2)：93 – 100.

Abel E K. Informal care for the disabled elderly：A critique of recent literature[J]. Research on Aging, 1990, 12(2)：139 – 157.

Abraido-Lanza, Dohrenwend, Ng-Mak, et al. The Latino mortality paradox：A test of the "salmon bias" and healthy migrant hypotheses[J]. American Journal of Public Health, 1999, 89(10)：1543 – 1548.

Albert, Ferring, Michels. Intergenerational Family Relations in Luxembourg[J]. European Psychologist, 2013, 18(1)：59 – 69.

Albertini M, Mantovani D. Older parents and filial support obligations：A comparison of family solidarity norms between native and immigrant populations in Italy[J]. Ageing & Society, 2022, 42(11):2556 - 2587.

Aniruddha,Das. Social Integration, Self-Rated Health. and Genes? [J]. Journal of Aging & Health, 2019, 32(5 - 6): 462 - 471.

Anne,H,Gauthier. Family Policies in Industrialized Countries:Is There Convergence? [J]. Population, 2002, 57(3): 447 - 474.

Antonucci T C, Ajrouch K J, Birditt K S. The Convoy Model:Explaining Social Relations From a Multidisciplinary Perspective[J]. Gerontologist, 2014 (1):82 - 92.

Atkinson M P, Kivett V R, Campbell R T. Intergenerational Solidarity: An Examination of a Theoretical Model[J]. J Gerontol, 1986, 41(3):408 -416.

Bai X, Lai D W L, Guo A. Ageism and Depression:Perceptions of Older People as a Burden in China[J]. Journal of Social Issues, 2016, 72(1).

Bai X. Development and validation of a multidimensional intergenerational relationship quality scale for aging chinese parents[J]. The Gerontologist, 2017, 58(6):338 - 348.

Ben-Amos I K. Gifts and favors:informal support in early modern England [J]. The Journal of Modern History, 2000, 72(2):295 - 338.

Bengtson V L, Roberts R E L. Intergenerational solidarity in aging families:An example of formal theory construction[J]. Journal of Marriage and Family, 1991, 53(4):856 - 870.

Bengtson, Roberts. Intergenerational Solidarity in Aging Families: An Example of Formal Theory Construction [J]. Journal of Marriage and the Family, 1991, 53(4).

Bilecen B, Vacca R. The isolation paradox:A comparative study of social support and health across migrant generations in the US[J]. Social Science & Medicine, 2021, 283:114 - 204.

Bisconti T L, Bergeman C S. Perceived Social Control as a Mediator of the Relationships Among Social Support, Psychological Weil-Being, and Perceived Health[J]. The Gerontologist, 1999, 39(1):94 - 103.

Chen G, Si W, Qiu L. Intergenerational financial transfers and physical health of old people in rural China:evidence from CHARLS data[J]. Ciência Rural, 2020, 50(5).

Chen X, Silverstein M. Intergenerational Social Support and the Psychological Well-Being of Older Parents in China [J]. RESEARCH ON

AGING，2000，22(1):43 - 65.

Choi S H. Testing healthy immigrant effects among late life immigrants in the United States:using multiple indicators[J]. Journal of Aging and Health, 2012，24(3):475 - 506.

Chun J, Lee J. Intergenerational Solidarity in Korean Immigrant Families [J]. Journal of Intergenerational relationships,2006,4(2):6 - 21.

Clarke E J, Preston M, Raksin J, et al. Types of conflicts and tensions between older parents and adult children[J]. The Gerontologist, 1999, 39(3).

Cong, Silverstein. Intergenerational Time-for-Money Exchanges in Rural China:Does Reciprocity Reduce Depressive Symptoms of Older Grandparents? [J]. Research in Human Development，2008，5(1):6 - 25.

Daatland S O, Lowenstein A. Intergenerational solidarity and the family-welfare state balance[J]. European Journal of Ageing, 2005, 2(3):174 - 182.

De Jong G F, Gardner R W. Migration decision making:multidisciplinary approaches to microlevel studies in developed and developing countries[M]. Pergamon Press,1981.

Djundeva M D P A F T. Is Living Alone "Aging Alone"? Solitary Living, Network Types, and Well-Being[J]. The journals of gerontology. Series B. Psychological sciences and social sciences, 2019, 74(8).

Dong X Q, Chang E S. Social Networks among the Older Chinese Population in the USA:Findings from the PINE Study[J]. Gerontology, 2017, 63(3):238 - 252.

Dykstra G P A. Solidarity and Conflict Between Adult Children and Parents:A Latent Class Analysis[J]. Journal of Marriage & Family, 2010, 68 (4):947 - 960.

Ellis A. The revised ABC's of rational-emotive therapy(RET)[J]. Journal of Rational-Emotive and Cognitive-Behavior Therapy, 1991, 9(3):139 - 172.

FI M. Rehabilitation of chronically ill patients: The influence of complication on the final goal[J]. Southern Med J, 1958, 51:605 - 609.

Flavia Budini Gattai, Tullia Musatti. Grandmothers' Involvement in Grandchildren's Care: Attitudes, Feelings, and Emotions [J]. Family Relations, 1999, 48(1):35.

Fredlund B B. Self rated health: Is it as good a predictor of subsequent mortality among adults in lower as well as in higher social classes? [J]. Journal of Epidemiology and Community Health, 2001, 55(11):836 - 840.

George, Okun,Landerman. Age as a moderator of the determinants of life satisfaction[J]. Res Aging, 1985, 7(2):209 - 233.

González H M, Ceballos M, Tarraf W, et al. The Health of Older Mexican Americans in the Long Run[J]. American Journal of Public Health, 2009,99(10):1879 - 1885.

Goode W J. A Theory of Role Strain[J]. American Sociological Review, 1960, 25(4):483 - 496.

Gubernskaya Z. Age at migration and self - rated health trajectories after age 50: Understanding the older immigrant health paradox[J]. Journals of Gerontology Series B:Psychological Sciences and Social Sciences, 2015, 70(2): 279 - 290.

Haber M G, Cohen J L, Lucas T, et al. The relationship between self-reported received and perceived social support: A meta-analytic review[J]. American Journal of Community Psychology, 2007, 39(1 - 2):133 - 144.

Haisma, Yousefzadeh Faal Dhagati, Boele. How Should We Define Healthy Child Growth? [J]. Annals of Nutrition and Metabolism, 2017, 71:75.

Han W J, Shibusawa T. Trajectory of physical health, cognitive status, and psychological well-being among Chinese elderly [J]. Archives of Gerontology & Geriatrics, 2015, 60(1).

Hayslip B, Blumenthal H, Garner A. Social support and grandparent caregiver health:One-Year longitudinal findings for grandparents raising their grandchildren [J]. The journals of gerontology. Series B, Psychological sciences and social sciences, 2014, 70(5):805 - 814.

Hogerbrugge M J A, Komter A E. Solidarity and Ambivalence:Comparing Two Perspectives on Intergenerational Relations Using Longitudinal Panel Data[J]. J Gerontol B Psychol, Soc, 2012(3):372 - 383.

Hogerbrugge M J A, Silverstein M D. Transitions in relationships with older parents:From middle to later years[J]. The journals of gerontology. Series B, Psychological sciences and social sciences, 2015, 70(3):481 - 495.

Idler,Benyamini. Self-Rated Health and Mortality:A Review of Twenty-Seven Community Studies[J]. Journal of Health and Social Behavior, 1997, 38(1).

Jinyu L, Man G, Ling X, et al. Family relationships, social connections, and depressive symptoms among chinese older adults in international migrant families[J]. Journal of Ethnic & Cultural Diversity in Social Work, 2016, 26 (3):167 - 184.

Joshi H. The State and the Family: A Comparative Analysis of Family Policies in Industrialized Countries [J]. Population Studies, 1997, 51 (2): 230 -231.

Kamerman S B, Kahn A J. Explorations in family policy[J]. Social Work, 1976, 21(3):181 - 186.

Kaplan, Anderson. A general health policy model: update and applications [J]. Health Serv Res, 1988, 23(2):203 - 235.

Katz R. Intergenerational family relations and subjective well-being in old age: a cross-national study[J]. European Journal of Ageing, 2009, 6(2):79.

Katz S C, Ford A B, Moskowitz R W, et al. Studies of Illness in the Aged. The Index of Adl: A Standardized Measure of Biological and Psychosocial Function[J]. JAMA The Journal of the American Medical Association, 1963, 185(12):914 - 919.

Kent J L, Ma L, Mulley C. The objective and perceived built environment: What matters for happiness? [J]. Cities & health, 2017, 1(1): 59 - 71.

King R, Cela E, Fokkema T, et al. The migration and Well - Being of the zero generation: Transgenerational care, grandparenting, and loneliness amongst albanian older people[J]. Population, Space and Place, 2014, 20(8):728 - 738.

Kingma. What is it to be healthy? [J]. Analysis, 2007, 67(294):128 - 133.

Kristiansen M, Razum O, Tezcan-Güntekin H, et al. Aging and health among migrants in a European perspective[J]. Public Health Reviews, 2016, 37(1):1 - 14.

Kroenke K, Spitzer R L, Williams J B W. The PHQ-9: validity of a brief depression severity measure[J]. Journal of General Internal Medicine, 2001, 16 (9):606 - 613.

Lai D W L, Lee V W P, Li J, et al. The Impact of Intergenerational Relationship on Health and Well-Being of Older Chinese Americans[J]. Journal of the American Geriatrics Society, 2019, 67(S3):S557 - S563.

Laura, Fratiglioni, and, et al. Influence of social network on occurrence of dementia: a community-based longitudinal study[J]. Lancet, 2000, 355(9212): 1315 - 1319.

Levine, Halper, Peist, et al. Bridging Troubled Waters: Family Caregivers, Transitions, And Long-Term Care[J]. Health Affairs, 2010, 29

(1):116 - 124.

Li L W, Zhang J, Liang J. Health among the oldest-old in China: which living arrangements make a difference? [J]. Social Science & Medicine, 2009, 68(2):220 - 227.

Li, Luo and Li. Intergenerational Solidarity and Life Satisfaction among Empty-nest Older Adults in Rural China: Does Distance Matter? [J]. Journal of Family Issues, 2020, 42(3):626 - 649.

Li, T. , Yang, Y. C. , Zhang, Y. Culture, economic development, social-network type, and mortality: Evidence from Chinese older adults[J]. Social Science & Medicine, 2018, 204:23 - 30.

Liang, Krause, Bennett. Social exchange and well-being: is giving better than receiving? [J]. Psychology and aging, 2001, 16(3):511 - 523.

Lindsey. Health within illness: experiences of chronically ill/disabled people[J]. Journal of advanced nursing, 1996, 24(3):465 - 472.

Lindy Williams, Renling Zhang, Kevin C. Packard. Factors affecting the physical and mental health of older adults in China: The importance of marital status, child proximity, and gender[J]. Ssm-Population Health, 2017, 3:20 - 36.

Liu S, Zhang W, Zhang K, et al. The Association between Intergenerational Support and Self-Rated Health among Chinese Older Adults: Do Resilience and Gender Matter? [J]. Journal of Applied Gerontology, 2023, 42(1):111 - 120.

Liu, Liang, Gu. Flows of social support and health status among older persons in China[J]. Soc Sci Med, 1995, 41(8):1175 - 1184.

Lizhen Ye, Liset E. M. Elstgeest, Xuxi Zhang, et al. Factors associated with physical, psychological and social frailty among community-dwelling older persons in Europe: a cross-sectional study of Urban Health Centres Europe (UHCE)[J]. Bmc Geriatrics, 2021, 21(1):422.

Lo M, Liu Y H. Quality of life among older grandparent caregivers: a pilot study[J]. Journal of Advanced Nursing, 2010, 65(7):1475 - 1484.

Lowenstein A, Katz R. Living arrangements, family solidarity and life satisfaction of two generations of immigrants in Israel[J]. Ageing and Society, 2005, 25(5):749 - 767.

Lowenstein, Katz, Gur-Yaish. Reciprocity in parent-child exchange and life satisfaction among the elderly: A cross-national perspective[J]. Journal of Social Issues, 2007, 63(4):865 - 883.

LU Y, QIN L. Healthy migrant and salmon bias hypotheses: A study of health and internal migration in China[J]. Social science & medicine(1982), 2014,102:41 – 48.

Lu, Qin. Healthy migrant and salmon bias hypotheses: a study of health and internal migration in China[J]. Soc Sci Med, 2014, 102:41 – 48.

Lundberg, Manderbacka. Assessing reliability of a measure of self-rated health[J]. Scand J Soc Med, 1996, 24(3):218 – 224.

Luscher K, Pillemer K. Intergenerational ambivalence: A new approach to the study of Parent-Child relations in later life[J]. Journal of Marriage and Family, 1998, 60(2).

M. Böhme, Ruth Persian, Tobias Stoehr. Alone but better off? Adult child migration and health of elderly parents in Moldova[J]. Journal of health economics, 2015, 39:211 – 227.

Matthijs, Kalmijn. The Ambiguous Link between Marriage and Health: A Dynamic Reanalysis of Loss and Gain Effects[J]. Social Forces, 2017, 95(4): 1607 – 1636.

Mcdowell I. Measuring health: A guide to rating scales and questionnaires, 2nd ed. [M]. New York: Oxford University Press, 1996.

Minkler M, Fuller-Thomson D E. Physical and mental health status of American grandparents providing extensive child care to their grandchildren [J]. Journal of the American Medical Womens Association, 2001, 56(4):199 – 205.

MINKLER M, FULLER-THOMSON E. African American Grandparents Raising Grandchildren: A National Study Using the Census 2000 American Community Survey[J]. The Journals of Gerontology Series B: Psychological Sciences and Social Sciences, 2005, 60(2):S82 – S92.

Miroshnik V W. Organizational culture and commitment [M] // Organizational Culture and Commitment: Transmission in Multinationals. London: Palgrave Macmillan UK, 2013.

Modranka E, Suchecka J. The Determinants Of Population Health Spatial Disparities[J]. Comparative Economic Research, 2014, 17(4):173 – 185.

Moroney R M. The issue of family policy: do we know enough to take action? [J]. Journal of Marriage and Family, 1979:561 – 463.

Myrdal A R. Nation and family: the Swedish experiment in democratic family and population policy [M]. New York: Harper & Brothers Publishers, 1941.

Newbold. The short-term health of Canada's new immigrant arrivals:

evidence from LSIC[J]. Ethn Health, 2009, 14(3):315 - 336.

Palloni, Arias. Paradox lost: explaining the Hispanic adult mortality advantage[J]. Demography, 2004, 41(3):385 - 415.

Palloni, Morenoff. Interpreting the paradoxical in the Hispanic paradox-Demographic and epidemiologic approaches [Z] // Weinstein, Hermalin and Stoto. Population Health and Aging: Strengthening the Dialogue between Epidemiology and Demography. 2001:140 - 174.

Park N S, Jang Y, Chiriboga D A, et al. Social network types, health, and well-being of older Asian Americans[J]. Aging & Mental Health, 2018:1 - 10.

Park N S, Jang Y R, Lee B S, et al. An empirical typology of social networks and its association with physical and mental health: A study with older korean immigrants[J]. JOURNALS OF GERONTOLOGY SERIES B-PSYCHOLOGICAL SCIENCES AND SOCIAL SCIENCES, 2015, 70 (1): 67 -76.

Parrott T M, Bengtson V L. The effects of earlier intergenerational affection, normative expectations, and family conflict on contemporary exchanges of help and support [J]. Research on Aging An International Bimonthly Journal, 1999, 21(1):73 - 105.

Parse. Health: a personal commitment [J]. Nursing science quarterly, 1990, 3(3):136 - 140.

Parsons T. The Social System[M]. London:Routledge, 1951.

Parsons T. The kinship system of the contemporary United States[J]. American Anthropologist, 1943, 45(1):22 - 38.

Peek M K, Nan L. Age differences in the effects of network composition on psychological distress[J]. Social Science & Medicine, 1999, 49(5):621.

Piotrowski T M. Migration and Health Selectivity in the Context of Internal Migration in China, 1997—2009[J]. Population Research and Policy Review, 2012, 31(4):497 - 543.

Ramos M, Wilmoth J. Social Relationships and Depressive Symptoms Among Older Adults in Southern Brazil[J]. The Journals of Gerontology Series B:Psychological Sciences and Social Sciences, 2003, 58(4):S253 - S261.

Roberts R E, Bengtson V L. Is intergenerational solidarity a unidimensional construct? A second test of a formal model[J]. Journal of gerontology, 1990, 45(1):S12 - S20.

Rosini M D. Constitution of the World Health Organization[J]. World Health Organization, 2002,80(12):983 - 984.

Roy M P, Steptoe A, Kirschbaum C. Life events and social support as moderators of individual differences in cardiovascular and cortisol reactivity[J]. Journal of Personality & Social Psychology, 1998, 75(5):1273 - 1281.

Schans and Komter. Ethnic differences in intergenerational solidarity in the Netherlands[J]. Journal of Aging Studies, 2010, 24(3):194 - 203.

Sieber S D. Toward a Theory of Role Accumulation [J]. American Sociological Review, 1974, 39(4):567 - 578.

Silverstein M, Bengtson V L. Does intergenerational social support influence the psychological well-being of older parents? The contingencies of declining health and widowhood[J]. Social Science & Medicine, 1994, 38(7): 943 - 957.

Silverstein M, Chen X, Heller K. Too much of a good thing? Intergenerational social support and the psychological well-being of older parents[J]. Journal of Marriage and Family, 1996, 58(4):970 - 982.

Silverstein, Bengtson. Do Close Parent-Child Relations Reduce the Mortality Risk of Older Parents? [J]. Journal of Health and Social Behavior, 1991, 32(4).

Silverstein, Bengtson. Intergenerational Solidarity and the Structure of Adult Child-Parent Relationships in American Families[J]. American Journal of Sociology, 1997, 103(2):429 - 460.

Simonsen N, Koponen A M, Suominen S. Empowerment among adult patients with type 2 diabetes:age differentials in relation to person-centred primary care, community resources, social support and other life-contextual circumstances[J]. BMC Public Health, 2021(1).

Stephens C, Alpass F, Towers A, et al. The effects of types of social networks, perceived social support, and loneliness on the health of older people:accounting for the social context[J]. Journal of Aging & Health, 2011, 23(6):887 - 911.

Strang V R, Koop P M, Dupuis-Blanchard S, et al. Family caregivers and transition to long-term care[J]. Clinical Nursing Research, 2006, 15(1):27 - 45.

Sussman M B. The isolated nuclear family:Fact or fiction[J]. Soc. Probs. 1958(6):333.

Ten Kate R, Bilecen B, Steverink N. The role of Parent-Child relationships and filial expectations in loneliness among older turkish migrants [J]. Social Inclusion, 2021, 9(4):291 - 303.

Thoits P A. Personal Agency in the Stress Process[J]. Journal of Health and Social Behavior, 2007, 47(4):309 - 323.

Tiina-Mari,Lyyra,Riitta-Liisa,et al. Perceived social support and mortality in older people[J]. The journals of gerontology. Series B, Psychological sciences and social sciences, 2006, 61(3):S147 - 152.

Tosi M, Grundy E. Intergenerational contacts and depressive symptoms among older parents in Eastern Europe[J]. Aging & Mental Health, 2019, 23 (6):686 - 692.

Trummer and Novak-Zezula. Intergenerational Family Solidarity of Immigrants from Two Successor States of Former Yugoslavia Living in Austria [J]. Drustvena istrazivanja, 2018, 27(1):67 - 83.

Venkatapuram. Health, vital goals, and central human capabilities[J]. Bioethics, 2013, 27(5):271 - 279.

Vern B, Roseann G, J. B M, et al. Solidarity, Conflict, and Ambivalence:Complementary or Competing Perspectives on Intergenerational Relationships? [J]. Journal of Marriage and Family, 2002, 64(3).

Waldman K, Wang J, Oh H. Psychiatric problems among returned migrants in Mexico:Updated findings from the Mexican Migration Project[J]. Social Psychiatry and Psychiatric Epidemiology, 2019, 54(10):1285 - 1294.

Wang Q. Health of the Elderly Migration Population in China:Benefit from Individual and Local Socioeconomic Status? [J]. International Journal of Environmental Research and Public Health, 2017, 14(4):370.

Wang W P, Wu L H, Zhang W, et al. Culturally-specific productive engagement and self-rated health among Taiwanese older adults[J]. Social Science & Medicine, 2019, 229:79 - 86.

Wang X, Gao L, Guo C, et al. Childcare burden and psychological distress among elderly people involved in grandparenting:A study on local and migrant grandparents in Hangzhou, China [J]. Health & Social Care in the Community, 2022:1 - 13.

Ware J E, Sherbourne C D. The MOS 36-Item Short-Form Health Survey (SF-36):I. Conceptual Framework and Item Selection[J]. Medical Care, 1992, 30(6):473 - 483.

Xie Y, Ma M, Wu W, et al. Dose-response relationship between intergenerational contact frequency and depressive symptoms amongst elderly Chinese parents:a cross-sectional study[J]. BMC Geriatrics, 2020, 20(1):349.

Yan S Y, Deng R Y, Hou Y J, et al. A Latent Class Analysis of Intergenerational Relationships Among the Elderly Migrants in Nanjing, China

[J]. Psychology Research and Behavior Management, 2023,16:1221 - 1232.

Yang W, Li D, Gao J, et al. Decomposing differences in depressive symptoms between older rural-to-urban migrant workers and their counterparts in mainland China[J]. BMC public health, 2020, 20:1 - 15.

Yang, Ariela, Todd, et al. Intergenerational Latent Solidarity Class and Relationship Quality among Chinese:Implications for Self-reported Health and Well-being[J]. Acta Psychologica Sinica, 2013, 45(7):811 - 824.

Yao J, Zhang L, Lu P. Family value matters:Intergenerational solidarity and life satisfaction of chinese older migrants[J]. Innovation in Aging, 2020, 4 (Supplement1):345.

Yaskevich R A, Derevyannikh E V, L. S. Polikarpov…Estimation of the quality of life in elderly migrants of the far north in the period of readaptation to new climatic conditions[J]. Advances in Gerontology, 2014, 4(3):213 - 217.

Zhang J W, Nazroo J, Zhang N. Gender differences in rural-urban migration and its impact on depression in later life[J]. Health & Place, 2022, 77.

Zhang L, Hou Y, Wang H, et al. Self-Rated Health and Life Satisfaction among Elderly Migrants in China:A Moderated Mediation Model of Resilience and Upward Intergenerational Support [J]. International Journal of Environmental Research and Public Health, 2022,19(24):17009.

Zhou, Bai. Influence of intergenerational relationships on depressive symptoms in ageing Chinese adults in Hong Kong:Mediating effects of sense of loneliness[J]. BMC Geriatrics, 2022, 22(1):587.